THE BROTHERS

John Foster Dulles, Allen Dulles, and Their Secret World War

ダレス兄弟

国務長官とCIA長官の秘密の戦争

スティーブン・キンザー

渡辺惣樹＝訳

THE BROTHERS
by Stephen Kinzer

Japanese translation published by arrangement with
Henry Holt and Company, LLC
through The English Agency(Japan)Ltd.

ダレス兄弟が生まれ育ったダレス家は、アメリカでも並はずれて伝統ある一族であった。集合写真の左端に立っているのが弟のアレン・ダレス、右端に立つのが兄のジョン・フォスター・ダレス。ジョンの横に並んで立っているのが両親。中央に座る祖父ジョン・ワトソン・フォスターは1890年代に国務長官を務めた。犬を抱えて立つ叔父ロバート・ランシングもまた第1次大戦中に同じポストに就いていた。前列左は優秀な妹エレノア。
Princeton University Library

ジョン・フォスター・ダレスは、グローバル企業を顧客に持つウォールストリートの法律事務所サリバン&クロムウェルの（共同経営責任を持つ）パートナー弁護士となった。テーブルの右側中央に座っているのがジョン。その向かいに座る白髪の人物が創業者の1人、ウィリアム・ネルソン・クロムウェル。*Princeton University Library*

アレン・ダレスは両大戦を通じ、スイスを拠点とした諜報組織のリーダー（スパイマスター）として功績をあげた。*Princeton University Library*

ジョン・フォスター・ダレスは、第２次大戦後にディーン・アチソン国務長官が追求してきた対ソ〝封じ込め〟政策を批判し、共産主義諸国の〝解放〟を呼びかける政策をとることが急務であると説いた。
Princeton University Library

1953年、ジョン・フォスター・ダレス（左）が国務長官となり、アレン・ダレスはCIA長官となった。外交の表と裏を兄と弟が管轄したのは米国史上、前代未聞のことであった。*Princeton University Library*

ダレス国務長官はドワイト・アイゼンハワー大統領と緊密に連携して職務を遂行した。2人はともに秘密工作と〝政権交代〟作戦を支援した。*Princeton University Library*

イランのモハンマド・モサッデク首相（左）は、ダレス兄弟がたたき潰すと決めた最初の〝怪物〟であった。モサッデクの支援者として最も著名な米国人は最高裁判事ウィリアム・O・ダグラスだった。
Department of State, Courtesy of Harry S. Truman Library

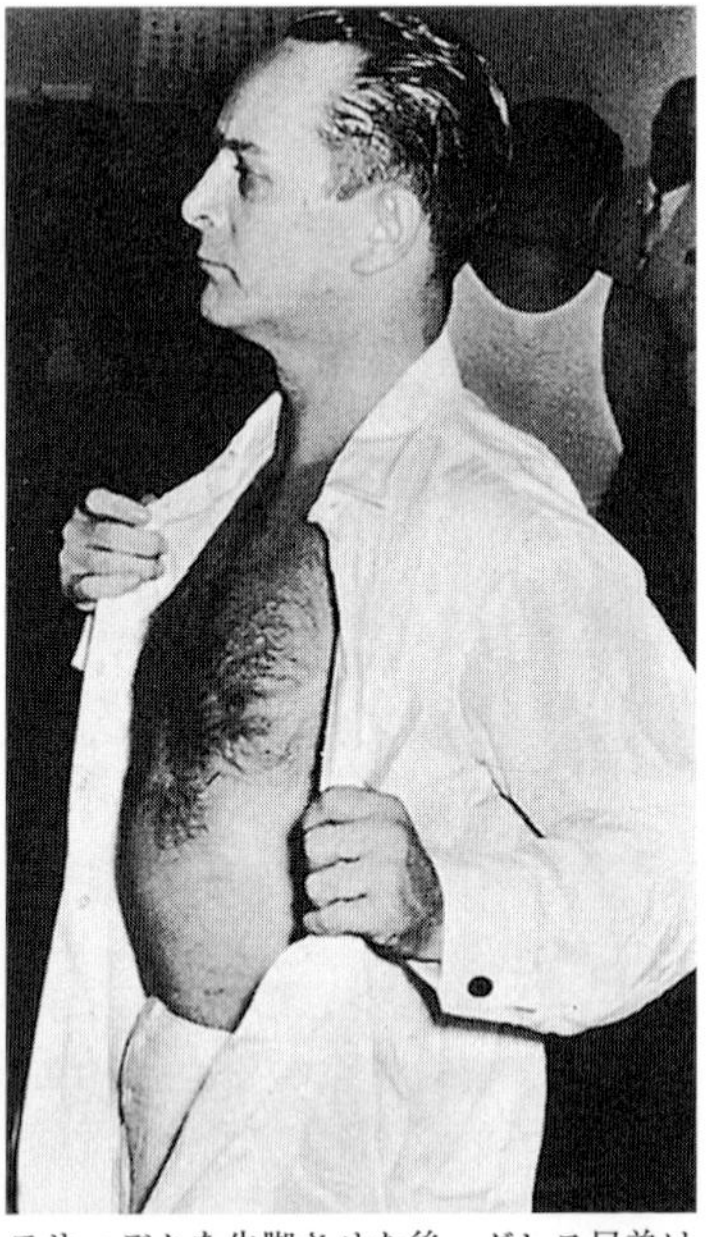

モサッデクを失脚させた後、ダレス兄弟はグアテマラのハコボ・アルベンス大統領を標的とした工作活動に着手した。アルベンスは1954年に政権の座を追われ、亡命。その際に裸にされ所持品検査をされた。
Francisco Rivera

1950年代半ば、ヨーロッパの外交筋は、ベトナムの共産主義指導者ホー・チ・ミンを権力に近づけさせない方法はないと認めたが、ダレス兄弟はこれに同意しなかった。彼らは反ホー・チ・ミン・キャンペーンに乗り出し、結果アメリカは、莫大な費用を投じることになる長い戦争へと引き込まれていった。© *Bettmann/CORBIS*

コンゴのパトリス・ルムンバ首相がダレスの次の標的となった。彼は首相となって１年も経たぬうちに捕えられ、処刑された。
© *Bettmann/CORBIS*

インドネシアのスカルノ大統領は、建国の父からマリリン・モンローまで、アメリカを象徴する人々を称賛していた。しかし、大統領が非同盟・中立政策を主導したことから、ダレス兄弟は彼に対する秘密裡の戦いを始めることになる。
© *George Snow/Bettmann/CORBIS*

ダレスの最後の敵となったキューバの革命指導者フィデル・カストロは、政権掌握後まもなくニューヨークを訪問し、リチャード・ニクソン副大統領と会見した。© *Bettmann/CORBIS*

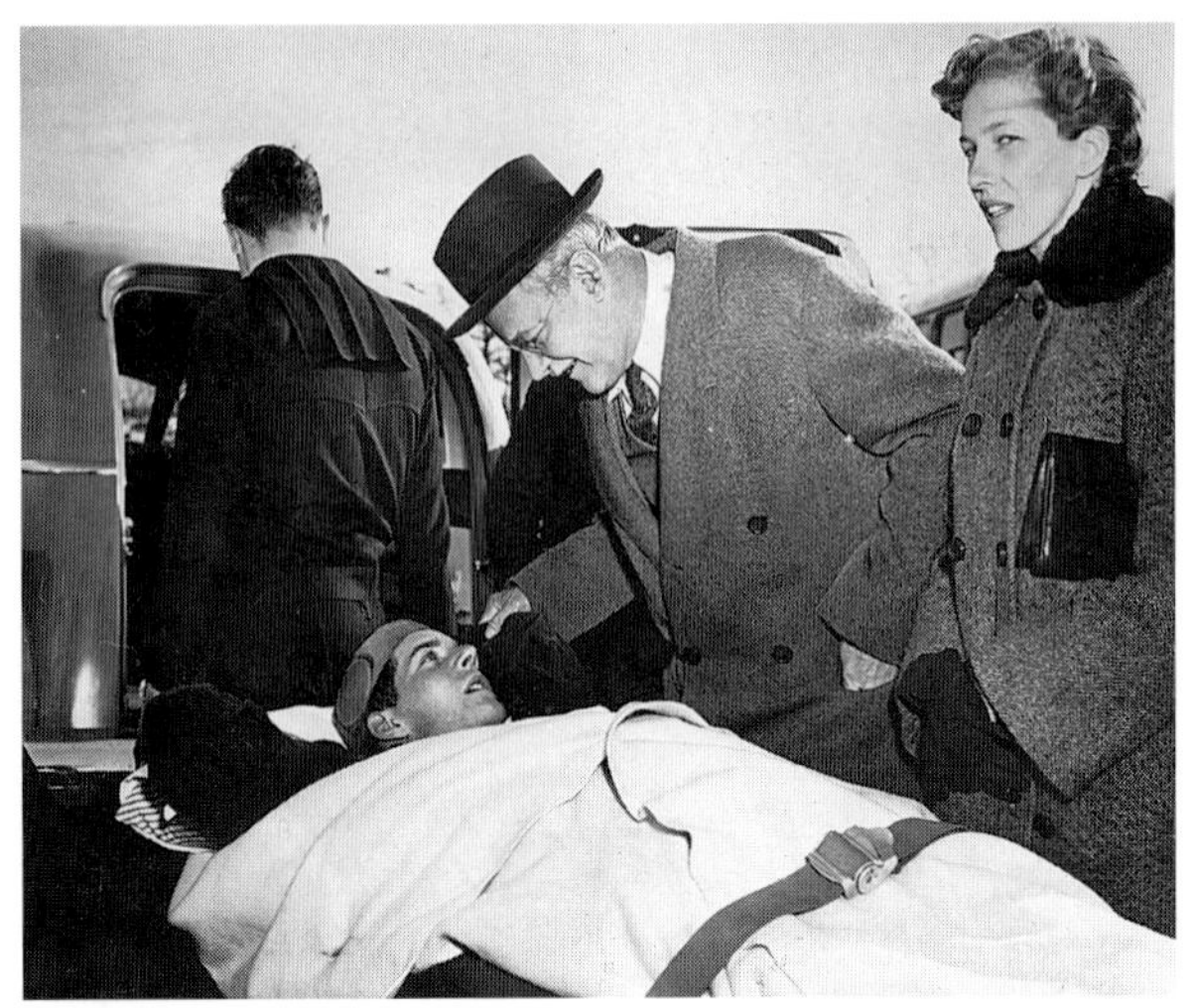

アレン・ダレスは女性関係が派手で、妻クローバーとの関係はこじれていた。息子のアレンは朝鮮戦争で重傷を負った。
Princeton University Library

厳格で独善的だったジョン・フォスター・ダレスは妻のジャネットを熱愛していた。このセイロン（現スリランカ）訪問もそうだが、彼女はジョンの外国旅行に度々同行した。
Princeton University Library

ジョン・フォスター・ダレスは、自らの評判が落ちるのを見ることなくこの世を去った。1959 年、彼が死去した時は国中が悲嘆に暮れた。*Princeton University Library*

運命はアレン・ダレスに優しくはなかった。彼がジョン・F・ケネディ大統領に勧めた最初の秘密工作は、在米亡命キューバ人部隊をピッグス湾に上陸させ、カストロ政権の転覆をはかるというものだったが、大失敗に終わった。ケネディは事件後直ちに彼を解任した。
Princeton University Library

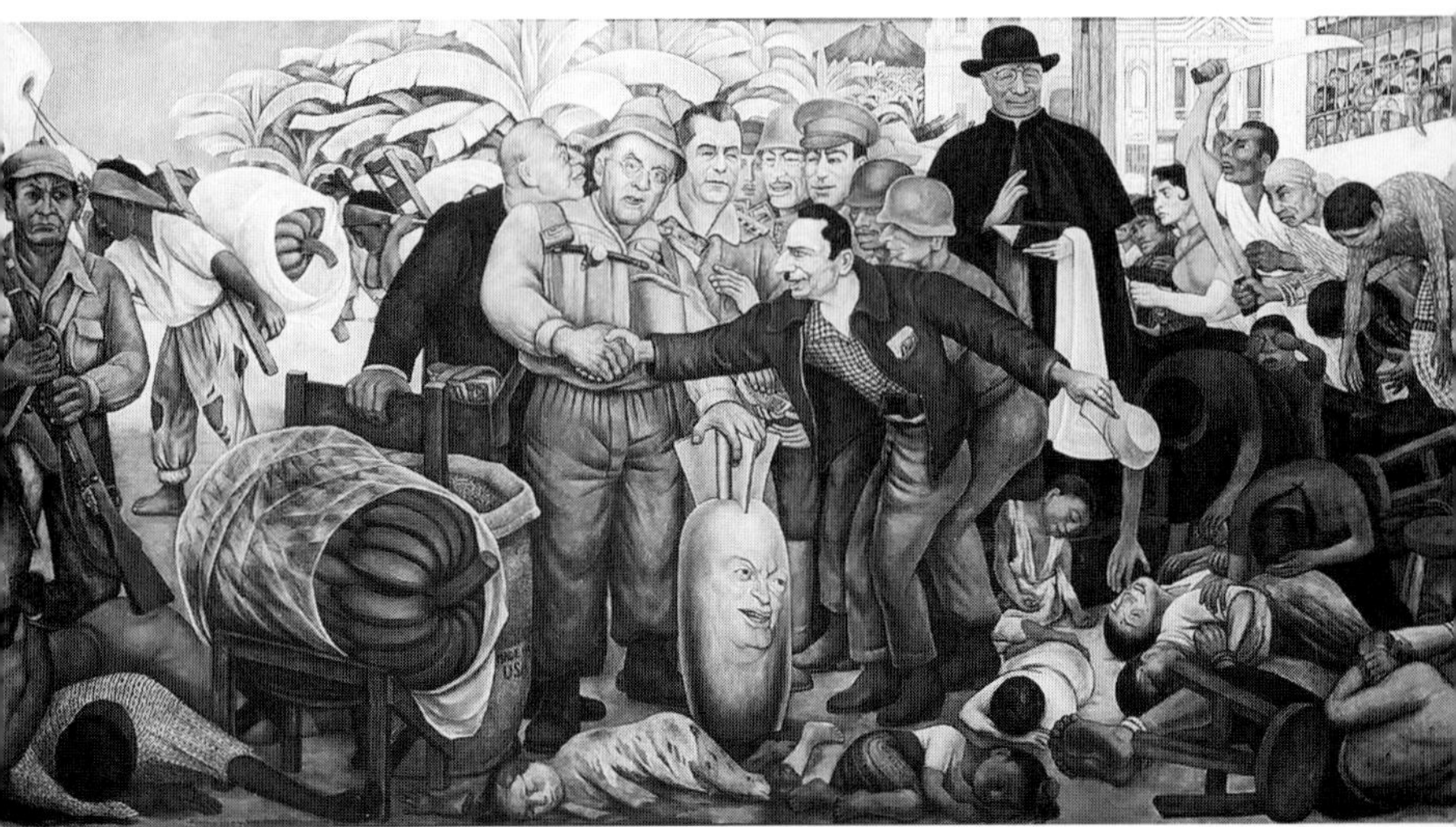

メキシコ人画家ディエゴ・リベラが、米国に支援されたグアテマラのクーデターをヴィヴィッドに描いた壁画、「偉大なる勝利」。中央にダレス兄弟がいる。ジョン・フォスター・ダレスはグアテマラのおべっか使いに礼を言われている。その横に立つアレンの肩掛けカバンには現金が詰まっている。爆弾の表面にはアイゼンハワーが描かれている。アレンは絵の中の自分の肖像の描かれ方を大いに喜び、小型判の複製画を自慢げに人に配った。

2章　ジョンの出世とアレン　74

8章　インドネシア工作：自己陶酔の大統領　381

＊注は断りのない場合は原注、読者の便宜のため訳者が加えた注のみ訳注と表記した。
小見出しは訳者によるものである。

まえがき

一九五九年五月二十四日、四月に国務長官を辞したばかりのジョン・フォスター・ダレスが死去した。その十四年前にフランクリン・ルーズベルト大統領が亡くなっているが、我が国の悲しみはそれを上回った。

棺はワシントン大聖堂に安置され、弔問の長い列ができた。その数は数千にも上った。西ドイツのコンラート・アデナウアー（首相）、台湾の蔣介石（総統）といった要人の顔も見えた。葬儀の模様はABCとCBSが中継した。アイゼンハワー大統領は、「時代の偉人を失った」と弔辞を述べた。テレビを見る国民もその言葉に肯いた。アイゼンハワーは、葬儀の二カ月後、バージニア州シャンティリーに建設中だった大型空港をダレス国際空港と命名する大統領令に署名した。ジョン・フォスター・ダレスの業績を後世に伝えたい。それが理由だった。

しかしアイゼンハワーが一九六一年にその職を退く頃には、ダレスへの熱狂は冷めていた。新大統領となったジョン・F・ケネディは、当時としては最新の大型空港に、冷戦の権化のような政治家の名を冠することに乗り気ではなかった。その空気を察してか、空港の完成が近づくと連邦航空局長は、新空港がシャンティリー国際空港と命名される可能性を示唆した。ただし空港のターミナルの一つにダレスの名を残すとの含みを残した。この物言いが気に食わない大物政治家がいた。それがジョン・フォスターの弟、アレン・ダレスだった。アレンは十年近くにわたってCIA長官の職にあった。彼はケネディ大統領に圧力をかけた。

一九六二年十一月十七日、新空港が、ダレス国際空港として開港した。式典にはケネディ大統領と並んでアイゼンハワー（前大統領）とアレン・ダレス（前長官）の姿があった。ケネディのスピーチは次のようなものだった。

「新空港にダレス元国務長官の名が冠せられるのは素晴らしいことです。弟のアレン氏も複数の大統領の下で手腕を発揮されました。フーバー政権から現政権まで、多くの役職をこなしてこられました。兄上のジョン・フォスター・ダレス氏が政治の世界に入ったのは、わずか十九歳の時でした。最初の仕事は、面白いことに、ハーグ陸戦会議に出席する中国代表団の秘書役でした。その後、彼は一九五九年に亡くなるまで、我が国のすべての政権に仕えています。ダレス氏の叔父上はランシング元国務長官であり（訳注：ランシング国務長官夫人がダレス兄弟の母の妹にあたる）、祖父はジョン・フォスター元国務長官であります。ダレス家ほど国家に尽くした人物を輩出した例はほとんどありません」

スピーチを終えたケネディ大統領が幕を引くと、台座の上に据えられたフォスターの大きな胸像が姿を現した。命名された新空港の象徴となるモニュメントだった。空港設計者のイーロ・サーリネン[*1]は、せわしない旅行者を癒すために水の溢れるプールを作った。その脇に胸像は建立された。

新空港のシンボルであった。

この式典からすでに半世紀が経った。アメリカ国民の大半はダレスの名を忘れている。「ダレス」は空港の名前として記憶されているだけである。ダレスの死がアメリカ国民に強い衝撃を与えた五十年前とは隔世の感がある。彼の胸像も元の場所にはない。ダレス空港は一九九〇年代に改装工事が行われたが、その際にプールは埋められ、胸像も撤去されていた。改装工事が終了しても胸像は元の場所に戻されなかった。誰もそれを気にしなかった。

私はその胸像の行方を追った。ワシントン・メトロポリタン航空局に勤務する女性が胸像のあるところを知っていて、私を案内してくれた。空港内の狭い会議室だった。搭乗手荷物が流れてくる第三コンベアの向かいにある会議室にジョン・ダレスの胸像はあった。その横には、ワシントン・メトロポリタン航空局に贈られた記念の盾があった。同局が地元のゴルフトーナメントのスポンサーとなったことへのお礼の品だった。むろんダレスとは何のゆかりもない。

ダレスの胸像は目を大きく見開いていたが、心なしかその表情は遠慮がちで自信なさげに見えた。とても一時代を画した英雄の胸像には見えなかった。しかも人目に触れぬ場所に置かれていた。これこそが、ダレス兄弟に対する評価が時代とともに大きく変わった証左であった。

ジョン・フォスター・ダレスが世を去った三年後、彼の伝記が出版された。そこに次のような一節があった。

「ジョン・フォスター・ダレスは、その生涯において、彼を徹底的に崇めるか、あるいは嫌悪するかの二種類の人間をつくりだした。死の直後は彼の功績を肯定的にとらえる気分が横溢していたが、それもたちまち消えた。彼の功罪は相半ばしている。それが後世の人々の好奇心をそそる所以(ゆえん)である」[2]

評伝は「アメリカ国民がダレスの名前を完全に忘れ去ったわけではない。しかし彼を文句なしに褒め称えるという雰囲気はもはやない」[3]と書く一方で、「ダレスは実に強面(こわもて)で情け容赦のない国務長官だった。自由世界（西側）の指導者たちでさえ、重要な外交政策については、ダレスの承認がなければ何一つできなかったのである」[4]とも記している。

弟のアレンは、「最も偉大な諜報の専門家[5]（情報担当官僚）」と評されている。権力の絶頂にあった頃、「僕の抱えている責任がどれだけのものかわかるかい。時には殺されることがわかっている人間を（外国の地に）送り出すことをしなくてはならないんだ。平和な時代の我が国で、そんな権限をもっている人間が他にいると思うかい」[6]と妹のエレノアに語ったことがある。

ジョンとアレンの二人の兄弟が、我々がいま生きている世界を作り上げた。そして、アジアもアフリカもラテンアメリカも、混乱を続けたままである。そうした世界の原型を作り上げたダレス兄弟とはいかなる人物であったのか。彼らはいったい何をしたのだろう。この問いに答えられれば、現在の混迷の謎に迫ることができる。

本書はその「混迷のルーツ」を探ろうとする試みである。ダレス兄弟の外交の結果は二人の死後になってようやくその輪郭を現した。二人は、自分たちが介入した国々には安定と繁栄と自由が速やかに訪れると本気で信じていたようだ。しかし現実はその逆の事態となった。アメリカの介入によって、二度と立ち上がれないほどのダメージを受けた国もあった。そのダメージは未だに尾を引いている。そうした現実が目に見えてきた今になって、ようやくこの兄弟が主導した我が国の外交の功罪を論ずる本書を上梓できたのである。

二人の行動の根底には、「アメリカは特別な国」である、世界のいかなる国よりも倫理的な伝統があり、よりよい未来を見通すことができる国であるという信念（exceptionalism アメリカ例外主義）があった。だからこそ、他の国がとってはならない行動でさえも我が国には許された。合衆国は計り知れない力をもち、一国の政権を転覆させることができるのみならず、歴史の大きな流れをも変えられる。これこそが「アメリカは特別な国」であるという信念の本質である。

ダレス兄弟にはこれに加えて宣教師的信条があった。キリスト教を信ずる者だけが理解できる「永遠の真実（Eternal Truth）」を信じていた。それを信ずるからこそ未開人や後れた国を啓蒙する義務があると考えた。

二人には、これに加えてもう一つの重大な信念があった。「米国企業は世界のどこにおいても自由な活動を許されるべきだ。それが世界の幸福につながる」。二人は固くそう信じていたのである。二人にとっては、米国企業の繁栄と世界の幸福はパラレルなものであった。

これから語るダレス兄弟の物語は、我がアメリカ自身の物語でもある。二人を語ることは、アメリカの現代史そのものに光を当てることと同義である。そしてそれは世界の現代史を照らす光でもある。

注

＊1　Eero Saarinen（一九一〇―六一）アメリカの建築家。一九五〇年代から六〇年代にかけて活躍した。ダレス空港のほか、主な作品として駐英国米大使館、ＩＢＭトーマス・ワトソン研究所などがある。訳注

＊2　Gould-Adams, Richard John Morton, *John Foster Dulles: A Reappraisal*, Appleton Century-Croft, 1962, p4.

＊3　Leonard Mosley, *Dulles: A Biography of Eleanor, Allen, and John Foster Dulles and Their Family Network*, Dial, 1978, p4.

＊4　同右。

＊5　James Srodes, *Allen Dulles: Master of Spies*, Regnery, 1999, p6.

＊6　*Dulles: A Biography of Eleanor, Allen, and John Foster Dulles and Their Family Network*, p7.

第Ⅰ部　兄弟

1章　語られない出来事

華麗なる一族――三人の国務長官と一人のＣＩＡ長官

二十世紀を迎えた最初の年の夏の終わり頃のことである。オンタリオ湖に夜が明けると二人の少年はベッドから抜け出した。彼らの一日は冷たい水で身体を洗うことから始まる。冷水沐浴は父親の指導であった。朝食を終えるとフロントポーチに出る。家族みんなで聖書を読み、讃美歌をうたうのである。一曲のときもあれば二曲うたうこともあった。父親が跪（ひざまず）いて祈りを捧げると、家族はそれにならった。これが毎朝のお勤めだった。それが終わると、二人の少年は湖岸に走って行った。祖父と叔父さんと一緒にコクチバスを釣りに行くのである。[*1]

三世代の男が乗った釣り船は一艘しかなかった。[*2]豊かな顎鬚の老人は第三十二代国務長官である。叔父は祖父の義理の息子だった。彼は後に国務長官（第四十二代）になった。そして二人の少年も、祖父や叔父が霞んで見えるような政治家となった。兄の名はジョン・フォスター・ダレス。弟の名はアレン・ダレス。兄は国務長官（第五十二代）となり、世界の政治を表舞台で動かした。弟はＣＩＡ長官となり、当時は誰一人として想像できなかったやり方で世界の政治を変えることになる。

アレンは諜報の世界に君臨したが、諜報に興味を持った理由の一つが少年時代の釣りにあった。魚の居場所を見極め、餌を食いつかせる。針にかかった魚は「遊ばせ」る。網にすくわれるほうが楽になると思うほど疲れさせる。釣り上げるのはこうした一連の作業の後である。諜報の世界に興味を持ったのはこの経験があったからだとアレンは語っている。

オンタリオ湖周辺に散らばる小さな湖や小川での釣りから帰ると、二人の大物政治家から、アメリカの歴史や世界の政治の動きについて話を聞いた。話の中身を理解できるはずもなかったが、幼い二人が大きな影響を受けたことは確かだった。半世紀後には彼ら二人がアメリカの政治を、そして世界の政治を動かしたのである。[*3] 当時のアメリカは未曾有の繁栄を謳歌する一方で、かつて経験したことのない恐怖を味わった。

「私たちが楽しんだのは釣りだけではなかった。ヨット（セーリング）やテニスもやった。それが終わると世界情勢について聞かされた。我がアメリカが直面する諸問題を聞いた。元国務長官と将来の国務長官の間で交わされる話には重みがあった。私たちにできるのは、聞くことだけだったが、それが勉強になった。次第に会話に参加できるようになった。国際関係を論じる会話に入ることができた」（アレン）

ダレス家にはスコットランドとアイルランドの血が流れている。初代のジョセフ・ダレスは一七七八年にアイルランドからやって来た。プロテスタントに対する圧迫から逃れてきたのである。彼はサウスカロライナ州に落ち着くと、黒人奴隷を所有する農場主となった。[*4] ダレス家は信心深い一家であった。ジョセフの息子の一人、ジョセフ・ヒートリーはフィラデルフィアにある三つの教会の牧師となった。[*5]

ヒートリーの息子のジョン・ウェルシュはエール大学で医学を学んだが、結局宣教師になる道を選び、インドに渡った。嵐の海をさまようようにしてマドラス（訳注：現チェンナイ）に着いたのである。百三十二日の長い船旅であった。インドでの布教で、身体を壊したジョン・ウェルシュは五年後にフィラデルフィアに戻り、その後はアメリカ日曜学校連合の広報活動に携わっている。南北戦争の時代には、北軍兵士のために携帯用の『祈りのマニュアル』を執筆した。また『インドの生活（*Life in India*）』と『パレスチナの旅（*The Ride through Palestine*）』を著している。

篤いプロテスタント信仰　その1

ジョン・ウェルシュには三人の息子がいた。うち二人が宗教者（牧師）の道を選んでいる。ジョセフ・H・ダレス三世はプリンストン神学校で図書館長を務め、アレン・メイシー・ダレスは神学者となった。このアレン・メイシーがジョンとアレンの父親である。

当時、国際的に知られたアメリカ人女性がいた。エディス・フォスターである。メイシーとエディスはパリで知り合った（一八八一年）。二人とも旅行中の身だった。エディスは、アメリカが目覚ましい工業発展を遂げた時代、いわゆる「金ぴか時代（Gilded Age）」を生きる典型的な女性であった。十八歳の彼女はジョン・ワトソン・フォスターの娘だった。[*6]ジョン・フォスターは著名な法律家であり、外交官であり、共和党の屋台骨を支える有力政治家だった。彼は息子一人、娘一人を幼い時期に亡くしていただけに、残された二人の娘（エディスとエレノア）が可愛くてならなかった。メキシコ領事として赴任する際にも二人を連れて行った。家族はメキシコで七年間暮らした。次の赴任地はアレクサンドル二世のロシアだった。農奴解放（一八六一年）を実施した啓蒙君主の国だった。

二人の娘は外交官のサークルの中で成長した。メキシコシティではチャプルテペク公園で乗馬を楽しんだ。ロシアではロシア皇室の王子たちとダンスに興じた。ヨーロッパの首都を巡る父の旅にも同伴した。エディスとアレン・メイシー牧師とのロマンスは父ジョン・フォスターのスペイン赴任によって中断した。アレン・メイシーはエディスへの思いを振り切れないまま帰国した。スペインでのエディスは貴族の子弟との交流を楽しみ、スペイン王室につながる王子との「特別な関係」もあった。一八八五年の夏、フォスター一家は帰国した。アレン・メイシーは変わらぬ思いで彼女を待ち続けていた。二人が結婚したのは翌年の一月のことであった。

二人はウォータータウンに新居を構えた。オンタリオ湖畔にある町で、ニューヨークの富豪の別荘が多い。アレン・メイシー・ダレスはこの町の第一長老派教会の牧師となっていた。しばらくしてエディスは身ごもり、ワシントンにある実家に戻った。数カ月間は三階建ての実家でのんびり過ごした。第一子は一八八八年二月二十五日に誕生した。男の子は、エディスの父親の名前をとってジョン・フォスター・ダレスと名付けられた。五年後の一八九三年四月七日、二人目の男の子が生まれた。彼はアレン・ウェルシュ・ダレスと名付けられた。二人の男の子に続いて三人の娘も生まれた。ダレス家の親子の絆は強かった。

男の子二人は水泳、ヨット、狩猟、釣りに夢中だった。しかし身体は丈夫ではなかった。兄のジョンはよく高熱を出した。十三歳の時にはチフスに罹患し、死にかけた。何カ月もの間、ほとんど歩けず、どこに行くにも抱えられていた。弟のアレンは家族からはアリーと呼ばれていた。彼は生まれつきの内反足（ないはんそく）だった。障害をもつことは恥だと思われる時代だった。手術ができる年齢になると外科的な矯正がなされた。その後は普通に歩けるようになっている。*7

篤いプロテスタント信仰　その2

ダレス家は信仰心の塊（かたまり）のような一家だった。朝には祈りの儀式があった。毎日曜日、父は三つの教会で説教壇に立ったが、兄弟はどの教会にも紙と鉛筆を持って出かけ、父親の説教を書き留めた。父のお勤めが終わって家に戻るとその日の説教についての講義があり、家族はそれについて話し合った。これが日曜日の日課だった。夜になると、宗教雑誌『ヘラルド&プレスバイター』に載っている宣教師物語、ジョン・バニヤンの宗教寓話、*8 ミルトンの『失楽園』*9を読んだ。兄弟は、聖書の一節をどれだけ長く暗唱できるか、どちらが讃美歌をうまく歌えるか競い合った。*10

讃美歌三二〇番*11がジョン・フォスターのお気に入りだった。彼は子供たちの中では最も強くプロテスタント信仰の影響を受けていた。*12 母親の日記によれば、二歳の時には祈ることに興味を持ち、「心の底からアーメンという言葉を発していた」らしく、四歳になると日曜教会には喜んでついていった。五歳の時には彼の篤い宗教心は誰の目にも明らかで、七歳の誕生日には七つの聖歌をうたってみせた。

外国布教の経験がある宣教師たちがダレス家を頻繁に訪れていた。彼らはシリアや中国の布教にどれほど腐心したかを切々と語った。この頃の思い出を妹のエレノアは次のように記している。[*13]

「彼らの布教活動が外交だと考えたことはありません。宣教師たちが改宗させようとした人々の生活ぶりや彼らの信じる迷信やらの話を聞いて、ただ興奮していました。彼らがキリスト教に見出した希望を聞いて心が躍ったのです」

「宣教師の話に最も影響を受けたのはジョン・フォスターだったと思います。彼は後になってそれを自ら実践しようとしたのでしょう。いずれにせよ彼らの話は私たちに強い影響を与えました。キリスト教の正しさを確信しました。異国の地に暮らす人々に希望の光を、そして自由を与える布教活動は、キリスト教を奉ずる者の義務だと考えるようになりました」

母親のエディスは、男の子たちをパブリックスクールで教育しようとは考えなかった。二人は「特別」な子で、公立学校に任すことはできなかった。住み込みの家庭教師を付け、私立の学校で学ばせた。彼女はジョン・フォスターをヨーロッパの旅に連れて行った。しばらくしてアリー（アレン）も連れて行くようになった。彼女は二人に世界を見せたかった。

兄弟が母親から受けた影響は大きかった。[*14]しかし成長した彼らは二人の男性からより多くを学ぶことになる。

父と祖父

その一人は父アレン・メイシー・ダレスである。彼は長老派の牧師として精力的に活動した。宗教家という一族の伝統を引き継いでいた。厳格な人物で、子供たちに対する要求も厳しかった。一方で、知的な、学問を好む学者風のところがあり、家族を大切にした。信仰心に篤く、布教の重要性を理解していた。「アメリカは世界に出て、無知蒙昧な人々を啓蒙しなければならない。それこそが神がアメリカに託した宿命（America's destiny）である」と信じていた。

ダレス一族のメンバーの一人は後に、カルヴァン主義者（訳注・カルヴァン主義は神の絶対と信仰による義認・予定説を説く）の人生の処し方についてこう書いている。「その長所は、神から行動する使命を託されているという信念をもっていることだと思います。それと表裏をなす弱点は、自分を神のスポークスマンだと勘違いしてしまうことです[*15]」

ダレス兄弟に大きな影響を与えたもう一人の人物は母方の祖父のジョン・フォスターであった。政治家フォスターは兄弟に、父親とは違う世の中の見方を伝授し、兄弟の知的好奇心を刺激した。兄弟は祖父から多くの話を聞いた。夏の休暇を利用して、祖父はダレス家にやって来た。十九世紀も終わり、二十世紀を迎えようとしていた時期であった。兄弟がワシントンに暮らすようになる頃には長老派教会の牧師館で祖父に会うことが多くなった。二人は、西部開拓時代の話や祖父がビジネスを始めた頃の体験談を聞いた。荒野を開墾し、自然とどう向き合ったかも聞いた。いかにして成功のきっかけを摑んだかも聞いた。

祖父はアメリカの「明白なる宿命」の時代を生きた典型的な人物だった。彼にとってのアメリカは神の摂理（Providence）に依って立つ国であり、無敵の国だった。西へ西へと進み、インディアンを啓蒙し、自主の精神を発揮する。祖父フォスターは自らの信ずるアメリカの姿を二人の孫に伝えた。さらに彼は二人にもう一つの重要な知恵を授けた。

「富と力のある者に取り入れ」

フォスターは西部開拓時代のインディアナの辺境地域で育った。町の新聞の編集者となり、新聞を使って共和党の考えを広めた。彼は歴代の共和党政権を支援した。ユリシーズ・グラント、ラザフォード・ヘイズ、ジェームズ・ガーフィールドの三代の共和党政権を応援した。四代目となる大統領はベンジャミン・ハリソンだった。一八九二年、ハリソン大統領は（病を得て辞任したジェームズ・ブレイン国務長官に代わって）フォスターを国務長官に指名した（一八九二年六月）。フォスターがその職にあったのはわずか八カ月だった。同年の大統領選挙でハリソンは民主党候補に敗れたからである（訳注：一八九二年の選挙では民主党のグロバー・クリーブランドが当選した）。

短い国務長官のキャリアだったが、フォスターはハワイ王朝の崩壊に功があった。ハワイの白人植民経営者は、リリウオカラニ女王のハワイ王朝が邪魔だった。ハリソン大統領は王朝転覆を狙う勢力を支援した。フォスターはハワイ島の白人勢力を支えるために、海兵隊の上陸を承認した。その結果ハワイ王朝は滅亡し、ハワイに白人新政権が誕生したのである。アメリカ政府は新政権を直ちに承認した。こうしてハワイから王室が消えた。[*16]

「ハワイの原住民は他国から敬意を払われ、かつ責任を全うできる政府を作ることができないことを満天下に晒した」と後にジョン・フォスターは書いている。「神が彼らに与えたもうた摂理に応えることができなかった。彼らには神の意思に応える能力も意思も欠けていたのである」[*17]

アメリカが初めて外国政府を転覆させたのがハワイ革命であり、それを実行した国務長官がジョン・フォスターだったのである。その後もアメリカによる外国政府の転覆工作は繰り返された。ハワイ革命からおよそ半世紀が経った頃、彼の孫もそれを実行することになる。

国務長官の職を去ったフォスターは、故郷のインディアナに戻り、弁護士稼業を再開することを考えた。しかし、インディアナの同業者が、一匹の豚をめぐる争いぐらいしか仕事がないと不満を洩らすのを聞き、ワシントンに残って新しいタイプの仕事を開拓すると決めた。政治の力を利用して海外での事業展開を狙う大企業を支援するのである。政治ブローカー業、すなわちロビイストであり、それは時代が要求する新業種だった。

アメリカは農業でも工業でも大量生産方式に成功し、生産量は国内消費量を上回っていた。米国産業は外国市場を必要とした。原料も外国に求めなくてはならなかった。彼らはワシントンに、米国企業とのビジネスを強制できるような力ずくの外交を期待した。ビジネスの条件はフェアであるべきだったが、それは米国企業の基準にもとづくものでなくてはならなかった。

ロビイスト：祖父ジョン・フォスター　その1

ジョン・フォスターには、国務長官の経歴を通じて培った共和党主流派との強力な人脈があった。

海外に目を向けるアメリカ企業に政府の外交支援をもたらす政治ブローカー業には打ってつけの人物であった。ジョン・フォスターのロビイスト活動を必要とする会社は多かった。一方で彼の米国内における影響力を必要とする外国政府もあった。アメリカ政府も彼の交渉力に一目置き、通商交渉を任せた。彼は八カ国との通商案件をまとめ、英露両国とはベーリング海でのアザラシ猟規制交渉を成功させた。

ジョン・フォスターの政治ブローカー業は成功した。アメリカ政府の外交をビジネスに利用できる会社は喜んで高い報酬を支払った。二人の孫がこのやり方に倣(なら)うことになるのはしばらくしてからのことであった。

〈訳注：一八九四年七月に日清戦争が勃発した。一八九四年暮れから日清両国政府は水面下で講和条件を探り始めている。清国政府はジョン・フォスターを外交顧問とした。下関での講和交渉に清国全権李鴻章(りこうしょう)の顧問として来日した。その模様は拙著『朝鮮開国と日清戦争』〈草思社〉で詳述した〉

ジョン・フォスターは娘や孫と一緒に過ごす時間が欲しかった。娘の暮らす町ウォータータウン近郊のヘンダーソンに邸を購入したのはそのためであった。エディスの妹エレノアがロバート・ランシングと結婚したのはちょうどこの頃である（一八九〇年）。ランシングは法律家であり、外交官だった。お洒落な着こなしでも知られていた。ランシング家はウォータータウンの名門だった。ランシングとジョン・フォスターは馬が合った。二人は釣りをしながら、ワシントンの政治や外交問題を語り合った。二人の孫もランシングを「バート叔父さん」と呼んで祖父同様に敬愛した。「気の合った」四人は夏になると朝早くからオンタリオ湖にボートを漕ぎ出し、釣りに興じたのである。

ジョン・フォスターは二人の孫が可愛くて仕方がなかった。夏の時間だけでは足りなかった。彼のワシントンの邸はデュポンサークルにあったが、冬の間も二人を娘から「借り受けた」。邸には支那の陶磁器など外国の装飾品が溢れていた。ジョン・フォスターは二人の孫のために家庭教師を雇った。制服を着た召使いが二人の面倒を見た。複数の召使いを白髪の執事マジソンが差配した。夕食時になると、ワシントンの政・官界の大物や著名な実業家がやって来て、おしゃべりに花を咲かせた。それを二人の孫は聞いていた。[*18]

当時の政界や実業界を代表する錚々たる大物がフォスター家の晩餐に顔を出した。ウィリアム・タフト、セオドア・ルーズベルト、グロバー・クリーブランド、ウィリアム・マッキンレー、ウッドロー・ウィルソン。彼らは大統領経験者か、あるいは後に大統領となる人物だった。鉄鋼王のアンドリュー・カーネギーら実業家もフォスター家を訪れた。

ジョンが初めてワシントンの冬を過ごしたのは彼が五歳の時であった。しばらくするとハリソン大統領の孫の誕生パーティーに招待され、ホワイトハウスを訪れた。数年後にはアリー（アレン）も冬のワシントン暮らしに加わった。

幼い二人は晩餐の席の会話には加われなかったが、そこで交わされる話を熱心に聞いた。フォスター家の冬の晩餐は、アメリカの支配階級の思考を理解する最適の場であった。その場に居合わせることで、彼らの「スタイル」を学ぶことができた。彼らの使う言葉や振る舞いを学んだ。当時の雰囲気をダレス兄弟の妹エレノアは次のように回顧している。[*19]

「女性たちはスパンコールや羽根飾り付きの衣装を身に纏い、男たちはいくつもの勲章をつけてやって来た。パーティーは大変きらびやかで、ロマンティックだった。料理やお茶も素晴らしかった。それに比べたら、今のパーティーなど、無秩序でだらしがない」

ロビイスト：祖父ジョン・フォスター　その2

弟のアレンはパーティーに異常なほどの好奇心を示した。地元ウォータータウンのパーティーでは、祖父を観察し、その独特な癖を見つけてはノートに記録した。彼がそうしたパーティーに初めて引っ張り出されたのは七歳の時だった。彼は大人たちが交わす議論を真剣に聞いた。ゲストが帰ると自室に戻り、その夜の会話の内容を書き留めた。政治家たちが発した言葉を要領よくまとめ、彼らの性格を分析したのである。それが将来のアメリカの課報組織の中心人物となる少年のルーティン・ワークだった。アレンは「聞き上手だった」[*20]のである。

ワシントンでの初めての冬を過ごした時期のことだが、アレンはボーア戦争に心を奪われた。取り憑かれたかのように、この戦争について六千字のエッセイを書き上げた。[*21]「ボーア人は平和を望むが、イギリスは金を欲しがる。そこでイギリスは戦争を仕掛ける。イギリスは世界中に出て戦争をする。大国、小国お構いなしだ」

ジョン・フォスターはエッセイを読んで驚き、そして喜んだ。綴りの誤りを直し、私家版を印刷した。アレンが八歳の時のことである。兄のジョンは弟のエッセイに感心しなかった。「アレンの反植民地感情は幼稚で、間違いが多い」と冷ややかだった。

ジョンの判断は正しかったかもしれない。しかしそれを言葉にしてしまうところに、ジョンの他人に厳しい性格が出ていた。その性格は生涯変わることはなかった。年長のジョンは弟に比べると物静かで行儀がよく、おとなしかった。反面、独善的なところがあった。癇癪（かんしゃく）を起こしたり不平を口にすることはほとんどなかったが、能力の低い人間をあからさまに嫌った。聖書の長文の一節を暗記するのがジョンのお気に入りの楽しみで、「ヨハネ福音書」を暗唱して聞かせた。

　このエピソードでもわかるように、ダレス兄弟の性格はかなり違った。兄のジョンは一つのことに集中する努力家であった。その分、内向的だった。妹のエレノアは、「ジョンはお兄さんというよりも、もう一人のお父さんのような存在だった」と評している。弟のアレンは兄とは違い社交的で、人好きのする性格だった。反面、感情をコントロールできないところがあった。「アレンは、自分の考えにそぐわない場面では、怒りを爆発させることがよくあった」とエレノアは当時を振り返っている[*22]。

　成長するとともに兄弟の性格の違いは際立ってきた。ジョンは黒い帽子に傘を携えて歩く姿がトレードマークになった。一方のアレンはちょっと気取って髭をたくわえ、いつもパイプをくわえていた。ジョンは裕福になったが、友人と呼べる者はほとんどいなかった。くつろいでいる時でも、どこか身体の具合が悪そうに見えた。一方のアレンは饒舌で愛想がよかった。会う者誰もが好感をもった。とはいえ、ある伝記作家は「弟のアレンはロマンを求め、冒険心に満ちていた。しかし本当のところは兄のジョンよりも冷酷で、人を騙しても平気なところがあった」と辛辣な評価を下している。[*23]

兄弟には三人の妹がいた。マーガレット（次女）は牧師と結婚し、ナタリーン（三女）は看護婦になった。長女のエレノアは二人の兄弟に似た性格だった。彼女はひどい近眼だったが、水泳でも狩猟でも、あるいは釣りでも二人の兄と張り合った。彼女は家の教育に反抗したとまでは言えないが、自分でものごとを考えるタイプだった。そのせいもあり家庭でのプロテスタント教育に静かに抵抗した。ブリンマー・カレッジ[*24]（女子大学）時代には同性愛も経験した。絹のストッキングをはき、人前で煙草をふかし、髪を短くカットしていた。汚い言葉も平気で使った。[*25]ハーバード大学に学び、博士号（訳注：経済学）を取得した。旅行が好きで、ラテンアメリカ、ヨーロッパ、南アジアなどを周った。（母校のブリンマー・カレッジやペンシルバニア大学で）経済学を教え、その後政府機関で働き、社会保障制度の設計にたずさわり、ブレトンウッズ会議[*26]に参加した。外交官としても活躍し、著作も多い。『一九一四年から二八年にかけてのフランス・フランの研究[*27]』は彼女が著したものである。彼女が生きた時代の女性に対する態度が現代と同じであれば、二人の兄よりも輝いた可能性があった。

兄のジョンは十六歳の時に父の出身大学であるプリンストンに入学した。一九〇四年秋のことである。当時プリンストンは男子校だった。長老派キリスト教徒が創立した大学で、田舎の親睦団体のような雰囲気があった。ジョンは最初、それを嫌ったようだ。人生で初めて自己嫌悪に陥ったと伝記作家のレナード・モズリーは書いている。[*28]

「（十六歳の彼の周囲はみな年長だった。）ジョンは二歳年上の、眼光鋭い、反抗的なクラスメイトに

〝恋〟をした。落ち込んでいた気分は高揚した。浮き立つような日々は、尊敬するその年上のクラスメイトとの付き合いが肉体関係に及ぶと知った時まで続いた。パーティーの席ではおずおずと、はにかんで女の子にキスするほどうぶなジョンにとっては、打ちのめされるような、衝撃的な事実であった。それは聖書では恥とされ、罪とされる行為である。ジョンの罪の意識を察知したクラスメイトは部屋を出て行き、やがて大学を去った」

大学生活が終わりに近づいた頃、ジョンは普通の学生ではとても味わえない経験をした。祖父のフォスターが、オランダで開催されるハーグ会議（訳注：一九〇七年の第二回万国平和会議）に中国政府の顧問として出席することになり、孫のジョンを秘書として同道したのである。[*29] ハーグ会議はセオドア・ルーズベルト大統領とロシア皇帝ニコライ二世が提唱した画期的な会議だった。戦争になる要因をいかに減じて平和を維持するか。そのための国際ルールを制定する。それが会議の主旨だった。現代の歴史書はこの会議をそれほど重要視していないが、十九歳のジョン・フォスターにとっては息をのむほどの体験であった。高級レベルの外交を間近に見、国際法の何たるかを学んだ。各国の代表が国益のために懸命に努力する姿を見た。彼らの振る舞いやその言葉に秘められた思惑を祖父が解説してくれた。

ロビイスト：祖父ジョン・フォスター　その3

プリンストンに戻ったジョンは両親の願う職業（聖職者）には就かず、「キリスト教（プロテスタント）的法律家」になると決めた。その決断は母をひどく悲しませたとジョンは後に告白している。[*30]

プリンストンの卒業生のすべてがジョンのように法曹界や経済界での成功を目指していたわけではない。ジョンの一期上の卒業生、ハワード・バスカービルもそうした学生の一人だった。ネブラスカ州出身のバスカービルは、祖父も父も牧師だった。彼はワシントンでの政治にもウォールストリートの国際金融にも興味がなかった。彼は卒業と同時に宣教の道を選び、イランに赴任した。イランは「革命」の混乱の渦中にあった。彼はイランの民主化運動に身を投じた。民主化運動が外国勢力の支援を受けた王政派に潰されるのを見て、多くの若者を民主化の闘士として集めた。ハワードは一九〇九年四月二十日の暴動で命を落とした。イラン民主化運動で亡くなった唯一のアメリカ人だった。[*31] プリンストンの関係者はこれに衝撃を受けた。当時、ジョンはすでに大学を卒業しており、どのような反応を見せたか記録はない。後述するが、ハワードが民主化のために命をかけたイランの地で、そこに芽生えていた民主主義を叩き潰したのがジョンとアレンの二人であった。

一九〇八年、ジョンは二番目の成績でプリンストンを卒業した。学位は哲学であった。卒業論文は「最後の審判の論理（Theory of Judgment）」だった。その論文が認められてパリのソルボンヌ大学への奨学金留学が決まった。ソルボンヌでは哲学者アンリ・ベルクソンに学んだ。ベルクソンは一九二七年にノーベル文学賞を受賞した。

ジョンはパリから帰国するとジョージ・ワシントン大学で法律を学んだ。祖父と同じ道を歩むためである。三年の課程を二年で終えた。授業のない日は祖父の助手として働いた。

ジョンが祖父フォスターの仕事の秘訣、つまり政治や外交に関するワシントンの内部情報を利用して顧客の利益を図るというテクニックを学んだのはこの頃である。ジョンは祖父の仕事こそ将来の職業としてふさわしいものと確信した。

弟のアレンがプリンストンに入学したのは兄の卒業後二年目のことだった。アレンの学生生活はジョンのそれとは正反対であり、二人の性格の違いをよく表していた。アレンは学内の親睦組織のメンバーとなり、パーティーに参加し、女の子たちを追い回した。行状を知った父とは帰郷のたびに口論となった。アレンは試験の前だけ勉強をするタイプだったが、それでも成績は悪くなかった。卒業論文が認められ、賞金五百ドルを授与されるほどだった。アレンはそれをインド旅行の費用に充てた。インドでは大学のコネで英語教師の職を得た。それはアレンが家族の手厚い庇護の翼から飛び出した第一歩だった。[*32]

プリンストン時代にアレンは多くの女子学生とデートしたが、その中にジャネット・エイヴリーがいた。ニューヨーク州オーバーン出身で、華奢な身体つきの学生だった。アレンはジャネットが真面目なだけが取り得のつまらない女性だと感じると、すぐに次の女性に移って行った。ところが彼女を兄のジョンが気に入った。昔ながらの女性気質を持ち合わせ、浮わついたところのないジャネットこそジョンが求めていた女性だった。ジョンは司法試験の当日に彼女をカヌーに誘った。試験はバッファローで行われたのだが、合格の手ごたえがあれば、そのまま結婚を申し込むつもりでいた。ジョンはカヌーの上でプロポーズした。ジャネットは二つ返事でそれを受けた。[*33]

サリバン・クロムウェル法律事務所（S&C）

ジョンは司法試験に合格した。彼が職を求めたのはサリバン・クロムウェル法律事務所（S&C）だった。この事務所を勧めたのは祖父であった。ジョンには十分な能力がありそうだった。プリンストンでの成績も優秀で、ソルボンヌ大学への留学経験もあった。年齢の割に国際法に詳しかった。フランス語、スペイン語、ドイツ語もある程度理解した。祖父に連れられ国際会議の裏舞台も見ていた。

それでもサリバン・クロムウェル法律事務所の共同経営者（パートナーズ）の出した答えはノー（不採用）であった。S&Cがアイビーリーグで法律を学んだ者以外を採用することはほとんどなかった。プリンストン大学はアイビーリーグの一つではあったが、ジョンは法律を学んでいなかった。

祖父はS&Cの共同創業者アルジャーノン・サリバンをよく知っていた。ジョンは祖父に口利きを頼んだ。ジョン・フォスターは孫の願いを快く引き受けた。サリバンは亡くなっていたが、もう一人の共同創業者、ウィリアム・ネルソン・クロムウェルに孫の採用を働きかける手紙を書いた。

「我々は懐かしい思い出を共有している。それだけでも、孫を採用して彼にチャンスを与える理由にならないだろうか[*34]」

クロムウェルは、事務所の性格上、ワシントンとのコネクションに留意すべきであることがわかっていた。元国務長官が孫の採用を願う手紙を書いてきているのである。配慮するのが当然だった。彼は事務所の決定を覆し、ジョンの採用を決めた。

ジョンが事務員としてS&Cに採用されたのは一九一一年の秋のことであった。給与は週給十二ドル五十セントと少額だったが、不足分は祖父が補填した。[35] サリバン・クロムウェル法律事務所はウォールストリート四十八番地、ニューヨーク銀行ビルの十九階と二十階にオフィスを構えていた。ジョンに与えられた部屋からはフェデラル・ホールが見えた。一七八九年、初代大統領ジョージ・ワシントンが就任演説をした由緒ある建物だった。

ジョンは採用が決まるとジャネットに手紙を書いた。「待っていて！　一、二年もすれば若い法律家を部下に付けて、共同経営者になっているはずだから[36]」

一九一二年六月二十六日、二人は結婚式を挙げた。ジョンは二十四歳、ジャネットは二十一歳になったばかりだった。[37] ハネムーンはキャッツキル（ニューヨーク州）で過ごした。ジョンは生活のすべてを仕事中心にした。ジャネットはそれにすぐに気づいた。

彼は挙式の少し前に英領ガイアナ（現ガイアナ共和国）に出張した。アメリカ産の小麦粉を非関税にさせるため、現地政府と交渉するのが任務だった。そこで彼はマラリアに感染した。ハネムーンの時も完治していなかった。処方されたキニーネの副作用もあって歩くことが困難だった。新婚旅行には看護婦を帯同した。

仕事優先だったが夫婦仲はよかった。半世紀後にジョンは亡くなるのだが、ジャネットは、「私は彼のことは何もかもわかっていた。私には最高の伴侶だった」と語っている。[38]

ジョンが勤務を始めた頃のS&Cは、すでにアメリカの政治・経済に大きな影響力を発揮する事務所になっていた。十九世紀後半にアメリカはその富を猛烈に蓄積した。富を得た人々の多くがワシントンや世界市場と結びつくためにS&Cを利用した。

アルジャーノン・サリバンとウィリアム・クロムウェルがS&Cを開設したのは一八七九年のことだった。二人は法律家として新しい分野の開拓を目指した。投資家と企業家を結びつけて巨大企業を生み出すというものだ。[*39] 新型の資本主義は工業、商業、金融業の融合を必要としていた。そのマッチング業務が彼らの目指すビジネスだった。

S&Cはエジソン・ゼネラル・エレクトリック・カンパニーの設立に成功した(一八八二年)。七年後には二十一の鋼管メーカーを統合し、ナショナル鋼管会社を生み出した。金融面の対応はJ・P・モルガンが担当した。さらに二年後の一八九一年には新たに七社を加え、USスチールを作り上げた。資本金十億ドルという、当時としてはとてつもない大会社を作り上げたのである。

鉄道王E・H・ハリマンもS&Cを利用した。この頃、セオドア・ルーズベルト大統領はハリマンを毛嫌いしていた。「大金持ちの極悪人」「共和国の敵」が大統領のハリマン評だった。ハリマンは競合会社の乗っ取りにS&Cの助言を受け、イリノイ・セントラル鉄道とウェル・ファーゴ銀行の経営権を握った(訳注:ウェル・ファーゴ銀行は西部開拓時代の郵便事業から発展した輸送部門を持っていた)。この買収劇は、「巨額な賄賂(わいろ)が飛び交い、姦計が弄された不法行為」だったと当時の新聞は伝えている。

S&Cはフランスの投資家も顧客にしている。彼らはパナマ運河開削のベンチャー企業への投資に失敗していた。ウィリアム・クロムウェルはアメリカ議会に対する工作を仕掛けた。当時アメリカもパナマ運河建設を検討していたが、ニカラグアの湖沼地帯を通すルートが最も好ましいとされていた。クロムウェルはこれを、フランスが工事半ばで投げ出したパナマ・ルートに変更させたのである〈訳注：パナマ運河建設にかかわるフランスとアメリカの攻防は拙著『日米衝突の萌芽　1898―1918』〈草思社〉7章「アメリカの戦争準備　パナマ運河」で詳述した〉。これによってフランスの投資家は、破綻した会社の残余資産を四千万ドルで売却することができた。

クロムウェルの工作はここで終わらなかった。パナマ革命を起こしてパナマをコロンビアから独立させた。その上で、パナマ政府との間で、アメリカに有利な条件によるパナマ運河建設を認めさせたのである。当時の新聞は、ウィリアム・クロムウェルを、「見事なまでの偽計を弄し、まんまとパナマ地峡地帯を手に入れた」男と評した。[*40]

それでもS&Cの評判はよかった。クロムウェル自身が述べているように、S&Cは政治家に対してだけではなく、金融界にもメディアにも強い影響力を行使できた。政界の意思決定を左右できるほどの影響力だった。ワシントン政界とグローバル・ビジネスとの融合を可能にする力がS&Cにはあった。[*41]ジョンはここで四十年近くにわたって活躍することになる。

ジョンが初めて担当した顧客は、ブラジルの鉄道、ペルーの鉱山、キューバの銀行業に投資した資本家たちだった。第一次世界大戦が勃発すると、ヨーロッパへの出張が増えた。顧客はメルク製薬、アメリカ綿実油会社、ホーランド・アメリカライン等であった。各社ともジョンの働きぶりに満足した。

アレンと諜報活動　その1

アレンも将来を決定づける道を歩み始めていた。一九一四年にプリンストン大学を卒業すると、彼はインド中部に向かった。同地にあるユーイング・クリスチャン大学に職を得たのである。[*42] インドへの途次、パリに寄っている。当時は多くのプリンストン卒業生がパリにいた。アレンは彼らとパリの生活を大いに楽しんだ。（大戦の発端となった）オーストリア皇太子フェルディナント暗殺の報を聞いたのもパリであった。

この頃のアレンの興味の対象は競馬だった。暗殺事件よりも競馬のことをよく覚えていた。ロンシャン競馬場のグランプリレースが一番の想い出だった。競馬こそが彼の生活で最重要のイベントだった。

インドに向かう船上で彼はラドヤード・キプリング[*43]の書いた小説『少年キム（*Kim*）』を読み、気持ちが高揚した。権力闘争と諜報戦を描いた作品である。主人公のキムはアイルランドの孤児だったが、インドのラホール（現パキスタン北東部）でヒンドゥー教徒として育った。チベットのラマ僧から多くを学び、イギリス諜報部員に採用された。彼は地元を熟知し、風習もわかっている。諜報部員にはもってこいであった。

「神は時に人に使命を与える。君はそういう人間の一人だ。命を顧みず行動し、情報を得る。そういう熱情がある。秘密は時に遠くにあることもあるし、近くで見つかることもある。いずれにしても情報収集の作業は孤独なものだ」

こう聞かされてキムは諜報の世界に入った。『少年キム』はインド帝国の輝かしい物語でもあった。汚い行為も国を守るためには必要悪だ。そういうメッセージが込められていた。後年の刊行版にはエドワード・サイード[*44]が序文を書き、「帝国主義時代の傑作」であったと評している。この本がアレンに強烈なインスピレーションを与えた。つねに手元に置き、死の床にもこの書があった。

彼はインド時代に召使いを使うことを覚えた。「アレンにはいつも誰かが付いていて、ものを取ってきたり、荷物を運んだりしていた」と妹のエレノアは語っている。[*45]インドの遺跡にも興味を持った。ヒンドゥー教やサンスクリット語も学んだ。彼がラビンドラナート・タゴール[*46]の詩を口にするのを聞いた者もいる。

アレンは反植民地運動にも興味を示している。反政府運動の集まりに参加したこともあれば、活動家の弁護士モティラル・ネルーの自宅に招待されたこともあった。そこで彼の二人の子供に会った。その一人がジャワハルラールで、ケンブリッジ大学を卒業して帰国したばかりだった。ジャワハルラールは後に初代インド首相になる。もう一人は娘のヴィジャヤだった。まだ十代の少女だったが、誰にも負けないほど熱心なインド独立支持者だった。後に外交官となり、女性として初めて国連総会議長を務めた。

ユーイング・クリスチャン大学での契約が終了すると、教職に残るよう懇願された。しかし、アレンは大戦の続く中、インドに留まりたくはなかった。帰国を決意したが西回りの船を使うのは危険だった。大西洋ではドイツの潜水艦が獲物を狙っていた。彼が東回りで帰国を決めたのは一九一五年春のことであった。船と鉄道を利用した贅沢な帰国旅行になった。シンガポール、香港、広東、北京、上海、東京を訪れた。行く先々でアメリカ外交官が出迎えた。公式レセプションにも招待された。歓待される理由がアレンにはわかっていた。家族に宛てた手紙に、「親族に有力者がいるのは素晴らしいことです」[*47]と書いている。

東回りで帰国したことで地球を一周したことになった。アレンは二十二歳になっていた。故国アメリカはインドに発った十四カ月前とは様変わりしていた。アメリカ一国の繁栄を謳歌する空気は消えていた。貨客船ルシタニア号がドイツ潜水艦に撃沈され、千二百人もの犠牲者を出した。うち百二十八人が米国人だった。時の大統領ウッドロー・ウィルソンは元プリンストン大学のアレンのお気に入りの教授だった。大統領と国務長官ジェニング・ブライアンはルシタニア号事件への対処の仕方で意見が割れていた(訳注：ブライアンは、米国人が交戦国の船舶を利用しないようにすることでドイツとの対立を避けたかった。一方の大統領はドイツの攻撃そのものを批判した)。その対立が原因で、ブライアンは職を辞した。後任にはロバート・ランシングが就いた。ランシングこそ、ダレス兄弟の大好きな「バート叔父さん」だった。口髭をたくわえたイギリスびいきの紳士だった。

祖父は元国務長官であった。今度は叔父が現役の国務長官となった。アメリカ中のどんな若者よりもワシントンの権力中枢に近いところに二人は立った。兄のジョンはすでにその立場をS&Cの仕事に利用して出世の階段を登っていた。しかしアレンはまだ将来を決めかねていた。ぼんやりとではあったが、ルシタニア号事件と叔父の国務長官就任で、諜報の世界に少し近づいた感覚があった。

アメリカ世論は、「ルシタニア号は無抵抗の客船だった。それをドイツ潜水艦が撃沈した」と聞かされ、憤った。ドイツは、ルシタニア号はイギリス向けの武器を積んでいたと反論した〈訳注：ルシタニア号は実際に英国向けの弾薬などの軍需品を積載していた〉。いずれにせよこの事件は、二年後のアメリカ参戦の理由の一つになった。アメリカ国内に、ドイツの主張が正しいことを知っていた者は少なかった。ランシング国務長官はその一人だった。

アレンと諜報活動　その2

この頃のワシントンには諜報活動を重視する者はほとんどいなかった。その理由は「紳士は他人の信書は覗かない」〈ヘンリー・スチムソン〈訳注：第四十六代国務長官〉の言葉〉という倫理観にあった。しかし諜報を重視する政治家はいた。それが祖父のジョン・フォスターだった。彼は各国に散らばる領事館や大使館に積極的に駐在武官を遣った（一八九二年から九三年）。ヨーロッパの図書館、書店、出版社を通じて新型兵器の開発や改良に関わる情報を集めさせた。彼は国務省内に軍事情報収集部門を設置し、情報の分析にあたらせた。軍人一人、アシスタント一人で始まったが、ランシングが国務長官となった頃には軍人は三人、アシスタントは二人に増員されていた。

ヨーロッパの戦いに参戦すべきだとの気運が高まると、ランシング国務長官は諜報部門の強化を積極的に進めた。組織は一気に千二百人規模となり、在外公館から届く情報、駐在武官の報告、シークレットサービスや法務省あるいは郵便検閲局の報告書の分析にあたらせた。

アメリカの諜報組織の生みの親がジョン・フォスターとランシング、兄弟の祖父と叔父だった。

アレンが諜報の世界に入るきっかけを作ったのもランシングであった。彼はアレンにアレックス・ゴーント大佐を引き合わせた。ゴーントは第一次大戦時の英国大使館付駐在武官だった。ランシングはゴーントをニューヨークのヘンダーソン・ハーバー[*48]の別荘に招待し、ニューヨーク市のフットボール観戦に誘った。その際にアレンを同道したのである。ゴーントは自分の職務内容をあけすけにアレンに語って聞かせた。

ピンカートン探偵社[*49]を使ってアメリカの主要港を監視させたり、あるいは反英組織内に諜報員を潜入させるといった話を聞いた。アレンは鳥肌が立つほど興奮した。

「諜報の世界に身を置き、ゴーントのような仕事をしたい。アレンはそう決心した[*50]」のである。

アレンが外交官試験に臨んだのは一九一六年のことだった。合格すると国務省に採用され、キャリア外交官の道を歩み始めた。病み衰え、死にゆく大国オーストリア・ハンガリー帝国の首都ウィーンが最初の任地だった。最下級職である五等書記官の身分だった。任地に着いてしばらく後に皇帝フランツ・ヨーゼフの葬儀があった。皇帝は一八四八年以来六十八年にわたって皇位にあった。

英仏露軍との激しい戦いが続く最中の死去であった（訳注：一九一六年十一月二十一日に八十六歳で没）。葬儀はウィーンのシュテファン大聖堂で執り行われた（一九一六年十一月三十日）。アメリカはフレデリック・ペンフィールド領事とアレンを参列させた。アレンは一つの時代の終焉を感じた。これからどんな時代になるのか誰にもわからない。先の見通しもつかず、未知の恐怖に満ちた時代の幕開けだった。

一九一七年春、アメリカはドイツとオーストリアに対する宣戦布告に備えていた。アレンはスイスの首都ベルンに異動となった。スイスは中立国であったから、ベルンには様々な人々が集まっていた。国外追放となった者、革命家、諜報工作員なども混じっていた。着任したアレンは上司に新しい職務を尋ねた。「諜報に携わってほしい」と告げられたが、アレンには天の配剤だった。もしかしたら「バート叔父さん」の采配だったのかもしれなかった。「目を皿のようにして情報を取れ。ここはスパイの町だ。知り得たことは週ごとにレポートにまとめよ」。それが上司の命令であった。

アレンはこうして「闇の世界」に足を踏み入れた。まだ二十四歳であった。それでもたちまち諜報組織のリーダーとして才能の片鱗を見せた。複数の言葉を操るアシスタントを使い、昼も夜も情報提供者たちと接触した。セルビア、クロアチア、モンテネグロ、アルバニア、ウクライナ、リトアニア、チェコ、ブルガリア、ポーランド、ルーマニア、ハンガリー、ドイツ、ロシアと様々な国の出身者だった。ベルビュー・パレス・ホテルのロビーやレストランに頻繁に出かけた。彼の戦いの場は前線の塹壕とは好対照をなすバロック風建築の豪華ホテルであった。

ホテルでは会えない人物と接触するためにアパートも確保した。彼の情報収集は上司を感心させた。ドイツ軍の動き、攻撃計画、さらにはツェッペリン爆撃機の秘密製造工場まで突き止めたのである。

「(アレンの至急電は)重要な情報を含んでおり、価値あるものだ。情報の質は高く、導き出される推論はしっかりしている」。これが上司の評価だった。仕事にも熱心だったが、ベルンの生活も十分に堪能した。中立国の町だけに活気があった。ここに逃れてきた多くの外国人と頻繁にスポーツを楽しんだ。昼はゴルフやテニスをし、ハイキングに出かけ、夜は舞踏会や晩餐会に出席し、ベルビュー・パレス・ホテルでジャズを聴いた。

こうした機会を利用して女性と知り合うこともできた。地元の真面目な女性、亡命家族の娘、アメリカ大使館で働くスイス人女性などである。[*51] テニスボールがなくなりそうになると、国務省本省の友人を通じて外交行嚢（こうのう）で取り寄せた。毎週一ダースのテニスボールが送られてきた。[*52]

アレンは家族に宛てた手紙に、「とても言葉にできない出来事」「尋常でなく面白いこと」があると書いた。[*53] 後日その出来事の詳細がいくつか明らかになっている。

ある金曜日の午後、アレンはデートの準備をしていた。スイス人の二人の女性と泊りがけで郊外に出かける予定だった。二人は双子で、どちらも金髪で豊満な身体をしていた。[*54] その夜、ロシアからの亡命者が彼に会いたいと電話をよこした。翌日のデートのこともあり、その男とは会わなかった。後日わかったことだが電話の相手はレーニンであった。[*55] レーニンからの接触はそれが最後だった。レーニンは電話の翌日（ドイツが準備した）秘密列車でサンクトペテルブルクに旅立っていった。まさに世界の歴史を変える旅に出たのである。「共産主義の指導者と話せる最初のチャンスだった。私はそれを逃してしまった」と後にアレンは悔んだ。

もう一つの事件があった。英国情報部員がアレンの同僚の若いチェコ人女性がオーストリアの諜報員だと知らせてきたのである。彼女は大使館の暗号ルームに入ることが許されていた。彼女はそこで得た情報をオーストリアの秘密工作員に流しているという。アレンと英国情報部員は彼女を「消す（liquidated）」ことに決めた。情報を守るためには仕方のないことだった。アレンは彼女をディナーに誘った。彼は彼女を家に送らず、十四世紀に建てられたニデック教会の前で待っていた二人の英国情報部員に引き渡した。彼女のその後の消息はわかっていない。[56]

ランシングの後見　その１

一九一七年、兄弟の引き立て役だった祖父ジョン・フォスターが世を去った。しかし「バート叔父さん」は国務長官となっていた。ロバート・ランシングが彼らの新しい後見人となった。ランシングは派手な生活を送るアレンの生活費を補塡した。

兄のジョンに初めての外国政府への干渉工作を指示したのもランシングだった。[57] 当時キューバには保守党による親米政権ができていた。その保守党が選挙に敗れた。それでも政権にしがみつこうとした。選挙に勝利したリベラル党（Liberal Party of Cuba）は当然ながら反発した。キューバの製糖工場、鉄道あるいは鉱山に多くのアメリカ企業が投資していた。投資額は一億七千万ドルに上っていた。キューバの危うい政情にアメリカの資本家は不安を募らせた。投資総額は、二十一世紀の価値にすれば、およそ四百二十億ドルである。彼らが頼ったのがＳ＆Ｃであった。[58]

プロジェクトを任されたジョンはすぐにワシントンに向かった。翌朝、彼は「バート叔父さん」と朝食を共にした。ジョンは、キューバに二隻の駆逐艦を派遣してはどうかと提案した。一隻はキューバの北部に、もう一隻はリベラル党の勢力が強い南部に遣るという計画だった。ランシングはこれに同意した。駆逐艦二隻がキューバに向かったのはその日の午後のことだった。海兵隊が上陸した。アメリカ軍はその後五年間にわたって駐留した。リベラル党はアメリカの介入で保守党への抵抗を諦めた。

これがジョンの初めての外国政府への介入事件だった。貧しい弱小国にアメリカの意思を強制することがいかに容易か、ジョンは知った。軍事力を海外でどのように行使するか、ジョンが迅速かつ的確に判断を下したことにランシングは満足した。[*59]

数カ月後、ランシングはジョンに再び任務を与えた。アメリカの参戦が確実になった時期だった(訳注:米国の対独宣戦布告は一九一七年四月六日)。長官はこれに備えて、中南米諸国に対するドイツの影響力を削いでおきたかった。ドイツ人移民の財産を没収させたかった。彼はコスタリカ、ニカラグア、パナマに密使を遣ることを考えた。各国指導者の理解を得たかったのである。

密使にはジョンは最適であった。そもそもパナマ共和国の成立とパナマ運河開削プロジェクトにS&Cは深く関与していた。S&Cはパナマ政府と顧問契約を結んでいた。外国政府の顧問を務める法律家を外交使節として遣るのは利益相反行為の典型だった。しかし国務長官は親族関係を優先させた。こうしてわずか二十九歳の法律家が特使に選任された。

ジョンはまずコスタリカに向かった。コスタリカでは独裁者フェデリコ・ティノコ将軍が権力を握っていた。彼はクーデターによって政権の座に就いたが、彼を背後で操っていたのはユナイテッド・フルーツ社であった。ユナイテッド・フルーツ社はS&Cの顧客であり、ティノコ一族は同社から多額の融資を受けていた。ジョンは、ティノコは「使える」と考えた。国務省に働きかけ、ティノコ政権承認を画策した。ティノコの親米姿勢を評価させようとしたのである。ウィルソン大統領は民主的に成立した政権をクーデターで倒した軍人たちを快く思っておらず、ティノコ政権の承認を拒んでいた[*60]（訳注：ジョンの工作にもかかわらず、ウィルソン大統領はコスタリカの承認を拒否し続けた。ティノコ将軍はアメリカの承認を求めたかったこともあり、一九一七年九月にドイツに宣戦布告し、ドイツ人移民を収容所に隔離した。ジョンの入れ知恵の可能性が高い）。

次に向かったのはニカラグアだった。この国も独裁者エミリアーノ・チャモロ将軍が権力を握っていた。彼は融通の利くタイプの人間だったし、何よりも彼の権力奪取にはアメリカが関与していた（リベラルだった前政権が米国の銀行からではなく、ヨーロッパの銀行団からの借款を画策していたことにアメリカは不快だった）。チャモロ将軍はアメリカの意向を理解した。

パナマでは対独宣戦布告を成功させた。アメリカは運河使用料として毎年二十五万ドルを同政府に支払っていたが、それを減額すると脅かしたのである。

ジョンがこうした国々に対する工作を終えて帰国する頃には、米国の参戦が決まっていた。ジョンは戦いに志願した。しかし視力が弱かったうえに、ダレス家に不幸があったことから前線で働くことはできなかった。ランシング長官はジョンのために戦時産業局（War Trade Board）の法律顧問のポストを用意した。階級は大佐であった[*61]。

ランシングの後見　その2

戦時産業局は、アメリカ国内の工場[*62]を軍需品供給工場に転換させる組織だった。この時代を代表する金融資本家バーナード・バルークが長官であった。バルーク（一八七〇年生まれ）は二十代の頃に砂糖の投機に成功して巨利を得、米国有数の富豪となった。ウォールストリート（米国金融界）にも大きな影響力を持っていた。ジョンはバルークに魅了された。ジョンが後に外交のトップの座に就けたのはバルークの後押しがあったからでもある。

ジョンはS&Cから離れたが、戦時産業局の業務を通じてS&Cへの利益供与を続けた。S&Cの顧客会社に便宜を図り、新規顧客となりそうな会社を紹介した。ジョンはこの時代に、政府に有利になる契約をエトナ爆薬製造会社と結ぶ業務を請け負った。またドイツ系のマム・シャンペン社の株を、かなり怪しげな手法でアメリカ人投資家に移し、同社が米国政府の接収を免れる手はずを整えた（両者ともS&Cの顧客であった）。政府に奉仕しながらS&Cの利益を考慮することに、ジョンは何のやましさも感じなかった。

一九一八年十一月十一日の午前十一時、ヨーロッパの戦いは止んだ。六日後の十七日（日曜日）、ジョンは妻を伴って教会（ワシントン長老派教会）に向かった。その場で、ウィルソン大統領が自らアメリカ代表団を率いてパリでの講和会議に参加することを聞かされた。現職のアメリカ大統領が国を離れたことはかつて一度もなかった。正確に言えば一度だけ例外があった。セオドア・ルーズベルト大統領がパナマとプエルトリコを視察していた。ウィルソン大統領の決断はセンセーショナルだった。

翌日、大統領は自らのパリ行きを発表した。ジョンはランシング国務長官を訪ね、米国代表団に加えてほしいと頼み込んだ。講和会議の代表団の一員になることが戦時産業局の経験に最後の磨きをかけると考えた。外交のエキスパートとして評価をさらに高めることになるはずであった。

しかし、「バート叔父さん」はこの時かなり落ち込んでいた。講和会議の代表には国務長官の自分が就くものだと思っていた。それが覆されたことが落胆の理由であった。ランシングは、過度に理想主義的なウィルソン大統領よりも、自分の交渉能力のほうが優れていると考えていた。[*63] 彼には野心もあった。講和会議を成功させて帰国すれば翌年（一九二〇年）の大統領選挙で民主党候補の座を狙えると読んでいた。

ランシングは大統領に自らが代表となり、交渉にあたりたいと訴えた。大統領はその申し出に気分を害した。ランシングに同行を命じたが、それは自身の留守中に彼に国内政治を仕切らせないためであった。この確執の中でランシングは、ジョンを代表団のメンバーにするとは口にできなかった。

バーナード・バルーク

しかしジョンにとって幸運だったのは、大統領がバーナード・バルークを顧問の一人に指名したことである。アシスタントとして同行を願うとバルークは快諾した。[*64] 代表団は客船ジョージ・ワシントン号で大西洋を渡った。ジョンは船上での時間をトランプゲーム（ブリッジ）をやって過ごした。四人の遊び仲間の一人は当時海軍次官であったフランクリン・ルーズベルトだった。

パリでの交渉は九カ月もの長期にわたったが、ジョンに思いがけない幸運が舞い込んだ。ボスであるバルークがドイツ賠償金割当委員会（the Reparation Commission）を仕切ることになったのである。賠償金支払いには極めて複雑なドイツへの銀行融資が必要であった。その資金調達を進める作業を通じて、S&Cの顧客だった銀行の便宜を図ることができたのである。

賠償金割当作業のヨーロッパ側の担当者の中には、ジョンと同じような野心溢れる若手の実務家が多かった。後に経済学に革新をもたらすことになったジョン・メイナード・ケインズ[*65]やヨーロッパ連合構想の基礎を作ったジャン・モネ[*66]がいた。

ジョンは会議の合間を縫って外国要人とのネットワークを広げることに努めた。ブラジル大統領と昼食を共にし、母国から来た金融界の大物（ジョージ・シェルドン）とも会った。ブラジルでは、S&Cが鉄道再編事業に関わっていた。シェルドンは、ウィリアム・タフトの大統領選挙を仕切ったこともあり、共和党の資金を掌握する人物（treasurer）であった。

ある晩、彼は自腹を切って四人のゲストを食事に招待した。「バート叔父さん」、S&Cのウィリアム・クロムウェル、中国の陸徴祥（りくちょうしょう）外務大臣[*67]（訳注：外交総長、中華民国の首席代表）、駐仏米国大使のウィリアム・グレイヴス・シャープ[*68]である。ジョンは、食事代は百十ドルもかかったが、その価値は十分にあると妻宛の手紙に自慢げに書いた（訳注：この時代の百十ドルは現在のおよそ千五百ドルにあたる）。

アレンの女好きとエレノア

パリ講和会議には弟のアレンも参加していた。アレンは、国境策定委員会（the Boundary Commission）のメンバーにもぐり込んでいた。同委員会はヨーロッパの新しい国境の線引きを取り仕切った。彼はパリの高級ホテル・クリヨンに宿を定めた。ホテルにはアメリカ代表団のメンバーも宿泊していた。

パリではたちまち女好きの癖が出た。彼が入り浸ったのはスフィンクスであった。モンパルナスにある酒場だ。バーには裸に近い女たちが座り、甘い香水の匂いが漂っていた。けばけばしい壁紙が張ってあった。スフィンクスは一九二〇年代に流行った高級売春酒場で、その後も繁盛した（訳注：パリの公娼制廃止は一九四六年）。

店には好色漢たちが集まった。アーネスト・ヘミングウェイ[69]、ロレンス・ダレル[70]、マルセル・プルースト[71]、ヘンリー・ミラー[72]ら著名な作家もここを贔屓にした。作家だけではない。ハンフリー・ボガート[73]、ケーリー・グラント[74]などの映画俳優や女性の客もいた。マレーネ・ディートリッヒ[75]もいた。世に知られた画家もいた。パブロ・ピカソ[76]、アルベルト・ジャコメッティ[77]などがそうである。後にエドワード八世となるウェールズ王子[78]もお客だった。パリでは、金を持った者も地位のある者も、「生きる喜びの追求」にモラルを見失った。

スフィンクスはアレンの性欲を十分に満足させた。加えて、そこに集まる多様な人々と知り合った。禁欲がはじけた時に見せる人間の振る舞いを学んだ。昼間は戦争と平和と国家の将来という難問に格闘する政治家も、夜になると、モラルなき場所に身を置いた。おそらくそうすることで、萎えそうな精神を奮い立たせようとしたのかもしれない。後にアレンの上司となるウォルター・ベデル・スミス将軍[79]もスフィンクスの常連の一人だった。彼の回想によれば、アレンはこの頃、スフィンクスで働く女性と恋に落ちたらしい。女性は妊娠し、アレンは結婚まで考えたようだ。[*80] しかし兄のジョンがアレンの目を覚まさせた。彼女に金を握らせ、アレンとの関係を清算させた。

妹のエレノアもパリにいた。彼女は「バート叔父さん」に戦後救済処理の仕事を見つけてほしいと頼んでいた。[*81] しかしランシングは、女は家庭にいて編み物をしていればよし、という考えだった。エレノアは憤った。自費でパリに行き、クエーカー教の救援グループのメンバーとなったのだ。グループはマルヌ川流域に難民キャンプを設置していた。彼女は、一、二週間に一度だけパリに戻り、ホテル・クリヨンのアレンの部屋で風呂に入り、夕食をとった。翌朝には戦火で荒廃した町に戻って行った。彼女はこの時の経験を後日語っている。[*82]

「土の下に数千人の若者が埋まっていた。みな前途ある者だった。地面には、ばらばらになった骨が、武器の破片と混じって散らばっていた」

ジョン・フォスター元国務長官の三人の孫は、こうして世界的事件の中に放り込まれた。世界の動きを自身の目で見るまたとない機会だった。ジョン三十歳、アレン二十五歳、エレノアは二十三歳だった。パリは三人にかけがえのない経験をさせた。しかし「バート叔父さん」には辛い場所となった。ランシング国務長官の助言を大統領はあからさまに無視したのである。ウィルソンは自らの勘と、自分の分身のような外交顧問エドワード・ハウス〝大佐[*83]〟の意向に沿って判断を下した。（講和会議での出番を削られた）ランシングは、ジョンとアレンと会う時間が増えた。

パリに現れたホー・チ・ミンと偽りの民族自決主義

およそ十二カ国の首脳や将来のリーダーとなる者がパリに顔を揃えていた。彼らはいずれも国益を追求するために集まっていた。その中の一人に、ダレス兄弟の後の宿敵となる人物がいた。ホー・チ・ミンである。当時二十八歳だったが、彼は世界各地を見聞していた。インド、アフリカ、中東諸国、ヨーロッパを周っていた。アメリカで暮らしたこともあった。短期間だったが、ボストンのパーカー・ハウス・ホテルで菓子を焼いていたのだ。第一次世界大戦が終わると、ホー・チ・ミンはフランスに渡った。フランスはベトナムの宗主国である。

彼はこの地で片面刷りのパンフレットを印刷し、反植民地主義を訴えた。民族自決の原則は神聖な権利であって、ベトナム人にとっても重要だと書いたパンフレットを数千部印刷し、配布した。一九一九年六月のある朝、彼はホテル・クリヨンに向かい、ウィルソン大統領にパンフレットを自ら手渡そうとした。そのために彼はモーニング・スーツを借りたという証言もある。ウィルソン大統領に会うことはできなかったが、大統領顧問のエドワード・ハウスに手渡し、受領書をもらうことができた。彼の作ったパンフレットはサイゴンにも届き、それがきっかけで暴動が起きた。ダレス兄弟がホー・チ・ミンのことをこの時期に知っていたかどうかは不明である。

講和会議でウィルソン大統領は民族自決原則を強く主張した。

「民族自決を求める声は尊重されなくてはならない」

「いかなる民族も搾取されるようなことがあってはならない」

「自らの意志と同意によってのみ統治される」

ただ、こうした主張が適用される国は限られていた。オスマントルコ帝国やオーストリア・ハンガリー帝国領土内の民族だけが対象となった。ヨーロッパ諸国の植民地には適用されなかった。民族自決原則はフランスの植民地ベトナムにも適用されなかった。落胆したホー・チ・ミンがフランス共産党の創設メンバーとなったのは一年後のことであった。その後モスクワに渡り、コミンテルンに参加して革命を目指した。ホー・チ・ミンは三十年後にダレス兄弟と角突き合わせることになる。

ウィルソンの二枚舌（ダブル・スタンダード）的な主張は各地に暴動の種を播（ま）いた。一九一九年春、世界各地でそれが起きた。エジプトでの反英運動、朝鮮での反日運動（訳注：三・一万歳事件。ウィルソンが一九一八年一月に発表した「十四カ条の平和原則」を受けて起きた）、インドではガンジーによる反英運動が起きた。中国では反帝国主義運動が激しくなり、指導者であった孫逸仙（そんいつせん）（孫文）は「大国の民族自決原則は欺瞞だ」と訴えた。[*84]

列国首脳は各地で発生した抗議の動きを無視した。彼らにとっては植民地を維持するほうが民族自決の原則より重要であった。そうした姿勢がその後数十年にわたる動乱の種となった。ウィルソンの主張はアメリカにとっても自家撞着的であった。歴史家のデイヴィッド・アンデルマン[*85]は次のように評している。[*86]

「仮にアメリカがフランスの植民地問題に口を挟めば、パンドラの箱を開けることになる。当時の列国の外交の根本を危うくする。彼らはガラスで出来た家に住んでいるようなものだった」

「アメリカもフィリピンからカリブ海にいたる植民地を持っていた。ベトナム問題をパリでの議題にしたら、ハワイの問題もプエルトリコの問題も取り上げざるを得なくなる」

ベルサイユ講和会議はこれについて何の解決策も生まなかった。ダレス兄弟は残念なことだと思っていただろうか。それについての記録はない。ヨーロッパの戦勝国は、ドイツには開戦責任があり、そのことで苦しむのは当然だと考えた。ただ、講和条約（一九一九年六月二十八日）で要求されたドイツに対する過重な賠償金請求については、禍根を残すだろうと二人が危惧していたことは確かだった。

アレンは国境策定委員会に所属し、チェコスロバキアのズデーデン地方の国境策定に関わっていた。ズデーデン地方の住民のほとんどがドイツ系だった。しかし委員会はこの地方をチェコスロバキアに与えた。アレンは、「ズデーデンがヨーロッパの中のバナナの皮になった[*87]（いつかそれを踏んで足を滑らせる）」と評した。十四年後、ナチスが政権を奪取した。彼らはベルサイユ条約の不正義に対するドイツ国民の怒りを煽った。それが功を奏した。アレンの不安は的中したのである。

パリ講和会議は、勝利に貢献して誇らしげなアメリカを祝福するため、世界の首脳が集まったパーティーのような側面もあった。アメリカ代表団は数百人規模で、その数は他国を圧倒していた。ヨーロッパの国々はウィルソンを歓迎した。大統領は世界の指導者としての立場を素直に喜んだ。その立場に立つことがアメリカの宿命であった。パリを発って帰国するウィルソンのスピーチに、そのことがはっきりと示されていた[*88]。

「自由と正義、そして人間としての尊厳を、未だ啓蒙されざる人々に伝えなければならない。我がアメリカの理想とする理念の中で彼らが生きられるようにしなくてはならない」

ウィルソン大統領の信任

講和会議を通じて、ダレス兄弟はウィルソン大統領の信任を得た。世界の指導者と親しく交わることもできた。二人が顔を合わせた人物たちがその後の半世紀、世界を動かした。アレンは家族に宛てた手紙の中で「世界の政治を動かす場面に立ち会えた」と率直に書いていた。[*89] ジョンにとっても、会議への参加は深い意味を持った。この経験を富と権力奪取の踏み板にしたのである。

パリで会えたことも兄弟には幸運だった。それまでの数年間、二人は顔を合わせる機会がほとんどなかった。しかしパリでは違った。ホテル・クリヨンでは隣り合わせの部屋を取った。二人はしばしば長いこと語り合った。そして互いの世界観がよく似ていることに気づいた。パリで再確認できた兄弟の絆が、その後の二人の親密な関係を作ったのである。この関係がその後の世界の姿まで変えていく。二人の性格そのものは正反対だった。しかし二人の政治哲学は全く同じだったのである。

(ウィルソンはその後の世界に禍根を残したものの)ダレス兄弟が彼に魅せられたことは疑いの余地がない。パリに現れたウィルソンは、二人には少年時代の祖父や父のように感じられた。ジョンは学生時代にウィルソンの講義を聴いた。それがプリンストン時代の財産だと感じていた。ウィルソンは学問の世界から政治の世界に彗星のごとく飛び込み、ホワイトハウスの住人になった。冷徹で尊大で道徳的。神に託された使命を果たしているという自信。パリのウィルソンはダレス兄弟に計り知れないほどの影響を残してワシントンに帰っていった。

ウィルソンの理想主義はビジネス重視の側面を強く持っていた。彼は聖書の福音のごとくに民族自決の原則を説きながら、一方で自国の商業的利益を忘れなかった。「我が国産業の将来的な利益は諸外国の工業化に大きく依存する」「私はアメリカ産業の利益について責任を持つ」[*90]と語った。アメリカ外交はアメリカのビジネス上の利益推進を目指すべきだとの理念を表明したのである。それはダレス兄弟の信条と同じであった。

ウィルソンの考えの中には「家父長的温情主義」があることも忘れてはならない。彼は南部貴族階級の出身であった。クー・クラックス・クラン（ＫＫＫ）すら信奉していた。したがって彼にとって黒人隔離政策は、黒人の利益になりこそすれ、けっして黒人を侮辱するものではなかった。[*91]それがウィルソンの歪んだ温情主義だった。連邦政府組織やワシントン交通局に黒人隔離制度を導入した大統領だったことからも、彼の「温情主義」の性格がよくわかる。ホワイトハウスで新作映画『國民の創生[*92]（The Birth of a Nation）』が先行上映されたことがあった。黒人が暴力的な類人猿のように描写されていた場面について、「実態は映画のとおりだ」とウィルソンは述べている。

彼は、二期八年の任期中、歴代のどの大統領よりも海外に派兵した。キューバ、ハイチ、ドミニカ、メキシコ、ニカラグア。革命が起きたロシアにも対ボルシェビキ戦に軍を出した。もちろん彼以前の大統領も海外派兵することはあった。しかし、ウィルソン大統領の派兵の理由はふるっていた。抑圧された人々に民主主義をもたらすためであると主張したのである。それまでの大統領の派兵の理由とは逆であった。有色人種には自治能力がなく、他者に統治されなければ混乱は収まらない。それが海外派兵の理由だった。(米西戦争で)キューバに派遣された陸軍司令官ウィリアム・シャフター将軍も「キューバ人には自治能力がない」とはっきり口にしていた。ところがウィルソンの物言いは逆であった。「しっかり指導さえすれば、どのような民族でも自治が可能である」

ダレス兄弟はウィルソンの考えに共鳴した。ウィルソンの性格形成をなした宣教師的なエトスを共有していた。つまりウィルソンの言うように、アメリカが他国に介入することはけっして悪ではない、むしろ褒められてもよいくらいだと考えていたのである。

ボルシェビキ思想への警戒

パリ講和会議ではボルシェビキ思想を恐れる空気が強かった。ウィルソンはこれを害毒だと断言していた。[*93] ランシング国務長官は「人類が創造した最も醜悪で忌まわしい思想だ。これを支持するのは犯罪者や下等な人間か、あるいは精神異常者くらいのものだ[*94]」といって嫌悪した。ダレス兄弟も叔父と同じ考えだった。既存秩序を守る立場にいる人間が持つ当たり前の感情だった。(後に大統領となる)ハーバート・フーバーの考えは、共産主義を嫌悪するだけの単純なものではなかった。食糧支援に関する問題で、ボルシェビキ思想の真の狙いを説き、それが生まれた背景に注意を払うようにとウィルソンに助言した。「世界の下層階級に対する不正義、それを改善するための運動への(我が国を含む)列強の圧迫。それがボルシェビキ思想の呼び水となっているのだ[*95]」

とフーバーは述べた。しかし、ダレス兄弟はフーバーの考えを一顧だにしなかった。

帰国したウィルソン大統領は、ロシア発のボルシェビキ思想を抑え込むためにあらゆる手段を駆使した。新たに制定された「治安法」に基づいて、破壊分子と見なした人物を国外追放させた。それでもアナーキストが仕掛けた爆弾事件が続いた。銀行家や経済界の大物に宛てた郵便物に仕掛けられた爆弾も発見された。ウィルソン大統領は司法長官ミッチェル・パーマー[*96]に命じて危険人物を捜査させ、次々に国外に追放した。作業は二年間続いた。この間（一九一九—二〇年）、労働争議や人種暴動が頻発した。ウィルソン大統領は陸軍を動員して鎮静化したが、出動回数は少なくとも二十五回に上った。アメリカ国民は初めて「共産主義の恐怖（Red Scare）」を感じた。パーマー長官は、過激分子がいつの日か議会を乗っ取ると注意を促していた。[*97]そうした事態には至らなかったものの、国民はこれまでに経験したことのない全く新しいタイプの敵の存在を知った。

ジョンの出世、アレンの憂鬱

パリから戻ったダレス兄弟の評判はよかった。特に兄のジョンは国際政治の場にデビューを果したと評価された。彼はパリで、ヨーロッパ首脳への影響力と大統領の信頼を得た。その力をS&Cのボス、ウィリアム・クロムウェルに自慢した。自分はビジネスと政治と外交が交錯する国際政治の力学をしっかり学んだと言い、他の法律事務所からの誘いが来ていると告げた。クロムウェルが、ジョンを事務所の共同パートナーに格上げしたのは、それからしばらくしてからのことであった。[98]

共同パートナーに出世したジョンの顧客には純粋な国内企業もあった。たとえば石油掘削・精製業の中小の事業者が共同出資したアモコ（Amoco）石油がそうであった。しかし顧客の大半は国際企業だった。チリの鉱山、キューバのサトウキビ農場、パナマの港湾設備会社、コロンビアの油田、フランスの銀行業、イタリアやロシアに工場を持つ塗料会社などだった。ジョンが得意とした分野は、外国の公益事業に投資するニューヨークの銀行団をまとめること、（アメリカの電力や水道などの）公益事業体が外国の公益事業の実権を握るのに手を貸すことだった。

この頃、ジョンのよき理解者であったバーナード・バルークは一九一九年に出版された一冊の本に悩まされていた。『平和の（経済的）代償』[99]と題された本の著者はジョン・メイナード・ケインズである。ケインズは、ベルサイユ条約がドイツに対して過大な賠償を課したことを厳しく批判していた。ケインズは、これがヨーロッパに激しいインフレーションを引き起こすと予見した。同書は評判となり、売れ行きも好調だった。

ベルサイユ条約の対ドイツ賠償に関わる条文は、ジョンが起草し、バルークが自らの起案として提出したものだった。バルークはケインズに反駁しなくてはならなかった。彼は、『ベルサイユ条約における賠償条項及び経済条項の成立（経緯）について』[100]を発表し、「賠償金請求はアメリカ国民のため、そして世界の安定のために不可欠である」と反論した。原稿のほとんどはジョンが書いたものだった。バルークはジョンに一万ドルを支払った。

アレンは、ドイツとの外交関係の再開に伴い、ベルリンに赴任した。彼はそれまで自らを「アリー」と呼んでいたが、この頃はそれをしなくなっていた。両親への手紙にもアリーと署名しなくなった。彼がベルリンに入ったのは一九二〇年初めだった。ワイマール共和国初期の頃で、右派による暴動[*101]（カップ一揆）を目撃した。

ダレス兄弟の後見役だった「バート叔父さん」は国務長官の職から退いていた。しかし二人はもはや「叔父さん」の後見など必要ないほど実力をつけていた。

ベルリンに赴任して三カ月が経った頃、アレンは休暇をとり、故郷に戻った。二十七歳になったばかりだった。帰省して最初の週末に、別荘を利用した気どったパーティーに参加した。当時、その種のパーティーが上流階級の間で流行っていた。そこでマーサ・クローバー・トッドに会った。エメラルド色の瞳をしたマーサにアレンは一目惚れした。一週間後にはプロポーズし、結婚した（一九二〇年八月二十日）。マーサの父はコロンビア大学の言語学の教授だった。

二人の関係は必ずしも幸福なものではなかった[*102]。マーサは感受性の強い女性だった。精神の均衡を崩し、鬱に悩むことが度々だった。アレンの好色と仕事中毒が彼女を不安にした。アレンは病んだ妻を支えるタイプの男ではなかった。落ち込むマーサに「僕のような風変わりな夫とうまくやるにはどうしたらいいいか、友達にでも聞いてみてくれ」と仕事先から手紙に書いた。アレンは怒りっぽく、時に妻を激しく叱ることがあった。アレンの怒りが静まるまで、マーサは胎児のように身を丸くしていた。彼の怒りがおさまるとそっと家を出て、何時間もあてどなく歩きまわった。マーサは何度も離婚を考えたが、その後アレンが死ぬまでの五十年近く、夫と連れ添った。

国務省は休暇を終えたアレンをベルリンに戻さず、コンスタンチノープル勤務を命じた[*103]。敗戦国オスマントルコの首都であった。アレンとマーサは結婚一年目をボスポラス海峡を見下ろす二階建ての家で過ごした。一九二二年、妊娠中の彼女に辛いニュースが届いた。兄の自殺の報だった。(葬儀のために)帰国するアレンに、新たな辞令が届いた。ワシントン本省の中東担当部長を命ずるというものであった。

その職にあった四年間、アレンはワシントンと中東を何度も往復し、要人に会った。ファイサル国王(イラク)、アブドラ国王(ヨルダン)、ケマル・アタテュルク(トルコ)。T・E・ロレンスとも親交を深めた。ロレンスとはパリ講和会議の際に顔を合わせていた。この頃の国務省は中東における石油利権の獲得を目指していた。ロックフェラーのスタンダード石油と密接な関係を持った。世界中の海軍が燃料を石炭から石油にシフトし始めた時代である。石油の時代が始まろうとしていた。アレンは、石油資源の豊富なこの地域でアメリカ企業に十分な利権を確保させたかった。

彼は本省勤務時代、ジョージ・ワシントン大学ロースクールの早朝と夜間クラスを利用して学位をとった(一九二六年)。この時期の彼は行き詰まりを感じていた。政府高官の応分の給与と祖父ジョン・フォスターが残してくれた遺産があって生活には困らなかったが、仕事への意欲が萎えていた。自分が作成した報告書が未開封で放っておかれているのを見て落ち込むこともあった。

クローバーとの関係も悪化していた。カルティエ宝石店からの請求書を発見したことがあった。問い詰めると、アレンの浮気に気づいて落ち込んだ気持ちを慰めるために買ったのだと答えた。「これからも浮気のたびに宝石を買う」と彼女は言い張った。[*104] 破産するほどの出費になるところだったが、彼女は脅迫を実行に移さなかった。

アレンは第一次大戦中の刺激的な日々が忘れられなかった。ベルンでは、ヨーロッパ中に工作員を潜り込ませ、時に愛人との逢瀬を楽しみ、夜はベルビュー・パレス・ホテルのラウンジでコニャックをやりながら、部下からの報告を受けた。あの興奮をもう一度味わいたかった。課報の世界にアレンは戻りたかった。当時のアメリカには、いわゆる諜報機関は存在していなかった。アレンは将来が不安だった。アレンは後年、この時期を〝私の憂鬱な泥沼時代〟と呼んでいる。

注

＊1　Richard H. Immerman, *John Foster Dulles: Piety, Pragmatism, and Power in U.S. Foreign Policy*, Dell Scholarly Resources, 1999, p2あるいは*Dulles*, p21など。
＊2　*Dulles: A Biography of Eleanor, Allen, and John Foster Dulles and Their Family Network*, p23.
＊3　Allen Dulles, *The Craft of Intelligence*, Harper & Row, 1963, pp2-3.
＊4　Eleanor Lansing Dulles, *Chances of a Lifetime*, Prentice-Hall, 1980, ppxi, 15-17. あるいは Mark G. Toulouse, *Transformation of John Foster Dulles*, p4. あるいは Peter Grose, *Gentleman Spy: The Life of Allen Dulles*, Houghton Mifflin, 1994, p7.
＊5　*Transformation of John Foster Dulles*, p4. あるいは Edwin Wilbur Rice, *The Sunday-School Movement, 1780-1917, and the American Sunday-School Union*, American Sunday-School Union, 1917, pp98, 187.
＊6　John Watson Foster（一八三六―一九一七）第三十二代国務長官。引退後、清国の外交顧問となり、下関講和会議では李鴻章全権のアドバイザーとして活躍した。訳注
＊7　Eleanor Lansing Dulles, *John Foster Dulles: The Last Year*, Harcourt, Brace and World, 1963, p27. など。
＊8　一六七八年に書かれた宗教寓話　*Pilgrim's Progress*。訳注
＊9　一六六七年にイギリスの詩人ジョン・ミルトンによって書かれた宗教叙事詩。訳注
＊10　John Robinson Beal, *John Foster Dulles: A Biography*, Harper & Brothers, 1957, p28.
＊11　Work for the Night Is Coming.
＊12　*John Foster Dulles: Piety, Pragmatism, and Power in U. S. Foreign Policy*, p2. など。

＊13 *John Foster Dulles: The Last Year*, pp62, 128.

＊14 Michael A. Guhin, *John Foster Dulles: A Statesman and His Times*, Columbia University Press, 1972, pp10, 19. など。

＊15 *Transformation of John Foster Dulles*, p8.

＊16 ハワイ革命については拙著『日米衝突の根源　１８５８—１９０８』（草思社）13章「ハワイ攻防戦」に詳述。訳注

＊17 John Watson Foster, *American Diplomacy in the Orient*, Houghton Mifflin, 1904, p366.

＊18 *John Foster Dulles: The Last Year*, pp61-62. など。

＊19 同右、p62.

＊20 *The Craft of Intelligence*, pvii.

＊21 *Dulles: A Biography of Eleanor, Allen, and John Foster Dulles and Their Family Network*, p16. あるいは *Gentleman Spy*, p13. など。

＊22 *Chances of a Lifetime*, pp12-13.

＊23 *Allen Dulles: Master of Spies*, p19. および *Dulles: A Biography of Eleanor, Allen, and John Foster Dulles and Their Family Network*, pp5-6.

＊24 Bryn Mawr College フィラデルフィア近郊にある女子大学。一八八五年創立。訳注。

＊25 *Dulles: A Biography of Eleanor, Allen, and John Foster Dulles and Their Family Network*, pp40-41, pp66-67.

＊26 ブレトンウッズ会議（連合国国際通貨金融会議）。連合国が、一九四四年七月にニューハンプシャー州ブレトンウッズで戦後の国際通貨制度について協議した。訳注

＊27 *The French Franc 1914-1928*, Arno Press, 1978.

＊28 *Dulles: A Biography of Eleanor, Allen, and John Foster Dulles and Their Family Network*, pp24-25.

＊29 ジョン・フォスターと中国（清国）との濃密な関係は下関講和会議（一八九五年）で彼が李鴻章の顧問として採用されたことから生まれた。訳注

＊30 *John Foster Dulles: A Reappraisal*, p17.

＊31 *Dulles: A Biography of Eleanor, Allen, and John Foster Dulles and Their Family Network*, p26.

＊32 同右、p27.

＊33 同右、pp14, 16. あるいは Ronald W. Pruessen, *John Foster Dulles: The Road to Power*, Free Press, 1982, pp12-13.

＊34 *John Foster Dulles: A Biography*, p55.

＊35 同右、p56. および Nancy Lisagor and Frank Lipsius, *A Law Unto Itself*, William Morrow, 1988, p61.

＊36 *Dulles: A Biography of Eleanor, Allen, and John Foster Dulles and Their Family Network*, p30.

＊37 Townsend Hoopes, *The Devil and John Foster Dulles*, Little Brown, 1973, p26.
＊38 *Dulles: A Biography of Eleanor, Allen, and John Foster Dulles and Their Family Network*, p30.
＊39 *A Law Unto Itself*, pp34-37.
＊40 *John Foster Dulles: The Road to Power*, p16.
＊41 同右、pp15-16.
＊42 *Allen Dulles: Master of Spies*, p36.
＊43 Rudyard Kipling（一八六五―一九三六）イギリスの小説家。インドを舞台にした作品が多い。代表作に『ジャングル・ブック（*The Jungle Book*）』がある。訳注
＊44 Edward Said（一九三五―二〇〇三）パレスチナ系アメリカ人評論家。訳注
＊45 *Allen Dulles: Master of Spies*, p38. など。
＊46 Rabindranath Tagore（一八六一―一九四一）インドの詩人。訳注
＊47 *Gentleman Spy*, p19.
＊48 Henderson Harbor ウォータータウンの南西にあるオンタリオ湖岸の町。訳注
＊49 Pinkerton Detective Agency 一八五〇年設立の私立探偵社。訳注
＊50 *Dulles: A Biography of Eleanor, Allen, and John Foster Dulles and Their Family Network*, p38.
＊51 *Allen Dulles: Master of Spies*, p78.
＊52 *Gentleman Spy*, p29.
＊53 *Allen Dulles: Master of Spies*, p72.
＊54 同右。
＊55 *Gentleman Spy*, p26. あるいは *Dulles: A Biography of Eleanor, Allen, and John Foster Dulles and Their Family Network*, pp47-48.
＊56 *Allen Dulles: Master of Spies*, pp81-82. あるいは *Dulles: A Biography of Eleanor, Allen, and John Foster Dulles and Their Family Network*, pp45-46.
＊57 *Allen Dulles: Master of Spies*, p76.
＊58 *John Foster Dulles: The Road to Power*, pp21-22. あるいは Nancy Lisago, Frank Lipsius, *A Law Unto Itself*, William Morrow, 1988, p67.
＊59 *John Foster Dulles: A Biography*, pp59-60. あるいは *John Foster Dulles: The Road to Power*, pp22-23.
＊60 Jason Colby, *The Business of Empire: United Fruits, Race, and U. S. Expansion in Central America*, Cornell University

*61 Press, 2011, p131.

*62 Bernard Baruch（一八七〇―一九六五）ウッドロー・ウィルソン大統領側近。後にフランクリン・ルーズベルト大統領の顧問を務めた。ユダヤ系。訳注

*63 *Dulles: A Biography of Eleanor, Allen, and John Foster Dulles and Their Family Network*, p55.

*64 *Master of Spies*, p90. あるいは *John Foster Dulles: A Reappraisal*, p17.

*65 John Maynard Keynes（一八八三―一九四六）イギリスの経済学者。パリ講和会議では英国大蔵省を代表する首席だった。ドイツに対する過大な賠償要求に反対した。訳注

*66 Jean Monnet（一八八八―一九七九）パリ講和会議ではフランス蔵相の補佐官。国際連盟では事務次長を務めた。訳注

*67 陸徴祥（一八七一―一九四九）清朝末期から中華民国初期の政治家。訳注

*68 William Graves Sharp（一八五九―一九二二）一九一四年から一九年まで駐仏大使。大使就任前は下院議員（オハイオ州民主党）。訳注

*69 Ernest Hemingway（一八九九―一九六一）アメリカ人作家。代表作に『老人と海』『誰がために鐘は鳴る』『武器よさらば』などがある。訳注

*70 Lawrence Durrell（一九一二―一九九〇）イギリス人作家。訳注

*71 Marcel Proust（一八七一―一九二二）フランス人作家。代表作は『失われた時を求めて』。訳注

*72 Henry Miller（一八九一―一九八〇）アメリカ人作家。代表作は『北回帰線』。訳注

*73 Humphrey Bogart（一八九九―一九五七）ハリウッド俳優。代表作は『カサブランカ』『アフリカの女王』。訳注

*74 Cary Grant（一九〇四―一九八六）イギリス出身の映画俳優。代表作は『汚名』『北北西に進路を取れ』『シャレード』など。訳注

*75 Marlene Dietrich（一九〇一―一九九二）ドイツ出身のハリウッド女優。代表作は『嘆きの天使』『モロッコ』『上海特急』など。訳注

*76 Pablo Picasso（一八八一―一九七三）スペインの画家。訳注

*77 Alberto Giacometti（一九〇一―一九六六）スイス人彫刻家、版画家。訳注

*78 Edward VIII（一八九四―一九七二）パリに遊んだ時代はプリンス・オブ・ウェールズだった。訳注

*79 Walter Bedell Smith（一八九五―一九六一）後に駐ソビエト大使（一九四六―四八年）、ＣＩＡ長官（一九五〇―五三年）を務めた。アイゼンハワー政権では国務次官。訳注

*80 *Dulles: A Biography of Eleanor, Allen, and John Foster Dulles and Their Family Network*, pp60-61.

＊81　同右、p40。

＊82　*Chances of a Lifetime*, p71.

＊83　Edward House（一八五八―一九三八）ウィルソン政権では役職はなかったが首席顧問としてホワイトハウスに詰め、同政権の対ヨーロッパ外交を担った。訳注

＊84　*Dulles: A Biography of Eleanor, Allen, and John Foster Dulles and Their Family Network*, p216.

＊85　David Andelman（一九四四―）米国の歴史家、ジャーナリスト。訳注

＊86　David Andelman, *A Shattered Peace*, John Wiley & Sons, 2007, p125.

＊87　*Gentleman Spy*, p60.

＊88　*John Foster Dulles: The Road to Power*, p216.

＊89　*Gentleman Spy*, p65.

＊90　Woodrow Wilson, *Addresses of President Woodrow Wilson*, U. S. Government Printing Office, 1919, p32.

＊91　Karen L. Stanford, *If we must die: African American Voices on War and Peace*, Rowman & Littlefield, 2008, p106.

＊92　*The Birth of a Nation* 一九一五年製作の映画。南北戦争後のアメリカ南部の人種軋轢の実態を描写した。訳注

＊93　*John Foster Dulles: The Road to Power*, p26.

＊94　John M. Thompson, *Russia, Bolshevism and the Versailles Peace*, Princeton University Press, 1967, p15.

＊95　Markku Routsila, *British and American Anti-communism Before the Cold War*, Routledge, 2001, p82.

＊96　Mitchell Palmer（一八七二―一九三六）司法長官（一九一九―一九二〇年）。訳注

＊97　Anne Hagedorn, *Savage Peace*, Simon and Schuster, 2008, p229.

＊98　*The Devil and John Foster Dulles*, p33. あるいは *Dulles: A Biography of Eleanor, Allen, and John Foster Dulles and Their Family Network*, pp59-63.

＊99　John Maynard Keynes, *The Economic Consequences of the Peace*, Macmillan, 1919. 訳注

＊100　Bernard Baruch, *The Making of the Reparation and Economic Section of the Treaty*, Harper and Bros., 1920.

＊101　Kapp Putsch 一九二〇年三月にベルリンで起きた軍事クーデター。ベルサイユ条約批准に反対する勢力がベルリンを占拠した。訳注

＊102　*Gentleman Spy*, pp77-84. あるいは *The Making of the Reparation and Economic Section of the Treaty*, pp59-63.

＊103　*Allen Dulles: Master of Spies*, pp124-125. あるいは *Gentleman Spy*, pp77-78. あるいは *Dulles: A Biography of Eleanor, Allen, and John Foster Dulles and Their Family Network*, p71.

＊104　同右、p74。

2章　ジョンの出世とアレン

若き廷臣

一九二六年五月、ロングアイランドのオイスターベイでシーズン初めてのレガッタ・レースがあった。心地よい風の吹く初夏の日だった。[*1] レース観戦にやって来た人々の何人かが、一艘のヨット「スヌーカバス号」が風にあおられ、危なっかしく漂い始めたのに気がついた。他のヨットもそれに気づき、同艇に横付けした。「スヌーカバス号」の甲板には一人の男が倒れていた。

亡くなっていたのはロイヤル・ビクターだった。彼はおよそ十年間にわたってS&Cのシニア・パートナーを務めていた。四十八歳の彼が漕艇中に心臓発作で突然死したのである。S&Cはわずか一年で二人の幹部を失うことになった。もう一人のシニア・パートナー、アルフレッド・ジャリツキーを胃癌で失ったばかりだった。S&Cのシニア・パートナーは三頭体制だったが、二人の死でヘンリー・ピアスだけが残された。彼も病んでおり、引退を望んでいた。彼はシニア・パートナーのポストにジョン・ダレスを推した。創業者ウィリアム・クロムウェルはこれを承認した。S&Cは、彼を含めた三人の新シニア・パートナーとクロムウェルの四人で運営されることになった。

クロムウェルがジョンを経営権を持つ立場にまで引き上げたのは数カ月後のことだった。ジョンはまだ三十八歳であった。大学を出てから十五年であった。

アメリカにおけるエリート中のエリート、最高レベルの収入を得る「アメリカ王国の若き廷臣(coutier)」の誕生だった。彼は、以後四半世紀にわたってアメリカの運命に深く関わることになる。

第一次大戦後、アメリカは豊かになった。歴史上初めて債務国から債権国となった。ニューヨークはロンドンに代わって金融の中心地となり、儲けた金（かね）を世界中で気ままに使うアメリカ人が増えた。資金に余裕のできた会社がS＆Cの助言を求めた。フォスターの顧客リストにはアメリカの商業、製造業あるいは金融業の名だたる会社がずらりと並んでいた。

一九二〇年代、ジョンは国際金融機関のラテンアメリカ諸国への融資をいくつも手掛けた。彼がまとめた案件は十七を数える。ブラウン・ブラザーズ、ゴールドマン・サックス、ラザード・フレーレ、ファースト・ナショナル・バンク・オブ・ボストン。錚々（そうそう）たる金融機関の融資を手掛けたのである。[*2]総額では二千万ドルにも上っている。現在価値に直すと、およそ二十億ドルにもなる巨額の融資案件であった。またジョンはJ・P・モルガンの対中融資にも関わっていた。

対ヨーロッパ投資プロジェクトは最も重要だった。一九二〇年代にS＆Cが手掛けた投資や融資の案件の総額はおよそ十億ドルで、そのほとんどがドイツ向けであった。ドイツの賠償金支払いスキームの構築にもジョンは関わった。複雑な仕組みであったが、要は外国銀行からの借款を賠償金支払いに充てるというものであった。

ジョンの勧めにしたがって、アメリカの銀行はドイツ（国家）やドイツ企業に積極的に融資した。

公益事業体、ハンザ汽船会社などの企業だけでなく市や州にも貸し付けた。ベルリン、ミュンヘン、ハノーファー、フランクフルト、ブレスラウ（現ポーランドのヴロツワフ）、ニュルンベルクなどの地方都市にも貸し付けた。米国金融資本の貸出意欲は旺盛だった。ヨーロッパの国々、特にドイツでの高利益を期待し、借り手を文字どおり探し回った。およそ十二万五千ドルの資金を必要としているバイエルン地方の小さな村を見つけると、三百万ドルもの借款をさせた。[*3] アメリカの銀行は海外市場での融資がどれほどうま味のある商売かに気がついた。ジョンは海外の借り手と米国の貸し手をうまく結びつけたのである。

一九一一年に妻ジャネットに宛てた手紙で、S&Cに採用になった喜びを書いた。その中で、自分もいつか採用する側に回ると述べていた。その思いは実現した。ジョンは経営権を持つシニア・パートナーに登りつめた。彼が初めて採用を担当した頃に応募した新卒の学生がいた。コロンビア大学法学部を卒業したばかりのウィリアム・ダグラスである。[*4] ダグラスは採用されなかった。彼は後に証券取引委員会（SEC）委員長となり、最高裁判事となった人物である。ジョンが不採用にした理由は、「才能が十分ではない」であった。

ダグラスの回想は少し違う。[*5]

「私はジョン・フォスターと会った。彼の態度は尊大で、高位の宗教者のごとく人を操ろうというタイプの人物に見えた。私は彼とはウマが合わないと感じた」

「彼は（面接を終え）部屋から出ようとする私がコートを着るのを手伝ってくれた。私は彼の手に二十五セント硬貨を握らせた」

ジョン・フォスターとダグラスは全く異なるタイプの人間だった。法の適用ついて正反対の考えを持っていた。アメリカが世界にどう向き合うべきか、あるいは人間の生き方の問題についても考え方を異にしていた。

ジョンは貴族階級に属していた。大企業や金融資本家に奉仕することで富を築いた。一方のダグラスは因習は打破されるべきだとの考えを持っていた。弱者に同情し、外国文化を理解し、素直に感心することができた。

ジョンは変化を嫌った。彼は世界の動きをニューヨークやワシントンやヨーロッパの首都に設けられた間仕切りのある豪華な個室から眺めた。ダグラスは、独善を嫌悪した。貧乏旅行をしながら世界中を見て回った。

「アメリカは外国に対して愛情をもって接するべきだ。外国の問題は彼ら自身が解決すべきだ」

これがダグラスの信条となった。[*6]

「死んだら天国に行きたいかどうかよくわからない。天国に行ったら、そこでジョン・フォスターと会ってしまうかもしれない」とも語っていたという。[*7]

アレンの採用

ジョンがダグラスの採用を見送った頃、もう一人の若者がS&Cの面接試験を受けていた。彼にはダグラスのような鋭い法律知識はなかった。弁護士試験にも三度失敗していた。しかし彼にはダグラスにはない武器があった。ジョン・フォスターの弟という身分である。[*8]

アレンは法学位を取れば国務省での栄達が可能だと考えた。しかし彼には中国駐在のポストのオファーしかなかった。年俸は年八千ドルであった。悩んだアレンは兄に相談した。兄は即座にS&Cで働くことを勧めた。一九二六年十月、アレンのS&C採用が決まった。アレンの給料は他の新規採用者より高く設定された。「十年勤めた国務省を離れるのは辛いことだった。国務省の職場に比べれば、必ずしもよい環境ではない。それでもダレスの名前に恥じないように頑張るだけだ」と友人に本音を漏らしている。[*9]

S&Cで働く弁護士連中にとってアレンの採用は気分のいいものではなかった。しかし、ジョンの勘は当たっていた。アレンが世界的な人物と知己であったことが大いに役立った。彼は頻繁にヨーロッパに出かけた。しかし、むしろラテンアメリカ諸国関連のプロジェクトを多く成功させた。アレンは一目置かれ、「リトル・ミニスター」と同僚から呼ばれるまでになる。[*10] 当時のアレンの身分はヒラの所属弁護士（アソシエート）だったが、初年度から大型借款案件をまとめ上げた。千三百万ドルの対ボリビア融資、一千万ドルの対コロンビア融資である。成功の陰には国務省のかつての同僚の支援があった。

アレンの最初の有力な顧客はアーサー・バンカーという紳士だった。[*11] 彼は親族の人脈を通じてコロンビアにかなり有望な油田採掘権を持っていた。彼の権利に対して、ロイヤル・ダッチ・シェル石油が異議を申し立てた。アレンがこの案件でロンドンに飛んだのは一九二八年のことである。アレンはヘンリー・デターディング[*12]との直接交渉に臨んだ。デターディングは同社会長として君臨した伝説的な人物である。会談後、アレンの顧客であったバンカーの方が手を引く形にまとめた。二年後（一九三〇年）、コロンビアで大統領選挙があった。腐敗追及が得意なコラムニスト、ドリュー・ピアソンが、アレンによる選挙工作があったと報じた。コロンビアにおけるバンカーの石油採掘権を保証すると約束した大統領候補を当選させたのではないかと批判した。

いずれにせよアレンの貢献は素晴らしいものだった。一九三〇年にはパートナーのポストに上った。[*13] 昇進後の最初の仕事はパリ駐在であった。その頃S&Cの創業者ウィリアム・クロムウェルは、パリで半ば隠居の暮らしを楽しんでいた。アレンは妻のマーサには三カ月後にパリに来るように指示していた。彼女がやって来るまで、ウィリアムの豪華なアパートに同居した。建物はフォッシュ通りにあった。

この頃、兄のジョンはウィリアム・クロムウェルにあまりいい感情を持っていなかった。ウィリアムは時に感情を抑えられず、周囲を困惑させることがしばしばだった。しかし、アレンはこの老いたボスが好きだった。そのこともあったのか、二人の間には、まるで親子のような感情が生まれた。アレンの父は明らかに兄のジョンを買っていた。アレンは髪の白くなったウィリアムを父親のように感じたのかもしれない。

アレンのパリ生活

アレンのパリ駐在中にその父は故郷の町（ウォータータウン）で亡くなった。アレンは葬儀に戻らなかった[14]。ボスのウィリアムと過ごす時間を楽しんでいたし、グレゴワールという愛人もできた。妻への手紙にまで、二人の女性をベルサイユに連れ出し、トリアノン宮殿[15]で食事をし、その後楽しい時間を過ごしたと書いた。妻と三人の子供がパリにやって来てからも彼の遊蕩癖は変わらなかった。パリはお祭り気分の溢れる街である。アレンはその空気にどっぷりと浸っていた[16]。

パリには金融家のモルガン・ジュニアや鉄道王のヴァンダービルトといった富豪がやって来た。この頃のアメリカは不景気で、しかめっ面をした人々ばかりだったが、パリは陽気だった。インドの王族（マハーラージャ）やハリウッドのスターもやって来た。彼らはいつ果てるとも知れないお祭り騒ぎに酔っていた。金に糸目をつけない遊びに興じた。アレンはお金さえあれば何でも楽しめるパリの生活を謳歌した。

アレンは欲望のままに生活していただけではなかった。パリでの生活は国際法務弁護士としての評価を高める好機を提供した。大戦後のヨーロッパには巨額な資金が飛び交っていた。ドイツの賠償金、各国政府の負債返済、企業統合、新規投資。そういった名目の巨額資金が移動を繰り返していた。なかには非合法の資金移動もあった。

戦後のヨーロッパ諸国はふらふらと歩いていた。なんとか息をついているといった感じだった。スイスのバーゼルでは世界の中央銀行が集まって、この荒廃したヨーロッパの再建方法を論議していた（訳注：バーゼルにはドイツ賠償金の管理配分のために設立された国際決済銀行〈ＩＳＢ〉があり、そこに世界の中央銀行首脳が頻繁に訪れていた）。アレンは、中央銀行首脳にアドバイスし、鉄道王Ｅ・Ｈ・ハリマンのポーランドにおける電力事業買収案件にも関わった[17]（ただしこの案件は、最終的にポーランド首相ユゼフ・ピウスツキが拒否権を発動して葬られた）。ドイツのJ・ヘンリー・シュローダー銀行が国際金融に乗り出す際のアドバイスも行っている。まさに輝くばかりの手腕を見せたのである。アレンは、平凡な外交官から、アメリカで最も富裕な男たちや国際金融資本、大企業の利益のために働く国際法務弁護士に変身を遂げた。

「アレン自身は金融取引の難しい技術に興味はなかったし、それを理解しようとも思わなかった。しかし兄ジョンと事務所の名声を背景に、アメリカのエリート層の願いを理解した。彼らは巨利を世界市場に求めていた。もちろん兄弟たちもその繁栄の恩恵に浴そうとしていた」[18]

アレンが十四カ月のパリ駐在生活を終え、単身ニューヨークに戻ったのは一九三一年三月のことだった。家族はスイス旅行を楽しんだ。ニューヨークは恐慌の真っ只中だった。何百万人もの失業者。倒産する銀行。企業利益は一九二九年から一九三二年の間に半分以下となった。輸出も激減した。社会不安も増した。ダレス兄弟のように世界規模での融資業務を扱っている者にとっては、何とか手を打たなければ世の中が本当に狂ってしまうのではないかとさえ思えた。

こうした中にあっても兄弟の仕事量は減らなかった。この頃のS&Cの業務を知るには格好の案件がある。スウェーデンのマッチ王で金融資本家のイーヴァル・クルーガー[19]がいた。資金難に陥ったクルーガーは債券を販売していたが、それはネズミ講的な手法によっていた。クルーガーは自殺したが、債券所有者が損失の取り戻しをS&Cに依頼した。顧問料は五十四万ドルであった。

ジョンは経営破綻した国際的な企業再建のエキスパートになっており、彼の手腕を期待した案件が増えていた。S&Cのクライアントである銀行の貸出は不況の中でも減っていなかった。既存の貸出先への再融資（refinance）が増えていたのである。ヨーロッパでは再建に関わるプロジェクトが多かった。

融資の分野は、鉱山、総合エンジニアリング、公益事業、工作機械、運輸など多岐にわたっていた。グランド・ユニオン社（小売）、バブコック&ウィルコックス社（総合エンジニアリング。重機）、アメリカン・バンク・ノート社（紙幣・有価証券などの精密印刷）、ウェスタン・パワー社（エネルギー）、ノースアメリカン・エジソン社（鉄道、公益事業）、アメリカン農薬会社といった錚々たる大会社がS&Cと顧問契約を交わし、ジョンを役員として迎えた。

ジョンもアレンもS&Cから十分な給料があり、お金には不自由していなかった。ジョンの供与は三十万ドルだった。現在価値でおよそ五百万ドルにあたる。これに役員となっている企業からの配当などもあった。当時最も稼いでいる法律家と呼ばれた。弟のアレンの収入は兄のおよそ半分程度だった。それでもマンハッタンの東六十一番街二三九番地に邸を構え、ロングアイランド北岸のロイドネックに別荘を持った。近郊の町コールド・スプリング・ハーバーにある兄の別荘より一回り小さかった。アレンは投資にも成功していた。彼が投資したのはS&Cの顧客であるインターナショナル・ニッケル社、バブコック&ウィルコックス社、あるいはユナイテッド・フルーツ社だった。[20]

「アレンの価値は新規顧客の開拓能力であった。彼は顧客の扱いがうまかった。ニューヨークの生活を楽しみ、大物が現れる場所にはどこにでも現れた。メトロポリタン劇場、チャリティー会場、ニューヨーク・アスレチック・クラブのスカッシュコート、テニスコートでのパーティー。彼はどこにでも顔を出した」

「アレンはテニスがうまかった。しかし負けるべきときには負ける術（すべ）を知っていた。大物の夫人とパートナーを組む時は必ず勝った。その場合でも、大物自身が相手コートにいるときは別だ。シーソーゲームは続けるが、最後のボレーでへまをやらかすのだ。いいゲームだと思わせながら、パートナーを組んだ夫人にも嫌な思いをさせなかった。負け上手なアレンは誰からも好かれた」[21]

ジョンはS&Cに新しいタイプの仕事を持ち込んでいる。彼は国際金融のしくみをよく理解していた。特に債券市場に詳しかった。その知識を使って顧客に利益をもたらした。彼は部下の名前は覚えられなかったが、仕事では細かいところまで気を配ることができた。仕事への情熱は伝説的で、どんな交渉であっても最後まで厳しい態度で臨めるタフ・ネゴシエーターだった。

S&Cの顧客はダレス兄弟の仕事ぶりに満足していた。弟は気分をよくしてくれる陽気な男で、兄の方はしっかりと稼がせてくれる仕事のプロだった。

マンハッタン三番街の高架線を走る列車には二階席の車両があった。その席の一つはジョンの専用席だった。車掌は他の乗客をその席に座らせなかった。アレンもウォール街への通勤にこの列車を使った。毎朝、三つ前の駅から乗った兄と同じ列車を使った。金曜日の午後は二人とも必ずペンシルバニア駅発四時五十分の列車に乗り、別荘のあるロングアイランドに向かった。ジョンは天気がよければヨットのセーリングを楽しみ、天候が悪ければ別荘にこもり、推理小説を読んだ。隣では妻が編み物をしていた。

アレンは自邸に友人を招いてパーティーをするのが好きだった。パーティーの常連には有名人が多かった。元大統領セオドア・ルーズベルトの息子で投資銀行家のアーチボルド・ルーズベルト[*22]、アメリカのドリーム・カップルと呼ばれていた冒険飛行家のチャールズ・リンドバーグ夫妻、フェミニストのレベッカ・ウェスト[*23]等々。かなり後のことになるが、ウェストはアレンと愛人関係にあったのではないかと質問されたことがあった。彼女の答えは、「そうだったら、よかったわね」であった。

プリントン時代の学友ハミルトン・フィッシュ・アームストロング[*24]、マンハッタンの自邸の近くに住むジョン・ガンサー[*25]（「内幕もの」で知られるノンフィクション・ライター）、女優のタルラー・バンクヘッド[*26]などもいた。アレンの週末パーティーは年中行事になっていた。アレンにはホストとしての魅力があった。尽きない話題、ワインセラーの高級ワイン、女好き、他人には想像のつかない収入（源）。流行（はや）りのブレザーを着こなし、ボタン掛け式のローファーをつっかける姿は小説『グレート・ギャツビー』[*27]の中から抜け出てきたかのようだった。アレンの娘ジョアンは父を次のように評している。[*28]

「父は人と交わるのがとても好きでした。一所懸命働いた後でどこかのパーティーに行ったかと思うと、自邸でも度々パーティーを開きました。周りに人がいて、何かやっている。そういう雰囲気が好きでした。母は逆でした。一人で考えごとをしたり本を読んだりしている方が落ち着いたようです。父や招待客と一緒にいるのは苦痛のようでした」

アレンは、いわゆる戦間期にS&Cで十五年間働いたことになる。この間何度も外国に出張した。妻に頻繁に手紙を書いているが、女たちとのあれこれが満載の無神経な手紙だった。ある手紙に、あまり美人ではないアイルランドとイタリアの混血の女性と一緒に早朝まで楽しい時を過ごしたと書かれていた。「ちょっと可愛い」イギリス人女性とダンスをし、シャンペンを飲んで夜遅くまで過ごしたと書いたこともあった。他にも、未亡人やら年端のいかない少女やら、楽しませてくれる相手との交遊を綴った。ある手紙では、大西洋を渡る船上で女性にちょっかいを出さなかったことを変に自慢し、「僕には一人のよき妻を持つ資格がないのかもしれない。僕は妻以外の女友達といる方が楽しい性分だ」とも書いた。妹のエレノアによれば、「アレンは少なくとも百人の女と愛し合った」[*29]。

兄弟の栄華　その2

妻のクローバーは息子や娘に期待した。ボランティア活動にも参加した。司法制度の改革にも興味を持ち受刑者を慰問した。ニューヨークのスラム街を歩き、時には乞食や、パンの無料配給を待つ男たちと長い間話し込むこともあった。彼女は恵まれない人々を前にして、自らの豊かさに罪悪感を感じ恥じ入った。夫のアレンは、この時代に典型的な、エリート意識の塊だった。床にナプキンを落としてもけっして自分では拾わず、使用人が拾うのを待った。[*30]

アレンがパリから戻ったのは一九三一年のことだが、帰国と同時に新しい女性を見つけた。今度は金髪のロシア人女性だった。彼女とはコールドスプリング・テニスクラブで出会った。彼女の夫は死に至る病の床にあった。[*31] アレンは新しい愛人を隠さなかった。友人はもちろん妻にも子供にも素晴らしい「テニスプレーヤー」を自慢した。不倫関係になんの疚しさも感じない。それがアレンの性格の特徴をなした。

「アレン・ダレスにとってセックスは健康法のようなものだった。それが仕事への活力を生み、いい仕事ができるのだ[*32]」

「妻のクローバーが子供たちと家に閉じこもり、受刑者の慰問を繰り返すのは、アレンから見れば裏切りだった。妻は夫の貞淑な伴侶でなければならなかった。妻を旅行に誘って断られた時に、他の女を連れて行くのはアレンにとっては当たり前のことだった。連れて行く女はみな彼と同じ階級に属していた[*33]」

半ば病的な女好きで妻を蔑ろにするアレンの性格は兄と正反対だった。ジョンは妻ジャネットを変わらず愛していた。とはいえ子供たちとの関係はどちらもきわめてよく似ていた。いつも出張ばかりで、子供たちと打ち解ける時間はなかった。

ジョンの三人の子供は乳母に育てられたようなものだった。ひたすら両親の邪魔をしないように躾けられた。長男のジョン・ワトソンは落ち着きがなく内向的だった。神経過敏で感情的だった。バックギャモンなどのゲームに負けると大泣きした。冷静な父親でさえ驚くことがあった。親子の関係はジョン・ワトソンが大学を中退する頃には険悪なものになっていた。ジョン・ワトソンは、父親がレールを敷いた国際法務の世界に何の興味も持てなかった。父と子の紐帯はどこにもなかった。ジョン・ワトソンは鉱業の道を選び、鉱山技師として生涯の大半をラテンアメリカで過ごした。

次男のエイヴリーは「精神的に」両親から離反した。彼はハーバードの学生時代に「神の啓示」を受けた。大学近くを流れるチャールズ川沿いを散歩している時、突然神の声を聞いた。この後、彼はカソリックに改宗した。ダレス家の宗教的伝統を断ち切る、思い切った行動だった。ジョンは卒倒せんばかりに驚いた。最も親しい同僚アーサー・ディーンに電話で相談した。

「ディーン。とにかく今日のアポをすべてキャンセルして、僕の相談に乗ってくれ。人生最大の危機なんだ。これから、息子に宛てた手紙の文面を読むから聞いてくれ。『二度と家には帰るな。お前と口をきくことは二度とない。もう連絡してくるな。お前とは縁を切った』」

ディーンが電話でこれを聞かされたのは午後四時頃だった。彼はジョンに、絶対にそんな手紙を出してはいけないと夜の八時半まで説得した。結局エイヴリーは神父となる道を選んだ。イエズス会士となり二ダース（二十四冊）もの本を著し、神学に関わる数百の論文を発表した。彼はフォーダム大学[34]で神学の教鞭を執った。晩年にはローマ教皇ヨハネ・パウロ二世[35]から枢機卿に任命された。引退の少し前のスピーチは、幼児性愛者を聖職から追放する議論について、行き過ぎないようにすべきだというものだった。[36]

長女のリリアスは長男と次男の間に生まれているが、彼女も父に反発した。大学教育を受け、エレノア叔母さんのようなキャリアウーマンを目指した。[37]望みを叶えることは簡単ではなかった。父ジョンは、女性には教育は不要、教育はかえって女性を堕落させる、と考えていた。「ジョンは、リリアスに学問をしてほしいとは思っていなかったでしょう。彼女には女の魅力が欠けていると心配していたようだから、そっちを磨いてほしいと思っていたようだわ」とエレノアは語っている。

リリアスはジョンを説得してベニントン・カレッジ[*38]に入学した。彼女は後に長老派の牧師になった。それでもジョンは二人の息子たちと同じく、娘にもよそよそしかった。

「ジョンにとっては仕事が一番重要だったのでしょう。子供のために仕事を犠牲にはできなかった」(エレノア)

アレンと三人の子供たちの関係もジョンと同様だった。長男アレン・メイシーは父親の愛情が欲しかった。そのためにチェスも覚えたし、国際政治も学んだ。しかし父から愛されることはなかった。父が自分を弱々しい男だと感じていることを知ると、海兵隊に入隊した。彼が朝鮮に向かったのは二十二歳のときだった。前線の戦いで、彼は頭に負傷した。砲弾の破片が脳の一部を吹き飛ばした。その後遺症で頻繁に入退院を繰り返し、ICU(集中治療室)に入った。

アレンの二人の娘(ジョアンとクローバー・トッド=通称トッディ)は大学には行かず、アーチボルド・ルーズベルトのロングアイランドの別荘内にあった私塾に学んだ[*39]。そこでロマンティックな愛の詩集を読んだり、私塾に集まる特別な子弟たちと交わった。その中の一人がカーミット・ルーズベルト・ジュニア[*40]である。カーミットはアーチボルド・ルーズベルトの甥にあたり、後にアレンが長官となるCIA(中央情報局)で働いた。イラン政府の転覆事件で彼は歴史に名を刻むことになる。

ジョアンはオーストリア人の実業家と結婚した。離婚後、再びオーストリア人の外交官と再婚した。クローバーは幸薄かった。母の鬱の性格を受け継ぎ、精神のバランスを保つことができなかった。彼女は、両親が兄のために雇ったスポーツコーチと駆け落ちし結婚した。それが破綻するとノルウェー人の銀行家と再婚し、ロンドンに住んだ。鬱の病は改善されず、生涯入退院を繰り返した。

ジョンもアレンも反発する子供たちに苦労したが、二人は妹のエレノアとの付き合いにも悩まされた。彼女は、女は結婚して良き妻になるべきだとのダレス家の信条に従うことを拒否した。先に彼女は、経済学を学び、フランスにおけるインフレーションの原因について考察した論文で博士号を取得したと書いた。彼女はパリ・モンパルナスで開かれたあるパーティーに出かけ、アメリカ人と知り合った。デイヴィッド・ブロンハイムという年上のアメリカ人で離婚歴があった。両親が数カ月後にパリにやって来た時、エレノアは彼らに婚約を告げた。

父のダレス牧師はこの頃は病んでいたが、エレノアの婚約の知らせに強いショックを受けた。ブロンハイムはユダヤ人で正統派ユダヤ教徒だったのである。兄のジョンも強く反対した。エレノアは家族との軋轢（あつれき）を少しでも減じようと、しばらくは同棲にとどめている。ブロンハイムも両親にはこのことは伏せていた。彼も反対されることはわかっていた。ダレス牧師は一九三一年に亡くなった。二人が結婚したのはその後のことであった。どちらの家族も結婚式には出席しなかった。

ブロンハイム家の兄弟は絶縁を宣言し、彼は勘当された。このことに苦しんだ彼は鬱を病んだ。加えてヨーロッパ各地でユダヤ人に対する迫害が激しくなっていた。そんな中でエレノアが身ごもった（一九三四年春）。彼はそれを喜ばなかった。キリスト教徒とユダヤ教徒の「あいの子」の父親になったことに罪の意識を感じた。ましてやユダヤ人は存亡の危機にあった。デイヴィッド・ブロンハイムが自殺したのは、子供が生まれたその秋の日のことだった。夫の自殺はエレノアには衝撃だった。ジョンは彼女に姓をダレスに戻すよう忠告していた。彼女はそれに従った。そのことで夫の自殺という悪夢から少しでも逃れられると思ったのである。

ルーズベルト（FDR）大統領とヒトラー総統

一九三三年、フランクリン・デラノ・ルーズベルト（FDR。民主党）が新大統領に就任すると、彼はアレンとノーマン・デイヴィスをホワイトハウスに招待した。デイヴィスはキューバの製糖業で財をなしていた。三人はワシントン記念塔を一望するホワイトハウス裏庭のベランダで語り合った。この時のアレンはまだ三十代の国際法務弁護士に過ぎず、共和党員だった。しかし彼は大統領との会話に動じることはなかった。彼の家系や生い立ちが、どんなところでも堂々としていられる態度を身に付けさせていた。

大統領も気取りのない態度だった。会話が尽きる頃、大統領は本題に入った。二人に特使としてヨーロッパに行ってほしいと要請したのである（訳注：FDRはフォーマルな国務省の外交ルートを軽視し、自ら選んだ人物を特使に利用することが多かった）。ロンドンで、軍備縮小とドイツからの賠償金（配分）問題をめぐって、ぎくしゃくしていたイギリスとの関係改善に取り組んでもらいたい、さらにパリに飛んで、フランスとの経済問題について協議してほしいということだった。

二人がイギリスに発ったのは数日後のことだった。イギリスではラムゼイ・マクドナルド首相[*41]、フランスではエドゥアール・ダラディエ首相[*42]らと会談した。しかし二人が最も会いたかったのは、国家社会主義の熱きリーダー、ドイツの指導者に就いたばかりの政治家アドルフ・ヒトラーであった。一九三三年四月七日、アレンとノーマン・デイヴィスはベルリン行きの列車に乗った。この日は奇しくもアレンの四十歳の誕生日であった。

二人が総統官邸に入ったのは翌日の午後四時のことだった。官邸は、ヴィルヘルム通り（Wilhelmstrasse）を挟んで、アメリカ大使館の向かいにあった。十三年前、アレンは新米の外交官として大使館に勤務していた。二人の米国特使はヒトラーが総統就任後早々に迎えた外国特使の一組であった。パリで会見したダラディエ首相は「ヒトラーには明確な外交方針はない」と評していた。二人は新総統との謁見で、ダラディエ首相の分析が正しいように感じられた。ヒトラーはベルサイユ条約によるドイツ賠償要求がいかに厳しく、残酷なものであるかを長々と語った。同時に世界的な軍縮を進めるべきだとも述べた。

ヒトラーの話題は多岐にわたった。アメリカ内戦（南北戦争）を語り、ポーランドに対する不信感を吐露した。デイヴィスが、反体制派に対する扱いがあまりに厳しいのではないかと述べると、ヒトラーは体制の安定を望んでいるにすぎないと反論した。そしてそのことが（アメリカを中心とした各国の）対独投資や借款を担保することにもなると付言した。おそらくヒトラーは、二人の特使の背景についてブリーフィングを受けていたのであろう。

アレンはナチス党員によるユダヤ人への暴行をベルリンの町で目撃した。それでもアレンはヒトラーに特別な敵意を持つようなことはなく帰国した。アレンは二年後にベルリンに戻ったが、ユダヤ人迫害は悪化しており、〝不吉な印象〟を持った。ユダヤ系の顧客からもそういった話を聞いた。彼自身が兄とともにまとめあげた対独融資案件が多かっただけに心配だった。二人の仕事がドイツの金融力を高め、工業力を強化していたのである。

ジョンの対独融資への関わり　その1

ドイツ国家社会主義（ナチズム）の将来について、アレンとジョンは考えを異にしていた。二人の考えが違うことはほとんどなかったが、これだけは例外であった。アレンは将来の危うさを感じ、S&Cの対ドイツ案件は慎重に進めるべきで、それがS&Cの信用を保つことになると考えた。兄のジョンは新規融資案件を断ることなど考えてもいなかった。

ジョンはベルサイユ条約交渉時にフランスに多大な貢献をした。その仕事ぶりにフランス政府は最高位のレジオンドヌール勲章を授与していた。それでもジョンにとってドイツは魅力ある国だった。何よりも、敬愛する父がゲッチンゲンとライプチヒで神学を学んでいたのである。ドイツの知的水準は高かった。宗教改革では重要な役割を果たした国であった。ジョンが初めてこの国を訪れたのは彼がまだ十代の頃であった。

ジョンはベルサイユ会議ではドイツに対する過重な賠償請求に反対していた。ドイツを攻撃的な国家にしてしまったのはそのせいであると考えていた。第一次大戦後のジョンの業務はますますグローバルになった。なかでも多くの時間をドイツ関連の業務に割いた。[*43] 何世紀にもわたるドイツの知的貢献に素直に感謝していたし、社会秩序の厳格さを評価していた。政治的にも、ドイツこそが台頭するボルシェビキ思想の防波堤になると信じていた。もちろんドイツには顧客も多かったから、経済的利益を考慮した欲目があったかもしれない。

ジョンはプリンストン大学卒業後にベルクソンの講義を受けていたが、[*44]「動的な力（dynamic forces）」と「静的な力（static forces）」との衝突が世界の紛争の原因であるとする彼の考えに影響されていた。ベルクソンは、この概念を宗教や倫理の対立の理解に応用した。ジョンは、これを国際政治に応用しようと考えた。動と静の対立は周期的にやって来るとも理解した。彼は、秩序ある国々を一つのグループにまとめればよいと考えた。この考えは彼自身の思考法にマッチした。秩序ある（静的な）世界に挑む動的な力を持った三つの国がある。それがドイツ、イタリア、日本であった。彼はそれを次のように表現している。[*45]

「この三国は自らの運命を変える力を持つ国家になろうとしている。世界の中でより強力な立場を持つ国へと変貌することを目指している。変化を求める彼らの（動的な）力は、自由な、そして平和的な国家にあっては否定されていた類（たぐい）のものである」

もしジョンがドイツと深く関わらなければ、そして国家社会主義がドイツで力を持つことがなければ、このような考えは持たなかったに違いない。

ジョンはドイツ賠償金支払いのスキームを再調整するドーズ案[*46]の策定に関わった（一九二四年）。これが採用されたことで金融市場が拡大し、アメリカの銀行にとっては大きなチャンスだった。ジヨン・フォスターは五つの銀行の対ドイツ融資案件（総計一億ドル）をまとめ上げた。これに続く七年間でさらに九千万ドルの融資も決めた。この額は二十一世紀初頭の価値に直せば一兆ドルに相当する数字である。

ジョンはドイツ債券を米国内で販売するトップセールスマンの地位を築いた。アメリカの銀行はもっと国内に投資すべきであるという意見に全く耳を貸さなかった。国務省は、米国金融機関の融資が賠償金支払いに無関係なものだったり、ドイツ国内のカルテルや独占形成を助長する恐れがある場合には規制しようとしたが、ジョンはその動きを牽制した。

現実には、融資された資金はドイツ国内のカルテル形成に役立っていた。ジョンはそれに一役買っていたのである。競合会社間で供給を制限し、価格も決めた。カルテルの外にいるライバル社には原料供給を止め、流通チャンネルからも締め出した。（ジョンの融資案件の関与した）国々では反カルテルの声が上がった。しかしジョンは「カルテルによって企業は安定的な利益を確保できる。そのことが経済の混乱を防いでいる」と反論した。

ジョンの顧客の一つに、インターナショナル・ニッケル社（ニュージャージー州）があった。ジョンは役員として経営にも関わっていた。一九三〇年代初期、彼はカナダの関連会社とともに、フランスの競合二社と組ませるカルテルの結成を成功させた。一九三四年には、ドイツ最大のニッケル生産会社I・G・ファルベン社をカルテルに囲い込んだ。その結果、ナチスドイツはこれを利用した資源確保が容易になった。[*47]

カルテルがなければ、ドイツはニッケル確保に苦労したはずである。インターナショナル・ニッケル社が実質的に世界のニッケル供給を牛耳っていたからだ。ニッケルはステンレス鋼や軍用甲板の製造に欠かせなかった。

I・G・ファルベン社をニッケル・カルテルに参加させたのは、同社が世界最大級の化学製薬会社だったからである（I・G・ファルベン社は、後にナチスの収容所で使用された毒ガス、チクロンBを製造した）。ジョンはベルギーに本店のある総合化学メーカー、ソルベイ社の法務顧問であり、同時に役員でもあった。ジョンは一九三〇年代にソルベイ社とI・G・ファルベン社に、米国系のアライド・ケミカル社ほか七社を加えたカルテルを結成させた。

一九三一年の半ばには、ドイツ政府に対する五億ドルの融資を決めた。ドイツの民間企業に投資していたアメリカ銀行団は融資の焦げ付きを恐れていた。そのためドイツ政府に、返済を保証する資金を予め手当てさせたのである。ジョンは銀行団のまとめ役だった。ヒトラー政権になると、ジョンとドイツ政府の結びつきは一層強化された。ドイツ経済大臣に任命されたのは、古くからの友人ヒャルマル・シャハト[*48]だった。

ジョンをシャハトに引き合わせたのはアレンだった。アレンがまだ外交官としてベルリンにいた十年ほど前のことである。この頃、ジョンはS&Cの仕事でベルリンを頻繁に訪問していた。ジョンとシャハトはたちまち意気投合した。シャハトは流暢に英語を操ったし、アメリカをよく理解していた。彼には威厳があった。長身痩軀で姿勢がよく、髪は短く刈り上げていた。いつも幅広の襟のついたワイシャツを着ていた。

ジョンの対独融資への関わり　その2

ジョンとシャハトには共通点があった。二人とも、高い報酬が得られる仕事に入る前は牧師となろうとしたことだ。互いに相手の国の文化に敬意を払った。もう一点、大事な共通項があった。強いドイツこそがボルシェビキ思想の防波堤になると考えていたことである。アメリカの金融力でそれを実現する。二人の思いは同じだった。

シャハトにジョンは協力した。ドイツ再興のためにアメリカ資本が使われた。国家社会主義国ドイツの発展に力を貸したのである。二人にとってドイツの賠償金支払い問題は重要な課題だった。何度もスキームの修正を話し合った。修正は銀行間の話し合いで決まったことになっているが、実質は両国政府間の交渉だった。ドイツの支払いをスムーズに進めるためにアメリカ資本を利用しやすくするよう修正を重ねたのである。

S&Cは、ドイツ最大の鉄鋼メーカーであり、武器製造の大手でもあるクルップ社の社債発行も引き受けている。I・G・ファルベン社の世界市場への展開にも手を貸した。この頃、カナダ政府はドイツ向けに輸出された鉄鋼が武器製造に使われないような規制を導入しようとしたが、S&Cはその動きを阻止した。S&Cはドイツ各地の州政府、企業グループあるいはドイツでの業務拡大を目論む米国銀行を顧客とした。巨万の富を運用したい個人客もいた。[*49] 彼らはそのカルテルと、ナチス政権との〝なれあい〟で繁栄したのである。[*50]

コラムニストのドリュー・ピアソン[*51]は、S&Cの顧客で、かつナチス党に献金している企業のリストを作成した。その上で、「ジョン・フォスター・ダレスこそが金銭面で窮地に陥ったナチス党を資金援助し甦らせた銀行団のエージェント（黒幕）である」[*52]と断言した。

ジョンとシャハトの関係は良好だったが、最後は気まずいものになった。シャハトはドイツの再軍備に熱心で、ユダヤ人はドイツへの影響力を完全に失ったことを知るべきだと公言した。その後ヒトラーとは距離を置き、政権から去ったが、後にニュルンベルク裁判では「平和に対する罪」で裁かれた。彼は無罪となった。アメリカ人検事ロバート・ジャクソンは「シャハトは糊のきいたシャツを着た、見てくれのいい男で、ドイツへの投資を渋っている連中を呼び寄せる餌のような役割を果たした」人物だったと評した。シャハトが釣った一番大きな魚がジョンだったのである。

一九三〇年代半ばには、ドイツは通貨操作を始めた。それは金融戦争といってもよかった。アメリカからの借款返済を不履行にもっていくためであった。[*53]ジョンは抗議した。その矛先はシャハトに向けられた。ジョンの勧めに従ってドイツ債券に投資したS&Cの顧客は大きな損失を被った。「要するにシャハトがジョン・フォスターをたぶらかし、ドイツ（復興）を手助けさせたということだ」[*54]と見る研究書もある。

ジョンは責任をとろうとしなかった。しかしアレンは率直に語った。ウォールストリート仲間の親睦会で、「S&Cはあまりに巨額の融資を短期間に膨らませた。商道徳の上でも問題があった。S&Cは投資家に対して十分な法的保護が得られると説明していたが、ここ数年間の経済状況を見てもわかるように、万全な保護などあり得ない」と批判した。[*55]失態があろうが、ヨーロッパに戦火が広がろうが、投資家たちはS&Cを頼るしかなかった。他に代わる国際法務事務所などなかったのである。

それでもジョンはナチス党に協力すべきだと考えた。もちろん経済的な特権を守りたかったのだが、彼にはドイツをボルシェビキ思想西進の防波堤にすべきだという信念があった。ヒトラーは反ボルシェビキ思想を明確にしていた。ジョンにとって、世界展開する大企業（顧客）の利益を守ることと、ボルシェビキ思想を嫌うことは同義であった。

ジョンの対独融資への関わり　その3

一九三三年、ドイツ国内法によってドイツから発信される手紙は「ヒトラー総統万歳（Heil Hitler）」で終わることが義務づけられた。S&Cのドイツ事務所もこれに従った。この規制にジョンは何の抵抗も感じなかった。「ドイツ、イタリア、日本は動的な力が溢れる国である。ヒトラーの、半ば公然の再軍備の動きは、これまで抑制されていた可能性に気づいたためである。彼らは自らの意志で行動する自由を得た」。ジョンはこうした考えを雑誌や新聞に寄せてドイツを擁護した。[*56]
アレンは兄の考えに与しなかった。アレンは一九三五年に帰国すると、ベルリン事務所とフランクフルト支所の閉鎖を訴えた。ドイツ市場を諦めろというアレンの意見にジョンは驚いた。彼の顧客、たとえばスタンダード石油やGE（ゼネラル・エレクトリック社）は、ドイツの政治状況がいかなるものであっても、S&Cは積極的な役割を果たすべきだと訴えていた。ジョンは顧客の要望に応えた。ドイツのユダヤ系の顧客との間に問題が生じても、彼らと距離を置けばドイツ政府とのトラブルを回避できる。ジョンはそう主張した。

ジョンのベルリンでの仕事はS&Cに十分な利益を生んできた。彼はベルリンの高級ホテル、エスプラネードの金ぴかに飾り付けられたスイートルームを利用した。[*57] 感傷と政治信条の中で、ジョンは世界を見る目が曇っていた。そのことで弟のアレンだけでなく妹のエレノアとも衝突した。彼女はドイツを旅し、その現実を見て驚愕した。彼女はドイツとの商売をやめるよう求めたが、ジョンは聞かなかった。ルーズベルト大統領はドイツを批判していたが、ジョンは、ドイツへの非難はデマゴギーであって国民感情を刺激するだけのものだとして、ドイツのやり方に理解を示した。「一九三〇年代のジョンはヒトラーを正当化した」と、外交官であり法律家でもあったジョン・J・マックロイ[*58]は批判している。[*59]

S&Cの幹部らがドイツ問題を協議したのは、一九三五年の夏の日であった。ナチス政権下でこれからも営業を続けるか否かが議題だった。会議は、ジョンの、「ドイツからの撤退は事務所にとって大きな経済的損失になるだけでなく、事務所の権威を著しく損なう」との言葉で始まった。[*60] アレンはこう返した。

「ドイツから帰ったばかりだが、もはやあの国に留まることは不可能だ……顧客は、どうやったら法を逃れられるかを相談しにくる。どうやって法を守るかを聞きにくるんじゃない。そんなところでは法律顧問の仕事は成り立たない」

他の幹部たちはこれに同意した。出席者の中で一番影響力のあったアーサー・ディーンも、「ドイツの顧客を維持することはもう無理だな」とドイツ市場からの撤退に傾いた。「それではドイツ事務所の閉鎖を望む者は挙手を願いたい」とジョンが採決を取ると、全員が手を挙げた。

議長役のジョンの目には涙が滲んでいた。[*61] 後年、ジョンは決定の日付を一九三五年ではなく一九三四年とした（早めの決断をしたことにしておきたかったのである）。ジョンとジャネットはその後もドイツを訪れた。一九三六年、三七年そして三九年にもドイツを旅した。ナチス党が権力支配を強めていた時期である。ジョンはそのことを気にも留めなかった。

ジョンはヨーロッパ問題への非介入を主張するアメリカ第一主義委員会を支援した（訳注：同委員会はエール大学の学生の組織から広がった非干渉主義の政治組織。真珠湾攻撃前には全米で八十万を超える会員がいた）。S&Cもそれを支持する記事を出稿し、チャーチル、ルーズベルトを筆頭にした「戦争をしたくて仕方ない政治家（warmongers）」を批判した。[*62] ジョンはヒトラーを評価していた。ヒトラーの家庭は必ずしも裕福ではなく、外国籍（訳注：ヒトラーはオーストリアのリンツ近郊ブラウナウ・アム・イン出身）というハンデを克服し、強力な指導者となった。[*63] それがジョンのヒトラーに対する理解だった。

「ドイツ、イタリア、日本が我が国に戦争を仕掛けるなどという言説は、ヒステリーそのものである」。[*64] 一九三九年三月二十二日、ジョンはこう述べて、ニューヨーク経済クラブ（the Economic Club of New York）に集まった聴衆を安心させた。ヒトラーのオーストリア併合から一年、チェコスロバキアをドイツが占領してから一週間後のことである。

ジョンの考えはドイツのポーランド侵攻（訳注：同年九月一日）が始まってからも揺るがなかった。侵攻のあった二カ月後にジョンにスピーチの機会があった。

「(ドイツのポーランド侵攻を受けて、イギリスは対独宣戦を布告した) イギリスが戦う理由がよくわからない。長期的なビジョンが見えない。(したがって) アメリカがヨーロッパの戦いに参戦する理由はない[*65]」

ジョンの考えにアレンは反発した。コールドスプリングのジョンの別荘で二人は激論を交わした。

「(ベルサイユ体制は) 修正される必要がある。それを求める (ドイツの) 声は少しばかり感情的で、大袈裟なものかも知れない。しかし、修正を認めることで、その行き過ぎを矯正できる」(ジョン)

「ドイツで起きていることに目をつぶるなんて、それでもキリスト教徒ですか……恐ろしいことだ[*66]」(アレン)

アレンは兄に反発したものの、ナチズムの台頭がボルシェビキ思想の拡散を防ぐということも理解していた。S&Cのシニア・パートナーの一人、ユースタス・セリグマンは、ジョンのナチズム容認の態度に不満だった[*67]。セリグマンは次のようにジョンに苦言を呈している。ドイツのポーランド侵攻の六週間後のことだった。

「あなたとは長い付き合いだが、初めて意見を異にする。英国やフランスの戦いの理由に倫理性はないとするあなたの考えには同意できない。いや、むしろあなたはドイツの主張に道理があるとまで言っている。そのような態度を公的に表明していることを残念に思う」

弟のアレンがドイツを最後に訪問したのは一九三八年のことであった。ヒトラーの台頭を見てニューヨークに戻ったアレンは悩み、国際法務の仕事への情熱を失った。もっと充実した仕事をしたいと考え、連邦議会議員の座を目指すことを密かに決めた。マンハッタン・イーストサイドの選挙区で共和党公認候補の座を狙う政治活動を始めたのである。公認を得るために、選挙区内にある政治活動グループなどに顔を出し、ラジオ番組に出演し、有力紙二紙（『ニューヨーク・タイムズ』『ニューヨーク・ヘラルド・トリビューン』）の推薦を得た。アレンの決意を聞いたジョンは驚いている。[*68]

普段はばらばらなアレンの家族も、この時だけはまとまった。十代の娘も、まだ八歳の息子もビラ配りに街角に立った。ベルモント・プラザ・ホテルの一室に設けた選挙事務所で支援者に手紙を出す作業も手伝った。アレンの主張は、ルーズベルト大統領の国家社会主義的な政策を非難し、自由な企業活動を擁護するものだった。ただ他の共和党候補予定者とは違い、大統領を悪の巨頭だと言って罵倒するようなことはなかった。しかし彼は勝てなかった。それでも落胆していない。敗れはしたが共和党支持者から一目置かれることになった。将来のニューヨーク知事候補である、などと言ってくれる者も出てきたのである。

リベラル国際主義、孤立主義論争と外交問題評議会（ＣＦＲ）

ルーズベルト政権のニューディール政策については兄のジョンも弟と同様、批判的であった。ＦＤＲが最初の失業対策事業を発表すると、『ニューヨーク・タイムズ』に投書して、むしろ政府支出を抑制すべきだと主張し[*69]（一九三三年）、ＦＤＲの政策は階級間の対立を煽るものだと書いた。[*70]また証券市場を規制するＦＤＲの法案（the Security Act）にも反対し、ワシントン議会の公聴会で意見を述べた。[*71]法案成立後も、顧客に対して、あれは憲法違反であると言い、「法を守る必要はない。全力で抵抗しなさい。そうすれば、すぐにすべてが元どおりになります」と助言した。ジョンは最高裁判事のハーラン・F・ストーンに[*72]（抗議の）辞職をするよう促してもいる。S&Cは法案が違憲であるとの訴えも起こした。ストーンは辞職せず、訴訟も敗訴した。ストーンはジョンの一連の行動を次のように批判した。

「有能な法律家が大企業の下僕になり下がったことは嘆かわしい。法律家の精神が、利益を求める市場原理に汚されている」

ダレス兄弟は（ドイツに対しての評価は違ってはいても）、ウィルソン大統領の思想に共鳴していた。世界の紛争は、各国のエリート層の誤解（蒙昧）に起因するのであって、社会的あるいは政治的な不正義が原因ではない。それがウィルソンの説くリベラル国際主義（Liberal Internationalism）であった。彼らは、蒙昧な外国エリート層の目をビジネスを通じて開かせることができると主張した。この思想は、アメリカの伝統である「門戸開放（オープン・ドア）」政策に合致した。実はこの「オープン」という表現は正しくない。むしろ「キック・イン・ドア（ドアを蹴破る）」とすべきであった。他国の市場を蹴破り（こじ開け）、アメリカの利益に有利な通商条件を押し付ける。それが「キック・イン・ドア」政策である。リベラル国際主義者の主張の核心には、「アメリカのビジネスに利益になることは、すべての利益につながる」という（傲慢な）信念があった。

ウィルソンが大統領だった時代（訳注：一九一三年から二〇年）、ダレス兄弟を含む実業界の大物は国際主義者と呼ばれることを誇りに思った。彼らにとってビジネス（商売）が国際主義思想拡散の道具だった。その実現のため（外国でビジネスを広げること）に政府の力を利用するのは当たり前のことだった。

一九二〇年代から三〇年代、国際主義者（ウィルソニアン）の敵は「孤立主義者」であった。孤立主義者は、アメリカは外国との揉め事に介入するべきでないと確信し、ウィルソニアンは国際金融資本のエージェントと化していると非難した。国際金融資本は、アメリカ国民まで騙し、利益をむさぼっていると主張した。たしかにそれがダレス兄弟のやっていたことそのものであった。

ウィルソン大統領は熱望していた国際連盟への加盟を実現できなかった。全国を回って国民の理解を得ようとしたが、上院が批准を拒否したのである。ウォールストリート（国際金融資本）は孤立主義者の強い力を思い知らされた。

孤立主義者の厚い壁を崩すためにはどうしたらよいかを考えたウォールストリートは、国際主義者による親睦組織をニューヨークに創設することを思いついた。会員資格は（創立）メンバーの紹介のみとし、会の承認を必要とした。世界の有力者が集い、忌憚なく意見を交換できる場にしたい。そういう構想であった。

親睦組織にはもう一つの目的を持たせたかった。アメリカの政治指導者に外交指針を助言することである。第一次大戦後、アメリカはグローバル・パワーに変貌した。アメリカの政治指導者は、実業界、金融界あるいは国際法務の専門家から早急に指導を受けるべきである、と考えたのである。

このために設立された親睦団体が外交問題評議会（ＣＦＲ：the Council of Foreign Relations）であった。会のモットーはラテン語の「ubique」であった。「everywhere（どこにでも）」の意味である。

当時のアメリカの外交政策は少数のエリートが担っていた。そうした人物をＣＦＲの設立メンバーとした。会長にはウィルソン政権時代に財務次官補、国務次官を歴任したノーマン・デイヴィス[73]が就いた。CFR設立十年後に、アレンとともにヒトラーと会ったのは彼であった。他にエリフ・ルート（セオドア・ルーズベルト政権の陸軍長官）やニュートン・ベイカー（ウィルソン政権の陸軍長官）などがいた。ベイカーは国際法律事務所ベイカー・ホステットラーを設立し、多くの多国籍企業を顧客に抱えていた。

またウィルソン政権の顧問だったイザイア・ボウマンやアーチボルド・クーリッジがいた。クーリッジはCFRが発行する外交専門誌『フォーリン・アフェアーズ』（一九二二年夏創刊）の初代編集長となった。創刊号にはエリフ・ルートやジョン・ダレスが寄稿した。クーリッジが亡くなると（一九二八年）、ハミルトン・フィッシュ・アームストロングがそのポストに就いた。アームストロングは後のCFR会長となるアレン・ダレスの親友だった。彼はその後半世紀近く『フォーリン・アフェアーズ』の編集長を務めた。

「ワールドパワーと言える国家はアメリカ以外にない。我が国は世界中の国と何らかの関係を持っている。アメリカは不可避的に世界のどの国とも関わらざるを得ない[74]」とジョンは書いていた。これこそがCFRの主張そのものであり、（ジョンの）キリスト教信条（credo）でもあった。

一九三〇年代から四〇年代に、CFRが国務省に行った提案の数は膨大である。六百以上もの外交政策意見書を部外秘として提出した[75]。その内容は、CFRのメンバーであっても、作成に関与した者にしかわからなかった。提案がなされたことすら知らなかった。CFRがワシントンの外交関係者と濃密な関係を持ったことは明らかだった。なかには、CFRこそがアメリカの意思決定の中枢であり、「永久政府機関」であると評する者までいた。

ジャーナリストであり歴史家でもあるピーター・グロース（訳注：本書でも出典に使われている『紳士スパイ〈*Gentleman Spy*〉』の著者）は、CFRについて次のように述べている。

「CFRは研究所であり、かつ圧力団体である。また教養ある紳士たちの社交場でもある。（原注：この時代、女性会員はいなかった）葉巻をくゆらせ、ワインを飲みながら天下国家を語る場なのである。アレン・ダレスは、この組織が外国要人の接待にも便利であることに気づいた。講演を依頼し、食事を共にし、親睦を結んだ。それがビジネスにも役立った[*76]」

国際主義を標榜する者たちは何よりも世界の安定を願っていた。またジョンは、ボルシェビキ思想との戦いでは、ヒトラーのような独裁的なリーダーこそが価値ある盟友だと見た。ジョンのように考える者は少なくなかった。秩序ある体制の中で経済的な責任を持てる国の方が、社会変革を性急に求めるグループより価値があった。フォスターは、ベルリンの国際商工会議所で次のように語っている[*77]（一九三七年）。

「秩序ある国内経済の存在が世界の平和維持にとって最も重要である。経済に起因する国内問題がその外にまで拡がると国際問題となる」

S&Cは戦間期にアメリカ最大の国際法務事務所に成長した。前述のジャーナリスト、ピーター・グロースはS&Cを法務事務所と呼ぶことは誤解を招くと書いた。

「S&Cは世界の金融市場を鎖のように繋ぎ、その連鎖の中心にいる。S&Cの業務にはたしかに契約書作成、不動産管理と保守、訴訟業務などがある。しかしダレス兄弟の仕事はそんなものではない。選び抜かれた顧客の利益のために、世界のしくみに関与するのである」[*78]

兄弟の戦間期政治への関わり

ダレス兄弟は十分に豊かになった。大企業をまとめる屋台骨となった。二人の世界観は近似していた。だが性格は正反対である。彼ら二人と仕事をしたことのあるヨーロッパの銀行家は、「性格は驚くほど違う。ジョンは牧師のような男だった。きびきびとした活動的なところがある反面、神経質だった。弟のアレンはもの静かで、いつもリラックスしていた。アレンは理屈で考え、ジョンは宗教的信条で動くところがあった。アレンの方が気軽に人を受け入れたから交際範囲は広かった。アレンは仕事仲間に愛された。ジョンは畏敬された」[*79]と評した。

ジョンは『フォーリン・アフェアーズ』『ニュー・リパブリック』あるいは『アトランティック・マンスリー』のような専門誌だけでなく、一般的な雑誌、たとえば『ライフ』や『リーダーズ・ダイジェスト』などにも寄稿した。ビジネス団体からの講演依頼も多かった。彼は次第に外交の賢者と見なされるようになった。共和党支持であったから法律家のトーマス・デューイ[*80]とも親交を深めた（訳注：デューイは一九四四年、四八年の共和党の大統領候補）。デューイは検察官となったが、それ以前にS&Cに職を求めたことがあった。当時世間を騒がせていた犯罪組織「殺人株式会社」[*81]の捜査を担当し、新聞に大きく扱われたこともあった。

デューイは、一九三八年のニューヨーク州知事選挙では共和党候補となった。選挙には敗れたが、選挙戦を通じて期待の若手政治家として地歩を固めた。ジョンはデューイに外交政策について助言した。

この時期にジョンと出会い、一緒に仕事をした人々の中には、彼は将来、最高裁判事になるのではないかと思った者もいた。しかしジョンは、最高裁判事よりも大統領になりたかったはずだ。彼には、自身がアメリカを理解する数少ない人間であるとの自負があった。世界の動かし方をわかっていると自信を持っていた。[*82]

アレンには兄のような野望はなかった。大統領の座を意識したことはなかった。ただ国務長官の座を考えたことはあった。[*83] ルーズベルト大統領がアレンの友人であるノーマン・デイヴィスを国務長官の候補に挙げたことがあった（一九三三年）。しかし、デイヴィスは、キューバに関わるスキャンダルで国務長官職に就けなかった[*84]（訳注：デイヴィスが社長を務めていたキューバ信託会社が、キューバの浚渫（しゅんせつ）事業汚職への関与を疑われた事件）。結局、ルーズベルトはコーデル・ハル上院議員[*85]（テネシー州）を国務長官に任命した。いずれにせよ、友人のデイヴィスが国務長官候補に挙がったことで、アレンはそのポストを意識したのである。

戦間期におけるダレス兄弟に特徴的なことは、政府と民間の仕事を交互に、あるいは同時にこなしたことである。倫理性を欠き、場合によっては犯罪性を持つ行為であり、現在は許されないが当時は問題視されていなかった。二人がアメリカ外交を利用して利益を得ても、収入の出所を聞かれることもなかった。

「バート叔父さん（ロバート・ランシング）」が国務省の高官だった時も、国務長官になってからも、ジョンはS&Cのクライアントのために「叔父さん」の助けを求めた。[*86] ランシングはジョンの出張の際には紹介状を書き、ジョンが顧客を惹きつけるために企画したパーティーにはゲストで出席し、アメリカ政府に対するジョンの影響力を見せつけることに協力した。

一九一七年のことであるが、ランシング国務長官はジョンを中米諸国に米国使節として遣ったことがある。ランシングは、ニカラグア大統領チャモロ将軍にセリグマン銀行から融資を受けるようS&Cが圧力をかけているのを知っていたし、S&Cがパナマ政府の法律コンサルタント業務を請け負っていることも知っていた。

（ウィルソン大統領が一九一七年十月に設立した）戦時貿易委員会にジョンが勤めていた頃、鉄道、綿花生産、食料品などの分野で、およそ四億ドルの直接融資を実施した。融資を受けた会社にはS&Cの顧客も含まれていた。大戦後のドイツ賠償金支払いスキームの設計にジョンが参画したことはすでに述べたが、ドーズ案でも、その後に修正されたヤング案でも、S&Cの顧客である金融資本家に巨利が生まれるスキームに仕上げたのはジョンであった。

アレンも同じような方法でS&Cの業績に貢献していたと前述のピアソンは書いている。外国への融資の許可を得るため、昔の同僚を接待した。彼らを何度もゴルフに誘った。[*87] 一九二七年にジュネーブで軍縮会議があったが、国務省はS&Cに入ってわずか五カ月のアレンをアメリカ代表団の法律顧問に任命した。このことからわかるように、アレンは国務省の仕事とS&Cの業務を掛け持ちしたようなものだった。それは六年間続いた。彼は利害関係者として外交に関与したのである。ピアソ

ジュネーブ軍縮会議の結果はS&Cの顧客である造船、鉄鋼メーカーの経営に直結する。

ンは国際金融資本に利益誘導させる利益相反行為だと批判した。アレンは後日、たしかに「やってはいけなかったかもしれない」と述懐している[*88]（訳注：ジュネーブ軍縮会議は成果を生まなかった。ここでは、アレンが軍縮が進まないような動きを取ったらしいことが示唆されている。後に一九三〇年のロンドン軍縮会議で軍縮が進んだ）。

ヨーロッパの戦火拡大と秘密組織「ザ・ルーム」

一九三〇年代後半にはヨーロッパに戦火が広がった頃、アレンは「ザ・ルーム（The Room）」と呼ばれる秘密組織のメンバーとなった[*89]。メンバーは、マンハッタン東六十二番街の目立たない建物の一室に集まった。その数はおよそ三ダース（三十六人）で、職業は銀行家、法人顧問弁護士、実業家などだった。世界中から集められた、彼らしか知らないセンシティブな情報を共有した。会員の誰もが外国資本と濃密な関係を持っていた。彼らの行為は諜報活動そのものだった。以下が主要メンバーである。

ウィンスロップ・オルドリッチ＝チェース・マンハッタン銀行頭取

ヴィンセント・アスター＝世界で最も裕福な実業家（訳注：父のジョン・アスター四世は不動産王だったが、一九一二年十二月のタイタニック号沈没事故で死亡した。ヴィンセントはその遺産を相続した）

セオドア・ルーズベルト・ジュニア＝投資銀行家。父はセオドア・ルーズベルト元大統領

デイヴィッド・ブルース＝義父は銀行家アンドリュー・メロン。後にイギリス、フランス、西ド

イツの三国の大使を経験した唯一の外交官
マーシャル・フィールド三世＝投資銀行家、出版社経営
ウィリアム・ワイズマン卿＝クーン＆ローブ投資銀行、第一次大戦時には英国諜報部とアメリカ諜報部局の連絡役
ウィリアム・ドノバン＝国際法務弁護士、諜報活動に強い関心あり

彼らはＦＤＲ政権に協力し、助言を与え、時には工作員を社員の肩書で外国に遣り、情報収集にあたらせた。

一九四〇年は大統領選挙の年だった。共和党候補を選出する党大会がフィラデルフィアで開かれたが、ダレス兄弟はトーマス・デューイが選出されることを期待した。しかし、意に反してインディアナ州の法律家ウェンデル・ウィルキーが候補となった。二人は落胆した。特にジョンはウィルキーを毛嫌いしていた。[*90] 彼が戦闘的な反ヒトラーの立場をとる一方で、ＦＤＲのニューディール政策を支持していたからであった。党大会でウィルキーの指名が確定すると、アレンは会場となったホテルの裏口から抜け出した。その彼の肩をもう一人の代議員が叩いた。「ザ・ルーム」のメンバー、ウィリアム・ドノバンであった。（共和党の大統領候補も）反ヒトラーの人物になったことで、ドノバンは、アメリカの参戦が避けられないと感じた。そうなった場合、アメリカでは諜報組織が脆弱であることを懸念していた。ドノバンはアレンをバーに誘った。

「これで一九四一年末までには、アメリカの参戦は確実になった。我々には、今からやっておかなくてはならないことが山積している。これまですべきことをしてこなかった。これから君のような

人物が必要になる」[*91]

これがドノバンがアレンを諜報の世界に誘った言葉であり、アレンの人生を変えるだけでなく、その後の世界までも変えてしまうことになった。ドノバンは後に「ワイルド・ビル」と呼ばれることになるが、それには理由があった。ドノバンはアレンの十歳年長だった。屈強な体格で喧嘩っ早いアイルランド系だった。一九一六年には、パンチョ・ビリャ（訳注：ニューメキシコ州の町を襲ったメキシコ人革命家）を追って騎兵隊を指揮した。第一次大戦では、フランスの前線で戦い、名誉勲章（Medal of Honor）を受けていた。戦後は企業法務専門の法律家となった。一九三二年のニューヨーク州知事選挙では共和党候補の座を争ったこともあった。彼はどのような戦いでも、前線に身を置くことが好きなタイプだった。イタリアのエチオピア侵攻（一九三五―三六年）でも、スペイン内戦（一九三六―三九年）でも前線に飛んだ。ドノバンは共和党員ではあったが、フランクリン・ルーズベルトとの関係は良好だった。二人はニューヨーク時代からの知己だったのである。

新たな情報組織の設立計画

アレンがドノバンから極秘の計画を聞かされたのは、彼に誘われて入ったホテルのバーであった。ドノバンはルーズベルトの命を受けてロンドンに飛び、そこから帰ったばかりだと話した。ドノバンはウィンストン・チャーチルと複数回会ったこと、ヨーロッパの戦争はこれからも続くこと、そしてアメリカがいずれ参戦することを確信していると言った。それに続けて次のように語ったとアレンは書いている。

「ドノバンはイギリスで、英国諜報機関の体制とテクニックを学んだらしい。彼は、アメリカの軍事戦略はこれまでにないレベルの情報収集を必要とする、だからこそ我が国の諜報組織を見直し、必要な改善をしていくことが急務だと熱く語った」

一九四〇年当時のアメリカの諜報組織は系統化されておらず、活動はばらばらであった。第一次大戦中に作られた組織はほとんど消えていた。たしかに諜報を扱う組織はあった。国務省、財務省、労働省、商務省、あるいは連邦通信委員会などに属する八つの部門だった。しかしそれぞれは独立しており、他の部門の活動を知ることはできなかった。一九三〇年代はドノバンのような民間人が外国で得た情報をホワイトハウスに伝えるだけであった。そうした民間人は、言ってみれば「自称諜報部員」だった。

ドノバンはルーズベルト大統領に諜報活動の重要性を何度も訴えたらしい。

「ドノバンは諜報を束ねる中心となる組織が必要だと考えた。彼は諜報活動が世界政治にどれほどの影響をもたらしているかについて研究した。四、五冊の本は書けそうな資料を集めていた[*92]」

ドノバンはこれから作ろうとしている新たな諜報組織に必要な人材を探していたのである。組織によって収集された情報は、大統領に直接報告されることになる。ただこの時点では、組織は正式に承認されてはいなかった。

アレン・ダレスという男は組織にとって役立ちそうなことは確かだった。S&Cは顧客に対して、「秘密情報を手に入れる特殊なルートを持っている」と説明することが多かった。もちろんそのルートとはアレンのことだった。アレンはＳ＆Ｃに移ってからも民間人として諜報活動を続けていた。その意味では、アメリカでも数少ない経験を積んだ「スパイ」であった。[*93]

アレンはアメリカが諜報活動や謀略活動を再開することを喜んだ。民間人スパイの時代が終わり、本格的な諜報戦が始まることに興奮した。アレンは国務省時代に世界が動くメカニズムを見た。Ｓ＆Ｃでの企業法務の仕事を通じて十分な稼ぎがあった。ドノバンはそんなアレンに、再び諜報の世界に戻るチャンスを提示した。ドノバンの話を聞いたアレンの口から出た言葉は、「いつから私に働いてほしいんです？」であった。「大統領選後になる。こちらから電話する」とドノバンは答えた。

注

＊1 *A Law Unto Itself*, pp99-100.

＊2 *John Foster Dulles: The Road to Power*, pp67-72.

＊3 同右、p72.

＊4 William O. Douglas（一八九八―一九八〇）ＳＥＣ委員長（一九三七―三九年）および最高裁判事（一九三九―七五年）。フランクリン・Ｄ・ルーズベルト大統領が任命。訳注

＊5 *Dulles: A Biography of Eleanor, Allen, and John Foster Dulles and Their Family Network*, p76.

＊6 William O. Douglas, An Understanding of Asia, *The Rotarian*, Dec., 1956. 頁不明。

＊7 著者のキャサリン・ダグラス・ストーンとのインタビュー（二〇一二年）。

＊8 *Allen Dulles: Master of Spies*, p142.

＊9 *Gentleman Spy*, pp93-94.

＊10 *A Law Unto Itself*, p129.

＊11 *Gentleman Spy*, p96.

＊12　Henri Deterding（一八六六―一九三九）一九〇〇年から三六年までロイヤル・ダッチ・シェル石油の会長職にあった。訳注
＊13　*Gentleman Spy*, p100.
＊14　同右、p10. あるいは *A Law Unto Itself*, p130.
＊15　the Trianon Palace ベルサイユ宮殿の離宮。訳注
＊16　*Gentleman Spy*, p101.
＊17　*A Law Unto Itself*, p130
＊18　*Gentleman Spy*, p102-103.
＊19　Ivar Kreuger（一八八〇―一九三二）世界のマッチ市場の過半を製造する巨大企業インターナショナル・マッチ社を作り上げた。一九三二年に破綻し、パリで自殺。訳注
＊20　*The Devil and John Foster Dulles*, p52.
＊21　*Dulles: A Biography of Eleanor, Allen, and John Foster Dulles and Their Family Network*, p77.
＊22　Archibald Roosevelt（一八九四―一九七九）セオドア・ルーズベルト大統領の四男。訳注
＊23　Rebecca West（一八九二―一九八三）自由恋愛を主張した作家。訳注
＊24　Hamilton Fish Armstrong（一八九三―一九七三）ジャーナリスト、外交官。雑誌『ニューリパブリック』『フォーリン・アフェアーズ』の編集長。訳注
＊25　John Gunther（一九〇一―七〇）内幕ものを得意としたノンフィクション作家。ジャーナリスト。訳注
＊26　Tallulah Bankhead（一九〇二―六八）女優。父親は民主党下院議員。訳注
＊27　*The Great Gatsby* 一九二五年に発表されたスコット・フィッツジェラルドの小説。訳注
＊28　*Allen Dulles: Master of Spies*, p452.
＊29　*Dulles: A Biography of Eleanor, Allen, and John Foster Dulles and Their Family Network*, p125.
＊30　*Gentleman Spy*, p107.
＊31　同右、pp106-107. あるいは *Allen Dulles: Master of Spies*, p192.
＊32　*Allen Dulles: Master of Spies*, p165.
＊33　同右。
＊34　Fordham University ニューヨークのマンハッタンとブロンクスにキャンパスを持つイエズス会系の大学。訳注
＊35　John Paul II（一九二〇―二〇〇五）第二六四代ローマ教皇、ポーランド出身。訳注
＊36　*New York Times*, Dec. 13, 2008.

＊37　*Dulles: A Biography of Eleanor, Allen, and John Foster Dulles and Their Family Network*. P82.

＊38　Bennington College バーモント州にある私立大学。一九三二年に創立された当時の新興女子大学。現在は共学である。訳注

＊39　*Allen Dulles: Master of Spies*, p181. あるいは *Gentleman Spy*, p104.

＊40　Kermit Roosevelt Jr.（一九一六—二〇〇〇）セオドア・ルーズベルトの孫。父は同名のカーミット。訳注

＊41　Ramsay MacDonald（一八六六—一九三七）イギリス労働党党首。首相の座に二度就いた（一九二四年および一九二九—三五年）。訳注

＊42　Edouard Daladier（一八八四—一九七〇）フランスの政治家（急進社会党）。三度首相を務めた（一九三三年、一九三四年、一九三八—四〇年）。訳注

＊43　*John Foster Dulles: The Road to Power*, pp67-70.

＊44　*Dulles: A Biography of Eleanor, Allen, and John Foster Dulles and Their Family Network*, pp90, 99.

＊45　*Gentleman Spy*, p121.

＊46　Dawes Plan ドイツ賠償金の支払い額は軽減しないものの、ドイツの経済力を考慮した支払い計画に変更した。訳注

＊47　*A Law Unto Itself*, p126. あるいは *John Foster Dulles: The Road to Power*, pp127-128.

＊48　Horace Hjalmar Schacht（一八七七—一九七〇）銀行家、政治家。経済相の任期は一九三四年から三七年。訳注

＊49　*Dulles: A Biography of Eleanor, Allen, and John Foster Dulles and Their Family Network*, p88.

＊50　*A Law Unto Itself*, p125.

＊51　Drew Pearson（一八九七—一九六九）政治コラムニスト。訳注

＊52　*John Foster Dulles: The Road to Power*, p123.

＊53　Adam Klug, *The German Buybacks 1932-1939*, Princeton University International Economics, 1993, pp5-54.

＊54　*A Law Unto Itself*, p83.

＊55　同右、p135.

＊56　同右、p132.

＊57　同右、p119.

＊58　John J. McCloy（一八九五—一九八九）国際法務弁護士。FDR政権では陸軍次官。訳注

＊59　*Dulles: A Biography of Eleanor, Allen, and John Foster Dulles and Their Family Network*, p90.

＊60　同右、p91.

＊61　*Allen Dulles: Master of Spies*, p183. あるいは *The Devil and John Foster Dulles*, p47.

＊62 *Dulles: A Biography of Eleanor, Allen, and John Foster Dulles and Their Family Network*, p111.
＊63 *Gentleman Spy*, p125.
＊64 同右、p133.
＊65 *Dulles: A Biography of Eleanor, Allen, and John Foster Dulles and Their Family Network*, p99.
＊66 同右、p96.
＊67 *Gentleman Spy*, p133.
＊68 *Allen Dulles: Master of Spies*, pp189–190. あるいは *Gentleman Spy*, pp128–129.
＊69 *New York Times*, March 8, 1933.
＊70 Dr. Stanley High 宛の書簡。一九三六年九月十一日。
＊71 *A Law Unto Itself*, pp113–115.
＊72 Harlan F. Stone（一八七二―一九四六）一九二五年にカルヴィン・クーリッジ大統領により最高裁判事に指名される。一九四一年から四六年まで最高裁判所長官。訳注
＊73 Norman H. Davis（一八七八―一九四四）経済担当に詳しい熟練外交官だった。一九一九年のベルサイユ会議のアメリカ外交団の一員。訳注
＊74 *Gentleman Spy*, p125.
＊75 *John Foster Dulles: The Road to Power*, p186.
＊76 *Gentleman Spy*, pp98, 123.
＊77 *John Foster Dulles: The Road to Power*, p170.
＊78 *Gentleman Spy*, p90.
＊79 同右、p95.
＊80 Thomas Dewey（一九〇二―七一）法律家、政治家。ニューヨーク州知事（一九四三―五四年）。一九四四年および四八年の共和党大統領候補。訳注
＊81 Murder Inc. 一九三〇年代から四〇年代にかけて暗躍した、犯罪請負の組織犯罪グループ。訳注
＊82 *Dulles: A Biography of Eleanor, Allen, and John Foster Dulles and Their Family Network*, p79.
＊83 *Gentleman Spy*, pp82, 97, 109, 128.
＊84 Jules Robert Benjamin, *The United States and Cuba: Hegemony and Dependent Development 1880–1934*, University of Pittsburgh, 1977, p89.
＊85 Cordell Hull（一八七一―一九五五）一九三三年から四四年までＦＤＲ政権の国務長官。日本に事実上の最後通牒ハル・

ノートを手交（一九四一年十一月）したことで知られる。訳注

*86 _John Foster Dulles: The Road to Power_, pp20-23, 61.

*87 _Gentleman Spy_, p96.

*88 同右、p110.

*89 同右、pp152-153. あるいは _Allen Dulles: Master of Spies_, pp152-153, 185-187, 194.

*90 _Dulles: A Biography of Eleanor, Allen, and John Foster Dulles and Their Family Network_, p107.

*91 Anthony Cave Brown, _Wild Bill Donovan: The Last Hero_, Times Books, 1982, pp127-43. あるいは Richard Dunlop, _Donovan: America's Master Spy_, pp184-202. あるいは Douglas Waller, _Wild Bill Donovan: The Spymaster Who Created the OSS and Modern American Espionage_, Free Press, 2011, pp50-68.

*92 _Allen Dulles: Master of Spies_, p195.

*93 _Donovan: America's Master Spy_, p203.

3章　おもしろみのない兄弟

チャーチルの策謀

ジェームズ・ボンドの名は誰でも知っている。もちろんボンドは、小説のキャラクターであり、実在しないスパイである。彼を作り上げたのは元イギリス課報部員のイアン・フレミング[*1]海軍少佐であった。

一九四一年初め、フレミング少佐は上司のゴッドフリー提督[*2]とともにホワイトハウスに現れた。二人はウィンストン・チャーチル首相からルーズベルト大統領宛の親書を携えていた。チャーチルはルーズベルトに、近代的な諜報組織の設立を急ぐよう促した。

大統領に説得は不要だった。ドノバンがすでに諜報の重要性を訴える報告書を提出していたからである。ドノバンはおよそ三カ月にわたって前線を回っていた。バルカン半島や中近東の戦場を視察し、敵に対する破壊工作活動と情報収集の持つ価値を大統領に理解させた。ルーズベルトはドノバンにホワイトハウスの地下の一室を与え、アメリカの新しい諜報組織の構想をまとめさせていたのである。その構想が大統領に提示されたのは一九四一年六月十一日のことであった。大統領はこの一週間後、予算局（財務省の内局）に、「情報調整部（ＣＯＩ）」と呼ばれる新組織の設立を命じた。予算は一億ドルだったが、それには戦争準備資金としてすでに計上されている予算をあてた。新組織の長官にはドノバンを起用した。

「生来の指導者気質を持っていた」[*3]とアレンが語っているように、ドノバンは新組織の設立に全力で取り組んだ。世界中の現場を見てきた経験が役立った。ドノバンには危機的状況に対処する知恵があり、判断力に優れていた。諜報に携わる人間として最適な資質を備えていた。

ＣＯＩ設置の大統領命令があった三週間後、官報（Federal Register）にＣＯＩの設立とその趣旨が記載された。

「ＣＯＩは国家安全保障に関わるすべての情報を収集し分析する。また集められた情報管理も行う」[*4]

重要な部局の誕生にしては、あっさりした記述だった。こうしてアメリカ初の本格的な課報機関が産声を上げたのである。

一九四一年十二月七日（現地時間）、日本は真珠湾を攻撃した。これによってアメリカは参戦か非干渉かの議論をやめ、戦争にひた走ることになった。真珠湾攻撃はアメリカ国民の、アメリカは安全だという感覚を打ち砕いた。ワシントンでは真珠湾の悲劇は情報収集能力に問題があったのではないかとの不安が広がった。真珠湾攻撃を受けて議会と大統領がＣＯＩへの全面協力を約束した。

ドノバンはアレンの力を必要とした。共通の友人であったデイヴィッド・ブルースを通じてアレンに話を持ちかけた。真珠湾攻撃の数週間後のことである。もちろんアレンはドノバンからの接触を待っていた。ブルースは、ドノバンが彼を必要としていると伝えたが、どのような職務であるかは話さなかった。いずれにせよその職務には、慎重で沈着冷静な態度が要求され、強い義務感、言語能力、幅広い経験などが必須なのだと説明した。[*5]アレンは二つ返事でその誘いを受けた。

新課報組織の設立準備

この頃のアレンの動向ははっきりしないところがある。真珠湾攻撃の時点でアレンはすでにドノバンの下で働いていたという情報もある。[*6]ただ、一九四二年末にはS&Cで抱えていた案件を終了させ、COIニューヨーク事務所の責任者となったことは確かである。アレンは、事務所をロックフェラーセンターにあるインターナショナル・ビルディング三十六階に構えた。広々とした贅沢な部屋に、幅広い分野から人材を集めた。法律家、金融専門家、元外交官、ビジネス経験者あるいは元大学教授といった経歴の男たちが集められた。対外的には、みな投資顧問だと説明した。職員の身内への説明は、戦争遂行上必要な情報を集める調査部門で統計の数字を扱う、つまらない仕事だと言うよう指導された。

ドノバンの補佐役は「ニューヨークはこの仕事に適した街であり、責任者としてアレンは最もふさわしかった。彼はとにかく幅広い人脈をもっていた。そのことは、彼がたちまち必要な人材を集めたことでもよくわかる」[*7]と語っている。

アレンには二つの重要な使命があった。まず、ドイツとドイツ占領下にあるヨーロッパに情報収集ネットワークを構築することであった。そのために移民を利用した。その地方の出身者や、家族や友人を残している者たちを面接した。もう一つは、ヨーロッパ全般の最新情報を収集することであった。この作業には多種多様な人々との接触が必要だった。航海を終えたばかりの船員や、やって来たばかりの移民の情報が有益だった。彼らから、ヨーロッパ各都市の情勢、鉄道、空港、港湾の状況、軍事工場や軍事基地に関わる情報をとる必要があった。アレンの部下が、ニューヨークの港湾、船員登録事務所などに散った。

敵国からの移民は特に重要だった。敵地に放つ工作員にとっては些細な情報が役に立つ。お金を渡してそうした情報を入手した。また彼らから古着、ネクタイ、コート、靴などを買い付けた。そうした小道具は工作員の潜入に利用できる。身分証明書、配給手帳も入手した。偽の証明書づくりの見本にするのである。

亡命者も情報源の一つだった。様々なタイプの人間がロックフェラーセンターの事務所にやって来た。その中の一人にハインリヒ・ブリューニング[*8]がいた。彼は一九三二年までドイツの首相を務めた人物だった。

情報提供者の数は極めて多く、事務所はセンターの四つのフロアが必要になった。それでも不足で、ニューヨーク市内に八つの事務所を置くことになった。

工作活動の隠れ蓑（みの）としてモホーク貿易会社を設立した。[*9]この会社に工作に必要な各種の道具を製作させた。狙撃用ライフル、消音器付拳銃、毒薬入りカプセルなどである。

アレンがロックフェラーセンターを事務所に選んだ理由は、ビルの近くに英国スパイ組織の活動拠点があったからだ。[*10] その組織は、後に伝説的なスパイとなるウィリアム・スティーブンソンが運営していた。チャーチルがインターピッド（勇者）と呼んだ男である。イアン・フレミングの小説「007シリーズ」の主人公ジェームズ・ボンドは彼がモデルだと言われている。[*11]

チャーチルがスティーブンソンをニューヨークに遣ったのは一九四〇年のことである。チャーチルはアメリカを参戦させたかった。スティーブンソンはインターナショナル・ビルの三六〇三号室にオフィスを構えた。表向きの名称は「入国審査英国事務所」であった。イギリス諜報組織は一流だった。アレンにとってスティーブンソンからは学ぶことが多く模範となる人物であった。

「彼から多くを学んだ。彼の頭の中にあるものは何から何までいただいた」[*12]

ＯＳＳ（戦略情報局）発足

一九四二年六月十三日、ルーズベルト大統領はＣＯＩに謀略活動および準軍事活動を実行可能にする大統領令に署名した。アレンをそのまま責任者に据え、名称は戦略情報局（ＯＳＳ＝Office of Strategic Services）とした。ＣＯＩが行っていた活動はすべて引き継がれ、さらに「統合参謀本部の直接の指示のもとに立案し作戦行動をとる」という任務が加わった。アレンが後に記した言葉からその実態がわかる。[*13]

「この大統領令で情報収集と謀略活動が一体となった。本当の意味での情報部局が我が国に誕生した。各国の抵抗組織と連携し、破壊工作活動も支援できる。軍隊組織にはできない分野を担い、我が国の安全保障に寄与できるようになった」
OSSは二つの州（メリーランド州、バージニア州）に秘密の訓練施設を設けた。訓練生はたちまち六百人を超えた。大半はワシントンとニューヨークの人間だった。アレンはそのほとんどを工作員として採用した。[*14] 軍隊経験者、民間組織の指導者、教員、銀行員、弁護士、会社員、図書士、小説家、編集者、野球選手、牧師、元金庫破り、バーテンダー、タグボートの船長。彼らの経歴は多岐にわたっていた。
バーテンダーは、イタリア語を操り、出身がアペニン山脈の峠の村だった。牧師はビルマ原住民族と同地の方言に精通していた。型彫り職人は敵国支配地に侵入する際の偽造書類を作るために必要だった。軍靴を泥まみれにして実戦を好む人物も採用された。
OSSの採用担当者は自分たちと同じバックグラウンドをもつ人物も採用した。投資銀行に勤める者、親睦クラブのメンバー、高級リゾートに出入りする遊び人、あるいはCFRのメンバーなどである。
「OSSが集めた諜報部員には上流階級に属する者がいた。芸術愛好家の外交官や、ウォールストリートの投資銀行家が採用されていた」（コラムニスト、ドリュー・ピアソン）
諜報部員の中には後に二十世紀前半のアメリカを彩る人物となった者も多い（括弧内は訳注）。
リチャード・ヘルムズ（第八代CIA長官、駐イラン大使）
ウィリアム・コルビー（第十代CIA長官）
アーサー・シュレジンジャー・ジュニア（ケネディ大統領の補佐官、歴史家）

ウォルト・ロストウ（ケネディ、ジョンソン政権の安全保障担当補佐官）
スチュワート・オルソップ（コラムニスト）
C・ダグラス・ディロン（アイゼンハワー政権の国務長官、ケネディ政権の財務長官）
アーサー・ゴールドバーグ（ケネディ政権の労働長官、ジョンソン政権の国連大使）
ウィリアム・ケイシー（第十三代CIA長官）
ラルフ・バンチ（外交官、一九五〇年にノーベル平和賞を受賞）
こうした政治・外交の主流に属した顔ぶれだけでなく、意外な人物もいた。
スターリング・ヘイドン（ハリウッド俳優。『ゴッドファーザー』にも出演）
ジュリア・チャイルド（料理研究家）
ニューヨークにやって来る船員や難民も採用の対象だった。ドノバンは積極的に彼らを利用した。
一九四二年七月、彼は対ヨーロッパ工作の準備が整ったとルーズベルト大統領に報告した。*15

OSSの工作活動

「第一次大戦のときと同様、枢軸国に対する諜報活動にはスイスが最も適しています。国務省との調整がつき、OSS工作員をベルンに金融専門の大使館員の名目で派遣することが決まりました。OSSは、スイス経済界に紛れ込んで自在に情報収集できる人物を探しています。この地にはドイツあるいはイタリアに関する情報が溢れています。適当な人物が見つかり次第、国務省と協議し、結果を報告いたします」

ドノバンはアレンに海外勤務の可能性を匂わせていた。イギリスに遣り、ロンドンの責任者デイヴィッド・ブルースを支えるポストに就けようとしていたようだ。アレンは誰かの下で働くことを嫌っていた。「自分の経験が活かせる場所に赴任したい」とドノバンに伝えた。[*16] ドノバンは、彼がスイスに行きたいと考えていることを理解した。

一九四二年九月十七日付の『ニューヨーク・タイムズ』が小さな記事で、アレンが共和党マンハッタン支部の財務担当を降りたことを報じた。理由はOSSの仕事に専念するためだと書かれていた。当時OSSが何を意味しているのか知られていなかった。「Oh So Secret（とっても秘密なの）」とか、「Oh So Social（すごく社交的）」の意味だろうと噂され、ジョークの種になっている程度だった。しかしアレンの友人らは彼が何を企てているか勘づいていた。アレンは、スイスに知り合いはいないかとしきりに聞き回っていたし、きつい訛りのある英語をしゃべる怪しげな身なりの人物と食事をする姿を見られていた。

アレンがベルン赴任に備えているところに極秘情報が寄せられた。十一月八日に、連合国の北アフリカ作戦が開始されることが知らされたのである。この作戦が実施されれば、ドイツの反発が予想された。フランス各地の港湾の占領、中立国スイスへの侵攻さえ危惧された。アレンは作戦が始まる前にベルンに入りたかった。そうするためには早急にスイスに出発しなくてはならなかった。[*17] ナチス占領下のフランスを経由しなくては間に合わなかった。四十九歳のアレンは痛風を病んでいた。しかし一刻も早く諜報の舞台に立ちたかった。アレンは敵の占領下にある土地を通過する危険を冒すことを決断した。

　妻クローバーはアレンが諜報活動に関わることだけはわかっていた。しかしそれ以上のことは全く知らなかった。彼女がアレンを、ニューヨーク州営空港（アルバニー）に送ったのは一九四二年十一月二日のことだった。

アレンのベルン行き

　アレンの旅は最初から散々なものだった。悪天候でアゾレスの空港[*18]に緊急着陸しなくてはならなかった。二日間待って、ようやくリスボンに向かって離陸した。そこからは鉄道でバルセロナに向かったが、この旅も遅れに遅れた。十一月八日、フランスとの国境にある町ポルトボウに着いた。ここでスイスの外交関係者に出くわした。「あなたは英米軍が北アフリカに侵攻したのを知っているか」と聞いた。
　この時、アレンは、フランスに入ればナチスかヴィシー政権の兵士が列車を臨検するのは確実だと覚悟した。彼は秘密文書、百万ドルの保証小切手、スパイに必要な機材を持っていた。見つかれば収容所送りは確実だった。後に彼は、引き返すことを考えたと書いているが、それは本心ではなかったに違いない。その後の行動は次のようなものだった。[*19]
「その夜、フランスに入った。もしドイツ兵による臨検の気配があれば、田舎の途中駅で下車してしまおうと決めた。フランス国内のレジスタンス・グループと接触できるだろうと考えたからである。そう期待しながら（スイスと国境を接する）アヌマッス[20]の町に着いた。スイスに向かう乗客はここでいったん下車してパスポート検査を受けなくてはならなかった。一人の私服がフランス人官憲を監視してるのがわかった。その男は明らかにドイツ人だった。ワシントンで、アヌマッスの国境にはゲシュタポ[21]のメンバーが張り付いていると知らされていた。私だけが検査をパスしなかった」

「ゲシュタポのメンバーだと思われる男が、私のパスポートに記載されている情報をノートに書き留め始めた。フランス人官憲が『国境を通過するすべての英米人についてペタン主席[22]（ヴィシー政権）に報告するようにとの命令が出ている』と説明してくれた。私はその官憲をつかまえ、わが人生の中でも最高の情熱を込め、かつ雄弁に、私をここから無事に通すことがいかに重要かを訴えた。ラファイエットやパーシング将軍の話まで持ち出した。それもフランス語でである。そうしながらも、最悪の場合に備えて駅周辺の様子に注意を払った。罠に落ちたらかなり面倒なことになっただろう」

「正午近くになって、ようやくフランス人官憲が戻ってきた。出発しようとする列車に早く乗れとジェスチャーで指示してくれた。『急げ。我々ができるのはこんなことぐらいだ』と囁いた。ゲシュタポの男はいなくなっていた。後で聞いたことだが、彼はきっかり正午には向かいのパブでビールを飲みながら昼食をとるらしい。ドイツ人の性癖はどこに行っても変わらないのだろう。列車はアヌマッスを発つと数分でスイス領に入った。私はスイスに合法的に入国した最後のアメリカ人となった。フランス解放まで、こうした手続きでスイスに入ることはできなくなった。スイスに入った以上、こっちのものだった」

ベルンで最初に会った人物はオーストリア人弁護士であった。彼はＳ＆Ｃと仕事をしたことがあり、アレンのアパート探しに協力してくれた。その結果、旧市街へレンガッセ二十三番地のアパートの一室を借りることができた。その一角には十四世紀から続く建物が並んでいた。中庭にはぶどう棚があり、バルコニーからは牧歌的なスイスアルプスをアーレ川越しに望むことができた。[*23] ベルン高地（Bernese Oberland）の峰々が見え、アイガー[*24]がひときわ高く聳えていた。眺望のよさも気に入ったが、秘密の裏口があったことが部屋を決めた一番の理由だった。

ベルンの秘密工作

アレンの諜報工作員としての才能は長年にわたる外交官や法律家の仕事を通じて磨かれていた。何の関係もなさそうな切れっぱしから貴重な情報を拾い出す能力があった。それでも彼がベルンでやろうとしていることは簡単ではなかった。ナチスドイツ占領地域やドイツ国内にスパイ網を構築し、敵側の動きを正確に摑むこと。その上で、工作員を派遣し、パルチザンに武器を提供し、実際の工作活動の指導までしなくてはならなかった。

数人の助手を採用し、ナチス支配下にある国々での情報網構築に動き出した。そのためには、その出身者を諜報員として送り込まなくてはならなかった。ベルンにはそうした国からの難民は多かった。彼らがアレンを訪ねてきた。スイス人ジャーナリストの記事でアレンの存在を知ったのである。[*25]

「ベルンに入って数週間後のことだった。スイスで一番読まれている新聞が、ルーズベルト大統領の使節が特別な使命を受けてスイスに入っている、と報じた。私の立場を少し大袈裟に書いたこの記事がベルン市内を駆け巡ったようだ。たちまち情報提供者が私の居場所を突き止めた。少々まずいと思ったが、どうすることもできなかった。種々雑多の人物がやって来た」

「ドノバンの工作活動の原則は、諜報組織の幹部自身が対象に深入りしないことだった。幹部の情報収集は無駄骨に終わることが多いことを知っていた。ドノバンは、むしろ情報を持っている者にその存在を知られても構わないから、情報が集まるよう仕向けるのがいいと考えていた」

ナチスもアレンの存在に気づいている。ヘレンガッセ二十三番地の通りの向かいに監視のアジトを作った。[*26] ナチスに監視されながらも、工作員のリクルート活動は順調に進んだ。幾人かの重要な情報提供者を得ることができた。その中の一人に、ヴィルヘルム・カナリス提督[*27]の愛人がいた。カナリスはナチスドイツの諜報担当責任者だった。もう一人の情報提供者はフランスの陸軍士官だった。彼は後にフランス国内に駐留するドイツ軍の配置を正確に報告した。

さらにイタリア、ポーランド、オーストリア、ユーゴスラビア、ブルガリア、ギリシャ、ハンガリー、ベルギー、チェコスロバキアの抵抗組織との連絡網を構築し、フランス国内に八つの諜報ルートを完成させた。そのうちの一つはヴィシー政権の上層部の動きまで探ることができた。

アレンには国際法務弁護士の「匂い」が全くなくなった。もともと法務の仕事には向いていなかったのかもしれない。ウォールストリートの法律家が好むスーツを身に着けることをやめ、カジュアルな服に替えた。フランネルの衣類を好み、レインコートもよれよれのものを着た。他国の情報部員は、アレンを「背が高くがっしりとした体軀、きれいな歯ならびの、健康的な人好きのする爽やかな人物」[*28]と評していた。アレンはその後ずっとこの評価どおりの着こなしと態度で生きた。

愛人兼スパイ

アレンは愛人を作るのも早かった。その女性はメリー・バンクロフト[*29]と言った。彼女はスパイそのものであった。彼女はアレンに多くの人物を引き合わせた。彼女は「ダイナミック（行動的）」な女性だった。[*30]ボストンの高級住宅街ビーコンヒルの邸宅で育ち、義理の祖父C・W・バロンは『ウォールストリート・ジャーナル』の発行人だった。舞台女優だった彼女は一度離婚し、再婚していた。人妻であったが愛人も多かった。彼女はフランス語もドイツ語も流暢に操り、充分な財産もあった。ジュネーブに居を構え、アメリカの新聞に寄稿することもあった。小説も書き、私的なサロンも作っていた。そこにジャーナリストや政治家が集まっていた。また降霊術などのオカルトの秘儀に凝り、菜食主義者でもあった。アレンがスイスにやって来た頃（一九四二年）、彼女は三十八歳で、スイス暮らしは八年に及んでいた。アレンは彼女を政治アナリストとして採用した。そして愛人関係となったのである。

「不倫（ロマンス）は仕事の関係でごまかせるし、仕事（諜報活動）もロマンスの煙幕でうまくやれるさ」と彼女に語っていた。[*31]

毎朝九時二十分になると、アレンはベルンのアパートの地下室から彼女に電話を入れた。[*32] 必要な情報と翻訳してもらいたい内容を伝え、誰と会うべきかも指示した。週に数回、彼女は鉄道でベルンにやって来て、ドイツ軍の動きを報告し、バルカン半島での抵抗運動の情勢を伝えた。数時間の報告が終了すると二人は「戯れ」あった。メリーはその自叙伝の中で、アレンの能力に惹かれ、「完全なる」恋に落ちたと告白している。それでもしばらくすると積極的になった彼の行動に困惑し、熱が冷めていった。アレンがある日、彼女の邸にやって来た。夫は旅行中で、娘も学校に行っている時間だと知っていたのだ。「急いでくれ。これからかなりややこしい打ち合わせがある。少しばかり頭の整理をしたい」と行って上がり込んだ。二人は「そのままリビングルームのソファで戯れた」。「それが終わると、『ありがとう、頭がすっきりした、どうしても抱きたかった』と言って帰って行った[*33]」

不倫関係はぎくしゃくしたが、仕事の関係は崩れなかった。アレンは彼女の助言が役に立つことを知っていた。諜報の世界に精通していることも彼女の財産だった。それに加えて知己が広いことが重要だった。彼女の知り合いの一人に精神分析医のユング[*34]がいた。彼女は陽気で外交的ではあったが、時にくしゃみが止まらず苦しむことがあった。感情を抑制しすぎることが原因だと考え、診察を頼んだのが精神科医のユングだった。[*35] 彼の治療で発作が治ったこともあって、彼女はユングの心理学を称賛し、彼の名を広めることに一役買った。ユングはナチズム生成の心理について思うところがあった。メリーは、アレンへのレポートにそのことを書いた。

アレンとユングが直接会ったのは一九四三年の初め頃だった。これが「スパイ技術と心理学の実験的融合」（アレン）の端緒だった。ユングはヒトラーやナチス幹部について心理学的なプロファイルの結果をアレンに提出した。この分析はドイツの政治状況を把握するのに有益だったとアレンは認めている。分析のいくつかは連合国軍司令官ドワイト・アイゼンハワー将軍に届けられた。将軍は戦争が終わったら、ユングを、一流の心理分析学者だと推薦すると約束した。[*36]

ドイツ降伏と旧ナチスメンバーのリクルート

アレンのスイスでの仕事は完璧とは言えなかった。彼が作成した情報レポートがドイツ軍ラジオ放送の傍受で得られた内容と食い違うこともあった。ベルン駐在が半年目に入った頃、ドノバンから「陸軍省はベルンからの報告を全く信用していない」というメッセージが届いた。[*37] 一年後の一九四四年春にもアレンは二つの判断ミスを犯した。一つは「ナチス政権の崩壊は近い」であり、もう一つは「北フランス上陸作戦は容易だろう」というものだった。この判断はどちらも間違っていた。[*38]

それでもアレンがヨーロッパ各地にスパイ網を構築したことは確かな事実だった。

もちろん十分に貴重な情報を入手したこともあった。その一つがV—1、V—2ロケットの製造工場に関わる情報だった。反ナチスのオーストリア人が製造工場の場所を示す書類をアレンに持ち込んだのである。V—1、V—2ロケットはロンドン爆撃用に準備されていた。この情報は他からの情報と整合性があった。連合軍は、秘密工場がバルチック沿海の港町ペーネミュンデにあることを突き止め、激しい空爆を加えた。これによってロンドン爆撃を数カ月遅らせることができた。

成功例はもう一つあった。それはドイツ外務省（ベルリン）に勤める現役の役人がもたらした情報だった。役人の名はフリッツ・コルベ[*39]といい、第三者を通じてアレンに接触してきた。彼は灯火管制のあった夜を見計らってアレンのアパートに裏口から入ってきた。コルベは「私はドイツ外務省が入手したり発信した暗号のすべてにアクセスできる。どんな情報でもアメリカに流す。なぜなら私はナチスが嫌いだからだ」とアレンに語った。彼が提供した情報には、私的な会合でのヒトラーの議事録、連合国の爆撃による被害の調査報告書、駐トルコ英国大使館に潜入していたスパイ情報などがあった。

戦後、アレンはこの時期の仕事を振り返ることがあったが、工作活動の中で最も興奮した事案が二つあったと語っている。その一つがヒトラー暗殺計画だった。計画の存在を嗅ぎ付けたのは、反ナチスの秘密工作員だった。彼はスイス国内で活動していたが、計画の概要と決行予定日まで突き止めた。実行の日が迫った頃、暗殺を企てるグループはアレンに密使を送ってきた。密使は、暗殺が成功したら連合国側が要求している無条件降伏の要求を緩和するよう望んでいることを伝えた。暗殺グループは、「占領なき政権変更の容認」を期待したのである。アレンは本省と打ち合わせた。彼が密使に伝えた答えは、「絶対的ノー」であった。一九四四年七月十二日、アレンはドノバンに次のように暗号電を打った。

「近々に北の方（ドイツ）で、かなり大きな事件が起きる可能性がある」[*40]

この報告の八日後、ヒトラー暗殺計画が実行された。仕掛けられた爆弾はヒトラーを負傷させただけだった。

暗殺は未遂に終わったが、これ以降ドイツの劣勢となり、敗北は誰の目にも明らかになった。アレンの作業はすでに戦後処理のあり方に移っていた。ソビエトの力を抑えた戦後体制をいかに構築するかを考えなければならなかった。彼の構想は、ナチスの指導者の中に、ソビエトに支配されるよりもアメリカに支配された方がよいと考える者を探し、アメリカに協力させるというものだった。フランスからドイツ軍が撤退すると、次の主戦場はイタリアに移ることになった。イタリア方面のナチスの幹部に接近し、「死を賭して戦え」との命令を無視し、早期の降伏に同意させることが彼の構想であった。

この構想はサンライズ作戦（Operation Sunrise：一九四四年末から一九四五年初頭）と名付けられた。[*41]作戦は成功し、イタリア駐屯のナチスは降伏し、カール・ヴォルフ[*42]を協力者にすることに成功した。ヴォルフはナチス親衛隊（SS）のリーダーで、三十万人のユダヤ人虐殺に加担していたこともわかっている。ワルシャワのユダヤ人街を消滅させたのも彼であった。この頃には力を失い、アメリカとの取り引きを願っていた。アレンはヴォルフを使うことの損得を勘定した。

イタリアにいた亡命者や反ナチス・グループもアレンに接触してきていた。その中には後に名が知られる人物もいた。イタリア首相になったフェルッチョ・パッリ[*43]、著名な指揮者アルトゥーロ・トスカニーニ[*44]の娘などである。アレンが彼女を誘惑したのは言うまでもない。ナチス高官との交渉はイタリア国境からわずか数マイルの、アスコナ（訳注：マッジョーレ湖畔の町）郊外の山荘で行われた。結果、イタリアとオーストリアにおけるナチスの降伏が決まった。『スターズ・アンド・ストライプス』紙（一九四五年五月三日付）は次のように報じている。

「全イタリアおよびオーストリアの一部についてドイツ軍は完全かつ無条件に降伏した。これによってザルツブルクやインスブルックは戦うことなくして連合国側に落ちた。ヒトラーがベルヒテスガーデン[*45]の山中に築いた要塞のごとき山荘まで十マイルのところに連合軍は迫ったことになる。奥深いアルプス山中の山荘攻略には数カ月以上を要するだろうが、イタリアが降伏したことに大きな意味がある。アペニン山脈で血路を開いた第五軍、第八軍は、イタリアからオーストリアに抜けるアルプス山中のブレンナー峠[*46]で予想されていた激戦を避けることができた。地中海連合空軍は、ブレンナー峠付近の対空砲火の中を飛ぶ危険な作戦を回避できた」

終戦が近づいた頃、アレンは妻のクローバーをベルンに呼んだ。クローバーがやって来ると、アレンは彼女をメリー・バンクロフトに紹介した。クローバーはアレンの愛人に何人も会っているが、メリーとはウマが合った。「なぜあなたとアレンが惹かれ合ってるか、よくわかるわ。だから私は気にしない」とメリーに告げた[*47]。二人はよく昼食を共にした。アレンとジョンの兄弟は「どちらもサメのようだ」、いつも獲物を求めて動き回っていないと生きていけないタイプだと評しあった。

メリーはクローバーにユングを紹介した。クローバーの結婚の悩みを相談するためだった。「口論になると最後には鉄のカーテンを閉ざすように何も話さなくなり、結局はアレンの勝ちになってしまう」。そうクローバーはこぼしたらしい。

いずれにせよ、二人の女性はユングに大きな影響を受けた。戦後、メリーはカリフォルニアでユング学派の雑誌の編集に関わり、クローバーはニューヨークでユングの紹介に努めた。娘のジョアンはユング派の心理学者になった。

ドイツ降伏

一九四五年五月七日、アルフレート・ヨードル将軍が降伏文書に署名し、ヨーロッパの戦争は終わった。[*48] 調印はランスの赤い校舎（レッド・スクールハウス）の一室で行われ、そこにはアレンの姿もあった。数週間後、アレンはワシントンに戻り、上司ドノバンと自身の将来について話し合った。帰国途中にロンドンに寄った。チャーチルは自らアレンを迎え、彼の功績に謝意を表した。イギリス情報部もアレンを英雄として歓待した。ワシントンでも同様の歓迎を受けた。

ドノバンは、サンライズ作戦成功の詳細を公表すべきだとする上層部の指示により、アレンに作戦のいきさつを『サタデー・イブニング・ポスト』紙に発表させた（九月）。この記事でも、アレンが後に出版した書『秘密にされた降伏（*The Secret Surrender*）』でも、「サンライズ作戦の成功で、イタリア戦線を早期に終結させることができた」と自画自賛した。

しかし、作戦の成功そのものに戦後の冷戦の始まりがあるとして、「アレンは、この作戦にソビエトを一切関与させていなかった。ソビエトは裏切られたと感じ、アメリカの戦後構想に疑いの目を向けた」と指摘する歴史家もいる。ガー・アルペロヴィッツもそうした考えを持つ一人で、アレンの右の本に対する書評で次のように述べている。[*49]

「二カ月にわたるナチスとの交渉で何を得たのか。イタリア戦線でのドイツ降伏（五月二日）からドイツの完全降伏まで（五月七日から八日）はわずか六日である。これほどの速さでドイツ降伏を可能にしたことがプラス面だとしたら、マイナス面は何だったろう。正確なことは最後までわからないだろうが、和平の維持に相互信頼が必要だとすれば、（サンライズ作戦をソビエトに秘密にしたことで）それが傷ついた可能性もある。『秘密にされた降伏』を読めば、冷戦はソビエトの攻勢に対するアメリカの反撃というような単純なものではなく、むしろ両国が進めていた秘密工作によって相互不信が高まったと解すべきあり、そうなったことに対して、共に責めを負わなくてはならないと気づくであろう」

ドイツ降伏によって、ベルン事務所は不要になった。しかしOSSにはやるべきことが山積みだった。アレンは、OSSのヨーロッパ全域の活動を統括する役職に就きたかった。しかし、ドノバンの考えは違った。たしかにアレンは情報収集にかけては天才的な才能があるが、管理者としての能力は劣ると考えていた。ドノバンはベルリンに設ける新事務所をアレンに任せることにした。[*50] アレンがベルリンに赴任したのは一九四五年六月二十日だった。ヒトラー暗殺未遂事件からおよそ十一カ月後のことだった。

ポストOSSとジョン

ベルリンでの主要任務は二つあった。一つはニュルンベルク裁判で使える証拠の収集であり、もう一つは、伝説的なナチス課報機関の親玉（スパイマスター）、ラインハルト・ゲーレンを使った新組織の編成であった。ゲーレンが作り上げていた組織と、彼が作り上げていた広範な課報ネットワークをOSSに統合することであった。ところが、ベルリン赴任からわずか三カ月で、OSSがなくなることになった。ハリー・トルーマン大統領がOSS廃止を決めたのである（一九四五年九月二十日）。

彼は戦争中に肥大した諜報組織が、平時にあっては民主主義を脅かす存在になると考えた。大統領はOSSの調査部門を国務省に、諜報と防諜は陸軍省に移管させた。[*51] その大統領令が発令された十日後にOSSは消えたのである。

諜報の世界はアレンにアドレナリンを漲（みなぎ）らせた。戦争中の諜報の世界の失敗は死に直結した。そのことに彼は興奮した。OSSの廃止で再び普通の生活に戻ることとなる。アレンには辛いことであった。

ダレス兄弟はこの戦争中、全く異なる世界に住んでいた。戦いのあいだに顔を合わすことはほとんどなかった。アレンは諜報の世界で目立たぬようにしていなければならなかった。一方のジョンは、信仰心を一段と深め、「利己的なナショナリズム（selfish nationalism）」を断乎として否定するとの信念を持った。

一九三八年にジョンは五十歳となり、国際法務弁護士として、アメリカの政治・外交に最も影響力を持つ人物となっていた。それにもかかわらず将来については不安があった。ドイツでの事業では意にそぐわない撤退となった。その決定は彼の自信を揺るがせた。子供たちとの関係も彼を悩ませた。なぜもっと濃密な親子関係が築けなかったのかと悔やんだ。世界の情勢も破滅に向かってひた走っているように感じられた。ジョンは、信仰の仲間たちと時を共にすることが増えた。執筆や講演に費やす時間も増えていた。

ジョンには、子供の頃に学んだ長老派（清教徒）の信仰をあらためて進化させるきっかけがあった。一九三七年の夏、イギリスのオックスフォードで、キリスト教指導者の大きな集まりがあった（the World Conference on Church, Community and State）。ジョンはこの大会に参加した。ラインホルド・ニーバー[*52]、パウル・ティリッヒ[*53]といった思想家、あるいはT・S・エリオット[*54]のような詩人（劇作家、文芸評論家）も出席していた。彼らは、世界平和の実現のためにキリスト教に何ができるかを議論したのである。

大会から帰ったジョンはCFRに対して、対外的に意見表明できる機関を作るよう促した。その結果生まれたのが「正義と恒久平和実現のための研究委員会（the Commission to Study the Bases of a Just and Durable Peace）」だった。一九四〇年から四六年にかけて、ジョンはこの組織を通じて自らの考えを訴えた。委員会はジョンのメガフォン代わりであった[*55]。ジョンが、国際協力を強く意識したのはこの頃だった。彼は、「国際協調主義者（One-Worlder）」となった。「ナショナリズムは必ず自己破滅を招く、新しい国際組織を作り上げる必要がある」と訴えた（この頃のジョンの言説を知る者は、彼が戦後になって大きく変質したことに驚かざるを得ない）。

「民族国家という概念に基づく社会は、必ず無政府状態に変容する。主権国家というものは平和維持あるいは正義という概念と調和する存在ではなくなった」「特に我々アメリカ人は国際協調の理念に欠けている。自国の安全保障は自らの力に頼ればよいという愚かな考えのままである」「平和維持のためには国家概念を超越した仲間がつくる組織（a kind of supranational guild）が必要だ。そうした組織が出来上がれば、各国間の利害の調整が可能になる」「このような組織は、経済あるいは金融の分野での一体化が必要で、政治の一体化はその後に自然に生まれるものだ」「他国を罵りながら自国の問題については曖昧にする態度は、私から言わせれば、実に不道徳で非キリスト教的である」とジョンは主張したのである。[*56]

こうした主張からもわかるように、ジョンの物言いには彼の宗教観が露骨に表れるようになった。政治家に対しては、キリスト教的な信条を大切にし、国益を（一般的な）正邪で判断してはならないと訴えた。日本軍による「バターン死の行進」[*57]をはじめとした日本の非道が報じられると、彼の友人たちは、「許せない」と憤ったが、「神が許さないものは一つもない」と答えている。

一九四三年には「平和のための六つの原則」[*58]と題した論文を発表した。ジョンはこの中で、いわゆる「悪魔理論（the devil theory）」を批判した。「悪魔のような国」に「良き国」が囲い込まれた、という世界観を嘲笑った。今、国が危機にある、などと国民の恐怖を煽ったり、愛国心こそが高貴なる感情だと訴えるデマゴーグたちを叱った。

ジョンは軍縮と植民地からの独立を訴え、国際組織の設立が重要だと主張した。彼の著書はフォード財団がスポンサーになって発行された。牧師用にも特別版が準備された。ジョンはルーズベルト大統領にホワイトハウスで会う機会があり、その書を渡そうとした。しかし、大統領の頭は戦争のことで一杯で、「宗教者」の要請など聞く余裕はなかった。ジョンはイギリスでは自身の考えを理解してもらえるはずだと考えた。駐英大使を通じて外務大臣アンソニー・イーデン、[*59]同次官アレクサンダー・カドガン[*60]に会う機会を得た。しかし、二人とも彼の主張に関心を示さなかった。

カドガン次官は、「大臣室で昼食をとった。そこにジョン・フォスター・ダレスがいた。得体の知れない男だった。全くの役立たずで、もったいぶった話をする嫌なアメリカ人だった」と日記に書いた。[61]

ジョンの政界進出　その1

一九四四年は大統領選挙の年だった。ジョンは友人トーマス・デューイ（ニューヨーク州知事）を支援した。ジョンはデューイの「俄か外交顧問」となり、スピーチ原稿も彼に代わって書いた。デューイは共和党候補になることはできたが大統領選に敗れた。ルーズベルトが四選を果たしたのである。

敗れはしたものの、デューイ候補の支援を通じて、アーサー・ヴァンデンバーグ上院議員[62]（上院外交問題委員会委員）と並んで共和党の外交政策を語れるスポークスマンの一人とみなされるまでになった。『ライフ』誌（一九四四年八月二十一日号）は、ジョンを次のように評した。

「苦虫を噛みつぶしたような顔で彼がビジネスについて語り始めると、ビッグビジネスの何たるかがよくわかる。何といっても彼はS&Cの上級パートナーなのだ」

戦争はまだ終わってはいなかったが、ルーズベルトは世界の指導者をサンフランシスコに集めた。これが国際連合に発展する歴史的な会議となった。アメリカは超党派で代表を送ることになった。共和党はジョン・フォスター・ダレスを推した。[63]この人選はルーズベルトには面白くなかった。会議へ出席するアメリカ代表は党派に偏りがないようにすべきだと説得されていたものの、ルーズベルトは国務長官のエドワード・ステティニアスに憤懣をぶつけた。[*64]
「奴が来たら好き放題にされる。秘密事項を漏らすだろうし、会議をぶち壊すに決まっている。ジョン・フォスター・ダレスという男は気に食わない。奴は呼ばない」
しかし共和党はジョンを推す方針を変えなかった。ルーズベルトはしぶしぶそれを認めた後しばらくして亡くなった（訳注：ルーズベルトは一九四五年四月十二日に亡くなった。死因については『ルーズベルトの死の秘密』〈草思社〉に詳しい）。サンフランシスコ会議は副大統領だったトルーマンに託された。

一九四五年四月二十五日から始まり六月二十六日まで続いた会議の会場はサンフランシスコ・オペラハウスがあてられ、世界五十カ国から代表が集まった。彼らは「世界組織」設計のために集まったのである。ジョンは九週間にわたり、公式の場でもプライベートなミーティングでも自らの構想を熱心に説明した。この会議で、現在の国際連合となる構想の輪郭が徐々に形作られていった。ジョンは、アメリカの利益がけっして損なわれないように十分注意していた。信託統治や非植民地化条項の検討では、ハワイ、アラスカあるいはプエルトリコの権益がその条項に引っかかることがないように工夫した。

米国のメディアは、ジョンを舞台裏で振り付けをする魔術師（ウィザード）と評した。ジョンは毎日の会議が終わるたびにメディアに対してブリーフィングを欠かさなかった。ジョンのやり方に、議長であったステティニアス国務長官も公式スポークスマンのアドレー・スティーブンソン[*65]も苦虫を嚙みつぶした。ジョンのブリーフィングには思惑があった。アメリカの利益誘導を狙うジョンの深謀に、二人は気づいていなかった。

いずれにせよジョン・フォスターはアメリカ国内でも政治と宗教を同時に語れる唯一の大物に成長した。共和党のスポークスマンとして外交を語る一方で、キリスト教組織(連盟教会評議会傘下の「正義と恒久平和実現のための研究委員会」)の指導者となり、同時にカーネギー財団の国際平和委員会の議長も務めた。パークアベニュー長老派教会では幹部信者となり、ロックフェラー財団とユニオン神学院の評議員も兼ねた。

ジョンの政界進出　その2

S&Cの法律業務とワシントン政界工作の仕事もますます忙しくなっていた。ベルサイユ条約によるドイツ賠償金支払いに関わる仕事は消えていたが、それを補う新規顧客を獲得していた。そうした客の大手はアメリカとの(良好な)関係構築を求める外国の顧客だった。中国政府、オランダ政府、ポーランド政府あるいはベルギー国立銀行などが新たなクライアントとなった。ジョンは外国市場で事業展開する十以上の大企業の役員を兼任したままであった。

少年期からの宗教心に磨きをかけたジョンは、共和党の外交政策に重きをなす立場になった。国際金融の場でも活躍し、それに必要なワシントン政界への静かなるロビー活動にも精力的に取り組んだ。

一九四〇年代にフォスターはヘンリー・ルース[*66]と知り合った。ジャーナリズムの世界に身を置く起業精神に溢れた人物だった。ルースは自らの創刊した『タイム』誌（百万部）、『ライフ』誌（四百万部）あるいは千八百万人が聴くラジオ番組「時の行進（the March of Time）」を通じて、アメリカでも有数のオピニオン・リーダーとなった。また実業界に強い影響力のある『フォーチュン』誌も発刊していた。読み書きができるアメリカ人口の三分の一以上が彼の媒体に接したことになる。彼は自身の論説「アメリカの世紀」（『ライフ』誌、一九四一年二月十七日付）で、アメリカは世界の指導者として振る舞うべき（外交を進めるべき）だと主張した。「アメリカは西洋文明の偉大なる継承者である。我が国は世界を牽引するダイナモとなった」。これがルースの考え方であった。[*67]

ジョンとルースは考え方がそっくりだった。どちらも国際主義者だった。ビジネス利益を重視する共和党支持者であり、その根底には強烈なカルヴァン主義があった。また二人には宣教師の血が流れていた。ルースの両親も長老派の宣教師だった。ルースは父の宣教の地であった中国（河南省鄧州市）で生まれた。二人とも、アメリカが世界に貢献すべき特別な役割を神から負託された国であると信じた。あらゆる形の社会主義を嫌う点でも一致していた。ソビエトは西洋文明の破壊に一身を捧げた神なき専制国家であると見、共産主義と戦うことは神が二人に課した試練だと考えた。「二人のカルヴァン主義者は、アメリカが現在の優れた国に成長したパターンに則って世界も変わるべきだと主張した。二人は、自らの宗教的信条と政治のあり方は相互補完の関係にあると考えた。宗教観、愛国心、政治への関心。こうした要素が融合し、二人の態度は極めて攻撃的となり、異なる考えを受け付けなかった。アメリカの持つ高邁な精神性と、自由を追求する伝統を至高の財産であるとする二人にとって、そうした要素の欠ける国が劣って見えたのは当然であった[*68]」

ルースは国民に、アメリカがソビエトと冷戦状態にあることを理解させようとした。この作業にジョンも加わった。ジョンは、一九四五年末から四六年半ば頃にはソビエトに対する考えを切り替えていた。穏健的な態度をやめ、ソビエトは悪魔だする主張（the devil theory）に変えた。その意見を『ライフ』誌上（一九四六年六月）ではっきりと述べた。ソビエト（共産主義）がいかに恐ろしいか、それにどう対処すべきか、（そうした要素を勘案したうえで）世界情勢をどう解釈すべきか。自身の考えを熱く語ったのである。

「ソビエトの指導者は、プロパガンダを始めた。西側諸国を彼らに従属させるためである。我々の自由社会を破壊し、人間性やフェアな精神を重視した社会システムとは調和しない、征服者に都合のよい社会システムを押し付けようとしている。世界中の自由諸国に諜報組織を巡らし、愛国者の顔をしながら、現実にはモスクワからの指令で活動している工作員が潜入している。アジア、アフリカあるいはラテンアメリカでソビエト共産主義の見えない力が民族主義運動を隠れ蓑（みの）にして活動している。ソビエトにいる少数の人間が世界中に悪影響をもたらしている。こんなことは歴史上未曾有である」

ジョンは、ソビエトこそが世界共産化を進める司令塔だと見ていた。ジョンの物言いは、けっして誇張ではなかった。トルーマン大統領、ヴァンデンバーグ上院議員、ジョージ・マーシャル国務長官[*69]、国務省のキャリア外交官だったジョージ・ケナン[*70]やアヴェレル・ハリマン[*71]の方がソビエトに対して、より辛辣だった。たとえばケナンは、「ソビエトは我々の破滅を企む巨大な政治勢力」だとはっきり口にしていた[*72]。

一九四七年になると、ソビエトはギリシャとトルコに対して圧力を強めた。トルーマン大統領は、共産主義の拡散を防ぐためには世界のどこであっても介入することを決意した。トルーマンはこの決意をヴァンデンバーグに語ったが、その際、彼は次のように助言した。

「大統領、そのためにも自らの決意を国民にはっきりと伝えなくてはなりません。共産主義がいかに恐ろしいものであるかを知らしめるしかないのです[*73]」

トルーマンはアドバイスに従って議会で演説した（一九四七年三月十二日）。それが後日「トルーマン・ドクトリン」と呼ばれる外交方針である。

「全体主義国家が直接的にあるいは間接的に自由な人々を抑圧し、国際平和の礎（いしずえ）を破壊している。我が国の安全保障までが脅かされている」

「世界のどの国も厳しい選択に迫られている。多数の意志を反映する政治か、少数の考えを多数に強制する政治か。そのどちらかを選ばなくてはならない。後者においては報道は統制され、選挙も管理され、個人の自由は抑圧される。我がアメリカは、自由を脅かす勢力に抵抗し、外国勢力の介入に反対する人々を支援する」

ワシントン議会はトルーマンの考えを支持し、大統領が要求した四十億ドルの予算を承認した。共産主義者の浸透が著しい国に対する支援活動のために用意された予算であった。歴史家の多くは、トルーマン演説こそが真の意味での冷戦の始まりであり、世界全体が米ソ両国の戦いの場になったことをアメリカが宣言したのはこの時だと考えている。その後に発生した世界各地の衝突はトルーマンの考えが正しいらしいことを示していた。

「トルーマン・ドクトリンは、アメリカ国民の複雑な心理を反映していた。個人の自由の尊重、アメリカは戦いには必ず勝つという強い意志、中途半端な施策を嫌う心理。こうした要素が混じり合ったものだった。共産主義者の浸食を食い止めなくてはならない。だが最終的な処方箋はない。それがアメリカ国民を不安にした」[*74]（歴史家、タウンゼント・フープス）

ジョンの政界進出　その3

一九四八年、ジョンはアムステルダムで開催された世界教会協議会[*75]の会議に出席した。そこでの彼のスピーチは激烈だった。

「共産主義の指導者には正義という概念はない、人間の醜悪な部分、無知あるいは絶望などに立脚したイデオロギーに凝り固まり、人類を破滅に導こうとしている」

共産主義者の極悪非道ぶりを訴えたジョンのスピーチだったが、一人の神学者がこれに反論した。チェコスロバキア生まれのヨゼフ・フロマートカ[*76]である。

フロマートカはプリンストン大学でおよそ十年にわたって教鞭を執った。彼は、共産主義者が神を信じないのには理由があると主張した。彼らの無神論は、宗教を利用したロシア皇帝の政治に反発した結果として生まれたもので、彼らの無神論は反ブルジョア、反封建性を訴えるためのたんなる道具に過ぎないとの解釈を示した。

「ソビエトの共産主義を、西欧諸国の民主主義と比較してはならない、まったく異なる土壌からソビエトの共産主義は生まれている」

　このように述べ、ソビエトには寛容な姿勢が必要だと訴えた。ロシアの多民族性、文化的後進性、政治的自由や広範な公教育の欠如。そういったロシアの特殊性が歴史の必然として共産主義を生み出した。これがフロマートカの主張だった。

　アムステルダム会議の総括レポートでは、フロマートカのスピーチは数多く引用されたが、フォスター演説についてはわずかに短いコメントがあっただけだった。ジョンはこの状況こそが自らの考えの正しさを示すものだと理解した。プロテスタントの精神が、次第に左翼思想の影響を受け、社会主義的傾向を示すようになっている。それが彼の解釈だった。

　ジョンの共産主義に対する厳しい考えは、彼の四半世紀にわたる政治思想の結論であった。ボルシェビキ思想はもともと嫌いだった。一九二〇年代には、ソビエトはただ無秩序で経済的にも後れた国であり、西側諸国を脅かすことなどあり得ないと考えていた。一九二四年の段階では、この（後れた）国をアメリカが承認しないのは馬鹿げたことだとさえ感じていた。[*77] 一九三〇年代はボルシェビキ思想の拡大を恐れ、ナチス・ドイツこそが防波堤となると考えた。しかし、一九四一年にアメリカが参戦し、ソビエトが連合国の一員となると、ソビエトに対する批判が鈍くなった。ソビエトは都合のよい同盟国である。アメリカの国益が最も重要なのであり、他国との関係はそれを斟酌しながら決めればよいと考えた。一九四五年のサンフランシスコ会議の場面においてさえ、西側諸国のリーダーに対して、「ロシア（ソビエト）は国際連合に対して真摯に協力するはずだ」と訴えていたのである。[*78]

大戦が終了するまでは、世界の紛争は国家間の協力の欠如が原因だと考えていた。しかし戦後になると、その考えを捨てた。世界の安全を脅かすのは各国の短慮ではなく、たった一つの国、ソビエトの蛮勇であると確信するに至った。

なぜこう結論付けたのか。[*79] 彼自身の説明によれば、それには二つの理由がある。一つは、共産主義についてじっくりと研究してこなかったことだ。したがって共産主義の本質を理解していなかったのである。[*80] ジョンはスターリンの書いたエッセイや演説内容をまとめた『レーニン主義の問題』(訳注：原題は *Problems of Lenisim*。現在でもアマゾン等で入手可能である)を読み込む作業に没頭した。[*81] ジョンはこの書を少なくとも六冊は所持していたらしい。職場のどこででも読めるようにするためである。そのすべてに鉛筆で書き込みがなされていた。その結果、初めて共産主義思想がいかに危険であるかを悟ったのである。他国の力を削ぎ、台頭する民族主義の運動を「乗っ取る」ことで、最終的に世界支配を目指す。それが共産主義思想である。そう理解したのである。

「ロシアの十月革命は帝国主義支配の中心、すなわち〝本国〟を揺るがしただけではなく、その後背地や周辺部にも打撃を与えた。周辺部には植民地も含まれる。十月革命は世界に展開する資本主義を丸ごと危機に晒した」

ジョンは『レーニン主義の問題』を読んでもう一つ見逃せない点を発見した。それはソビエトの態度の中に、彼が呼ぶところの「大きな変質」があることだった。戦争が終結してわずか二年のうちに、イランとトルコに介入した。ギリシャ内戦では共産党の兵士を支援した。ポーランド、ルーマニア、ブルガリアに親ソビエト政権を作り上げた。ジョンは、スターリンの現実の行動こそ、自身が講演し寄稿したソビエトに対する理解の正しさを証明していると見た。[*82]

「ソビエト指導者の狙いは、非ソビエト型社会の根絶である。もしアメリカがこの動きを押し返さなければ、我々が孤立化し、音を上げてしまうか、あるいは新たな大戦を覚悟することになろう」

「旧ロシアの戦略目標を目指すだけでなく、全世界に力を及ぼす方向に舵を切った、それは西欧文明に対する挑戦であり、このようなことは数世紀に一度あるかないかの大事件である」

「十世紀にはイスラム教がキリスト教世界に挑んだ。あれから千年経った今、新しい異質の波が、営々と築いてきたキリスト教文明に挑んでいる。それがソビエト共産主義である」[*83]

ジョン・フォスターは、かつてナチズムを攻撃した言葉以上に激越な表現でソビエトを詰った。共産主義の脅威はナチズムの比ではなかった。一九三〇年代にはナチズムを許容した時期があった。ナチズムはたしかに犯罪行為を犯してはいるが、本質はキリスト教的であり、西欧的であり、資本主義的であった。共産主義は、「究極の悪（an ultimate evil）」であり、妥協の余地はなかった。メソジスト派牧師でコラムニストのフランク・キングドンは、「世界平和の実現はダレスのおかげでどんどん見通しが悪くなっていく（dull, duller, Dulles）」と嘆いた（『ニューヨーク・ポスト』紙、一九四七年七月二十八日付）

こうした中で、コラムニストのウォルター・リップマン[*84]は、アメリカが世界の警察官に変質することを嘆き、「ワシントンの考える冷戦という概念は、我が国を間違った方向に向かわせる」と述べたが、こうした意見は少数だった。世界は悪魔の国と神の国に二分されてしまったとする考えが主流となった。ジョンは次のように述べている。[*85]

「世界の中で肉体的にも精神的にも疲弊していない唯一の国。それがアメリカである。我々は世界に向けてあるべき行動の規範を見せることを求められている。我々が指導力を発揮しなければ、この世界は生きる価値のないものになるだろう」

プロテスタント神学者ラインホルド・ニーバーは、ジョンと歩調を合わせてきたが、世界をこれほど単純に善と悪とに二分しなかった。彼は、倫理性には本来、曖昧さがあると考えていただけに、独善性の押しつけに潜む危険性を知っていた。人間の不完全さに敏感だったのである。自らの裡に潜む罪と他者の罪の同一性に気づいていた。[*86] ジョン・フォスターはアメリカの安全保障を脅かすのはソビエトであると結論付けたが、ラインホルド・ニーバーはその考えの中にアメリカ指導者のエゴイズムがあることを見抜いていた。

「もし我々に滅亡の時がやって来るとすれば、その原因は敵の力というよりも、むしろ我々自身の盲目性にある。歴史の必然あるいは自然の摂理によって敗れ去るのではなく、我々自身の虚栄心や敵への憎悪が滅亡の原因となろう」[*87]

しかしこのような自己反省的な態度は、いかなる国においても受け入れられにくいものだ。ニーバーの考えが理解されるのはまだ先のことであった。

この頃のジョンは、アメリカの外交ミッションにおける共和党系のメンバーとして目立つ存在だった。対ソ交渉のカウンターパートとなったのはアンドレイ・ヴィシンスキー外務次官であった。[*88] 彼は、スターリンの大粛清の際に首席検事を務めたことからもわかるように、極めて攻撃的な男だった。[*89] 絶対に妥協しなかった。ジョン・フォスターは、「ヴィシンスキーとの交渉で、ヨーロッパ文明を救う作業がどれほど難しいものであるか思い知った」[90]。

ヴィシンスキーの交渉スタイルは、取れるものはすべて取るというものだった。アメリカ交渉団の一人だったウォルター・ベデル・スミス将軍は、「あの男が我がアメリカに生まれていれば、S&Cの上級パートナーとなって活躍しただろう」[91]と皮肉った。

注

＊1　Ian Fleming（一九〇八—六四）英海軍諜報部員。ジェームズ・ボンドを主人公としたスパイ小説で知られる。訳注

＊2　John Henry Godfrey（一八八八—一九七〇）英国海軍少将。フレミングの小説の登場人物のモデルとなっている。訳注

＊3　*The Craft of Intelligence*, pp4, 42.

＊4　*Allen Dulles: Master of Spies*, pp204-205. あるいは *Gentleman Spy*, pp111-112. あるいは Rhodri Jeffrey-Jones, *The CIA and American Democracy*, Yale University Press, 1989, pp16-18.

＊5　*Gentleman Spy*, p141.

＊6　*Allen Dulles: Master of Spies*, p207.

＊7　同右、p210.

＊8　Heinrich Brüning（一八八五—一九七〇）ワイマール共和国時代のドイツ首相（一九三〇—三二年）。訳注

＊9　*Gentleman Spy*, p146.

＊10　*Allen Dulles: Master of Spies*, p201.

＊11　William Stephenson（一八九七—一九八九）カナダ生まれの英国諜報部員。訳注

＊12　*Dulles: A Biography of Eleanor, Allen, and John Foster Dulles and Their Family Network*, p114.

＊13　Allen Dulles, *The Secret Surrender*, Harper & Row, 1966, p9.

＊14　同右、p10.

＊15　William Donovan Memorandum for the President no. 537, May 27, 1942, PSF Box166, OSS Files, Roosevelt Presidential Library.

＊16　*Gentleman Spy*, p149.

＊17　*The Secret Surrender*, pp13-14.

*18 the Azoresアゾレス諸島はポルトガルから西千キロにある。ポルトガル領。訳注

*19 *The Secret Surrender*, pp13-15.

*20 Annemasseレマン湖近く。ジュネーブの東方に位置するフランスの町。訳注

*21 Gestapoドイツ秘密警察。訳注

*22 Philippe Pétain（一八五六—一九五一）ヴィシー政権主席。訳注

*23 *Allen Dulles: Master of Spies*, p228.

*24 ベルン地方のアルプス（ベルナー・アルプス）を代表する山。標高は三九七〇メートル。訳注

*25 *The Secret Surrender*, p15.

*26 *Allen Dulles: Master of Spies*, p236.

*27 Wilhelm Franz Canaris（一八八七—一九四五）ナチス国防軍情報部長。海軍提督。反ヒトラー運動に関与し、処刑された。訳注

*28 *Gentleman Spy: The Life of Allen Dulles*, p155.

*29 Mary Bancroft（一九〇三—九七）。訳注

*30 Mary Bancroft, *Autobiography of a spy*, William Morrow, 1983, pp8-81.

*31 同右、p137.

*32 同右、p138.

*33 同右、pp152-161.

*34 Carl Gustav Jung（一八七五—一九六一）スイス人精神科医、心理学者。深層心理分析のパイオニア。訳注

*35 *Autobiography of a spy*, pp91-96.

*36 Dwight Eisenhower（一八九〇—一九六九）陸軍参謀総長。第三十四代大統領。訳注

*37 *Wild Bill Donovan: The Last Hero*, pp277-278.

*38 同右、p566.

*39 Fritz Kolbe（一九〇〇—七一）第二次大戦中、最も有益な情報をもたらしたドイツ人スパイ。訳注

*40 *Gentleman Spy: The Life of Allen Dulles*, p198.

*41 *Dulles: A Biography of Eleanor, Allen, and John Foster Dulles and Their Family Network*, pp243-244. あるいは*The Secret Surrender*, pp28-247. あるいはR. Harris Smith, *OSS: The Secret History of America's First Central Intelligence Agency*, University of California Press, 1972, pp105-111.

*42 Karl Wolff（一九〇〇—八四）一九四三年からイタリア方面親衛隊の責任者であった。訳注

＊43　Ferruccio Parri（一八九〇―一九八一）首相任期は一九四五年後半のおよそ半年だった。訳注
＊44　Arturo Toscanini（一八六七―一九五七）十九世紀末から二十世紀前半に活躍。スカラ座（ミラノ）、メトロポリタン劇場（ニューヨーク）あるいはニューヨーク・フィルハーモニックなどで指揮した。訳注
＊45　Berchtesgaden ドイツとオーストリア国境の山間の町。オーストリアのザルツブルクまでは二十キロメートルほどの距離にある。この街の近郊にヒトラーは山荘を築き、要人を招いた。訳注
＊46　Brenner Pass アルプス山中にある峠。標高一三七五メートル。訳注
＊47　*Allen Dulles: Master of Spies*, pp129, 338-341. あるいは *Dulles: A Biography of Eleanor, Allen, and John Foster Dulles and Their Family Network*, p246. あるいは *Autobiography of a spy*, pp290-292.
＊48　Alfred Jodl（一八九〇―一九四六）ドイツ国防軍作戦部長。ニュルンベルク裁判で処刑された。訳注
＊49　*New York Review of Books*, September 8, 1966.
＊50　*Dulles: A Biography of Eleanor, Allen, and John Foster Dulles and Their Family Network*, pp230-236. あるいは *Allen Dulles: Master of Spies*, p400. あるいは *Wild Bill Donovan*, p270.
＊51　Mark M. Lowenthal. *U. S. Intelligence: Evolution of Anatomy*, Praeger, 1992, p13.
＊52　Karl Paul Reinhold Niebuhr（一八九二―一九七一）理想主義の色彩の濃いキリスト教神学者。訳注
＊53　Paul Johannes Tillich（一八八六―一九六五）ドイツ生まれのプロテスタント神学者。ナチスと対立し、アメリカに亡命。訳注
＊54　T. S. Eliot（一八八八―一九六五）詩人、劇作家。訳注
＊55　*John Foster Dulles: The Road to Power*, p190.
＊56　同右、p191-192. あるいは *Transformation of John Foster Dulles*, pp57, 98, 101, 105.
＊57　Bataan Death March 太平洋戦争初期のフィリピン侵攻作戦の捕虜を収容所まで移動させた際に多数が死亡した事件。〝残虐な日本軍〟のイメージを訴える格好の材料となった。訳注
＊58　the Six Pillars of Peace.
＊59　Anthony Eden（一八九七―一九七七）イギリス外相。首相（一九五五―五七年）。訳注
＊60　Alexander Cadogan（一八八四―一九六八）イギリス外交官。訳注
＊61　*The Devil and John Foster Dulles*, p53.
＊62　Arthur Vandenberg（一八八四―一九五一）ミシガン州上院議員。上院外交委員（一九四七年から二年間、同委員会委員長）。訳注
＊63　*Transformation of John Foster Dulles*, p133. あるいは *The Devil and John Foster Dulles*, p58. あるいは *John Foster Dulles:*

＊64 *The Road to Power*, pp236-237.

＊65 Edward Stettinius（一九〇〇―四九）一九四四年十二月からコーデル・ハルに代わり国務長官となった。訳注

＊66 Adlai Stevenson（一九〇〇―六五）戦後はイリノイ州知事および国連大使を務めた。訳注

＊67 Henry Luce（一八九八―一九六七）『タイム』『ライフ』『フォーチュン』などを創刊した出版王。訳注

＊68 T. Jeremy Gunn, *Spiritual Weapons: The Cold War and the Forging of an American National Region*, Praeger, 2008, p214.

＊69 同右、pp316-317.

＊70 George Marshall（一八八〇―一九五九）第二次世界大戦中の陸軍参謀総長。一九四七年から四九年まで国務長官。訳注

＊71 George Kennan（一九〇四―二〇〇五）一九二六年から五三年まで外交官。歴史家。訳注

＊72 Averell Harriman（一八九一―一九八六）父親は鉄道王E・H・ハリマン。一九四三年から四六年までは駐ソビエト大使。訳注

＊73 William Nester, *International Relations: Politics and Economics in the 21st Century*, Wadsworth, 2000, p234.

＊74 Dean Acheson, *Present at the Creation: My Years in the State Department*, W. W. Norton, 1969, pp219-225. あるいはJames Chace, *Acheson:The Secretary of States Who Created the American World*, Simon Schuster, 1998, pp162-165.

＊75 *The Devil and John Foster Dulles*, p116.

＊76 the World Council of Churches ローマカソリック教会を除くほとんどのキリスト教組織が参加している組織。本部はスイスにある。訳注

＊77 Joseph Hromadka（一八八九―一九六九）チェコスロバキア生まれのプロテスタント神学者。一九三九年に米国移住。プリンストン大学教授。訳注

＊78 *John Foster Dulles: The Road to Power*, p268.

＊79 同右、p279.

＊80 *Religion and American Foreign Policy*, pp226-237, *Transformation of John Foster Dulles*, pp170-180.

＊81 *Transformation of John Foster Dulles*, p170.

＊82 *The Devil and John Foster Dulles*, p64. *John Foster Dulles: The Last Year*, p99.

＊83 *Transformation of John Foster Dulles*, pp171, 175, 210, 212.

＊84 *John Foster Dulles: The Road to Power*, p286.

＊85 Walter Lippmann（一八八九―一九七四）ジャーナリスト。『ニューヨーク・ワールド』紙編集長などを歴任。訳注

Robert Wuthnow, *The Restructuring of American Religion: Society and Faith Since World War II*, Princeton University Press, 1990, p38.

＊86　*Christianity and Crisis*, Oct. 19, 1942.
＊87　Reinhold Niebuhr, *The Irony of American History*, University of Chicago Press, 2008, p174.
＊88　Andrey Vyshinsky（一八八三―一九五四）モスクワ大学教授。検事総長、外務大臣、国連代表などを歴任。冷戦時代のソ連外交を取り仕切った。訳注
＊89　Great Purge スターリンが一九三〇年代に実施した政治粛清。訳注
＊90　*Transformation of John Foster Dulles*, p88.
＊91　*Dulles: A Biography of Eleanor, Allen, and John Foster Dulles and Their Family Network*, p194.

4章　ウォールストリートから来た男

アレンとS&C

戦争中に活躍したスパイは、戦いが終わったら何をすればよいのだろうか。政府はもう彼らには使い道がないと考えている。それがアレン・ダレスの悩みだった。それを見たジョンはS&Cに戻ることを勧めた。

「S&Cにはやらなくてはならないことがたくさんある」[1]と旧職への復帰を勧める兄の手紙に、アレンはさほど心を動かされなかった。それでもOSSがなくなった以上、他にあてはなかった。一九四五年末、アレンはS&Cに戻ることを決めた。兄ジョンの下で国債や社債の法務を扱う仕事だったが、アレンは熱心に取り組まなかった。愛人だったメリー・バンクロフトも、「アレンは、やんちゃに遊んでいる子供が突然親に監視されることになって、仕方なく真面目なふりをしているような感じだった」[2]と書いている。アレンは、「波瀾に満ちた昔の仕事を思い出してばかりいる」と、かつてのOSSの友人たちに手紙で愚痴をこぼした。

そうした友人の一人がカーミット・ルーズベルトだった。カーミットはロングアイランドの邸で遊んだ仲間だった。ＯＳＳでも仕事をした。アレンはカーミットとＯＳＳ時代を懐かしんだ。トレーシー・バーンズ[*3]もよくアレンのところにやって来た。アレンはＯＳＳ時代に、ムッソリーニの娘の日記を写真に収める任務にバーンズを使ったことがあった。ベルリン事務所時代の同僚フランク・ワイズナー[*4]もしばしばウォールストリートの事務所にやって来た。ワイズナーとはゲーレンのスパイ組織構築に苦労した仲だった。リチャード・ヘルムズ[*5]もやって来た。彼は、『インディアナポリス・タイムズ』紙の広告取りをやっていた男だったが、ＯＳＳベルリン事務所時代は防諜を担当した。アレンはこうした仲間と酒を飲み、葉巻をくゆらせながら昔を懐かしんだのである。誰もが諜報工作活動の前線に戻りたくて仕方がなかった。ここに集まった男たちが世界を震撼させる事件を起こすのはしばらくしてからのことであった。

大戦終了後の世界情勢は、トルーマン大統領をはじめとしたワシントン指導者に諜報組織がどれほど重要かをあらためて思い知らすことになった。ソビエト共産主義が世界を覆い尽くし、アメリカはソビエトとの戦いに敗れるのではないかという恐怖心に襲われた。ソビエトによる東欧諸国の支配、アジア、アフリカそしてラテンアメリカ諸国で発生した民族主義運動の背後には、ソビエトの入念な世界征服計画があるのではないかと恐怖した。ワシントンのこうした空気の中で、アレンやＯＳＳの古参職員らは、平和時においてもしっかりした諜報組織は必要であるとする主張が優勢になったと見てとった。これまでの諜報組織が一度も与えられたことのないような強力な権限を持つ組織が必要だと考える者が増えていった。こんなことはアメリカの歴史にはなかったことだった。

西欧諸国の伝統的な考え方に従えば、情報収集組織と、それを分析し必要ならば何らかの行動を起こす組織とは分離しなくてはならなかった。異なる二つの機能を一つの組織に委ねてしまえば、（客観分析が要求される）レポートさえも組織の思惑が入り込んでしまうと危惧されたからである。しかし、ＯＳＳの時代でさえもこのルールの適用はおろそかになっていた。ＯＳＳは、情報収集、分析そして行動までも起こしていた。

世界各地にソビエトの影響力が増す現実を前にして、トルーマン大統領は、諜報活動によってもたらされる情報を一元化する組織を作ることに決めた。しかしその組織に現実の工作活動を実施する権限までは与えなかった。大統領に直接助言することだけを認めた。しかしアレンは実行できる権限をもつ組織になるべきだと考えていた。[*6] アレンは、「情報収集と秘密工作活動は密接に関連している。それは補完関係にある。この二つを分離してしまえば、そのどちらもが機能しなくなる」と訴えた。[*7]

ＣＩＡ創設

一九四六年は中間選挙の年だった。共和党はこの選挙で十六年ぶりに上下両院で多数派となった。この選挙結果によって、アレンは自らの主張を政権中枢に容易に伝えることができるようになった。上院のヴァンデンバーグ外交委員会委員長は委員会事務局スタッフとしてローレンス・ハウストンを指名したが、彼はアレンのＯＳＳ時代の同僚だった。ハウストンは何度も秘密工作活動を指揮していたし、アレンと同様、仕事が好きでたまらなかった。アレンはハウストンに協力して、提案書を作成した。その中で、外交問題について大統領に献策する組織（NSC＝国家安全保障会議）と、情報収集と工作活動を実行する組織（CIA＝中央情報局）を創設すべきであると訴えた。元OSS局長のドノバンも、議員らにこうした組織が必要であることを熱心に説いた。しかし抵抗する議員も多かった。新組織を作らず、工作活動は国務省に任せるべきだと考えたからである。

マーシャル国務長官は、国務省が秘密工作活動に関与することを嫌った。[*8] これがアレンらの構想実現に追い風となり、新組織の設立が決まったのである。一九四七年七月二十六日、トルーマン大統領が設立法案にサインした。

「一つの組織に情報収集、分析そして工作までできる権限を与えることに反対の声は大きかった。それにもかかわらず、CIAの設置が決定した。工作活動の権限まで持ったことは特筆すべきことである」[*9]

大統領がサインした法律は国家安全保障法と呼ばれるものだが、そこには広い解釈が可能な条文があった。「（CIAは）国家安全保障会議（NSC）の指揮に従って国家安全保障に関わると思われるその他の行為もできる」とされていたのである。この条文は、大統領が（国家安全保障に関わると判断し）了承さえすれば、どこで何をしても構わない、という解釈を可能にするものだった。

歴史家のロバート・ダレック[*10]は次のように書いている。[*11]

「アメリカには、科学の世界まで国家が支配しようとするソビエトのような国への恐怖感があった。だから軍事力でも諜報組織でも彼らを上回らなければならなかった」

「（マーシャルに次いで国務長官になった）ディーン・アチソン[*12]は、CIAが将来惹起するだろう問題を懸念していた。大統領も、国家安全保障会議も、CIAが一体何をしているのかわからなくなる時が来ると忠告した。しかし、当時においてはCIAの設置に反対することは売国行為にも等しかった」

CIA長官にはドノバンが適任だった。しかし彼はトルーマンとの折り合いが悪かった。トルーマンは、ドノバンをウォールストリートに蔓延(はびこ)る典型的な〝三百代言〟だとみて嫌っていた。ドノバンは秘密工作活動を重視したが、トルーマンはそれもまた嫌った。アレンも長官候補の一人だったようだが、共和党員であり、兄ジョンの政治活動にも深く関与していることから外された。ただトルーマンはアレンに駐仏大使のポストを提示している。[*13] アレンはこれを断った。弟が民主党政権下で大使になれば、兄ジョンの共和党員としての立場に悪影響を与えるのではないかと考えた。結局トルーマンが長官に選んだのはロスコー・ヒレンケッター[*14]提督だった。彼はかつて駐在武官としてモスクワ勤務の経験があった。

OSS出身者は仲間を長官職に就けることはできなかったが、それ以外については望みを叶えた。彼らはアメリカの安全保障に諜報組織は不可欠と考えていたし、新組織は他の西洋諸国のどの類似組織よりも強力な権限を持った。彼らにとって最後に残った障害は大統領であった。トルーマンは次のように回顧している。

「スパイ映画に出てくるような組織を作るつもりはなかった。大統領に情報を提供する。世界で何が起こっているかをしっかりと説明する。新組織にはそれを期待した」[*15]

しかしトルーマンはまもなく考えが甘かったことを知る。CIA設立からわずか半年後にチェコスロバキアが共産主義者の手に落ちたのである。憲法に基づいた合法的クーデターだった。イタリアでも選挙が近づいていたが、共産党が勢力を伸ばしていた。CIAはイタリアの赤化を防ぐために直ちに行動に移った。[*16] 予算は一千万ドル。キリスト教民主党のような親米政党を支援する必要があった。CIAはカソリック神父や修行僧をリクルートし、彼らに共産主義の恐怖を訴えさせた。手紙やパンフレットや書籍をイタリア中に撒いた。アレンはS&Cから休暇をもらい、反共キャンペーンを指導した。

マスコミがアレンの関与を嗅ぎつけ、これを報じたのはイタリア総選挙の十日前のことであった。『ボストン・グローブ』紙は、「(アレン) ダレス、秘密エージェントとして冷戦を仕切る」との見出しで記事を載せた。

マスコミには洩れたが工作は成功した。キリスト教民主党が圧勝したのである。

動き始めたCIA

CIAの初期の活動はヨーロッパを中心に展開された。ヨーロッパではソビエトの破壊活動の脅威が最も急を要する問題だったからである。CIAは二つの工作に成功を収めた。一つは右のイタリア総選挙だったが、もう一つはフランスの港マルセイユで起きたストライキへの介入であった。コルシカのやくざを雇ってこの争議を鎮静化させたのである。[*17]

ソビエトの工作活動の舞台はヨーロッパだけではなかった。米国本土に近いところでも行われていた。一九四八年四月九日、マーシャル国務長官はコロンビアのボゴタを訪問した。第九回汎アメリカ会議[18]に出席するためだったが、この時コロンビアの有力政治家の暗殺事件が起きた。これが大規模な暴動に発展し数千人の死者が出た。後にボゴタソ（Bogotazo）と呼ばれる事件である。[19]その後コロンビアの政情は数十年にわたって不安定化した。ワシントンはこの騒動の裏にソビエトがいると考えた。ラテンアメリカを混乱させ、アメリカの覇権に挑戦していると警戒した。

なぜ早期にこれを把握し対処することができなかったのか。政治家もメディアもトルーマン政権を批判した。ボゴタソは実際には純粋な国内問題だったが、ソビエトを恐れる空気の充満で、クレムリンが背後で操った騒乱であると考えたのである。

欧州連合軍司令官ルシアス・クレイ将軍[20]も、「ソビエトの攻撃は突然にやって来る[21]」と赴任地からワシントンに向けて警戒を促した。

ワシントンはこれに動揺した。国家安全保障会議はトルーマンの承認の下、会議秘密指令10／2を発令し、より広範な権限をＣＩＡに付与した。指令の日付は一九四八年六月十八日であるが、チェコスロバキアの共産化から四カ月、イタリアの総選挙と「ボゴタソ」から二カ月後である。[22]アメリカに対してソビエトが猛烈な攻勢をかけているとトルーマン政権は判断したのである。これによって国家安全保障会議はＣＩＡの権限を拡張した。プロパガンダ、経済戦、妨害工作・妨害工作対策を可能にした。破壊工作も敵対国家の転覆工作までもできることになった。そうした国での地下に潜った抵抗運動やゲリラ活動を支援したり、逃れてきた解放組織の援助も可能となった。ただし次のような条件が付けられていた。

「（CIAの）工作活動は、アメリカ政府の関与が疑われぬように計画され実行されねばならず、政府の関与は（大統領によって）承認された者以外に知られてはならない。万一工作活動が明るみに出た場合でも、政府はすべての責任を否定できるものとする」

CIAはアレンの願う方向に変質した。

トルーマンの再選

兄のジョンは、マーシャル国務長官よりも、いやワシントンの誰よりもアメリカ外交をリードできると信じていた。あの「カンザスからやって来たシャツのセールスマン」のためにうまく外交をやれる自信があった。ジョンはトルーマン大統領を「シャツのセールスマン」と呼んでいた（訳注：トルーマンはカンザスシティで紳士用品店を経営していたことがあった）。

一九四八年にはCIAのトップとなれる可能性が出てきた。この年の大統領選挙に盟友のトーマス・デューイが三度目の挑戦を目指したからである。デューイはニューヨーク州知事となっていた。一九四〇年には共和党候補選で敗れた。四四年には候補とはなったがFDRに敗れた。しかし三度目の勝負では優勢が予測されていた。デューイが当選すれば、ジョンが国務長官に指名されることが確実視されたのである。

ジョンは、戦争が終了してからの三年間、数々の国際会議に参加していた。アメリカ代表としての彼の活躍はヘンリー・ルース傘下のメディア（『タイム』『ライフ』など）によって報じられていた。『ニューヨーク・タイムズ』紙のアーサー・クロック記者[*23]や、多くの新聞に寄稿していたロスコー・ドラモンド（コラムニスト）もジョンを評価していた。アーサー・クロックはジョンのプリンストン時代の学友だった。ジョンは、（ソビエトの攻勢に）膝を屈したかのようなトルーマン政権下にあっても、ソビエトの要求に妥協しない気骨(ハードライナー)ある人物として評価を高めていたのである。

ジョンの敵は民主党だけではなかった。共和党内の、世界の揉め事に積極的に介入することを嫌うグループが、ソビエトと激しく対立するジョンのやり方を好まなかった。ロバート・タフト上院議員[*24]がその筆頭だった。彼は一九四八年の共和党大統領候補選ではデューイの対抗馬だった。タフトは、アメリカが世界の警察官となることに否定的だった。

「そのような考えは、アメリカが世界を幸福にできるよき知恵を他の国以上に持っているとの前提に立っている。我々が常に正しくて、我々の考えを理解しない者は悪だという考えである。世界の人々は支配されることを嫌う。十九世紀には、イギリスは植民地の反乱を躍起になって抑え込まざるを得なかった。このままではアメリカもその二の舞になってしまう[*25]」

一九四八年の共和党大統領候補選はデューイ対タフトではなく、〝国際主義者〟対〝孤立（非干渉）主義者〟の争いであった。ジョンはデューイの選挙参謀として国際主義を主張した。アメリカはいま共産主義の危機に晒(さら)されている。積極的に世界の紛争の場に出て行かなくてはならないと主張した。

「人類の自由の敵（共産主義）はいまや世界中に存在し、最も脆弱なところはどこかと虎視眈々と探している」

そして『ライフ』に、「我が国は今後は積極的な心理戦を厭わない、ソビエト（帝国）国内（の民衆）に希望を与え、抵抗の気運を醸成させる、それが共和党の方針である」とする一文を発表した。[*26]

大統領選挙が近づくと、ジョンは勝利を見込んだ外交方針を立てた。デューイは選挙に勝利したらすぐにヨーロッパを訪問し、西欧諸国との同盟強化を図るようにすべきだと建言した。メディアも彼の意見に敬意を払った。しかし、ジェームズ・レストン記者のように、ジョンの考えを警戒する者もいた。レストンは、「（共和党政権になったら）ジョンはかつての十字軍のような行動を起こすだろう」と書いていた（『サタデー・イブニング・ポスト』）。[*27]

大統領選挙当日、ジョンは外相会談に出席するマーシャル国務長官に同行してパリにいた。外国の要人はみなジョンに会いたがり、マーシャル国務長官を無視した。マーシャルはすでにレイムダックと見なされていた。十一月三日早朝、選挙結果が判明した（訳注：この年の選挙は十一月二日に行われた）。驚いたことにトルーマンが再選された。アメリカの歴史上に残る番狂わせだった。

もはや前日までの浮き浮きしていたジョンはいなかった。ある記者に向かって、「君の目の前にいる人物は『前次期国務長官』だよ」と自嘲気味に語った。[*28] フィリピン外相カルロス・ロムロは共和党勝利を祝うパーティーを準備していた。フォスターが主賓だった。（共和党敗戦でも、パーティーは行われ）フォスターは出席したが、ショックを隠せなかった。アレン宛の手紙には「まさに青天の霹靂（へきれき）」と書いた。[*29] その後の四年間のアメリカ外交も、ジョンが「無能だ」と罵ったトルーマンが担うことになった。そのトルーマンは、ジョンは「ウォールストリートの番人」と罵り軽蔑していた。ジョンの推したデューイの政治生命は終わった。彼自身も終わったと観念した。ジョンはすでに六十歳になっていた。

ジョンの上院議員デビューと挫折

一九四八年は弟アレンにとって政治的波瀾の年だった。アレンもデューイの参謀役を務めはしたが、兄と違って選挙政治を軽蔑していた。彼は選挙期間中にCIAに関する私案をまとめていた。[*30]トルーマンはCIAに全幅の信頼を置いておらず、CIAは幅広い権限を与えられてはいたものの、足枷をはめられたままであった。アレンは提案の中で、CIAを足枷から解き放つべきであると述べ、秘密の心理戦や政治工作、サボタージュ、ゲリラ戦等の活動の権限を与えられるべきであると説いた。

アレンは選挙後にこの提案をデューイに提出することにしていた。より攻撃的になったCIAのトップに指名されることを期待していた。アレンも共和党の勝利を確信し、パーティーを準備していた。しかし、それどころではなくなった。敗戦に打ちのめされたデューイを慰めなくてはならなかった。デューイはルーズベルト・ホテルの一室でバスローブを羽織り、声もなく立ちすくんでいた。[*31]デューイの夢は潰え、彼はアルバニー(ニューヨーク州都)に戻っていった。

共和党の敗戦後、ダレス兄弟はS&Cの仕事に戻った。しかし二人はもはや仕事に集中できなかった。アレンはアメリカの秘密工作活動の必要性を信じていた。ジョンは共和党の外交代表として形ばかりのお役目を果たし、ワシントンの公聴会ではヨーロッパ諸国との安全保障体制を構築すべきだと訴えた（これが後のNATO〈北大西洋条約機構〉となる）。いずれにせよ、アレン兄弟は行き先を見失った漂流船のようなものであった。

しかし、ジョンがまず不安定な日々に終止符を打った。一九四九年の夏、ジョンはオンタリオ湖に浮かぶ小島ダック島で妻のジャネットと共に休暇を楽しんでいた。[*32] 八年前に、禁酒法時代の密輸業者がアジトとして使っていた小屋を購入し、サマーハウスにしていた。電気もなく、もちろん電話も通じていなかった。スパルタ式の、質実剛健な日々を過ごすには格好の隠れ家だった。それでも近くには灯台があり、灯台守の無線で外部との連絡ができた。その灯台守が至急の知らせを持ってやって来た。デューイ知事が連絡を待っているとの一報であった。ジョンは直ちに島から戻った。[*33]

デューイ知事は、ニューヨーク州選出の上院議員ロバート・F・ワグナーが健康問題を理由に辞任したことを知らせた。知事は後任にジョンを推したいと伝えたのである（訳注：上院議員の任期中の退任や死亡の場合、出身州の知事が次期選挙までの間の後任を指名できる）。ジョンはデューイの申し出を喜んで受けた。将来の希望が消えかかった時期に見えた新たな光明だった。国政の中心に返り咲くチャンスだった。一九四九年七月八日、ジョンはS&Cから身を引くことを決めた。三十八年間勤めた国際法務の仕事から去ることを決断した。この日の午後、ワシントンで宣誓式を終え、正式に上院議員となった。

上院議員とはなったものの序列は最下位である。おとなしくしているのが常識だったが、ジョンは違った。就任わずか四日目に初めてのスピーチを行った。「ソビエトは好戦的な国家（warmonger）である。アメリカは世界に平和と正義の見本を示さなければならない」と訴える長い演説であった。[*34] その後も機会あるごとに演台に立った。彼にはワシントンの政治を動かすほどの力はなかったが、上院議員として意見表明できることが嬉しかった。「上院議員は散髪代も無料だ」と他愛もないことに驚いた。[*35]

ジョン・ダレスが上院議員となった三カ月後、毛沢東の率いる中国共産党が内戦に勝利した。敗れた国民党の蔣介石とは十年来の知己であった。また韓国の独裁的な李承晩（イスンマン）もよく知っていた。二人はたんに反共主義者というだけでなくキリスト教徒でもあった。東アジアの動乱はモスクワからの指令が原因である。そう信じるジョンは、この二人を支援すれば、彼の理想とするキリスト教的世界観を東アジアで実現できると考えた。

しかし、彼の上院議員の立場はあくまで暫定職であった。補選に勝たなくてはその主張は軽く見られる。ジョンを指名したデューイは、ジョンの謹直な態度に選挙民は強い指導者のイメージを抱くはずだと期待した。

補選の選挙活動が始まると、ジョンは固くなった。選挙民の前でしゃべることが苦手だった。民主党の対抗馬ハーバート・リーマン[*36]はジョンとは正反対の人物であった。気どらない政治家で、ニューヨーク州知事時代（一九三三—四二年）には公共住宅や失業保険の充実に努めた実績もあり、労働組合員や低所得者の間で人気があった。ジョンは、「（我こそが）共産主義者の敵」と書いた垂れ幕を選挙カーに飾りつけて対抗心を見せた。

ジョン・ダレスの選挙用パンフレットは次のように訴えていた。自らの弱点を意識したものだった。

「身長六フィート（約一八二センチメートル）のジョンは、生真面目で穏やかな物腰の学者風に見えるかもしれない。しかしその風貌だけで彼を判断してはならない。これまでの彼の『赤（the Reds 共産主義者）』との交渉をみれば、軟弱とは程遠いことがわかる。彼は世界の共産主義と戦っている。この思想を蔓延らせてはならないからである。外交の最前線で、彼は世界の三分の一が共産主義者の手中に落ちていくのを見た。彼は現実を知っている。共産主義者が手ごわいことを知っている。だからこそ、アンドレイ・ヴィシンスキー（ソビエト外務大臣）は、『あの男は鎖につないでおくべきだ』と喚くのである。この言葉はまさに、いかにジョンが上院議員に相応しいかを示すものだ。共産主義者がジョンを嫌う理由こそが、あなた方がジョンに期待する理由なのだ。ジョンは、我が国にとっての最大の脅威は共産主義シンパの浸透であると考えている。我が国に侵入した社会主義思想は政治的な癌である。これに敢然と立ち向かうジョンをソビエト・ロシアが嫌うのは当然である[37]」

一九四九年十一月八日が補選の日であった。その日が近づくにつれて選挙戦はヒートアップした[38]。ジョンは、「リーマンは我々を社会主義の道へと押しやる輩である。個人の自由が蔑ろにされる社会になってしまってよいのか。共産主義者がもうすぐそこにまで迫っている」と非難した。民主党陣営はジョンのS&C時代のドイツとの関わりを攻撃材料にした。「ジョンはシュローダー銀行をはじめとするドイツ企業との関わりが深い国際法務弁護士である。つまりナチスを作り上げたドイツ企業のために仕事をした。ドイツ、日本そしてイタリアの海外侵略を正当化したのも彼である。それはジョンの一九三〇年代のスピーチから明らかだ。彼のクライアントであったスペイン銀行

（The Bank of Spain）に対する仕事ぶりから、フランシスコ・フランコのファシスト政権に対しても同情的だったことがわかる」[39]

民主党の訴えにはジョンを動揺させるに十分な真実があった。

ニューヨーク北部各地でのキャンペーンの際に、ジョンは聴衆に向かってこう訴えた。「対立候補に投票する連中がどんな人間か、私は知っている」。リーマンは「（ジョンの発言は）反ユダヤ思想だ（訳注：リーマンはドイツ系ユダヤ人である）。ニューヨーク市民を侮蔑する、実に不愉快な男だ」と反撃した。結局、二十万票の差をつけてリーマンが圧勝した。トルーマン大統領は、「あのアヒル野郎が負けた。小気味いいじゃないか」[40]と言って喜んだ。

国務省顧問

一九四〇年代末期から五〇年代初めの政治活動は、ダレス兄弟には辛かったとはいえ、二人の仲を緊密なものにした。

アレンは目立たぬ立場を好んだが、兄のジョンはメディアに取り上げられることが嬉しかった。ジョンは再びS&Cに戻ったが、初期の国連総会のアメリカ代表の一員として外交に関与した。また、ジョンはプリンストン大学かコロンビア大学の学長の座を狙っていた。これを聞いたトルーマン大統領は、「あの野郎（that bastard）の思うとおりには絶対にさせない」[41]と嫌悪感を顕わにした。ジョン嫌いの大統領に、彼を外交に関与させるよう説得したのはヴァンデンバーグ上院議員だった。ヴァンデンバーグは国務省顧問就任をトルーマンに認めさせた（一九五〇年五月）。ジョンの最初の仕事は日本との講和条約の調印だった。ジョンの専門はヨーロッパであり、周囲は驚いた。それでもジョンは対日交渉をまとめ上げた。上院共和党への根回しもこなし条約批准も成功させた（訳注：サンフランシスコ講和条約：一九五一年九月調印、一九五二年四月批准）。トルーマンはジョンに対する評価を変えた。彼の仕事ぶりを認め、駐日大使のポストを提示した。

ジョンはこれを断った。

「ワシントンの中枢が機能していないのに、その指令を受ける側にいても意味がない[*42]」

ジョンがトルーマンを見下げるような調子で語ったのは、トルーマンの任期が終わりに近づいていたからだった。この頃、冷戦の恐怖はいっそう強まっていた。ソビエトは原爆実験を成功させ、中国への支配も強めていた。さらに朝鮮戦争もあった。こうした環境の中で、共産主義を徹底的に拒否する外交官としてジョンは評価を高めていた。アメリカ外交を仕切る立場に就くあと一歩のところまで来ていた。

アレンとNSC68号

アレンもまた諜報の世界に戻りたいと思っていた。アレンやかつてのOSSの仲間は、CIAは単なる情報収集機関であってはいけない、もっと能動的に行動できる権限が必要だと主張してきた。一九五〇年、この願いに弾みをつける二つの事件が起きた。

一つはＮＳＣが作成した意見書「ＮＳＣ68号」をトルーマン大統領が承認したことだった。この意見書は、その後のアメリカ外交の方向性を規定する重要なものだった。「ソビエトは、世界の革命運動を指導する危険な軍事大国である」「その危うさの根源はロシア帝国時代からの完全な独裁体制の伝統にある」[*43]。ＮＳＣ68号はこうしたソビエト観を基礎にした外交方針だった。トルーマンはこれを秘密裏に承認した。公開の場で議論されることはなかったが、アメリカのその後の外交方針の中核になるものだった。長いあいだ秘密にされたＮＳＣ68号はソビエトの恐怖を次のように解説していた。

「ソビエト連邦はこれまでに現れた世界覇権を求める国々とは違い、新型の狂信国家である。神を否定し、絶対的権力をもってその思うところを世界中に強制する。その結果が各地に頻発している紛争である。彼らのやり方は物理的暴力を使う場合もあるし、そうでない方法を用いることもある。目的を達成するためにはどんな手段をも厭わない。大量破壊兵器の開発により、全面戦争が起こるようなことになれば、人類絶滅の可能性まである。我々はこれまで味わったことのない恐怖に晒されている」

「このままクレムリンの支配下に入る地域が増え続ければ、彼らとの戦いにおいて同盟を組む相手さえいなくなるだろう。この危急の時期にあって、我が国と我が国民は優勢にあるうちに立ち上がらなければならない。我が国が直面している危機は、我が国の存亡にかかわるだけではない。文明そのものの将来が危うくなっている。我々はいま、あれこれ考えている余裕はない。アメリカ政府と国民はいまこそ断乎とした態度で、運命的な、未曾有の決断を下さねばならない」

ＮＳＣ68号に記された内容がアメリカの外交方針と決まってから二カ月も経たない時に、共産軍が北朝鮮から韓国に侵入した。後にこの侵攻はソビエトの大戦略でもなければ、スターリンの考えに沿ったものでもなかったことが明らかになったが、当時はそのことを知る由もなかった。ＮＳＣ68号はソビエトを世界征服者として描き、韓国への侵攻がそれを証明していると思われた。トルーマン大統領は間髪をおかず、一千億ドルの軍事予算を承認するよう議会に求めた。新しい武器の購入と陸軍の増強が必要だったのである。元駐ソ大使だったジョージ・ケナンは次のように述べている。

「北朝鮮の侵攻を見たワシントンの住人は、彼らの攻撃はソビエトの大戦略に従った第一撃であると信じた。ソビエトの指導者は軍事力をもって力の拡散を図っていると考えた。侵攻は全く予想されていなかったし、予兆もなかった。この事件を機に、ソビエトが何を考えているのか検討されることなく、ともかく敵の軍事力に対応できる体制を作らなければならないとする勢力が勢いづいた。こうして軍事的緊張が高まった。ソビエトの意志を読み解く作業そのものが歓迎されなくなり、(たとえそうした分析があっても) 誰も聞こうとはしなかった」

北朝鮮の軍事行動について何一つ警告できなかったことに憤ったトルーマンは、ヒレンケッターCIA長官を解任し、新長官にウォルター・ベデル・スミス将軍を指名した(一九五〇年八月十八日)。将軍は大戦期にはアイゼンハワー将軍の参謀長であり、駐ソ大使も務めていた。「私は課報の素人だ」[*44]とスミス将軍は漏らしたが、トルーマンは最初から素人の任命を考えていた。トルーマンは諜報活動にも秘密工作活動にも信を置かなかった。自分と同じ考えを持つ人物にＣＩＡを仕切ってもらいたかったのである。

CIAナンバー・ツー就任

現実には、諜報工作活動に詳しい専門家の数は限られていた。その一人がアレンだった。一九五〇年秋、スミス新長官はアレンをCIA顧問に抜擢した。六週間の短期契約だった。先に書いたように、スミスとアレンは三十年来の知己だった。パリ時代にスフィンクスで遊んだ仲だった。六週間の契約が満了になると、あらかじめ用意した工作担当副部長（Deputy Director of Operation）の職を提示した。海外工作活動を担当できる重要な役職だった。CIAのナンバー・ツーにはウィリアム・ハーディング・ジャクソン[*45]が就いた。彼もウォールストリートの法務弁護士出身で、戦時中は諜報活動に携わっていた。

作戦副部長への就任で、アレンはS&Cを辞し、外交問題評議会の会長職も降りた。アレンは一九五一年一月二日をもってCIAの正式職員となったのである。

採用されると彼は肩書を変更させた。工作担当副部長から〝作戦〟担当副部長（Deputy Director for Plans）と改称したのである。[*46]アレンはこの方が業務内容を漠然としたものにできると考えた。ソビエトは誤魔化されなかった。アレンの動きを監視していた。ソビエトのジャーナリスト、イリヤ・エレンブルグ[*47]はソ連共産党の機関紙『プラウダ』に次のように書いた。[*48]

「アレンという諜報員は危険な男である。間違えて天国にやって来ることにでもなったら、雲を吹き散らし、星を爆破し、天使を皆殺しにするだろう」

アレンと上司のスミスとの関係は最初からぎくしゃくしていた。生き方のスタイルが全く違った。アレンは上流階級の育ちである。その個性に人は惹きつけられた。高級なジャケットを身に着け、パイプをくゆらし、気の利いたおしゃべりを楽しんだ。一方、長官のスミスは人好きのする性格ではなかった。真面目一方の叩き上げの軍人だった。ウェストポイント出身でないにもかかわらず昇進を遂げた人物であった。スミスは、「良いとこのお坊ちゃん」タイプとはうまくいかなかった。

育ちの違いだけではなかった。課報工作についての考え方も違っていた。アレンは行動派であった。外国政府に対する工作は何でもやりたがったし、紛争が起こればすぐさま介入を考えるタイプだった。スミスは課報工作活動に対して百パーセント入れ込んでしまうことはなく、冷静な目をもっていた。

アレンは、CIAは情報収集、情報分析、秘密工作活動のすべてに従事すべきだと信じていた。しかしスミスは慎重だった。それぞれの機能は分離されるべきだと考えていた。

スミスはアレンの能力を疑っていた節もある。アレンには権限行使に対して抑制的なところがないと懸念していた。特に秘密工作という任務の性質上、通常以上の説明責任を要する仕事をしなければならないのだ。[*49]

アレンへの信頼は万全ではなかったが、スミスはいくつかの工作活動を彼に任せている。アレンの将来の仕事のやり方はすでにこの頃の仕事ぶりに表れている。「一度秘密工作活動の醍醐味を知ったら、その味を忘れるのは難しいね」[*50]と語っているのをアレンの友人が聞いている。

アレンがワシントンに戻ってしばらくすると、ＣＩＡのナンバー・ツー、ウィリアム・ジャクソンが辞任した。彼は一年も経たないうちにウォールストリートに戻ってしまったのである。スミスは後任にアレンを指名した（一九五一年八月二十三日）。アレンは当初から狙っていたポストを射止めたのである。

初期の工作活動の失敗

世界中にネットワークを張る諜報工作活動は緒に就いたばかりだった。

この頃、議会はＣＩＡが要求した予算一億ドルを承認した。[*51] 世界各地にいる亡命者グループに軍事訓練を施し、準軍隊化するための予算だった。アレンはその大半は、鉄のカーテンの向こう側にいるゲリラ組織の支援に充てられるべきだとスミス長官を説得した。以後数年間にわたって、相当数の工作員を鉄のカーテンの裏側にある東欧やアジアに送り込んだ。彼らのほとんどが亡命者だった。彼らには、土壌サンプルの収集から、実際の軍事行動まで幅広い使命が課せられていた。しかし、この時期の工作員の多くはたちまち発見され処刑された。それはヨーロッパでは数百人規模、アジアでは数千人規模であった。[*52] アレンは全く動じなかった。「次の戦いのための経験だ」と平然としていた。[*53]

工作員が次々に逮捕される理由がわかったのは、およそ十年後のことである。イギリス情報部がＣＩＡに派遣していたキム・フィルビー[*54]がダブル・エージェントだったのである。ワシントン駐在が長かったフィルビーは、多くのＣＩＡ高官やワシントンの住人と知己だった。彼は「長官のスミス将軍は切れる人物だった」と評したが、アレンに対する評価は低かった。フィルビーは一九六三年にモスクワに亡命した。後にアレンについて次のように書いた。[*55]

「アレンという人物は自分が抱えている問題をぺらぺらしゃべる男で、洞察力に欠けていた。はっきり言えば〝怠惰（lazy）〟である。ただ精力的ではあった。夜遅くまで話し込むことも多く、必要だと思えばすぐに飛行機に飛び乗って出かけて行った。ワシントンの複雑な社会を駆け回って情報を集めた。しかし、自らの興味を惹かない問題についてはじっくり考えることはしなかった。粘り強さに欠けていた。ただ、個人的には彼のことが好きだった。彼がいると楽しかった。いつもパイプをくゆらせ、ウィスキーを飲んでいた。とにかく人好きのする男だった」

旧ＯＳＳの同志たち

アレンが採用した者は、アレンの同志のような男たちばかりだった。共産主義との戦いを世界各地で実行しなくてはならないと考える者ばかりだった。アレンの旧職（〝作戦〟担当副部長）に就いたのはフランク・ワイズナーだった。

ソビエトに支援された組織によってルーマニア王室が情け容赦なく排除された時の彼の怒りはすさまじかった。彼はルーマニア王室と親しかっただけに反共精神をたぎらせた。

トレーシー・バーンズはフランス戦線ではパラシュートを使って敵の背後に潜入し、ベルン時代はアレンの信頼できる手足となって働いた。法律事務所勤めを辞め、ワイズナーの部下となった。リチャード・ビッセルもＯＳＳ時代からの付き合いで、アレンの特別補佐官となった。カーミット・ルーズベルトは中東部門の責任者となった。ジェームズ・ジーザス・アングルトンは、一九四八年のイタリア総選挙における工作活動を担当していた。彼はできたばかりのイスラエルの諜報組織との連絡員となり、防諜工作の責任者となった。ハリー・ロシツケ[*56]は、ＯＳＳ時代にはワイン販売業者を装ってドイツでの工作に関わったが、ソビエト担当の責任者となった。ミュンヘンに赴任し、対ソ・ゲリラ工作を監督した。

諜報活動の歴史を専門とする歴史家トーマス・パワーズは、アレンのＣＩＡを次のように書いている。[*57]

「彼らは仲間で集まって『可能性』を議論するのが好きだった。何事か行動を起こしたがっていた。一日にいくつも『うまい手』を思いつくようなタイプが揃っていた。相場師の楽天主義を分かち合い、どんな難題でも必ず解決の糸口はあると考えた」

「彼らの多くが貴族的アングロサクソンであった。彼らには伝統と先祖から受け継いだ資産があった。少なくとも設立初期にはイギリス諜報機関の影響を受けていた。特に特徴的だったのは有色人種に対する偏見だった。その態度はインド統治時代の英国紳士の傲慢さとは別物だった。アラビアのロレンス（Ｔ・Ｅ・ロレンス）のような、下層の文化に身を浸しつつ、彼らを助けるのは自分たちだという態度だった。彼らはそれができる能力があると信じた」

こうした性格の男たちが初期のＣＩＡ活動の中心を担ったのである。ほとんどがしかるべき教育を受けていた。ワイズナーはバージニア大学、バーンズとビッセルは著名な進学校グロトン校からエール大学へ進み、ルーズベルトはグロトン校からハーバード大学、アングルトンはエール大学とハーバード大学の法学部、ロシツケはハーバード大学（ドイツ文献学の博士号取得）で学んだ。似たような背景を持った男たちが第二次大戦中に、「上品ぶった、やわな人生」ではなく、死をも覚悟する諜報の世界に入ったのである。戦争終結でアメリカに戻ったものの、彼らは通常の仕事ではもはや満足できなくなっていた。もう一度「戦いの場」に立ちたかった。

敵を見つけるだけでなく、あえて敵を作り出した。そうやって作られた紛争とその結果は、アメリカの運命を、もっと言えば人類の将来までも左右しかねなかった。アレンの友人の一人は後に次のように回想している[*58]。

「彼らはどうあっても諜報の世界に戻りたかった。ボーイスカウトの少年が任せられた仕事に飽きてしまい、何か次の仕事をしたくてうずうずしているようなものだった。侵入するドイツ機を待ち受けるイギリス空軍のパイロットの心境といってもよかった。彼らは退屈な世界に馴染めなくなっていた。みながロマンチストで、自分たちは（共産主義者によって危険に晒された）世界の救済者であると信じた」

フィリピン、グアテマラ、ニカラグア、イラン

アレンが諜報の世界に戻った一九五〇年代には、三つの国の将来が大きく変わる時期に当たった。

国の将来がアレンの判断にかかっていた。

彼の最初の仕事は対フィリピン工作だった。結論を先に言ってしまえば、この工作は成功した。その際に、当時最も活躍する工作員となったエドワード・ランスデール[*59]との運命的な出会いがあった。ランスデールの前職は広告会社の幹部だった。フィリピンの迷信、宗教、あるいは噂の類いを操ることに長けていた。こうした方法でフィリピン陸軍を鼓舞すれば、共産主義者の指導する反政府軍に勝利できると考えた。彼はカソリック教徒の政治家ラモン・マグサイサイを見出した。マグサイサイをフィリピンの指導者にうまく育て上げたのである。

「ランスデールはその工作にほとんどお金を使わなかった。彼のやり方はフィリピン人に自信をつけさせることだった。彼らがやるべきことは、マグサイサイをリーダーとした国づくりである。けっしてアメリカのために戦うのではない。そう信じさせた。ランスデールがワシントンに戻った時、アレンは工作資金に五百万ドルを用意していた。彼は金額の大きさに驚いた。『票を買うための資金か』と聞き返したほどだった。最終的に百万ドルの工作資金を受けることで合意した。その資金はフィリピン担当の他の工作員が現金で運んだ[*60]」

ランスデールの指揮した、共産主義者の反乱を抑え込む工作は完璧だった。マグサイサイを反共の民族主義者のシンボルにした。マグサイサイは『タイム』の表紙を飾り、フィリピン大統領となった。アレンはフィリピンでの成功を喜んだ。彼の次のターゲットはグアテマラだった。

アレンはグアテマラで革命を起こそうと企てた。民族主義者が政権を握るグアテマラ政府はユナイテッド・フルーツ社に対して厳しい態度を示していた。同社はグアテマラ最大の土地所有者であり、S&Cの長年のクライアントでもあった。実際に共産主義者たちが、労働運動や農地改革運動に関わっていた。「グアテマラが赤い連中の戦いの前線になっている。ユナイテッド・フルーツ社が彼らの犠牲になる」[*61]と恐れたアレンはグアテマラへの政治工作を始めた。

ニカラグアからアナスタシオ・ソモサ[*62]がワシントンにやって来たのは一九五二年の半ばだった。彼は、武器さえもらえればアメリカのためにグアテマラの掃除をしてあげましょうと語った。アレンはソモサの言葉が気に入った。スミス長官の承認を受け、グアテマラ政府の転覆計画が練られた。この計画はホワイトハウスも了解していた可能性があった。

彼は、政府転覆を図る計画（フォーチュン計画）を託された少人数のCIA工作員部隊をグアテマラに送った。国務省が説明を受けたのは一九五二年十月八日午後のことである。フランク・ワイズナーは、反政府活動グループに必要な武器をを供給することについて承認を求めた。同席したCIA職員は、「グアテマラで活動する企業を保護しなくてはならない」と主張した。この説明に国務省は驚いた。出席していたデイヴィッド・ブルースは、「（国務省は）この計画を承認しない」[*63]と回答した。ブルースはアレンとはOSS時代の同僚であった。

翌日、スミス長官がCIAにとっては面白くないニュースを持ってきた。J・C・キング（西側諸国担当主任）は次のように記録している。[*64]

「長官は、X氏（固有名詞は非公開）に、フォーチュン計画が中止になったと伝えた。するとX氏は、すでに現場で動いている人間に対する責任はどうなるのだと指摘し、計画中止でカリブ海周辺国の安全が危険に晒され続けるとも述べた。しかし長官は、CIAはあくまで国務省および国防総省の政策を実行する機関である以上、如何ともしがたい、彼らが作戦を認めない以上致し方がないと答えた。Ｘ氏が、国務省が近々に態度を変える可能性があるのではないかと返すと、長官は肯いた」

アレンはグアテマラだけではなく、イラン工作も考えていた。イランの政情もグアテマラに似て、西側に好意的でない民族主義者の政権ができていた。この頃イランは石油産業を国有化したが、これにウィンストン・チャーチルは激怒した。長きにわたってイギリス資本が支配してきたイランの石油が国有化され、チャーチルは政府を転覆させねばならない考えていた。しかし、アメリカの支援なくしてそれをやるのは不可能だった。ＣＩＡ幹部はイギリスの思惑を利用してイラン工作に加わるべきだと考えた。それは国務長官ディーン・アチソンの同意がなければ難しかった。同時にアチソン長官はそれをけっして承認しないこともわかっていた。

アチソンと事を構えたいと考える者はいなかったと、カーミット・ルーズベルトは書いている。「アレン・ダレスもアチソンとの対決は望まなかった。民主党政権はもうすぐ終わる。共和党ほどには関心を持たない計画を彼らに説明しても仕方がないと考えた」[*65]

結局、アレンが反政府活動にＣＩＡ工作員を送り込む二つのプロジェクトは国務省の反対によって日の目を見なかった。しかしアレンは計画そのものを諦めたわけではなかった。機が熟すのを待ったのである。

アイゼンハワー将軍との接触

トルーマン政権の終わり頃のＣＩＡは情報機関として確立されたのみならず、秘密工作をも提唱するようになった。トルーマンが大統領である限り、それは叶わないことをアレンはわかっていた。ホワイトハウスの住人が新しくなるまで待つ。彼は辛抱すると決めた。

ダレス兄弟は、それぞれの思惑は違っていても、一九五二年の大統領選挙が待ち遠しかった。スミスＣＩＡ長官は、新大統領になれば職を辞すことを明らかにしていた。そうなれば、ナンバー・ツーのアレンの昇格は確実だった。ただしジョンの将来はそう楽観的ではなかった。共和党の大統領にならなければ要職には就けなかった。共和党の候補にはアイゼンハワー将軍が有力だった。だが彼は根っからの軍人で、ニューヨークのパワーエリートとの付き合いはなかった。ジョンの専門の国際金融の知識もなかった。

ジョンはアイゼンハワーと個人的な関係を結ぼうとした。彼はパリでの講演旅行を企画した。パリにはアイゼンハワーがＮＡＴＯ軍最高司令官として赴任していた。ジョンは二度にわたって将軍と長時間話すことができた。ジョンは『ライフ』誌に寄稿したばかりの論文の写しを手交して帰国した。[*66] 論文は「大胆な外交方針（への転換＝A Policy of Boldness）」と題されていた。「民主党の方針は共産主義を封じ込めればよしとするだけの臆病な政策である。共和党はその方針を変え、より積極的な外交攻勢をかけなければならないと考える。そうすることで共産主義者の手に落ちた諸国家を解放し、世界中の共産主義者の傀儡（かいらい）を叩き潰すことができる。ソビエトに屈した者たちはその罪を贖わなくてはならない」と主張する内容だった。

デューイと違って、アイゼンハワーは未熟ではなかった（一八九〇年生れ）。国際舞台の経験も豊富だった。親子のような関係は期待できなかったが、それでもアイゼンハワーの選挙戦の演説原稿のいくつかはジョンが準備した。共和党の外交方針の立案にも深く関わった。

「民主党の封じ込め政策は積極性に欠け、何の効果もない。そうした政策を続けることは、無数の人々を、専制的で神の存在すら否定する輩に委ねることを意味する。それを看過することは非倫理的な行為である」[*67]

「民主党政権の指導者たちはあの大戦で得た平和を失ったのである。共産ソビエトは軍事でもプロパガンダ戦においても我々を圧倒している」[*68]

アイゼンハワーの選挙演説にはジョンの考えがそこかしこに使われた。ただしアイゼンハワーはジョンとは違って、必ず「平和的に実現することを望む」との言葉を加えた。（共産主義に）囚われの身となった諸国民を解放することは、アイゼンハワーの外交方針の根幹となった。それぞれの国民が完全なる自由を回復し、自らの将来を決めることができるようにすることが彼の外交方針であると訴えた。アイゼンハワーのランニング・メイト（副大統領候補）はリチャード・ニクソン上院議員（カリフォルニア州）だった。ニクソンは、共産主義に対する民主党の戦いは甘っちょろい、見せかけの決闘のようなものだと皮肉った。

ジョンも自身の講演で、「民主党のやり方は（たちの悪い）宥和政策そのもので、世界の現状を変えることはできず、そのうち、こちらが疲れてへたり込むことになるだろう」と主張した。「一年前と比べて、アメリカの対ソ戦力はどうなったか」というテレビ局の質問には、「状況は悪くなっている」と答えた。「分は悪くなっているだろう。現在の情勢に鑑みれば、我々は次に失う国はどこになるかを真剣に問うておかなくてはならない。我が国は完全に受け身で、敵は攻勢に出ている」と答えている。

"赤の恐怖"の誇張

今から振り返ってみれば、ジョンの物言いは誇張に過ぎたと言えそうだ。歴史家のスティーブン・アンブローズが書いているように、「(トルーマン政権では)ロシアをイランから排除し(一九四六年)、(共産主義勢力と対峙する)ギリシャ政府の支援に成功した(一九四七年)。ベルリン危機にもうまく対処し、マーシャル・プランを開始した(一九四八年)。一九四九年にはNATO(北大西洋条約機構)にも参加し、共産主義勢力の韓国への侵攻を食い止めた(一九五〇年)。こうした成果はトルーマン・ドクトリンに基づいていた。アメリカの共産主義拡大に対する反撃はそれなりの成功を収めていたのである」[*69]。

しかし、世界各地で紛争が続いており、アメリカ国民がパニックに陥っていたこともまた事実だった。前述のハリー・ロシツケはこの時代を次のように振り返っている[*70]。

「あの時代の我々はパニックに陥っていた。今は、少し冷静になって当時を振り返ることができるが、あの頃の、つまり我々が工作活動を始めた頃の国民感情を正確に描写することは簡単ではない。

私の頭には『ヒステリア』とか『パラノイア』という単語が浮かんでくる」

「冷戦時代にあっては、アメリカの安全保障を脅かすのはクレムリンであり、その中心にスターリンが鎮座しているというイメージがあった。スターリンは悪魔であり、暴君だった。世界支配を企む危険人物だった。世界は共産主義世界と自由主義世界に二分される。この戦いにどっちつかずの態度は許されない。そういう時代だった。あの冷戦は『聖戦』だった。神の存在を信じない者（無神論者）との戦いだったのである」

「無神論者との戦いであるという考え方はおよそ十年にわたって続いた。歴代の大統領、国務長官、議会の民主・共和両党、メディア、知識人。みながみな、共産主義者からの挑戦に怯えていた。その意味では、我が国の外交方針にはコンセンサスが出来ていたと言える」

「しかし次第にソビエトの実像が明らかになってきた。強力なソビエトのイメージに虚像の部分があることがわかってきた。経済は戦時中に弱体化し、国民は加重な課税に苦しんでいた。軍隊には官僚主義が蔓延し、国民の間には不満が渦巻いていた。ソビエトに対する過度の怖れが生まれたのは、我が国の諜報活動が弱かったことが原因の一つだった。大戦中に少しでもソビエト国内で情報を探っていれば、あるいは戦後すぐに対ソ、対東欧の諜報工作を実施していれば、冷戦の姿もかなり違っていたはずだった。結局、鉄のカーテンの裏側の情報を探ってこなかったツケが回ってきたのである。ソビエトに対する徹底的な情報不足が、『とてつもなく強力なソビエト』というイメージを作ってしまった」

アイゼンハワー政権：ジョン・ダレス国務長官、アレン・ダレスCIA長官

一九五二年の大統領選挙（十一月四日）はアイゼンハワーの圧勝だった。民主党の対抗馬アドレイ・スティーブンソン（イリノイ州知事）を難なく退けた。ジョンは国務長官候補の筆頭ではあったが、確定していたわけではなかった。彼の早口と聖人ぶった態度はワシントンの住人たちを苛々させた。ジョンの世界観はマニ教的（訳注：善悪のはっきりした二元的世界観）だと警戒されもした。ヨーロッパの政治家には、ジョンは上品さに欠け、繊細さがないと批判する者がいた。アンソニー・イーデン英外相に至っては、アイゼンハワーに、ジョン以外の人物を登用するよう書面で要請していた。

こうしたこともあって、アイゼンハワーはジョン・J・マクロイを指名することを考えた。[*71] 彼は世界銀行総裁を務め、当時は駐ドイツ高等弁務官であった。アイゼンハワーは他の候補も考慮した。その一人にポール・ホフマンがいた。彼は荒廃したヨーロッパを回復させるマーシャル・プラン遂行の責任者だった。マーシャル・プランに計上された予算の五パーセントが秘密裏にCIA予算に回されていた。ウォルター・ジャッド下院議員（ネブラスカ州）も候補の一人だった。ジャッドは強烈な反共議員だった。彼は、アイゼンハワーの打診を固辞し、ジョン・ダレスを推薦した。「彼も候補の一人だが、反対する声が多い」とアイゼンハワーはこぼした。[*72]

ジョン・ダレスの国務長官登用については、ジョンの仲間と考えられていたヘンリー・ルースが反対に回ったが、これには周囲も驚いた。ルースが推したのはトーマス・デューイだった。デュー

イには外交の知見はなかったから、ルースに何らかの思惑があることが疑われた。[*73]「おそらくルースも、ジョンがアイゼンハワー政権の国務長官となることがわかっていただろう。それでも反対し、デューイを推したのは、そうすることでメディアの注目を集めたいという下心だろう。ルースがジョンの外交政策に感心していたことは確かなことだった」

ジョンは十二人以上の歴代の国務長官を個人的に知っていた。そのうちの八人の部下として働いた。これほどの経歴のある人物はいなかった。これだけでも他の候補者を圧倒していた。アイゼンハワーは数週間検討した末、ジョン・ダレスを国務長官に任命した。この指名を承認するかどうかの聴聞会が上院外交委員会で開催された。ジョンはこの場で自らの考える世界観を明確にした。[*74]

「ソビエトはアメリカだけでなく西欧文明全体を脅かしている。世界のすべての神を信じる人々の脅威となっている」

「ソビエトは世界の三分の一を支配下に置いている。その影響力をさらに拡大しようとしている。こうした現実がある限り世界に平和は訪れない。したがって(これまでの民主党政権が進めてきた)封じ込め政策は正しい外交政策ではない。失敗だと言ってよい」

「受け身の外交政策は攻撃的な政策に対して無力であった。今のままの外交方針を続ければ、我が国はますます劣勢を強いられる。常に共産主義者の支配からの解放を考え、機会があればその実現のために行動を起こす。そうした外交姿勢が重要なのである」

上院でのジョン・ダレスに対する信頼は絶大だった。採決もとらず、発声投票(voice vote)によって国務長官指名を承認した。ジョンの指名に懐疑的だった者もいた。論争好きで知られるジャーナリスト、I・F・ストーン[*75]はその一人だった。[*76]
「ジョン・ダレスは社会主義に対する異常なまでの憎悪を繰り返し表明することで、自らが正義の立場にいることを印象づけ、指名を受けることに成功した。おそらく彼の進める外交で国家間の緊張は高まっていくだろう。穏健な態度をとる国は我が国との距離をとろうとするだろう」
「ジョン・ダレスの言葉は実に滑らかである。彼の逃げ口上は洗練され、芸術的とも言える。彼は陰険で捉えどころのない人間だ。慇懃(いんぎん)無礼な態度の陰で自らの恐るべき尊大さを皮肉っぽく楽しんでいるとしか思えない。常に仮面をつけて生きている男という印象がある。戦時中にジョンが外交の舵取りをしていなかったことは、中国にとっても西欧にとっても幸運だった。しかしこれからはアメリカ外交の舵取り役になる。不幸なことになるかもしれない」
アレンの昇進にも紆余曲折があった。アイゼンハワーはアレンの上司にあたるスミスを国務次官に横滑りさせることを決めていたが、スミスはアレンが自分の後任になることを嫌っていた。スミスは秘密工作に情熱を燃やすアレンの態度は危険だと公言していたらしい。[*77]アイゼンハワーが、ジョンを国務長官にすることを躊躇(ためら)っていた理由に似ていた。誰かが冷静な頭でアレンを指導する。そうでなければ彼はCIA権限を肥大化させる。スミスはそれを恐れていた。かつてのアレンの上司だったドノバンも同じような懸念を持ち、「アレンでは大組織を運営できない」と伝えていた。しかし、ドノバン自身がCIA長官の椅子を狙っていると感じたアイゼンハワーは彼の忠告を聞かなかった。[*78]
CIA長官の人事は停滞したままだった。アルバート・ウェデマイヤー将軍[*79]の名も挙がっていた。

ウェデマイヤー将軍は中国戦線の指揮を執った経験があり、毛沢東の政権奪取を防ごうとした実績があるだけにワシントン政界の評判は良かった。

CIA長官の椅子が不確定になった時期に、アレンは友人のネルソン・ロックフェラー[*80]に、もし長官になれなかったらフォード財団の会長職に就きたいと漏らした。財団は秘密工作の隠れ蓑になっていた。[*81]『ワシントン・ポスト』紙は、「CIAの工作活動の中には民主主義と馴染まないものがある」として注意を促していた。だがアレンが長官職を狙っていることまでは書いていない。[*82]

アイゼンハワーは就任式が近づいても長官人事を明らかにしなかった。しかし一月末にアレン・ダレスを第三代CIA長官に指名した。初の民間人の登用であった。一九五三年二月二十六日、上院はこの人事を承認した。

OSS時代にアレンは番号（ナンバー110）で呼ばれていた。長官になった彼は新しい暗号名を「アスチャム」とした。コードネームは自ら選んだ。古代エジプトの精鋭兵士を表す言葉で、「アスチャム」（Ascham）は常に王の左手に立った。[*83]

こうしてダレス兄弟は権力の頂点に立った。

妹エレノアのキャリアは停滞していた。彼女は新しい社会保障のシステムづくりに六年間従事した。大戦が始まるとドイツに詳しいことが買われ、国務省内の「ドイツ委員会」に加わった。戦争が終わると商務省に移り、その後再び国務省に戻った。国務省の仕事を通じて冷戦の最前線に出る機会が増えた。ヨーロッパの要人と直接接触する機会もできた。後に首相になるコンラート・アデナウアー[*84]、ヴィリー・ブラント[*85]、ヘルムート・シュミット[*86]らと知り合ったのはこの頃である。

しかし彼女は女性に対する差別待遇の壁にぶつかっていた。財務省時代の上司は省内で最高の頭脳の持ち主だと称賛しながら、彼女を昇進させなかった。「女性が高位に就くのはよくない」。それだけが理由だった。[*87] このことをエレノアはメモワールの中で苦々しく語っている。[*88]
「みんなが女性を邪魔者扱いにした。国務省は九〇パーセントが男性職員である。（権力を持った）男たちが、女性も若い男性職員を教育し訓練できると決めるまでは、女性が高位の職に登用されることはないだろう」
アイゼンハワーが大統領になっても彼女には何のメリットもなかった。それでも兄の二人がトップの座に就いたことは喜ばしいことだった。ただし、どちらも若くはなかった。ジョンは六十五歳、アレンも六十歳になっていた。

兄弟の世界観

ダレス兄弟の世界観は出来上がっていた。したがって冷戦の頂点の時期にあっては二人の考えがそのままアメリカ政府の世界観となった。

すでに書いたように、ジョンは国際金融のプロであった。彼が常に金融資本とアメリカの利益を念頭に置いたのは当然のことだった。ジョンは複雑な国際金融法務を系統立てて理解できる頭脳を持っていた。しかし、新しく発生している問題、たとえば関税率の調整や国際通貨メカニズムといったことについての理解はさほどのものではなかった。

彼のイデオロギーの根幹は、自由経済の保全と、アメリカ中心の国際主義の二点であった。これに照らして敵味方を判断した。そうした判断が本当に正しいのかと疑ったことはなかったし、判断が難しい場面でも白黒をはっきりさせた。

アレンのイデオロギーも兄とほぼ同じだった。戦いを恐れないという好戦的な態度も同じだった。二人の世界観を普通の感覚で理解するのは難しいが、アレンは兄ほどには宗教観や倫理観を重視しなかった。むしろ虚無的なところがあった。あまり多くを語らず、すぐに実行に移す性格だった。アメリカを取り巻く国はアレンにとっては女性と同じだった。攻勢に出て、アメリカが主人(マスター)であることをわからせる。それが彼のやり方だった。なるようになるという態度ではない。歴史を自ら作る。主人公はアレンでなくてはならなかった。

一九五三年一月二十日の就任式で、アイゼンハワーは次のように述べた。

「我々は、これまでの歴史にない『悪と善の戦い』の真っ只中にいます。自由が隷属と戦い、光が闇と戦っているのです[*89]」

アイゼンハワー政権でダレス兄弟が国務長官とCIA長官の座を占めた。表の舞台(国務省)と裏の舞台(CIA)を兄弟が牛耳るという、我が国歴史上初めてのことだった。兄弟は同じような環境で育ち、長い間、共に生活し、行動も似たようなものである。兄弟が表と裏の外交を同時に仕切るのは危険なことであった。二人は世界の動きを理解していた。正確に言えば、理解していると信じていた。そして兄弟の親密さは議論すら不要と思わせるほどに濃いものだった。

国務省の職員もCIA職員も、秘密工作の計画を真剣に協議することはなかった。兄弟の阿吽(あうん)の呼吸と、大統領の承認だけで決定されたからであった。つまり大統領さえ了承すれば、二つの巨大組織（国務省、ＣＩＡ）の権力を世界のあらゆるところに最大限行使することができたのである。

アレンの愛人だったメリー・バンクロフトはこの頃の状況を次のように書いている。

「権力の集中が起きているのは、国務省をジョンが、ＣＩＡをアレンが牛耳っていることから、つまり兄弟が二つの巨大組織のトップにいることから起きているのに、そのことへの批判は出ていない。私はそれに驚いた。批判が出なかった理由は、『お父さんのような大統領（Daddy）』がおかしなことをするはずがない、とみながそう思ったからだった」[*90]

注

＊1　*Gentleman Spy*, p247.

＊2　*Autobiography of a Spy*, p139.

＊3　Tracy Barnes（一九一一―七二）後にＣＩＡ高官。訳注

＊4　Frank Wisner（一九〇九―六五）ＯＳＳ時代には南欧の工作に従事した。訳注

＊5　Richard Helms（一九一三―二〇〇二）第八代ＣＩＡ長官、駐イラン大使。訳注

＊6　Evan Thomas, *The Very Best Men*, Simon & Schuster, 1995, p28. あるいは Joseph J. Trento, *The Secret History of the CIA*, MJF, 2001, p45. あるいは John Prados, *Safe for Democracy*, Ivan R. Dee, 2006, pp32-33. あるいは Tim Weiner, *Legacy of Ashes*, Doubleday, 2007, pp14-19.

＊7　*Allen Dulles: Master of Spies*, p425.

＊8　*U. S. Intelligence: Evolution of Anatomy*, p19.

＊9　David M. Barrett, *The CIA and Congress: The Untold Story from Truman to Kennedy*, University Press of Kansas, 2005, pp20-24.

＊10　Robert Dallek（一九三四―）歴史学者。コロンビア大学、オックスフォード大学、スタンフォード大学などで教鞭を執る。訳注

＊11 Robert Dallek, *The Lost Peace, Leadership in a Time of Horror and Hope 1945-1953*, Haper, 2010, p249.

＊12 Dean Acheson（一八九三―一九七一）トルーマン政権の国務長官。任期は一九四九年から五三年。訳注

＊13 *Gentleman Spy*, p281.

＊14 Roscoe Hillenkoetter（一八九七―一九八二）海軍准将。訳注

＊15 *Legacy of Ashes*, p3.

＊16 Burton Hersh, *The Old Boys: The American Elite and the Origins of the CIA*, Charles Scribner's Sons, 1992, pp223-232. あるいはJames E. Miller, Taking off the gloves: The United States and the Italian Elections of 1948, *Diplomatic History* 7, Winter 1983, pp33-55. あるいは*Legacy of Ashes*, pp29-31. あるいはRobin Winks, *Cloak and Gown: Scholars in the Secret War 1939-1961*, William Morrow, 1987, pp383-86.

＊17 Rhodri Jeffreys-Jones, *Cloak and Dollar: A Historyof American Secret Intelligence*, Yale University Press, 2003, p156.

＊18 Inter-American Conference 第一回会議は一八八九年。ラテンアメリカ諸国とアメリカの政治経済的結束を図る会議。開催は不定期。訳注

＊19 *Cloak and Dollar*, pp53-55.

＊20 Lucius Clay（一八九八―一九七八）ドイツ占領時の米軍司令官。訳注

＊21 Frank Kofsky, *Harry S. Truman and the War Scare of 1948*, Palgrave MacMillan, 1995, p93.

＊22 www.voltairenet.org/article163480.html あるいは Sarah-Jane Corke, *US Covert Operations and Cold War Strategy: Truman, Secrret Warfare and the CIA 1945-53*, Routledge, 2008, pp59-62. あるいは William Daugherty, *Executive Secrets: Covert Action and the Presidency*, University of Kentucky Press, 2006, pp122-124.

＊23 Arthur Krock（一八八六―一九七四）分析力に優れたワシントン報道に定評のあったジャーナリスト。訳注

＊24 Robert Taft（一八八九―一九五三）第二十七代大統領ウィリアム・タフトの長男。上院議員（オハイオ州）。訳注

＊25 James L. Baughman, *Henry R. Luce and the Rise of the American News Media*, Johns Hopkins University Press, 2001, p135.

＊26 David Pietrusza, *1948: Harry Truman's Improbable Victory and the Year that Transformed America*, Union Square Press, 2011, pp189, 196, 340.

＊27 James Reston（一九〇九―九五）『ニューヨーク・タイムズ』紙を中心に活躍したジャーナリスト。訳注

＊28 *Dulles: A Biography of Eleanor, Allen, and John Foster Dulles and Their Family Network*, p215.

＊29 Carlos Romulo（一八九八―一九八五）フィリピンの軍人、ジャーナリスト。一九四九年の国連総会議長。訳注

＊30 *Gentleman Spy*, pp283-284, 290-292. あるいは*John Foster Dulles: The Road to Power*, p35.

＊31 *Gentleman Spy*, p290.

＊32 *John Foster Dulles: A Biography*, p37.
＊33 同右、pp106-107.
＊34 *John Foster Dulles: The Road to Power*, p395.
＊35 *Dulles: A Biography of Eleamor, Allen, and John Foster Dulles and Their Family Network*, p218.
＊36 Herbert Lehman（一八七九―一九六三）ニューヨーク州知事（任期は一九三三―四二年）。訳注
＊37 Dulles Papers, box16.
＊38 *John Foster Dulles: The Road to Power*, pp395-403. あるいは *The Devil and John Foster Dulles*, p56. あるいは *Gentleman Spy*, pp298-299. あるいは *John Foster Dulles: A Biography*, p114.
＊39 Francisco Franco（一八九二―一九七五）陸軍参謀総長。一九三九年から七五年まで国家元首として独裁体制を敷いた。訳注
＊40 *Gentleman Spy*, p299.
＊41 *Dulles: A Biography of Eleamor, Allen, and John Foster Dulles and Their Family Network*, p251.
＊42 *John Foster Dulles: The Road to Power*, p499.
＊43 NSC-68: United States Objectives and Programs for National Security, http://www.fas.org/irp/offdocs/nsc-hst/nsc-68.htm
＊44 *Gentleman Spy*, p306.
＊45 William Harding Jackson（一九〇一―七一）後のアイゼンハワー政権で国家安全保障問題補佐官（一九五六年）に就任。訳注
＊46 *Gentleman Spy*, p307. あるいは *Allen Dulles: Master of Spies*, pp428-430.
＊47 Ilya Ehrenburg（一八九一―一九六七）作家でもある。訳注
＊48 *Washington Post*, Jan. 31, 1969.
＊49 *Gentleman Spy*, pp309-310.
＊50 *The Old Boys*, p95.
＊51 *Gentleman Spy*, p332. あるいは *The CIA and Congress*, pp103-112.
＊52 *Legacy of Ashes*, pp46, 54.
＊53 *The Very Best Men*, p73.
＊54 Kim Philby（一九一二―八八）イギリスの国際諜報組織ＭＩ６のワシントン支局長。一九六三年にソ連に亡命。訳注
＊55 *Dulles: A Biography of Eleamor, Allen, and John Foster Dulles and Their Family Network*, p283.

*56 Harry Rositzke（一九一一―二〇〇二）言語学の才能もあり、〝スパイマスター〟と評された。ニューヨークでドイツ系移民の子として生まれた。訳注

*57 Thomas Powers, *Intelligence War: American Secret History from Hitler to Al-Qaeda*, New York Review of Books, 2002, p44.

*58 *The Very Best Men*, p24.

*59 Edward Lansdale（一九〇八―八七）大戦中はOSSのメンバー。CIA時代にはフィリピン、ベトナム工作に関与。訳注

*60 Jonathan Nashel, *Edward Lansdale's Cold War*, University of Massachusetts Press, 2005, pp34-35.

*61 *Gentleman Spy*, p227.

*62 Anastasio Somoza Debayle（一九二五―八〇）後のニカラグア大統領（任期は一九七四年から七九年）。訳注

*63 *Gentleman Spy*, p230-231.

*64 U. S. Department of State, *Foreign Relations of the United States, 1952-1954: Guatemala*, U. S. Government Printing Office, 2003, p36.

*65 *Los Angeles Times*, March 26, 1979.

*66 *Life*, May 19, 1952.

*67 Stephen E. Ambrose and Douglas G. Brinkley, *Rise to Globalism: American Foreign Policy Since 1938*, Penguin, 1988, p133.

*68 *John Foster Dulles: A Biography*, p131.

*69 Stephen E. Ambrose, *Nixon: The Education of a Politician 1913-1962*, Simon and Schuster, 1988, p226.

*70 Harry Rositzke, *The CIA's Secret Operations: Espionage, Counterespionage, and Covert Action*, Reader's Digest, 1977, pp13-15.

*71 *Gentleman Spy*, p333.

*72 *Legacy of Ashes*, pp28, 32.

*73 *The Spiritual Weapons*, p334.

*74 confirmation hearing: http://alvaradohistory.com/yahoo_site_admin/assets/docs/3ContainmentorLiberationbyDulles.362195419.pdf.

*75 I.F. Stone（一九〇七―八九）調査報道で知られたジャーナリスト。訳注

*76 I. F. Stone, *The Haunted Fifties, 1953-1963: A Nonconformist History of Our Times*, Little Brown 1963, pp14-16.

＊77 *Gentleman Spy*, p336.

＊78 *Wild Bill Donovan: The Spymaster Who Created the OSS and Modern American Espionage*, p360-364.

＊79 Alfred Wedemeyer（一八九七—一九八九）陸軍大将。ドイツ系で、第二次大戦前にベルリンの陸軍大学で学んだ。一九四四年から四六年まで中国方面の指揮官であった。訳注

＊80 Nelson Rockefeller（一九〇八—七九）ニューヨーク州知事（一九五九—七三年）、フォード政権の副大統領（一九七四—七七年）を歴任。訳注

＊81 *Gentleman Spy*, p336.

＊82 *Washington Post*, Jan. 9, 1953.

＊83 *Allen Dulles: Master of Spies*, pp431-32.

＊84 Konrad Adnauer（一八七六—一九六七）ドイツ連邦共和国初代首相。任期は一九四九年から六三年。訳注

＊85 Willy Brandt（一九一三—九二）ベルリン市長（一九五七—六六年）、第四代首相（一九六九—七四年）。訳注

＊86 Helmut Schmidt（一九一八—）第五代首相（一九七四—八二年）。訳注

＊87 *Dulles: A Biography of Eleanor, Allen, and John Foster Dulles and Their Family Network*, p293.

＊88 *Chances of a Lifetime*, pp228, 240.

＊89 http://avalon.law.yale.edu/20th_century/eisenl.asp.

＊90 *Autobiography of a Spy*, p139.

第Ⅱ部　六人の怪物たち

序――〝怪物(モンスター)〟を探しだし、叩き潰す

ニューヨーク市マンハッタン島モーニングサイド通り六十番地のビルの正面玄関が開いたのは、夜明け前のことだった。二人の男がビルの前に停まったキャデラックに身を滑り込ませた。二人を乗せたキャデラックは、ロングアイランドのミッチェル空軍基地に向かった。基地の歩哨が中に入るよう手で合図した。車は滑走路に待機していたロッキード・コンステレーション[*1]に横付けされた。運転席から飛び出してきた男はシークレットサービスだった。彼はアイゼンハワーの座る後部座席のドアを素早く開けた。一九五二年十一月二十九日、土曜日のことであった。

アイゼンハワーは選挙に勝利したばかりだったが、選挙民に「私は朝鮮に行く」と公約していた。朝鮮半島で共産軍が勝利したと報じられるたびに国民は大きな衝撃を受けた。アイゼンハワーはヨーロッパからナチスを葬った英雄である。彼が朝鮮に行けばアメリカの勝利は間違いない。その期待がアイゼンハワーを大統領に押し上げた。彼はその約束を果たさなければならなかった。

アイゼンハワーは、ジョン・フォスター・ダレスの進言に従って行動していた。この頃、朝鮮半島では危うい休戦が成立していた。ダレスは強硬策を説いた。

「休戦協定を破棄し、非武装地帯を越えて軍を進める。中共軍を叩きのめし、我が国の力をアジア

のすべての国に知らしめる」

この提案をアイゼンハワーは外交専門家や軍指導者と三日にわたって検討した。結論はジョンの考え方とは全く逆になった。アイゼンハワーの決定は休戦を確定し、戦争を終えることであった。ジョンの主張する新たな攻勢（New Offensive）策はさらなる犠牲を生み、その後どのように終結させるか見通しがつかなかったのである。

朝鮮での戦いを指揮していたダグラス・マッカーサー将軍は国民から崇敬を集めていた。彼はこの決定を聞いて激怒した。共和党議員も怒り心頭だった。本格的な休戦協定を結べば大統領は弾劾されるだろうとまで言う者もいた。しかしアイゼンハワーの国民的人気の高さと、軍人としての実績を前にしてその決定を覆すことはできなかった。

先の大戦はあまりに悲惨だった。アイゼンハワーはもはや若者を外国の地で戦わせたくなかった。それは理屈抜きの感覚だった。攻勢をかければ反発は必至で、戦費は際限のないものになる。当時共産化した国は十カ国あった。ソビエト、中国そして東欧の八カ国である。現実問題として、このうちの一カ国さえ非共産化させることはできない相談だった。

朝鮮ではアイゼンハワーは休戦を決めた。しかし共産主義者との戦いを諦めてはいなかった。その強い思いはジョン・ダレスにまさるとも劣らなかった。ただ軍隊を派遣する従来のやり方とは違う方法を考えていた。

多くの歴史家はその後のアイゼンハワー外交は、「トルーマン政権のいわゆる封じ込め政策を継続したものだ」[*2]（スティーブン・アンブローズ）と解釈する。しかしアイゼンハワーは、全面戦争の莫大なコストを理解する一方で、戦う男の感情も併せ持っていた。この二つの感情があったからこそ、彼は秘密工作活動を重視した。全面戦争を避けつつ目的を達成するための手段が秘密工作活動だったのである。その両輪となったのがダレス兄弟だった。課報工作「戦争」の時代が幕を開けた。

一九五〇年代から始まった見えない戦争の実態は、いまだにほとんどが闇に隠されている。しかしジグソーパズルの小片のような情報が少しずつ明らかになっている。そうした欠片を集めると、当時いったい何があったのか、その輪郭が姿を現すのである。

トルーマン大統領もCIAを利用した。ただ、外国の指導者に対する転覆工作活動まではさせていない。しかしアイゼンハワーは違った。指針づくりはジョンが担当した。実行役はアレンだった。アレンは長官就任からまもない頃に、「この政権は秘密工作活動に強い関心を持っている」と部下に語っている。

アイゼンハワーは、外国政府の指導者に対する秘密工作活動を彼自身が命令したことはないと言い続けた。したがって彼がなぜあれほどに隠れた工作を好んだのかを説明するのは難しいのだが、彼の死後に出てきた情報を総合すれば、次の二点だけははっきりしている。

第一点は、アイゼンハワーは諜報工作活動の価値をしっかりと理解していた大統領だったということである。ドイツの暗号解析をはじめとした諜報活動については長い間秘密であった。歴史家たちも今では、第二次大戦中に行われていた諜報活動の重要性を理解するようになっている。彼らとは違い、アイゼンハワーはその有効性を最前線で知る立場にいた。連合軍司令官として、あの戦いに勝利をもたらした諜報工作活動の価値を認識していた。

もう一点は、諜報工作活動のほうが（全面戦争に比して）人道的であるとアイゼンハワーは考えていたことである。またコストもそれほどかからない。（将来的には問題が起こる可能性はあっても）兵士の血が流れない戦い方であった。ＣＩＡの幹部は次のように語っている。

「アイゼンハワーは諜報工作活動に信を置いた。彼が大統領だったからこそ我々は動くことができた。彼は現実の戦争を経験している。諜報工作活動は血を流さないもう一つの戦い方であることを知っていた。理解しておかなくてはならないのは、この時代にあっては、（大統領の関与が疑われても）大統領は断乎として否認することができたのである。『なぜ大統領はアルベンス（グアテマラ大統領）に対する工作を承認したのですか』などと聞かれても、質問者の顔を睨みながら、『何のことかわからないね』と言えた。それがあの時代の感覚だった」

一九四〇年代後半から一九五〇年代初めのアメリカ国民は、あの大戦の敵国だった国々とソビエトは同質であるとみなした。ナチスの大量虐殺のイメージをソビエト共産主義に投影した。ソビエトの指導者は世界の支配者になろうと企んでいると教えられ、それを信じた。彼らは目的のためには手段を選ばない。どんな汚い手も使う。もし彼らが勝利者になってしまえば文明の終わりだ。アメリカ国民は本当にそう思ったのである。ダレス兄弟の感覚も同じだった。

ここで、繰り返しになるが、もう一度二人の世界観を形成した要因をはっきりさせておきたい。

まず一つにプロテスタント宣教師的な意識があった。「アメリカの宿命は北米に最初にやって来た清教徒の信条によって生まれた」と十九世紀初めにアレクシ・ド・トクヴィル[*3]は書いた。この宿命論（destiny）はダレス兄弟によって神聖なる理想となった。この世界は善と悪との闘争である。

二人は子供の時からそう教えられてきた。キリスト教神学の権威だった父は、その宗教的信条を語り、その理想の守護者となるよう徹底的に教育した。

社会学者マックス・ウェーバーは、清教徒の信条を次のように書いた。

「神にとってキリスト教徒は戦いの武器である。彼らを使って神の摂理を広める。邪悪なる者はキリスト教会の秩序に無理やりにでも従わせなければならないと考える」

ダレス兄弟の世界観の形成に与ったものには、キリスト教の信条に加えてもう一つ、アメリカの特殊な歴史がある。アメリカの歴史は常に「上昇指向」(upward arc)の積み重ねだった。祖父のジョン・フォスターは、荒ぶる西部(フロンティア)を服従させたアブラハム・リンカーンの政策(訳注:強力な中央集権的連邦国家の建設)を継承した。そして兄弟はアメリカの力を世界の隅々にまで広めた。彼らは、アメリカこそが何が善であるかを知っている、と信じた。その信念はプロテスタント宣教師のそれと同質であった。彼らの歴史が生んだアメリカ的信条をアメリカ外交に適用した。

ダレス兄弟の考えに影響を与えたもう一つの要素がある。それはS&Cで働いた経験から来るアメリカ企業の権益を守るという強い意識である。二人は必ずしも富裕な家系の出身だとは言えないが、アメリカの富裕層のために長きにわたって仕事をしてきた。その結果、「コーポレート(共通利益)・グローバリズム」を信奉するグループの一員となった。「コーポレート・グローバリズム」とは言い換えれば、「(啓蒙主義の)リベラル国際主義(インターナショナリズム)」である。実際、ダレス兄弟もCFRメンバーも、この言葉を使った。彼らの仕事は、アメリカの持つマネーパワーを世界規模にまで拡大することだった。彼らは自分たちにとっての利益は他者にとっても役に立つと信じた(そう信じたかっただけかもしれないが）。

ダレス兄弟にはこの意識が特に強かった。二人は本能的に、米国の多国籍企業の損得を計算した。それが二人の判断基準になった。そうすることが同時に自身を豊かにすることでもあった。だが二人には相違点もあった。

ジョンの生涯は、いかにしてアメリカの経済力、政治力を外交の場で高めることができるかを考え、それを実践するものであった。そうすることで名が知られ、グローバル・エリートとしての地位を築いたのである。アレンもまたS&C勤務で国際法務に携わり、名声を得た。アメリカの利益をベースにした世界秩序をつくってきた。それを脅かす者への反感は兄に劣らなかった。ただ兄のジョンとは違い、ウォールストリートの仕事は何か物足らなかった。彼には冒険心があった。OSS時代には自分に似た男たちを諜報工作員に採用した。彼らは有名大学を卒業し、国際法務事務所や国際投資銀行に勤めた経歴もあった。そうした職場を捨てて喜んで諜報の世界に飛び込んできた。アレンは、大戦が終わっても、元の職場の退屈さに耐えられなかった。秘密工作活動にこそ生き甲斐を感じたのである。

ダレス兄弟はアメリカ文化とアメリカ型政治が生んだ傑作であった。アメリカ文化においては開拓者は野蛮な民族を啓蒙する義務があった。贖いの信仰はアメリカ人の意識の奥深くに刷り込まれていた。何よりも、経済力こそが人を幸せにするという強い信念があった。ダレス兄弟はアメリカの文化的な遺産をすべて体現した政治家になっていたのである。

アイゼンハワー大統領は選挙戦では強気の外交を約束した。しかし現実には共産政権を転覆させるほどの攻勢は考えていなかった。ダレス兄弟はこの制約の中で敵を見つけ出さなくてはならなかった。二人は、最貧国の中で愛国者（パトリオット）、民族主義者（ナショナリスト）あるいは反植民地主義者を装いながらソ連に奉仕している傀儡たちに警戒の目を向けた。彼らこそ二人の標的だった。

一八二一年七月四日の独立記念日に、国務長官ジョン・クインシー・アダムズ[*4]は、「我が国は外国にまで行って悪者探しをするような外交はしない」と議会で演説した。しかしダレス兄弟の外交は違った。彼らの外交は「怪物（モンスター）探し」であった。アジア、アフリカ、ラテンアメリカには、ダレス兄弟が出向いて行き、叩き潰さねばならない六人の「怪物」がいた。いずれも情熱に満ちた独創的（ビジョナリー）な人物であった。一九五〇年代のアメリカの戦いは、この「怪物」征伐そのものであった。二人の仕掛けた「戦争」はアメリカの裏の歴史である。表にできなかったその歴史が、いま我々が暮らしている世界を作り上げたのだ。

注

*1 Lockheed Constellation 四発のレシプロエンジン旅客機。一九四三年から五八年まで生産された。訳注

*2 Stephen E. Ambrose, *Eisenhower: Soldier and President*, Simon and Schuster, 1991.

*3 Alexis de Tocqueville（一八〇五―五九）フランスの政治思想家。訳注

*4 John Quincy Adams（一七六七―一八四八）第八代国務長官（一八一七―二五年）、第六代大統領（一八二五―二九年）。訳注

5章　イラン工作

モハンマド・レザー・パフラヴィー

一九四九年十一月二十一日夜、外交問題評議会（CFR）で、小規模なディナーパーティーがあった。三々五々やって来た招待客はマンハッタン東六十八番街にあるCFRのビルに吸い込まれていった。会場ではホスト役のアレン・ダレスが招待客を一人ひとり迎えた。縁なし眼鏡をかけたアレンの髪は薄くなっていた。ネルソン・ロックフェラー（チェース・マンハッタン銀行会長、前国務次官補）、ヘンリー・ルース（『タイム』『ライフ』発行人）、ウィリアム・ドノバンの顔もあった。彼らのお目当てはイランからやって来た皇帝モハンマド・レザー・パフラヴィーであった。パフラヴィーはアレンが新たにアメリカの庇護下に置いた人物であった。*1

パフラヴィーは三十歳の誕生日を迎えたばかりだった。青年皇帝のこの一年は波瀾に満ちていた。数カ月前には暗殺されかかった。命が助かったのは神の加護だと信じ、自分こそがイランの指導者となる宿命を背負っているからだと考えた。そして自らの偉大さを見せつけるためには何をすべきかを考えた。そんな時にアレンに出会ったのである。

アレンが国際法務の仕事に戻っていたことは前に触れた。仕事に情熱を失っていたことも書いた。そんな彼がついに、自らの野心とも合致する世界規模の大望をもつクライアントを手に入れた。「貧しい国を豊かにすることで世界を変える」を社是とする新会社、オーバーシーズ・コンサルタント会社（Overseas Consultants Inc. OCI社）である。同社はアメリカの大手エンジニアリング企業十一社によって設立された。

社是実現の機会を窺っていたOCI社は、それをイランに見出した。アメリカ政府も地政学的に重要なイランを外交工作の重要目標と定めていた。イランは工業化を目指していた。イランには毎年五千億ドルのオイル・ロイヤルティがあり、アメリカからの資金調達がしやすかった。イランには返済能力があった。

OCI社は五巻にもなる分厚いイラン開発計画をまとめた。水力発電所建設、都市再開発、海外からの新産業導入計画などの大型プロジェクトである。[*2] パフラヴィーはこれに心を動かされた。だが青年期を主にヨーロッパで送った彼は国情に疎く自信がなかった。OCI社は何としても皇帝に計画を承認させたかった。パフラヴィーとの交渉役にOCI社が選んだのが国務省中東部長の職を経験していたアレンだった。

一九四九年秋、アレンはテヘランに飛んだ。帰国すると、イランが総額六億五千万ドルの国土開発計画を承認したと発表した。これは二十一世紀初頭の価値に換算すれば五千億ドルにもなる巨額プロジェクトである。七年間の工期が見込まれる二十世紀最大の海外開発案件であった。アレンの国際法務のキャリアには大いに箔がつき、S&Cにとってもチャンスとなった。

『タイム』誌は次のように報じた。[3]

「OCI社は王の中の王（パフラヴィー）に経済革命のための青写真を示した。我が国やヨーロッパ企業にとって新たな市場となる」

アレンが冒頭のCFRパーティーでパフラヴィーを友人として紹介したのは、この報道のわずかひと月後のことだった。

パフラヴィーは歓迎の拍手の静まるのを待って語り始めた。自分は民主主義者であり、進歩主義的な思想を持っていること、王としての権限はスウェーデン国王程度の、制限されたものでいいと考えていることを語った。そしてイランの将来像と七年計画への期待をこう描いてみせた。

「我が国の将来については七年計画に書かれているとおりです。計画については言わずもがなで、皆さんもご存じのとおりです。貴国のエンジニアリング・コンサルタント会社の協力によって出来上がったものです」

「我が国はアメリカの投資を待っています。国民も歓迎しています。投資を保護することも考えています。産業の国有化など考えていません。我が国の資源はまさに手つかずの状態です。（アメリカによる）開発を待っているのです[4]」

皇帝の言葉はCFRに集まった「コーポレート・グローバリズム」の主役たちを喜ばせた。この夜、アメリカ外交界のエリートたちは、パフラヴィーをアメリカが付き合うべきイランの指導者だと認めた。

イランの実情に詳しいアレンは、パフラヴィーがイランの実態を語っていないことを知っていた。

イランに民主主義の精神などあるはずもなかった。むしろ現実には、パフラヴィー自身がイラン民主化運動の最大の敵だと見なされていた。彼が、ニューヨークに旅立つ数週間前には反パフラヴィー派によるデモ行進があった。王宮前の芝生の広場にテントを張り、長期戦を覚悟しての抗議行動だった。彼らは、パフラヴィー派議員を増やすための選挙不正があったとして再選挙を要求し、それが決まるまでパフラヴィーは国外に出てはならないと主張していた。不正選挙の疑いをかけられたまま訪米したくなかったパフラヴィーは反対派の要求を聞き入れた。

イラン訪問中のアレンは、パフラヴィーとの信頼関係を築いただけでなく、イランの危うさをも見ていた。民主化運動は煽動家（デマゴーグ）に煽られた無秩序な群衆の集まりとしか思えなかった。抗議活動を「煽動」するリーダーはモハンマド・モサッデクであった。彼は王宮前にテントを張り、王族の特権を非難した。モサッデクは外国勢力のイラン政治への介入は阻止すべきであると訴えていた。これが、アレンがモッサデクを間近に見た最初であった。

モハンマド・モサッデク

モサッデクの育ちは不思議なほどにダレス兄弟のそれに似ていた。一八八二年生まれでダレス兄弟よりわずかに年長だった。彼は恵まれた境遇にあり、家庭で教育を受けた。国内の大学に進学し、卒業後はヨーロッパに留学した。彼は早い時期から世界におけるイランの立場に敏感で、政治に興味を持った。

モサッデクは資本主義下の民主主義を信奉していた。マルクス主義を嫌った。その脅威から母国を守らなければならないと決めていた。彼はダレス兄弟と似たような境遇に育ち、同じような世界観をもち、ほぼ同世代だった。しかし皮肉にも両者は敵対することになってしまうのである。

モサッデクは外国勢力がイランを蹂躙（じゅうりん）する現実を見て育った。外国企業が銀行を作り、紙幣を発行した。郵便電信事業、鉄道、フェリーなどのインフラ整備事業も外国資本が進めた。キャビア製造もたばこ製造も外国企業の手中にあった。

イランに石油が発見されたのは二十世紀初頭のことである。英国は、国王モザッファロッディーン・シャーを賄賂（わいろ）で懐柔し、イランの地下に眠る〝石油の海〟をアングロ・イラニアン石油会社の所有とさせた。同社の株のほとんどは英国政府が所有した。

モサッデクは、イランに膨大な原油が発見され、それが外国勢力によって強奪された時期に教育を受けた世代であった。この世代の悲観的世界観をモサッデクは共有していた。彼には外国勢力への屈従か抵抗かの二者択一しかなかった。抵抗の道を取ることは危険であった。それでもモサッデクは抵抗の道を選んだ。殉教に崇高な価値をみる宗教的な伝統の中で育っただけに、自らが殉教者になることに何のためらいもなかった。

彼は、イランの資源はイラン人が管理すべきだと主張した。イラン人による百パーセント所有の主張だった。英国との契約を時間をかけて見直す、というような現実的なアプローチではなかった。

当時国務長官であったディーン・アチソンは、回想録の中でモサッデクを次のように評している。

「我々は彼の正体に気づくのが遅かったかもしれない。彼は狂信的なまでのイギリス嫌いだ。裕福な育ちで、封建的で、反動的だ。彼はどんな手段を使ってでもイギリス人を追い出したいと考えていた」[*5]

モサッデクは不正義がこの世を支配しており、この世の幾多の問題が解決されることがないのはそのせいである。彼は悲観的な宿命論を信じていた。

モサッデクの考え方はダレス兄弟の世界観とは好対照だった。二人はアメリカという国家が世界を支配するほどの力をつけた時期に育った。楽観的で自信に溢れていた。アメリカは神の加護を受けた特別な国であり、その影響力を世界に行使すべきだ。なぜなら神がそう命じているからである。アメリカの影響を受ける側もそれを歓迎するはずである。なぜならアメリカの行為は常に正しく、善意に満ち、文明的だからだった。

ダレス兄弟の学んだ歴史は、未来は必ず良くなると教えていた。かたやイランの歴史は、事はそれほど単純でないことをモサッデクに教えた。ダレス兄弟は、「貧しい国は他国からの投資で豊かになる、したがって投資は歓迎される」と信じていた。モサッデクは、外国人の投資を嫌悪した。

反英活動

一九一九年夏、イギリスはまとまりを欠いていたイラン王朝に対して一方的な協定を押し付けた。その協定に従って、イランの軍隊、財政、交通システムはイギリスの支配下に入った。この頃、モサッデクはヌーシャテル大学（スイス）で法律を学んでいた。イギリスのやり口が伝わるとモサッデクは激しく憤った。彼はヨーロッパ在住の著名なイラン人と手紙をやりとりし、怒りを共有した。パンフレットを作成し、（新しくつくられた）国際連盟に訴えた。彼はベルンに行き、「抵抗する国家委員会」なるスタンプを作り、その印を押した反英文書を配布した。[*6]

モサッデクがベルンで活動を始めた頃、アレン・ダレスもこの街にいた。第一次世界大戦中の対独諜報活動を終え、パリ講和会議（ベルサイユ会議）に向かう直前のことだった。もちろんこの頃、お互いに知り合うことはなかった。街のどこかですれ違ったことがあるかもしれないが、確かめる術はない。

モサッデクは母国が外国勢力に屈していく様に我慢がならなかった。第二次大戦が終わると、イラン議会の中心人物として頭角を現した。彼はイギリスによるイランの石油産業支配の現状を非難する最右翼となった。一九五〇年になると、彼の敵はイギリスだけではなくなった。アレンが締結させたOCIとの七カ年計画も糾弾の対象となったのである。モサッデクらの民族主義者はこの計画を売国行為と見なした。

アメリカ国内にもこの計画を危ういと感じた者がいた。国務長官のアチソンは、イランの国力に比して、あまりにも規模が大きいと憂慮した。[*7] しかしS&Cは積極的だった。

モサッデクは国民戦線（ナショナル・フロント）を組織した。国民戦線はOCIとの契約反対の先頭に立った。議会の論戦では国民戦線の議員が、「七カ年計画はコストがかかり過ぎ、次世代の負担が過重になる」[*8]「外国勢力のアドバイスに盲目的に従うのは危険だ」「アメリカ人顧問ではなく、経験を積んだイラン人専門家の意見を聞くべきである」と弁じた。[*9] これらの訴えは愛国心の琴線に触れ、一九五〇年十二月の議会は計画予算を承認しなかった。モサッデクは、アレンやOCIの仕事の成果を一撃で粉々にしたのである。[*10]これは、計画を踏み台にしてイランあるいは中東地域での影響力を高めようとしていたアメリカ外交にも大きな打撃となった。

モサッデクは七カ年計画を葬っただけでは満足しなかった。この頃、イラン議会は彼を首相にしようとしたが、引き受けるにあたって彼は条件をつけた。それは石油産業の国有化を議会が認めることだった。議会は満場一致で国有化を決議した。こうしてモサッデクは首相の座に就いた（一九五一年四月二十八日）。

アレンにとって国有化の決定は、七カ年計画の破棄に続くダブルパンチとなった。S&Cのクライアントの一つにJ・ヘンリー・シュナイダー銀行があった。同行はアングロ・イラニアン石油会社の資金調達を担当していた。アレンはそこの役員を務めていた。モサッデクの国有化政策はアレンを怒らせただけではなかった。当時ジョンは、S&Cのクライアントであるチェース・マンハッタン銀行の依頼を受けて、イランでのビジネス・チャンスを探っていたのだ。[*11]

しかし最もモサッデクへの警戒感を強めたのは国際石油資本であった。アングロ・イラニアン石油会社の国有化は、国際石油資本そのものに対する挑戦であり、世界経済に与える影響は大きかった。

ダレス兄弟はモサッデクを信用できない指導者だとみて警戒していた。[*12]OCIの七カ年計画を葬った時点で、警戒感は敵意に変わった。石油産業の国有化を決めると、敵意はいっそう先鋭化した。二人にとってモサッデクは、彼らの悪夢を体現する人物であり、いたずらに国民を煽ることで世界の経済秩序を破壊するポピュリストであった。それゆえ一九五三年にダレス兄弟がアメリカ外交の実権を握った時、真っ先に排除すべき「怪物」となったのである。

自信家ジョン、社交家アレン

兄弟の性格は相変わらず対照的だった。ジョンはいつもしかめ面で、目立つことが嫌いだった。夜はほとんど自宅にいた。[*13] 講演の草稿に手を入れたり、推理小説を読んだり、妻のジャネットとバックギャモンを楽しんだ。日曜日にはナショナル長老派教会（National Presbyterian Church）での礼拝を欠かさなかった。祖父ジョン・フォスターも礼拝に訪れた教会である。

ディナーパーティーに出席することもあったが、彼にはマナーに粗野なところがあった。冴えない薄緑のスーツに身を包み、グラスの中身を人差し指でかき回す癖があった。長い足を思いきり伸ばして座るので、いつもズボンの裾から生っ白い足首が見えた。あるパーティーでは、キャンドルの溶けた蠟（ろう）をつまんで丸め、それを噛んでいた。見かねた海軍高官の妻が、「あまりいい癖ではありませんよ、ダレスさん。私は子供がそんなことをしたら叱りますよ」と注意すると、ジョンは自らの〝悪癖〟を素直に謝った。後にくだんの女性から、きれいな箱に入れた蠟燭の贈り物が届いた。彼の気持ちを傷つけたお詫びの印だった。[*14]

公の場での態度もスマートとは言えなかった。どんな判断を下す時も、国務省の専門家の意見を聞かなかった。部下にも不愛想だった。会議の場ではメモ用紙に落書きをし、時にはポケットナイフで鉛筆を削りはじめた。「ジョンは考えがまとまらないと、話の途中で唐突に黙り込み、舌打ちを続けた」とスチュワート・オルソップ（コラムニスト）が伝えている。[15] 後に英国首相となるハロルド・マクミラン[16]は、「ジョンは訥弁だったが、たぶん思考にペースを合わせていたのだろう」と証言している。[17]

アレンの性格はジョンとは違い、社交的で楽天的であった。外交上のパーティーにも積極的に顔を出した。それでも彼が何を考えているかわからないところがあった。パイプの煙が、彼をいっそう謎めいて見せた。アレンには痛風の持病があって、時に松葉杖をついていたのだが、おかげでアイゼンハワー政権の高官の中で唯一人、大統領執務室にスリッパで入室できた。

兄弟の古くからの友人ヘンリー・ルースは、二人が要職に就いた一年目にそれぞれのイラストを『タイム』誌の表紙に使った。アレンを使った号（二二一頁）では、パイプをくゆらすアレンが描かれ、その煙が短剣を右手に握る黒服の男の前に漂っている。そこには、「新たな技術とチームで挑む旧きゲーム（諜報活動）」のタイトルがつけられていた。

アレンを表紙にした号の二カ月後に、今度はジョンのイラストが登場した（二二一頁）。黒いホンブルク帽をかぶったジョンの顔には多くの皺が刻まれ、不機嫌そうに何かを見つめている。後ろには赤、白、青の三本の旗（バナー）が巻かれた地球儀の絵。その表情は新国務長官ジョンの任務（ミッション）として『タイム』が付けたキャプション「原則と現実の統合」に実にふさわしいものだった。

『タイム』の発行人ルースとの親密な関係は、ダレス兄弟の財産であった。それは二人の考えを国内の報道機関に伝える上でおおいに役に立った。ジョンはメディア関係者との濃密な関係構築を重視した。アレンがCIA長官になると、彼はジョン以上にこれに力を入れ[*18]、出版社、新聞社、放送局のオーナー、編集者らと関係を築いた。特に親交が深かったのは、CBSのウィリアム・ペーリー[*19]、『ニューヨーク・タイムズ』の発行人アーサー・ヘイズ・サルツバーガー[*20]、『ワシントン・ポスト』紙のアルフレッド・フレンドリー[*21]、コプレイ・ニュースサービス社のジェームズ・コプレイ[*22]である。こうした大物や、かつて戦争情報局にいたジャーナリスト、あるいは大戦中に政府の広報に携わった職員らを通じて海外情勢や各国指導者に関する情報を意図的にリークした。

「アレンは電話一本でトップニュースを仕立てることができた。内容まで電話で指示した。そのニュースを読んだ外国人記者が間違いなく騒ぐように仕掛けられていた。また『タイム』のベルリン支局長や『ニューズウィーク』の東京特派員などをひそかにエージェントとしていた[*23]」

コラムニストのアレン・ドゥルーリー[*24]は、アレンを次のように評している。

「アレンは批判には敏感で、CIAに批判的なジャーナリストの職を奪うくらいのことは平気でやる男だった[*25]」

だいぶ後になってからのことだが、アレンの国内メディアに対する工作はその場限りの思いつきによるものではなかったことがわかっている。「モッキングバード作戦」（訳注：モッキングバードは、ほかの鳥の鳴き声を真似る特徴がある。和名は「マネシツグミ」と呼ばれた、重層的な計画の一環であった。[26]

アレンはジャーナリストが欲しがる情報をうまく流すことでＣＩＡの世界観を伝えた。彼の漏らす情報の中には機密に属するものもあった。アレンが利用したジャーナリストには、敏腕記者の定評のあったジェームズ・レストン（『ニューヨーク・タイムズ』）、ベンジャミン・ブラッドリー[27]（『ニューズウィーク』）や、コラムニストのオルソップ兄弟（ジョセフ[28]とスチュワート[29]）らがいた。

情報を小さな新聞社に流し、ＣＩＡに協力的なメディアを通じて次第に広げさせる手法もとった。

フランク・ワイズナーは、「モッキングバード作戦」の海外担当責任者だったが、メディアを、

『タイム』1953年8月3日号

『タイム』1953年10月2日号

いる。[*30]

「(CIAの好きな音楽だけがかかる)巨大なジュークボックス」にしたようなものだったと自慢して

アレンの家庭生活は相変わらず兄のように「平凡（シンプル）」ではなかった。[*31] 女性関係は幾分落ち着きはしたが、メリー・バンクロフトとの関係は切れていなかった。面白いことに、メリーとアレンの妻クローバーはいっそう親しくなっていて、ユングの夢分析をイラスト入りでわかりやすく解説した本を共著で出版する計画まであった。この頃、アレンはワリー・トスカニーニ・カステルバルコ伯爵夫人[*32]とも関係を持っていた。彼女は大戦中、アレンのためにイタリアのレジスタンス・グループのメッセンジャー役を務めていたことがあった。その頃からの知己だった。しばらく関係が切れていたが、それが再開したのである。

ジョンの私生活は穏やかだったが、キナ臭さを増す冷戦の緊張の中で、その存在感がはっきりと世に知られていた。一九五三年一月二十七日、彼は国務長官としてテレビ番組に出演し、世界地図を前に、共産主義者に浸食される現状を国民に説明した。[*33]

「いまやアラスカ近くのカムチャッカ半島からヨーロッパ中央のドイツまでが、ロシア共産主義者の完全なる支配下に入った。そこに暮らすおよそ八億人が、(西欧文明を破壊する)戦士となったのである。彼らの背後には強力な工業力をもつソビエトがいる。そして彼らは原子爆弾まで手にしたのである」

「彼らは我々を破滅させようとしている。そのことに気づかなければならない。そうでなければ、前線に立って居眠りする兵士となんら変わらない」

ジョンのソビエト分析が客観的な分析か極端な誇張だったかは別にして、彼のスピーチは米国民に強い恐怖感を植え付けた。ジョンは核戦争の可能性まで口にした。怯えた国民は彼の世界観を共有したのである。

モサッデク排除計画

冷戦の本格化にともなうアメリカ外交の変化や、グローバルビジネスの本質にまったく疎かったのがモサッデクだった。彼は自らの政治がアメリカを敵にしたことに気づかなかった。トルーマン政権がなぜ彼を支援しないのか理解できなかった。ナイーブにも、アイゼンハワー政権は対イラン外交を変化させるだろうと期待を寄せた。彼がアイゼンハワー新大統領にメッセージを送ったのは、一九五三年一月のことである。[*34]

モサッデクは新大統領に対して、「イラン国民が自然権あるいは基本的人権を獲得するために力を貸していただきたい」と訴えた。アイゼンハワーの回答は、「前向きに同情の念をもって検討する」というものであった。

この返事にモサッデクは喜んだが、大統領の真意は全く逆であった。アイゼンハワーは就任する以前から、同政権を担うことになる幹部らとイギリス秘密諜報部（SIS）の間でモサッデク排除工作を検討させていたのである。[*35]イギリス側の責任者はクリストファー・モンタギュー・ウッドハウスであった。彼には駐テヘラン大使館員の経験があった（訳注：一九五一年から五二年）。ウッドハウスは、大統領選後直ちにワシントンに飛び、国務省とCIAに、イギリスの対イラン外交の方針を伝えた。[36]

「モサッデクは排除しなくてはならない。英国の石油会社を奪い取ったからではない。彼は、ソビエトが仕掛けるだろうクーデター工作に対して弱体に過ぎるからである」

ウッドハウスはアメリカ側にイランに対する偏見があることに気づき、それをうまく利用した、と述懐している。[37]

「最も協力的だったのはCIA工作部長のフランク・ワイズナーだった。アレン・ダレスも私の考えを理解してくれた。アレンはCIAとSISが協力すれば、うまくやれるとCIAの局内を説得した」

大統領に就任した頃のアイゼンハワーはモサッデクに対して何の反感も持っていなかった。彼の評伝を記したジーン・エドワード・スミス[38]によれば、大統領はイランの政権を転覆させる計画に「何の関心も示していなかった」[39]のである。ディナーの後の酒の席で、アイゼンハワーに繰り返しイラン工作の必要性を説いたのは国務長官のジョンであった。アイゼンハワーは最後には、アメリカ政府が工作に関わっていることが秘密であることを条件に、対イラン工作を承認した。[40]

兄が大統領を説き伏せると、アレンが計画を立てた。イギリス側からジョン・シンクレア[41]がワシントンにやって来たのは一九五三年二月十八日のことだった。[42]シンクレアはSISを率いる新長官であった。彼は温厚な語り口のスコットランド人で、「C」の愛称で呼ばれることが多かった。親しい者は彼を「シンドバッド」と呼んだ。

シンクレアはアレンと協議を進め、工作責任者にはカーミット（キム）・ルーズベルト[43]が推された。イギリスはこの工作を「ブーツ計画」と呼んだが、ルーズベルトは勇壮な名を付け、「アジャックス計画」とした。アジャックス（アイアス）はトロイア戦争の英雄であった。ルーズベルトがなぜこの名を選んだかはよくわからない。ギリシャ神話の中では、気が触れたアジャックスは羊の群れを敵の戦士と勘違いして皆殺しにした。正気に戻った彼は、その後自らの命を絶った。アジャックスは家庭用クリーナーのブランド名でもある（訳注：洗剤や床クリーナーなどにつけられた商標）。ルーズベルトの命名はクリーナーを意味していたのかもしれない。

イランからは駐テヘラン大使のロイ・ヘンダーソン[44]が生々しい報告を寄せていた[45]。これを受けたジョンはアジャックス計画に期待を膨らませた。

ヘンダーソンは、「ソビエトの鉄のカーテンは、イランまでも包もうとしている」と報告し、「モサッデクの政策を喜んでいるのは、ソビエトや国際共産主義に共鳴する連中だけである」「モサッデクを権力から外す必要がある」と訴えた。

ジョンが国務長官に就任する頃には新たな問題が浮上していた。非同盟・中立主義の台頭である。ジョンは、中立主義は近視眼的であり、かつ非倫理的だと考えた。冷戦下にあって中立の立場をとることなどできはしない。それが彼の立場だった。非同盟主義の代表的政治家は、インドのジャワハルラール・ネルー首相[46]であった。ネルーは、大国のパワーポリティックスに巻き込まれることを嫌った。どちらかのグループに属して他方に敵対する外交を拒否した[47]。エジプトの政治家ガマール・アブドゥル・ナーセル[48]も、「我々とソビエトの間にはなんの揉め事もない[49]」として反ソビエト陣営への参加を拒絶した。

モサッデクは「消極的均衡（negative equibrium）」という言葉を使ったが、中身は彼らの見解と同じだった。ジョン・フォスターが怖れたのは、モサッデクをそのままにしておけば、他の非同盟主義を主張する国が彼に倣ってしまうことだった。モサッデクを失脚させれば、その流れを断ち切ることができると考えた。

ＣＩＡ長官職に就いたアレンの怖れも兄と同様だった。アレンは急ぎ行動を起こすべきだと考えた。トルーマン政権下での二年間のＣＩＡ生活は不満だらけだった。アレンがやりたかった大胆な工作をトルーマンは許さなかった。しかしアイゼンハワー政権は違った。秘密破壊工作活動に積極的だった。

評論家のデイヴィッド・ハルバースタム[*50]は、「ＣＩＡの活動は公の場ではほとんど触れられなかった。誰も話題にしないことが彼らを強力な組織にした」とし、「アレンやその周辺の人物こそが現実の世界を実際に動かしている」「世の中の動きは、新聞の報道やワシントン議会での論議とは違う」と書いた。ハルバースタムはさらに踏み込んで次のように分析した。[*51]

「秘密工作を仕掛けたいとするアレンの願望は日に日に増していった。表の外交に比べてやりやすいし、問題も少ない。表の世界の権力者にとってアレンのような人材は便利だった。彼がＣＩＡのトップにいることは好都合だった。アレンは人好きのする男で、兄のジョンとは違い、物事を善悪だけで判断して独断専行するタイプではなかった」

「アレンは人に会うことを拒まなかった。彼が闇の世界の親玉であるなどとは想像もつかなかった。

バランスのとれた公正な判断力を持つ、慎重な男のイメージがあった。彼の部下のやる仕事なら誰もが納得するだろうと思わせた」

ダレス兄弟のモサッデクに対する反感は強かった。それでも二人の感情だけでは失脚工作に着手できなかった。世論の後押しが必要だった。アイゼンハワーは、前政権の弱腰外交を批判して選挙戦を戦った。リチャード・ニクソン副大統領は前国務長官アチソンの進めた封じ込め政策を臆病な外交だと批判した。二人は、強い外交を進めることを国民に約束して当選した。ところが（世論の期待に反して）朝鮮戦争を休戦にした。これに国民は落胆していた。

アイゼンハワー政権は弱腰のイメージを払拭しなくてはならなかった。その第一歩が原子爆弾の秘密を漏洩したローゼンバーグ夫妻[*52]（ジュリアスとエセル）の死刑執行だった。恩赦要求の声も高かったが、それを無視した。これだけでは世論を変えることはできなかった。朝鮮での弱腰外交の批判をかわしたかったが、対ソビエト、対中共、対東欧外交で強硬な姿勢をとれなかった。それに代わるターゲットが必要になっていた。それがイランだったのである。

イギリスの危機感

当時、イランは開放的であった。そのことが秘密工作を容易にした。イランはソビエトと国境を接していた。石油資源も豊富であった。原油ビジネスに参入したい勢力もあった[*53]。ダレス兄弟は、モサッデクが共産主義者でないことはわかっていたが、彼の政権が不安定であることを知っていた。

ロシア革命時代のケレンスキーのようなものだった。ケレンスキーの暫定政権は共産主義者からの攻撃に耐えられず崩壊した。『ライフ』誌は次のように論評した（一九五一年六月四日号）。

「石油産業の国有化でイランの内政が混乱すれば、ロシアが介入する可能性がある。彼らはイランの石油を奪取し、第三次世界大戦すら起こしかねない。モサッデクは狂人である。彼を制御することは非常に難しい。インドのネルーも得体の知れないヨガ行者のようであるが、モサッデクはそれ以上である。扱いにくさではヨシフ・スターリンを越えるかもしれない。彼は一流の大学教育を受けた切れ者であることを忘れてはならない」

この頃のアメリカの国内事情もイラン工作には追い風だった。ワシントン議会ではジョセフ・マッカーシー議員[*54]を筆頭に、反共議員たちが中国の共産化に憤っていた。国務省の失敗であると怒り心頭であった。イランが中国に続いて共産化するようなことにでもなれば、アイゼンハワー政権もダレス兄弟も厳しく非難される。何の行動も起こさなければ、それはそれで厳しく批判されることになる。

イギリスの圧力もあった。イランの石油がイギリスの経済力と軍事力を支えていた。イランの石油利権を失うわけにはいかなかった。インドはイギリスから離れた。ケニアでも反植民地運動が盛り上がっていた。イランが石油を国有化した。イギリスは危機感を募らせた。イギリスの外交官は、「このままでは我が国はイギリス本土の島に押し戻され、国民は飢えて死ぬかもしれない[*55]」と本気で心配した。

イギリスはイランに圧力をかける外交方針に切り替えた（一九五一年から五二年）。新たな外交はモサッデク政権を怒らせるだけで終わり、イギリス大使館は閉鎖された。追放された外交官の中には諜報工作員も含まれていた。チャーチル首相にできるのは、アメリカに支援を仰ぐことだけだった。彼はトルーマンを招き、対イラン工作を英米両国で仕掛けることを提案した。[*56] しかしトルーマンは断った。理由は二つあった。一つは、CIAが他国の政権を転覆させるようなことをしてはならないということであり、もう一つは、彼自身が反植民地思想を持っていたからであった。トルーマンはイギリスに同情していなかったのである。

国務長官のアチソンは大統領の考えをはっきりとイギリスに伝えていた。アメリカが軍事力を行使できるのは、イラン政府の要請がある場合、ソビエトの侵攻が現実となった場合、イランにクーデターがあった場合、西洋人が攻撃され生命の危険がある場合に限られると説明した。モサッデク政権に対するイギリスの方針とアメリカ政府のそれには大きな乖離があった。[*57] しかしその乖離もアイゼンハワー政権の登場で消えた。

国務長官（ジョン・フォスター）もCIA長官（アレン）も、イギリスと足並みを揃えるのは面倒だと考えた。二人にとってモサッデク政権は手始めの仕事として格好のターゲットだった。二人はモサッデクを信用していなかったし、まずは外交の成果をあげておきたかった。そして何よりアイゼンハワーが政権に就いた時点では、中国の共産化という現実があった。イランは共産化の少し前の中国の状況に似ているように思われた。アメリカは、イランの石油はひきつづき西側諸国に供給されねばならないとも考えた。[*58]

ジョージ・マギー[*59]（訳注：中東および南アジアに詳しいキャリア外交官）は、トルーマン政権時代にはモサッデク政権との交渉を担当していた。モサッデクは愛国主義者であり、彼が社会主義に惹かれることはないと考えていた人物であるが、その彼でさえ、対イラン工作の緊急性を理解した。「冷戦下でなければ、我々はイギリスとイランが角突き合わせるのを見ているだけでよかったのだが」[*60]とマギーは振り返っている。

ジョンとアイゼンハワー大統領との打ち合わせが増えた。時には日に十回にも及ぶことがあった。[*61]夕暮れ時にホワイトハウスに入り、一杯やりながら話し込むこともあった。同席者はなく、二人の会話のメモも残っていない。ジョンとアレンもよく会っていた。妹のエレノアはワシントン近郊の町マックリーン（バージニア州）に自宅を構えていたが、二人は週末にここで昼食を共にすることが多かった。アレンが仕事の帰りにジョンの家に立ち寄ることもしばしばだった。日々の電話での打ち合わせも行った。役所を通さない非公式（インフォーマル）の電話だった。このやり方は秘密工作活動には都合がよかった。

政権では諜報と政策決定の間にほとんど垣根がなかった。アレンは諜報によって得られた情報をベースにして外交政策を決定させるのに長けていた。[*62]

高まるＣＩＡへの期待

この時代のワシントンでは、ＣＩＡはリベラリズムを象徴する組織と見なされていた。アレンは世界情勢の機微を十分に理解しているとの自信があった。講演でもインタビューでも、感情を抑えて発言していた。原子爆弾製造の情報を流したローゼンバーグ夫妻の処刑についても、アレンは消極的だった。処刑によって反アメリカの空気が世界にますます拡散する可能性を指摘していた。アレンの分析は国務省の専門家よりも優れているように感じられた。

当時の雰囲気をロバート・F・ケネディ[*63]は次のように伝えている。[*64]

「他省からはじき出されたリベラル派にとって、CIAは天国だった。同じような考えの仲間が多かった。その結果、能力的には我が国でも最高レベルの人材がCIAに集まっていた」[*65]

アレンは当時のキャリア外交官の中でも特に優秀だと思われていたジョージ・ケナンの採用をも考えた。ケナンは駐ソビエト大使だったが、国務省が彼をその任から解いていた。アレンはワシントンに戻っていたケナンを利用したかった。彼はソビエト封じ込め策を主張してきたが、ジョンが彼を嫌ったのである。ケナンは従前からジョンを感情的反共主義者と公言していただけに、ジョンが国務長官になればケナンの更迭は予想されていたことだった。

ジョンはケナンにCIAに移ることを提案した。アレンも彼を使いたかった。ケナンはその誘いを断った。「国務省で働けないなら、意味がないと考えた」とケナンは述懐している。[*66]

アイゼンハワー政権の発足した一九五三年にはCIAは巨大組織となっていた。職員数は一万五千人、世界五十カ国に活動拠点を持ち、予算は潤沢だった。会計報告義務もなかった。それでも目立った成果はあげていなかった。アレンの東欧工作はポーランド、ウクライナ、アルバニアに狙いを定めたが、いずれもソビエトの傘下のままであった。CIAは、スターリンの死も予測できなかったし、新指導者ニキータ・フルシチョフ[*67]の台頭も見通せなかった。東アジアではビルマ（ミャンマー）とタイで〝共産中国（レッド・チャイナ）〟との戦いを始めた。戦いはゲリラ戦であったが、CIAが支援したグループは負けてばかりだった。

対ビルマ外交は、本来の狙いとは違う結果を生んでしまうダレス兄弟外交の好個の事例であった。[*68] 二人はできたばかりの共産中国の不安定化を狙い、北部ビルマからゲリラ戦を仕掛けた。戦いに参加したのは共産軍に敗れた国民党蔣介石軍の残党だった。CIA工作員に指導されたゲリラ部隊は、北部ビルマから中国南部に侵入した。ジョンは工作員に外交官の肩書をつけて侵入させ、戦いを支援した。もちろん公の場では、ジョンはアメリカの関与を否定した。

ジョンは、CIAとの協力を関係各国に駐在する大使にも知らせていない。それでも一九五三年末頃には、CIAがゲリラ組織に武器を供与し、国境地帯の戦いに関与していることは明らかになっていた。ビルマの民族主義的な国民感情もアメリカのやり方に反発した。首相のウー・ヌ[*69]は、アメリカから援助を受けることを止め、逆に〝共産中国〟との関係を強化した。

ビルマ方面での工作が続く中、ダレス兄弟は新たな計画をアイゼンハワーと国家安全保障会議（NSC）に提案した。アメリカがこれまで実行したことのない、他国の指導者を失脚させる工作である。それがイランのモサッデク排除計画だったのである。アイゼンハワー政権発足後わずか二カ月後のことである。

トルーマン前大統領は、外交案件を国家安全保障会議と定期的に協議していた。[*70] メンバーである各省の長官、軍司令官あるいは諜報担当高官らの意見を聞いた。しかしアイゼンハワー政権では、NSCは大統領の決定を追認するだけの組織と化した。確かに週に一度会議は開催された。大統領が議長となり、会議の実質はジョンとアレンが取り仕切った。たいていの場合、アレンの世界情勢のブリーフィングから始まった。アレンが影の〝安全保障担当補佐官〟であった。およそ二十分のアレンの説明が終わると、ジョンが続いて発言し、アレンの報告と提案を擁護した。会議で議論が交わされる場面はほとんどなかった。

モサッデク転覆計画が議題となったの一九五三年五月四日のことであった。[*71] アレンは諜報員がまとめたイラン情勢を報告した。彼は、イランはすでにソビエトの影響下に入ったと結論づけた。ジョンは、ソビエトの影響はイランだけでなく中東全体に広がると警戒した。世界の埋蔵石油の六〇パーセントがこの地域に眠っている。そこが共産主義者の手に落ちようとしている。出席者の誰もが行動が必要だと考えた。それでもアイゼンハワー大統領は慎重だった。イギリスとイランの間で何らかの合意が成立することを願っていた。できることなら介入を避けたいと考えていた。

アイゼンハワーは苛立っていた。[*72]

「国民が苦しんでばかりの国で、少しぐらいはアメリカを好きだと思う連中がいないのか。なぜ連中は我が国を嫌うのだ。もし五億ドルの秘密予算があれば、一億ドルはすぐにでもイランに使うのだが」

会議では、イランとの間に相互安全保障条約を結ぶ可能性を探るアイゼンハワーの慎重論を後押しする意見もあった。しかしそうした声は強硬論に抑え込まれた。大統領は、この翌週の会議でも慎重論を繰り返したが、結局は強硬論に押し切られた。大統領が沈黙したままの承認であった。[*73]

歴史家のリチャード・インマーマンはこの決定に懐疑的であり、後にこう結論付けた。[*74]

「当時ソビエトのイランへの介入の可能性はほとんどなかった。しかしイラン国民のナショナリズムと、外から持ち込まれた共産主義の違いを国務長官は理解できなかった」

介入決定後、ジョンは外向きには慎重な態度を見せた。講演ではイランを非難することはあっても、モサッデクを脅かすような発言はけっしてしなかった。ウォルター・ベデル・スミス（国務次官）がこの計画の国務省の担当となった。スミスの役割は（CIAの実行計画を）承認し、奨励し、それを大統領に伝える役目であった。

歴史家のスティーブン・アンブローズによれば[*75]、アジャックス計画立案の会議には一度も大統領は出席していない。口頭による説明を受けただけだった。閣議でもNSCの会議の場でも、計画を議題にしたことはなかった。アイゼンハワーは秘密工作活動から一定の距離を保つことを決めていた。大統領自身の関与を示す書類も残していない。この態度は一貫していた。しかしジョンと頻繁にプライベートな打ち合わせを行った。ホワイトハウスの執務室でもディナーの場でも、進捗状況の報告は受けていた。CIAの活動についてもしっかりと把握していた。

「MKウルトラ」プロジェクト

大統領の〝暗黙の承認〟のきっかりひと月後、アレンは百万ドルの支出の承認を命じる書面に署名した（一九五三年四月四日）。モサッデク転覆のための使途が問われない資金の投入であった[*76]。命令系統は、大統領から国務長官に、国務長官からCIA長官に伝達するという単純なものだった。

外国政府転覆を政府中枢が命じたことはアメリカの歴史上未曾有のことだった。

後に公開された情報によれば、アレンはこの日、もう一つのプロジェクト「ＭＫウルトラ」[*77]を発動している。秘密工作における薬物の効果をみるマインドコントロール実験であった。担当者はリチャード・ヘルムズだった。彼は、生物学的あるいは化学的な手法で、特定の人物の評判を落としたり、情報を暴露させたり、逆に都合のいい情報を植え付ける技術を研究するべきだと提案していた。つまりマインドコントロールの研究である。アレンはこの提案を容れ、「ＭＫウルトラ」プロジェクトを稼働させた。[*78]予算は三十万ドルであった。

この計画にはＬＳＤのテストおよび評価が含まれていた。ＬＳＤはＣＩＡを含む政府職員、医師、囚人、精神疾患患者、売春婦や買春客に処方された。ＬＳＤを摂取した人物の一人にジェームズ・バルガーがいる。[*79]バルガーは後にニューイングランドのギャング組織のリーダーとなった人物であるが、ＬＳＤによって「深い狂気の淵に落ちた」と語っている。

陸軍のある研究員は被験者になっていることを知らずにＬＳＤを摂取し、（精神が錯乱して）窓から身を投げた。このプロジェクトは後に上院で調査され、非合法活動であると認定された。

アレンは工作活動に暴力的な手法を使うことも厭わなかった。彼はドイツ、日本、パナマ運河地域に秘密の拘置施設を設けた。[*80]二重スパイ（ダブル・エージェント）を疑われた工作員はそこで厳しく尋問された。

鉄のカーテンの向こう側にも工作員を潜入させた。ＣＩＡは傭兵、亡命者らを訓練し、武器を持たせ、ギリシャ、ドイツ、イギリスあるいは日本の飛行場に終結させ、カーテンの向こう側に空輸した。ＣＩＡ工作員は東欧諸国、ソビエト国内あるいは中国に潜り込んだ。最も難しかったのは、ヨーロッパ各国に軍隊レベルの闇の軍事組織を構築することだった。[*81] ソビエト侵攻や左翼政権発足といった事態に備えた秘密の軍隊が必要だったのである。

CIAはヨーロッパ各地に秘密情報網を構築した。イタリアでは「グラディオ（Gladio）」と呼ばれていたが、次第に組織全体をこの名前で呼ぶようになった。情報網は計十五カ国に張られ、英国諜報機関MI6の協力も得た。この任務の責任者は（後にCIA長官となる）ウィリアム・コルビー[*82]であった。コルビーは、「CIAは特殊兵器を用意し、工作員を十分に武装させ、資金もたっぷりと用意する必要がある」と考えていた。

イタリアにおける過去の殺人事件や爆破事件に関する調査結果が議会に報告されているが（二〇〇〇年）、アメリカ諜報機関が関与したものがあると断定している。「グラディオ」についての本格的な研究が始まったのは二〇〇五年になってからであった。

スイスの学者ダニエル・ガンサー[*83]は、十五カ国のうち八カ国（イタリア、トルコ、ドイツ、フランス、スペイン、ポルトガル、ベルギー、スウェーデン）でのテロ事件にCIAが関与していたと述べている。

「CIAやMI6は保守思想を持つ男たちを採用した。反共思想を持っていることが条件だった。結果的に元ナチス党員や右翼テロリストが採用された」

「CIAの影の軍隊が西ヨーロッパ諸国あるいはアメリカ国内でのテロ事件に関与していることが疑われている。テロ組織を支援している疑いのある国々をアメリカは『ごろつき国家』と呼び、そうした国を軽蔑し、経済制裁の対象にしている。しかし現実には、テロ組織のスポンサーとなり、武器を供給しているのはアメリカ自身である。それは時にイギリス（MI6）や他のNATOメンバー国との協力のもとで実行されている。テロ国家リストにはサウジアラビア、パキスタンあるいはイランの名があるが、アメリカ自身もリストに載せられるべきであろう」

アイゼンハワーの覚悟

CIAが外国政府への秘密工作活動に関与しているらしいとの噂は、たちまちワシントンに広がった。一九五三年春、下院歳出小委員会はCIA関係者に対する聴聞会を開いた。喚問されたのは長官のアレン、秘密工作活動担当副長官フランク・ワイズナー他四名の高官だった。二日間にわたる聴聞会は非公開であった。アメリカの歴史上、秘密工作活動に関わる聴聞会が開かれたことなどかつてなかった。そのために、誰を出席者に選ぶか、速記録をとるか否かが議論された。[*84]

最初に聴聞を受けたのはワイズナーだった。彼はCIAの活動を隠すことなくあけすけに語った。CIAが、「外国政府に対する心理戦争、経済戦争あるいは政界工作に関与し」ていること、「ゲリラ工作、反ゲリラ工作、破壊工作を実際に指揮・指導している、敵対国に工作員を侵入させたり脱出させたりするルートも構築している」と証言した。アレンは工作活動リストを委員会に提出した。委員会の追加資料請求にも応えた。そうした資料はいまだすべてが公開されているわけではない。

こうした公聴会は何度もあったが、ほとんどが非公開だった。アレンは部下とともに聴聞の席に何度も立った。時には証言する部下の数が七人にもなることがあった。歳出委員会には予算書も提出した。ソビエトの核兵器開発能力に関わる調査資料は歳出委員会だけでなく、上下両院合同原子力エネルギー委員会にも提出された。アレンは下院軍事小委員会でＣＩＡが議会に隠し立てしていることは一切ないと証言した。[*85] しかし実際は違う。議会がＣＩＡの工作を調べるために現地に職員を派遣したことがあったが、アレンは「調査員はＣＩＡの活動に無知である。無知のままにしておくように」と指示していた。

秘密工作が続けられる中で、アイゼンハワーは新たな国防思想となる「ニュールック戦略」を打ち出した。アイゼンハワーは閣議で、「国防が経済を弱体化させるようなことになってはならない」[*86]と述べたように、戦略の根本は軍事と経済の両立にあった。アイゼンハワーは就任後、防衛予算を削った。特に人員（兵士）削減による予算カットを積極的に進めた。「ニュールック戦略」では核兵器を充実することが謳われた。アイゼンハワーはそのほうが経済効率がいいと判断したのである。一九五四年には七十四億ドルの減税策を発表した。これに続いてジョージ・ハンフリー財務長官[*87]は二十億ドルの防衛予算削減を決めた。「ニュールック戦略」の要諦は、軍備縮小、核兵器の充実による戦争抑止、秘密工作の三点であった。もちろん三番目については公にしていない。

一九五三年春のある金曜日の宵、ニューヨークのラジオシティー・ミュージックホールに著名人が集まった。この夜、アラン・ラッド主演の映画『シェーン』が封切られたのである。この映画こそ、アイゼンハワー政権の外交政策の真の姿を象徴するものだった。主役のラッドの役柄は西部開拓時代の高貴なるガンマンである。ダレス兄弟が世界政治における自らの役割を投影した姿であった。

映画『シェーン』では西部の谷間の村で、暴漢たちが平和に暮らす一家の生活を脅かしていた。そこに現れるのが一人のガンマン、アラン・ラッドであった。ラッドは誰かに招かれてやって来たのではない。ふらっとやって来て、怯えている家族を助ける善意の男だった。ラッドが暴漢を殺すと村に再び平和な生活が戻る。彼は「仕事」を終えると馬に乗って去って行った。見る者を心地よくさせるストーリーだった。

ラジオシティーでの上演は四週間続き、多くの観客が物語に酔いしれた。オスカーを受賞したこの作品を、『ニューヨーク・タイムズ』は次のように評した。[*88]

「開拓時代の掟のもとで合法的な殺人者となったガンマンの胸の裡の野蛮さを満天下に示す」

たしかにそのとおりであったが、そこにはそれ以上のものがあった。国民の中に、主役のアラン・ラッドの役柄は、当時のアメリカが（無法の）世界政治の中で演じるべきものであるとの含意があった。ラッドは、無法者に無理やりにでも道徳規範を理解させ、他者を抑圧しようとする者に「神の罰」を科したのである。彼は自らの命を惜しむことはなかった。もちろん見返りを求めることもなかった。ラッド演じる「シェーン」は自らが正しいと信じることを実行するだけで満足なのである。シェーンこそが外交に自信をなくしたアメリカの、これからの自己イメージだった。ダレス兄弟がこの映画を観たかどうかの記録はない。しかし二人はシェーンであった。神に課せられた責務を果たす倫理観に溢れた戦士だった。その戦いでは人も殺さなくてはならない。正義が最終的に勝利を収めるためには、それも致し方がないことだった。

一九五〇年代初めには、アイゼンハワーが気に入ったもう一つの映画に『真昼の決闘』（訳注：

原題はHigh Noon。一九五二年）があった。[*89] 主役のゲイリー・クーパーは保安官であるが、悪い連中にたった一人で立ち向かった。保安官クーパーを助けようとする者は誰もいなかった。アイゼンハワーはこの映画を三度観た。クーパーの演じる保安官こそがアメリカであり、アイゼンハワー自身の姿でもあった。本当は戦いなどしたくない、しかし戦わなければ善良な人々が苦しむことになる。我々は一人（一国）で戦わなければならない立場にいる。評論家のスタンレー・コルキン（訳注：シンシナティ大学教授）は次のように分析している。[*90]

「誰もが軍事衝突が不可避だと思っている時期だった。悪いやつらは何としてでも封じ込めなくてはならない。その政治的メッセージが映画全編に込められていた。そのためには集団での行動が必要なことはもちろんだが、『超人的な個人の力』も必要なことを二つの映画は伝えていた」

ニューヨークで『シェーン』が公開された直後、ジョンは中東に飛んだ。三週間にわたって精力的に各国首脳と会談した。シリア、レバノン、ヨルダン、エジプト、サウジアラビア、イスラエル、リビア、トルコ。さらにはパキスタン、インドにも足を延ばした。しかしジョンはイランには行かなかった。イランが訪問国から抜けていることにメディアはすぐに気づいた。パキスタンでの記者会見では、モサッデク政権に何か仕掛けようとしているのか、と質問されている。

「我が国は他国の問題に嘴（くちばし）をはさまない」[*91]

これがジョンの答えだった。

モサッデク排除の始動

五月二十四日、ジョンが中東諸国歴訪からワシントンに戻った。この四日後、アイゼンハワーのもとにモサッデクからの親書が届いた。モサッデクはイラン経済が、イギリスの経済制裁を受け、崩壊しようとしていることを憂えていた。彼はアイゼンハワー大統領が自らの政権を転覆させようとしていることなど夢にも思っていなかった。彼はアメリカを信じていた。イラン国民のほとんどがアメリカに期待を寄せていたに違いなかった。アメリカは民主主義国家グループの指導的立場にあって、当然にイランの友国だと見なしていた。モサッデクは、ワシントンの空気の変化に全く気づくことなく、アメリカに支援を訴えたのである。[*92]

「新しい政権では我がイラン国民に対して、より温かな配慮があるものと期待しておりましたが、前政権と変わるところがありません。アングロ・イラニアン石油会社および英国政府の圧力によって、我が国は経済的にも政治的にも苦境に立たされております。現在の状況が続くようなら、国際関係上、由々しき事態になる可能性があります」

親書の最後の一文は、このままではソビエト側に近づかざるを得ないと考えていることを仄めかしたものと理解された。アイゼンハワー政権はあらためて警戒感を強めた。六月二十五日、ジョンはこの計画の重要メンバー六名を招集した。CIAからは長官のアレンと、実務を任されているカーミット・ルーズベルトが参加した。

カーミットは、イランにおけるソビエトの脅威は一刻の猶予も許さない状況になっていると報告した上で、国務長官（ジョン）に、二十二頁からなる行動計画を提示した。ＣＩＡのエージェントとイギリス諜報部員がキプロスでまとめ上げたものだった。
「これがあの狂人（マッドマン）モサッデクの排除計画だというわけだな」とジョンは頁をめくりながら呟いた。[93]
出席者の誰もが、これには大統領の承認があると理解した。したがって彼らもこれを承認しなければ（大統領らの）気分を害することになると考えた。つまり議論無用の空気を感じ取ったのである。この時の模様をカーミットは次のように記している。[94]
「ヘンリー・バイロードは中東担当国務次官補であったが、膝の上で指をせわしなく動かしていた。彼のまっすぐな眉も口元も歪んでいた。自由な発言が許される空気があり、口を開く勇気があれば、恐らく出席者の半分はこの計画に反対したに違いない」
カーミットは計画の概要を述べた上で、詳細な手順を説明した。要するに、まずテヘランを騒乱状態に陥れ、その後、国王（シャー）に忠誠心を持つ軍人たちに反乱を起こさせるというものである。出席していたヘンダーソン駐テヘラン大使が発言した。
「国務長官に申しあげますが、私自身、このような工作計画は好みません。しかし残念ながらイラン情勢は危機的であります。あの気の違った男はソビエトと組もうと考えています。我々にはほかに打つ手はないのです。計画の成功に神のご加護がありますように」
ジョンはこれが聞きたかった。「そういうことだ。やるしかない」と言って会議を締めくくった。カーミットは資料をかたづけ、少し遅れて会議室を出た。国務長官が電話で執務室の大統領を呼び出しているのが見えた。ジョンは大統領にアジャックス計画を開始すると伝えたのである。[95]

アイゼンハワーが、ひと月ばかり放っておいたモサッデクの親書に返書を書いたのは、数日後のことであった。[*96]

「イランには石油収入による資金がたっぷりとあり、したがって我が国が貴国に経済支援をすることに納税者の理解が得られません。貴殿の憂慮については理解しております。私が貴国に望むのは、事態がこれ以上悪化する前に必要な措置を取ることであります」

東ベルリン暴動

この頃、ソビエト・ブロックの東ベルリンで、建設労働者のストライキが発生した（一九五三年六月十六日）。彼らは政府が決めた労働規則に不満を抱いていた。数千人が職場を放棄し、政府庁舎を取り囲んだ。多くの市民が騒擾の現場に駆けつけた。群衆の中に、エレノア・ダレスがいた。彼女は国務省職員としてベルリンに赴任していた。

エレノアはベルリンで仕事ができることを喜んでいた。彼女の赴任は兄ジョンの国務長官就任前のことだったから、情実人事ではなかった。ジョンはエレノアに、自分が長官に就任しても希望するポストを用意することはないとはっきり伝えていた。ジョンとエレノアの関係は良好なものではなかったのである。

エレノアがベルリンに赴任することになったのは、上司のジェームズ・リドルバーガー[*97]の配慮だった。彼はエレノアに非公式のベルリン事務所（デスク）開設の仕事を任せた（訳注：一九五二年半ば）。政治、軍事、経済・文化支援をはじめ一切の調整機能を持つ事務所が必要だった。エレノアはこれを引き受け、事務所開設の準備を始めた。最初のベルリン出張から帰ったエレノアを待っていたのは、ジョンの冷たい態度だった。ジョンはかねてから「姉貴風を吹かせる」彼女を解雇したいと考えていた。

ジョンとエレノアの仲は相当に冷え込んでいた。一九五二年の大統領選挙の間、彼女はジョセフ・マッカーシー上院議員と距離を置くようジョンに苦言を呈していた。経済政策についてもジョンにアドバイスしようとしたことがあった。ジョンはそれが気に入らなかったのである。エレノアは次のように回想している。

「リドルバーガーはジョンと直接に会って、エレノアを解雇できないと伝えた。私（エレノア）のほうが国務省勤務は長い。（嫌いだからと言って）解雇するのはフェアではないと説得してくれた。とにかく兄は私にはウロウロしてもらいたくない、リドルバーガーはジョンに、（長官の）妹が国務省で働くことは世間体がよくないと言っていたらしい。リドルバーガーはジョンに、一年ぐらい様子を見たらどうかと提案した。しかし結局は一年後にすべてが駄目になってしまい、私はベルリンに出されたのである。ジョンがどうしてそんなことをしたのか、今でも理解できない」[*98]

これがエレノアが労働争議の起きたベルリンにいた事情だった。彼女は、東ベルリンで騒乱が始まった六月十六日の朝、西ベルリンの役人と援助物資（食糧）の配分について打ち合わせをしていた。[*99] そこに騒ぎの知らせが入った。急いで現場に向かった彼女が見たのは、「ウルブリヒトを打倒せよ」「自由をよこせ」と叫ぶ労働者の姿だった。ヴァルター・ウルブリヒト[*100]はソビエトの後ろ盾で東ドイツの指導者になった人物だった。労働者たちは、「なぜアメリカは我々に武器をくれないのか」と訴えていた。

暴動鎮圧のためにソビエトは戦車を投入した。アイゼンハワー政権にとっては反共の戦いを始める好機であった。工作活動を始めることもできたはずだ。しかしアメリカは動かなかった。この日の深夜に非介入を決定した。東ベルリンを死守するというソビエトの頑なな姿勢があり、核戦争の可能性に怯えた。労働争議への介入が第三次世界大戦を誘引するかもしれないと懸念したのである。

ソビエト当局は神経を尖らせた。「この騒ぎはファシストによって仕掛けられたものである。裏で指導しているのはアレン・ダレスである」[*101]と東ベルリンのラジオ局は報じた。この抗議には真実の一端があった。逮捕者の中に騒乱計画書を持っている者がいた。[*102]諜報工作活動の歴史を研究するアンドリュー・タリー[*103]は次のように書いている。[*104]

「騒動を起こした者たちのポケットには、鉄橋や駅舎の爆破計画書が入っていた。政府関係の建物の各階の見取り図もあった。偽造した食糧配給券も所持していた。食糧配給システムを混乱させ、東ドイツの銀行の信用力を下げる狙いがあった。CIAのスパイとなったラインハルト・ゲーレンを通じて彼らに報酬が支払われていたことは確かだと思われる」

ソビエトの支配下に入った国を解放することは、アメリカ外交にとって重要な意味を持つはずだった。しかし大統領もダレス兄弟もそのことを口にしなかった。アメリカが軍隊を出せば米ソの戦いとなり、核戦争となる可能性があったからである。ソビエトの支配下に入った国を解放することはできなかった。違う形での外交的勝利を目指さざるを得なかった。

アジャックス計画は実質的に動き始めていた。それでも形式上、NSCの承認を必要とした。会議は一九五三年七月一日に招集された。ジョンは「イランにはまともな指導者がいない。米国はイランの変革に精力を傾注しなければならない」と述べ[*105]、NSCはこれを承認した。

決定を受けて計画は粛々と進められた。ジョンもアレンもこの決定について部下の意見を聞いていない。モサッデクは西側を裏切った。モサッデクは英国や米国に対して反発している。放置すれば必ずソビエトが介入する。したがって彼は排除されなくてはならない。この暗黙の了解のもとに二人は行動した。

ジョンは国務省内部でイラン問題が検討されることを嫌った。イランを専門とする職員にもアジャックス計画の進捗は秘密にされた。

当時のCIAテヘラン支局長はロジャー・ゴリアンだった。アジャックス計画では中心的役割を果たすことになっていた。しかし計画の詳細を知ったゴリアンは激しく反発した。モサッデク排除はイギリスやフランスの利益になるだけであると本省に抗議した。この時が計画再考の最後の機会だった。しかしアレンは鬱陶しいゴリアンに代えて、イラン情勢にあまり詳しくなく、命じられたとおりに動くイエスマンを送り込んだ。

アメリカの中にはモサッデクを支持する者もいた。その筆頭が連邦最高裁判所判事ウィリアム・

O・ダグラスだった。[106] 一九四九年、アレンは不幸なOCI契約を確実なものにする件で国王や側近らと話し合うためイランに向かった。ダグラスも同じ年に馬を使ってイラン各地を巡り歩いた。イランに魅せられた彼は、旅の経験を一冊の本『不思議な国の優しき人々』[107] にまとめている。

ダグラスは同書の中で、モサッデクをペルシャ民族の英雄であると評価していた。「民族主義者であり、反ソビエトの人物である。民主主義的な指導者たり得る」と分析していた。[108] これはアレンとは全く逆の見解であった。ジョンとアレンはイデオロギーのプリズムを通してモサッデクを見、彼は資本主義の敵であり、それゆえ西側の脅威になると考えていた。ダグラスはモサッデクをイランの解放者と見、アメリカの国益に役立つかどうかといったことにはさほど関心がなかった。『ニューリパブリック』誌（一九五二年四月二十八日号）では、「我々がペルシャ（イラン）に行って現状を見ることができれば、誰もがモサッデク支持者になる」と書いた。

この頃ワシントンでは、反共産主義の空気がピークに達していた。マッカーシー議員は精力的に活動を進めていた。彼は、「アメリカに対する共産主義者の陰謀は極めて危険である。国務省とCIAの中には共産主義者がウヨウヨいる」と訴えていた。

ジョンはウッドロー・ウィルソンの悲劇を知っていた。[109] ウィルソンは議会を敵に回してしまったことで国際連盟への加盟を上院で否決された。政策実現のためには議会の有力者を敵に回してはいけない。それが、ジョンがウィルソン大統領の失敗から学んだことだった。ジョンはマッカーシー議員と協力関係を結ぶことを決めた。[110] マッカーシーは国務省を自堕落な左翼の巣窟と考えていたから、彼との協力関係とは、そうした職員の解雇を意味した。

ジョンは、長官就任後のわずか数週間で二十三人の外交官を更迭した。安全保障上のリスクがその理由だったが、同性愛者として更迭された者もいた。ジョンはマッカーシー議員の歓心を買うために東アジア外交の担当人事にも配慮した。東アジア政策を〝チャイナロビー〟として知られる戦闘的な反共主義者たちの意向に沿う者に代えた。チャイナロビーは、四年前の国共内戦で彼らの英雄、蔣介石の国民党が中国共産党に敗れたのは、国務省内にいる裏切り者や共産党シンパの助力があったからだと確信していた。

彼らが真っ先にやり玉に挙げたのがジョン・カーター・ヴィンセント[111]で、ジョンは一九五三年に彼を解雇した。その理由は「彼の業績は標準以下である」だった。翌年にはジョン・ペイトン・デイヴィス[112]が解雇された。理由は、「判断ミスが続き、もはや彼は信頼できない」であった[113]。

マッカーシー議員はチャイナロビーの中心にいた。ヘンリー・ルースも同様だった。自らの持つ『タイム』や『ライフ』を通じて、「中国が失われた（共産化した）のは国務省の責任である」「国務省はアメリカを裏切った」と激しく攻撃し、蔣介石を『タイム』の表紙に何度となく使った。

チャイナロビーの歓心を買う人事も実施した。極東担当国務次官補にバージニア州出身の投資銀行家ウォルター・ロバートソン[114]を起用した。ロバートソンはチャイナロビーが推していた。アイゼンハワー大統領もチャイナロビーを喜ばせた。（共産主義勢力に対して強硬姿勢を主張していた）アーサー・ラドフォード提督[115]を統合参謀本部議長に据えたのである。

ジョンは省内から共産党シンパを排除することを決め、元FBIエージェント、スコット・マクロード[116]を採用した。彼は、マッカーシー議員のお気に入りだった。彼は忠誠の宣誓の義務化、素行調査、尋問などを導入し、安全面（セキュリティ）を強化した。その結果、多くのキャリア外交官が職を失い、省内のモラルは低下した。国務省志願者の数も減った。マッカーシー議員は国務省に間断なく圧力をかけつづけていたが、CIAに対する圧力はまさに青天の霹靂というべき事態だった。一九五三年七月九日の朝、ロイ・コーン[*117]がCIA本部に電話してきた。[*118]コーンはマッカーシー議員の下で共産主義者の活動を探る主任調査員であった。彼はCIAのベテラン・エージェント、ウィリアム・バンディ[*119]の調査を要求した。バンディはアレンの友人でもあった。コーンはバンディが、（ソビエトのスパイ容疑がかかっている）アルジャー・ヒス[*120]の弁護費用に四百ドルを献金していたことを突き止めていた。彼がなぜヒスを擁護するのか知る必要があった。

アレンは、コーンの調査はCIAに対する攻撃の予兆であると考えた。

バンディの経歴はCIAで働くエリートの典型であった。名門予備校のグロトン校からエール大学、ハーバード大学に進み、法学を学んだ。妻は前国務長官ディーン・アチソンの娘だった。第二次大戦中は諜報工作にも関与した。ワシントンの有力国際法務事務所コヴィントン&バーリングで働いた経験もあった。

アレンはバンディに休暇を取らせたうえで、コーンにはバンディはワシントンにはいないと告げた。マッカーシー議員はアレンのやり方を、議会の意思を踏みにじる卑劣な行為だと憤った。コーン訪問の数日後、アレンは議事堂に車を走らせた。マッカーシー議員や調査委員会のメンバーとの直接交渉に臨んだ。

マッカーシー議員と対峙したアレンは、「バンディ君を証人喚問することはできません」と切り出した。マッカーシーはこれには驚いた。アレンは言うことだけ言うとさっさと話を切り上げた。深刻ぶった様子はなく、むしろ陽気だった。

アレンは次にリチャード・ニクソン副大統領のもとに向かった。マッカーシー議員の憤りを抑えるように依頼するためだった。ニクソンはその要請を聞き入れた。以後、CIA職員に対する調査はなくなった。

アレンの行動を褒める者もいたが、危ういと感じる者もいた。評論家のウォルター・リップマンは、「こんなやり方を認めると、CIAは特別な組織になってしまう」と懸念した。

この頃、アレンは、（アジャックス計画遂行のために）カーミット・ルーズベルトを現場指揮に向かわせる準備ができていた。カーミットに与えられた使命はイラン政府の転覆であった。

カーミットは眼鏡をかけていたが頑健で、諜報工作のプロであった。当時三十七歳だった。ハーバード大学出身の彼は大戦中はOSSで働いていた。戦後しばらくしてアレンが彼をCIAに誘った。先に書いたように、二人はロングアイランド時代からの知り合いであった。アレンはカーミットを中東担当部長に据えた。

カーミットは中東に関する論考を『サタデーイブニング・ポスト』紙に寄稿し、中東の石油について書いた著作もあった。祖父セオドア・ルーズベルトが見せたような冒険精神に溢れていた。しかしカーミットには、イギリスの外交官が身につけている言語能力や文化に対する深い造詣というものはなかった。セオドアは「レジーム・チェンジ」（訳注：アメリカを世界の外交の中心に導いたという意味だと思われる）を成功させた大統領だった。その孫が半世紀後に、外国政府転覆工作に関わることになった。

モサッデク排除の実行

カーミットがイラク経由でイランに入ったのは一九五三年七月十九日のことであった。[*121] ジェームズ・ロックリッジが彼の偽名であった。テヘランに入ると、ＣＩＡ職員やイラン人エージェントを使って直ちに活動を開始した。買収したジャーナリストや新聞の編集者に反モサッデクの記事を書かせ、宗教指導者には説教の中でモサッデクを中傷させた。軍指導者の間にも反モサッデクのネットワークを構築した。国王も彼に協力を惜しまなかった。

ジョンはジャーナリストを集め、「イランで共産主義者の非合法活動が激化している」「イラン政府がこうした活動を放置していることは憂慮に耐えない」と語った（七月二十八日）。国務省とＣＩＡの連携作業が始まった。もちろんジョンはＣＩＡの工作など全く知らないことになっていた。

ルーズベルトはきっかり二週間でテヘランを混沌状態に置き、八月十五日の夜、計画は実行に移された。ルーズベルトは、国王（シャー）の命令のみに従う近衛隊の精鋭をモサッデク逮捕に向かわせた。作戦は最悪の事態となった。計画を察知していたモサッデクは義兵を配置し、近衛兵を逆に拘束したのである。翌朝六時のラジオニュースでこれを知った国王はパニックに陥り、わずかな所持品を数個のスーツケースに詰めて、ローマに逃亡した。

ＣＩＡが初めて仕掛けた外国政府転覆計画は見事なまでに失敗した。モサッデク政権は傷つくことなく、重要な手駒であるシャーを失った。しかし工作責任者カーミットにとって幸運だったのは、モサッデクがシャーの国外逃亡で油断したことだった。モサッデクは、クーデターの首謀者は国王だけであると誤解した。シャーの国外逃亡で警戒心が緩んだ。政治犯を解放した。クーデターの黒幕がCIAであるなどとは思ってもいなかった。

カーミットはモサッデクのこの判断ミスに乗じた。彼はテヘランに残り、第二の計画に移った。ならず者連中に金を渡してテヘラン市内を騒乱状態に陥れ、反体制派の軍人の指揮に当たった。八月十九日の昼頃、テヘランの混乱は最高潮に達した。暴徒化した群衆がモサッデクの私邸に向かった。夜が明ける頃には反モサッデク派が勝利した。およそ三百人の死者を出し、モサッデク政権は崩壊した。

一報を聞いたシャーはすぐに帰国した。シャーは以後四半世紀にわたって抑圧的な政治を続けたのである。

アイゼンハワーは、モサッデク政権の崩壊は「ソビエトにとって手痛い敗戦だ[*122]」と日記に書いた。アイゼンハワーは、ソビエトにはイラン侵攻計画があったと信じていたようだ。それに対抗するにはCIAを使うしかないと考えたのである。大統領はクーデターの犠牲者が数百人規模であり、アメリカ人の犠牲者が出なかったことにも満足していた。

ジョンは効力のある新たな外交手段(ツール)を手に入れたと確信した。アレンは、秘密裏に、安価に、血を流すこともなく外国政府を狙いどおり転覆させたことに満足だった。大統領も国務長官もCIA長官も同じような工作ができると考えた。

注

＊1　Mohammad Reza Shah Pahlavi（一九一九―八〇）イラン国王。在位は一九四一―七九年。訳注

＊2　ＯＣＩ社報告書。Report on Seven Year Development Plan for the Plan Organization of the Imperial Government of Iran, 1949.

＊3　*Time*, October 24, 1949.

＊4　Council on Foreign Relations Papers, Princeton University, Series 4, box442. あるいは James A. Bill, *The Eagle and the Lion: The Tragedy of American-Iranian Relations*, Yale University Press, 1988, p40.

＊5　*Present at the Creation*, p504.

＊6　Homa Katouzian, *Musaddiq and the Struggle for Power in Iran*, I. B. Tauris, 1999, p13.

＊7　*Present at the Creation*, p501.

＊8　Center for Documents of the Islamic Consultative Assembly, July 29, 1949.
http://www.ical.ir/index.php?option=com_content&view=article&id=2377&Itemid=12

＊9　Center for Documents of the Islamic Consultative Assembly, Nov. 23, 1948.
http://www.ical.ir/index.php?option=com_mashrooh&view=session&id=6514&page=122342&Itemid=38

＊10　*Present at the Creation*, p502.

＊11　Geoffrey Wawro, *Quicksand: America's Pursuit of Power in the Middle East*, Penguin, 2010, p139.

＊12　*The Eagle and the Lion*, pp54-57. あるいは James A. Goode, *The United States and Iran: In the Shadow of Musaddiq*, Macmillan, 1997, p13.

＊13　*John Foster Dulles: Piety*, p10.

＊14　*The Devil and John Foster Dulles*, p144.

＊15　*John Foster Dulles: A Biography*, p10.

＊16　Harold Macmillan（一八九四―一九八六）首相の任期は一九五七年から六三年。訳注

＊17　*Times Literary Supplement*, July 19, 1974.

＊18　Hugh Wilford, *The Mighty Wurlitzer: How the CIA Played America*, Harvard University Press, 2008, pp225-227. あるいは Carl Bernstein, The CIA and the Media, *Rolling Stone*, Oct. 20, 1977.

＊19　William S. Paley（一九〇一―九〇）地方ラジオ局に過ぎなかったＣＢＳ放送を全国ネットの放送局に成長させた。訳注

*20 Arthur Hays Sulzberger（一八九一―一九六八）『ニューヨーク・タイムズ』発行人（一九三五年から六一年）。彼の時代に発行部数を大幅に増やした。ロックフェラー財団評議員。訳注

*21 Alfred Friendly（一九一一―八三）『ワシントン・ポスト』編集人。訳注

*22 James Copley（一九一六―七三）コプレイ・ニュースサービス社は一九七〇年代にＣＩＡのフロント会社だと非難された。訳注

*23 _Legacy of Ashes_, p77.

*24 Allen Drury（一九一八―九八）小説家。ジャーナリストでもあった。訳注

*25 David M. Barrett, _The CIA and Congress: The Untold Story from Truman to Kennedy_, University Press of Kansas, 2005, p202.

*26 Deborah Davis, _Katharine the Great: Katharine Graham and the Washington Post_, Harcourt Brace Jovanovich, 1979, pp137-138.
あるいはMary Louise, Operation Mockingbird: CIA Media Manipulation.
(http://www/prisonplanet.com/analysis_louise_01_03_03_mockingbird.html)
あるいはClint Symons, _In Bad Company_, Create Space, 2009, pp44-48, 58-64.
あるいはhttp://www.thedailybell.com/printerVersion.cfm?id=2719

*27 Benjamin Bradlee（一九二一―二〇一四）『ニューズウィーク』『ワシントン・ポスト』で活躍したジャーナリスト。『ワシントン・ポスト』がウォーターゲート事件をスクープした当時の編集主幹。訳注

*28 Joseph Alsop（一九一〇―八九）ジャーナリスト。コラムニスト。訳注

*29 Stewart Alsop（一九一四―七四）コラムニスト。政治アナリスト。訳注

*30 _The Mighty Wurlitzer_, p226.

*31 _Allen Dulles: Master of Spies_, p450.

*32 Wally Toscanini Castelbarco（一九〇〇―九一）エマヌエル・カステルバルコ伯爵と結婚（一九三一年）したが後に離婚。イタリアでは孤児救済に尽力。訳注

*33 _The Devil and John Foster Dulles_, 1973, p161. あるいはRichard H. Immerman (ed), _John Foster Dulles and the Diplomacy of the Cold War_, Princeton University Press, 1990, pp58-59.

*34 Yonah Alexander and Allen Nanes (eds.), _The United States and Iran: A Documentary History_, Aletheia, 1980, pp230-232.

*35 Christopher Montague Woodhouse（一九一七―二〇〇一）外交官。保守党政治家。訳注

*36 _The Eagle and the Lion_, p86. あるいは_Legacy of Ashes_, p655.

＊37　Christopher Montague Woodhouse, *Something Ventured*, Granada, 1982, p117.
＊38　Jean Edward Smith（一九三二―）トロント大学名誉教授。伝記作家。訳注
＊39　Jean Edward Smith, *Eisenhower in War and Peace*, Random House, 2012, p623.
＊40　同右。
＊41　John Alexander Sinclair（一八九七―一九七七）SIS長官（任期は一九五三―五六年）。訳注
＊42　*Legacy of Ashes*, p83.
＊43　Kim（Kermit）Roosevelt（一九一六―二〇〇〇）CIA工作員。祖父はセオドア・ルーズベルト大統領。訳注
＊44　Loy W. Henderson（一八九二―一九八六）駐イラン大使。任期は一九五一年から五四年。訳注
＊45　*The United States and Iran*, p116.
＊46　Jawaharlal Nehru（一八八九―一九六四）インド初代首相。任期は一九四七年から六四年。訳注
＊47　B. R. Nanda, *Indian Foreign Policy: The Nehru Years*, Vikas, 1976, p134.
＊48　Gamal Abdel Nassser（一九一八―七〇）エジプト共和国大統領。任期は一九五六年から五八年。訳注
＊49　H. W. Brands, *The Devil We Knew: Americans and the Cold War*, Oxford University, 1994, p53.
＊50　David Halberstam（一九三四―二〇〇七）ジャーナリスト。ベトナム戦争時には『ニューヨーク・タイムズ』特派員として南ベトナムで取材。訳注
＊51　David Halberstam, *The Fifties*, Villard, 1993, pp373-374.
＊52　Julius（一九一八―五三）, Ethel（一九一五―五三）Rosenberg ロスアラモス国立研究所から盗み出された原爆製造に関わる情報をソビエトに売り渡した罪で有罪となり、処刑された。訳注
＊53　*The Eagle and the Lion*, p81.
＊54　Joseph McCarthy（一九〇八―五七）上院議員（ウィスコンシン州、共和党）。中国の共産化を受けて国務省の外交の失敗を非難。同省内の共産主義者の責任を追及した。彼の糾弾は各界にいた共産主義者に対する攻撃に広がった。訳注
＊55　*Quicksand*, p132.
＊56　Mostafa Elm, *Oil, Power, and Principle: Iran's Oil Nationalization and Its Aftermath*, Syracuse University Press, 1992, pp250-252.
＊57　*Present at the Creation*, p505.
＊58　Blanche Wiesen Cook, *The Declassified Eisenhower: A Divided Legacy of Peace and Political Warfare*, Doubleday, 1981, p106.
＊59　George C. McGhee（一九一二―二〇〇五）国務省キャリア外交官。中東南アジア・アフリカ担当国務次官補（任期は一九

四九―五一年）駐トルコ大使（任期は一九五二―五三年）。訳注

＊60　*Quicksand*, p139.

＊61　Dwight Eisenhower, oral history, Dulles Papers.

＊62　*Gentleman Spy*, p341.

＊63　Robert F. Kennedy（一九二五―六八）ジョン・F・ケネディ大統領の弟。司法長官（一九六一―六四年）、上院議員（ニューヨーク州、一九六五―六八年）。一九六八年、ロサンゼルスで暗殺された。訳注

＊64　*The CIA and American Democracy*, p76.

＊65　George Kenan（一九〇四―二〇〇五）駐ソビエト大使（一九五二年五月―九月）。駐ユーゴスラビア大使（一九六一―六三年）。外交評論家。訳注

＊66　*Gentleman Spy*, p342.

＊67　Nikita Khrushchev（一八九四―一九七一）ソビエト共産党第一書記（一九五三―六四年）。訳注

＊68　*Safe for Democracy*, pp134-137. あるいは David Wise and Thomas B. Ross, *The Invisible Government*, Random House, 1964, pp129-132.

＊69　U Nu（一九〇七―九五）初代ビルマ首相（任期は一九四八年から五六年）。訳注

＊70　*Gentleman Spy*, p500. あるいは Karl F. Inderfurth and Loch K. Johnson（eds.）, *Fateful Decisions: Inside the National Security Council*, Oxford University Press, 2004, pp17-62.

＊71　*FRUS*（*Foreign Relations of the United States*）, Iran, March 4, 1953, pp692-699.

＊72　*The United States and Iran*, p111.

＊73　Richard Immerman（一九四九―）テンプル大学教授。訳注

＊74　*John Foster Dulles: Piety, Pragmatism, and Power in U. S. Foreign Policy*, p65.

＊75　*Eisenhower: Soldier and President*, p333.

＊76　*Safe for Democracy*, p102.

＊77　MKウルトラについての出典は複数ある。
Declassified MK-Ultra Project Documents.
（http://www.michael-robinett.com/declass/c000.htm; Project MKUltra）
あるいは the CIA's Program of Research into Behavioral Modification. Joint Hearing before the Select Committee on Intelligence and the Subcommittee on Health and Scientific Research of the Committee on Human Resources, United States Senate, Ninety-fifth Congress, First Session, August 3, 1977, Government Printing Office, 1977.

あるいは*New York Times*, September 3, 1977.
あるいはFinal Report of the Select Committee to Study Governmental Operations with Respect to Intelligence Activities, United States Senate Senate, Together with Additional, Supplemental, and Separate Views, April 26, 1976, U. S. Senate, 1976, pp385–420.

＊78　LSD（lysergic acid diethylamide）リゼルグ酸ジエチルアミド。強力な幻覚剤。訳注

＊79　Dick Lehr and Gerard O'Neill, *Whitey: The Life of America's Most Notorious Mob Boss*, Crown, 2013, p121.

＊80　*Legacy of Ashes*, p64.

＊81　Daniele Ganser, Terrorism in Western Europe: An Approach to NATO's Secret Stay-Behind Armies, *Whitehead Journal of Diplomacy and International Relations* 6, no1, Winter/Spring 2005. あるいは*New York Times*, November 16, 1990. あるいは*Guardian*, March 26, 2001. あるいは*Nation*, April 6, 1992. あるいはJohn Prados, *Wiliam Colby and the CIA: The Secret Wars of a Controversial Spymaster*, University Press of Kansas, 2009, pp53–56.

＊82　William Colby（一九二〇―九六）第十代ＣＩＡ長官（任期は一九七三年から七六年）。訳注

＊83　Daniele Ganser（一九七二―）スイスの歴史学者。二〇〇四年に「ＮＡＴＯの秘密の軍隊（*NATO's Secret Armies*）」を出版。訳注

＊84　*The CIA and Congress*, pp150–152.

＊85　同右、pp238–239.

＊86　Richard A. Melanson and David Mayers (eds.), *Reevaluating Eisenhower: American Foreign Policy in the Fifties*, University of Illinois Press, 1989, p54.

＊87　George M. Humphrey（一八九〇―一九七〇）法律家。実業家。アイゼンハワー政権の財務長官。訳注

＊88　*New York Times*, April 24, 1953.

＊89　High Noon: *New York Review of Books*, April 26, 2012.

＊90　Stanley Corkin, *Cowboys as Cold Warriors: The western and U. S. History*, Temple University Press, 2004, pp130, 151, 153.

＊91　*New York Times*, May 25, 1953.

＊92　*The United States and Iran*, pp232–233.

＊93　*Quicksand*, pp142–143.

＊94　Kermit Roosevelt, *Countercoup: The Struggle for Control of Iran*, McGraw-Hill, 1979, pp1–19.

＊95　*Quicksand*, p143.

＊96　*The United States and Iran*, pp234–235.

＊97 James William Riddleberger（一九〇四―八二）国務省キャリア外交官。ドイツ担当部長の任期は一九五二年五月十四日から同年七月三十一日まで。その後、駐ユーゴスラビア、ギリシャ大使などを歴任。訳注

＊98 *Allen Dulles: Master of Spies*, p406.

＊99 *Chances of a Lifetime*, p243.

＊100 Walter Ulbricht（一八九三―一九七三）ドイツ社会主義統一党第一書記。一九六〇年から七三年まで国家評議会議長。訳注

＊101 *Gentleman Spy*, p357.

＊102 Andrew Tully, *Central Intelligence Agency: The Inside Story*, Corgi, 1963, p64.

＊103 Andrew Tully（一九一四―九三）ジャーナリスト。歴史家。一九四五年四月にソビエト占領下のベルリンに入った。訳注

＊104 *Central Intelligence Agency: The Inside Story*, p64.

＊105 *The United States and Iran*, p116.

＊106 William O. Douglas（一八九八―一九八〇）最高裁判所陪席判事。任期は一九三九年から七五年。訳注

＊107 William O. Douglas, *Strange Lands and Friendly People*, Harper, 1951.

＊108 同右、p119.

＊109 *John Foster Dulles: The Last Year*, p129.

＊110 Laura A. Belmonte, *Selling the American Way: U. S. Propaganda and the Cold War*, University of Pennsylvania Press, 2010, p52.

＊111 John Carter Vincent（一九〇〇―七二）国務省キャリア外交官。中国に詳しいチャイナハンズ。訳注

＊112 John Paton Davies（一九〇八―九九）同じく国務省キャリア外交官で、チャイナハンズ。訳注

＊113 *The Devil and John Foster Dulles*, p153-155.

＊114 Walter Spencer Robertson（一八九三―一九七〇）極東担当補佐官。任期は一九五三年から五九年。一九四五年から四六年まで駐重慶領事。訳注

＊115 Arthur William Radford（一八九六―一九七三）海軍大将。トルーマン政権では共産主義勢力への強硬姿勢を嫌われたが、アイゼンハワー政権では重用された。訳注

＊116 Scott McLeod（一九一四―六一）国務省内のセキュリティ強化担当に起用された（任期は一九五三年から五七年）。駐アイルランド大使（一九五七年から六一年）。訳注

＊117 Roy Marcus Cohn（一九二七―八六）連邦検事。共産主義者の活動調査ではマッカーシー議員の右腕となった。ローゼン

バーグ夫妻の調査でも活躍し、夫妻を有罪にする証言を引き出した。訳注

*118 Ted Morgan, *Reds: McCarthyism in Twentieth-Century America*, Random House, 2004, pp448-454. あるいは *Gentleman Spy*, pp344-346. あるいは *Legacy of Ashes*, p106.

*119 William P. Bundy（一九一七―二〇〇〇）国際法務に詳しい法律家。ケネディ政権およびジョンソン政権では対ベトナム外交の顧問役となった。訳注

*120 Alger Hiss（一九〇四―九六）フランクリン・ルーズベルト政権の外交顧問。ヤルタ会談米国代表団の主要メンバーだった。戦後ソビエトのスパイであるとの嫌疑がかかり有罪となった。訳注

*121 Stephen E. Ambrose, *Ike's Spies: Eisenhower and the Espionage Establishment*, University of Mississippi Press, 1981, pp206-214.
ほかに *The Eagle and the Lion*, pp86-94. あるいは *Central Intelligence Agency, Overthrow of Premier Mossadeq of Iran, November 1952-August 1953*.
(http://www.nytimes.com/library/world/mideast/041600iran-cia-index.html)
あるいは Richard W. Cottam, *Iran and the United States: A Cold War Case Study*, University of Pittsburgh Press, 1988, pp103-109. あるいは Stephen Dorril, *MI6: Inside the Covert World of Her Majesty's Secret Intelligence Service*, Free Press, 2000, pp558-600. あるいは *United States and Iran*, pp109-137. あるいは Stephen Kinzer, *All the Shah's Men: An American Coup and the Roots of Middle East Terror*, John Wiley & Sons, 2003, pp1-16, 165-188. あるいは *Safe for Democracy*, pp99-107. あるいは *Countercoup*, pp140-203. あるいは *Legacy of Ashes*, pp81-92.

*122 Robert A. Divine, *Eisenhower and the Cold War*, Oxford University Press, 1981, p76.

6章　グアテマラ工作：共産主義にのめり込んだ男

ダレス兄弟とユナイテッド・フルーツ社

アレンは時間がある時はいつもロングアイランド北岸にある自宅でくつろぐのが好きだった。外観は近所の家と代わり映えのしないものだったが、家の中は少し違った。壁には明るい色合いの織物がかかり、マントルピースの上には丁寧に扱わないと壊れてしまいそうな人形が飾られていた。[*1] 織物も人形もグアテマラ土産だった。アレンはS&C時代には何度もグアテマラに飛んだ。クライアントであるユナイテッド・フルーツ社の法務事務での出張だった。時には妻のクローバーを伴った。彼女はグアテマラ文化に魅せられた。アレン・ダレス夫妻にとってグアテマラは特別な国であった。

一九五〇年代初め、アレンは兄ジョンとともにこの国への関心をさらに深めた。二人にとってのグアテマラは、バナナの国、明るい色柄の手工芸品を作るだけではなく、重要な意味を持つ国であった。冷戦下の非情な現実の中にあって、グアテマラにはソビエトの「陰謀」の手が伸び始めていた。民族主義者（ナショナリスト）の名を隠れ蓑にした傀儡（かいらい）政権がグアテマラに成立した。それは、アメリカ本土に最も近い親ソビエト政府となった。S&Cのクライアントであるユナイテッド・フルーツ社の業務を通じてグアテマラに惹きつけられていただけに、ダレス兄弟には不快な現実だった。

文芸評論家のライオネル・トリリング[*2]が、「アメリカの文化にはパラドックスがある。他者を啓蒙すべき対象と考えたがる癖がある。それはまず彼らを憐れむところから始まる。そして彼らに知恵を授けようとする。最後にはそれを無理やりにでもやってしまう[*3]」と述べているように、ダレス兄弟にもこの悪癖があった。

グアテマラはスペインの征服者によって作られた、まとまりに欠ける国だった。（この国の経済を支配する）ユナイテッド・フルーツ社の理想である「統合（ユナイテッド）」などなかった。

ユナイテッド・フルーツ社はその名のとおり、強固な、まとまりのある会社だった。世界情勢の変化を読み取るのもうまかった。十分な利益を上げ、関係者すべてが潤うような仕組みを作っていた。国家が企業を支配し統制する国がある。しかしグアテマラでは逆であった。ユナイテッド・フルーツ社がグアテマラを支配した。

「財務大臣が銀行口座から残額以上のお金を引き出しても、不足分はすぐにユナイテッド・フルーツ社が補塡した。カソリック教会の大司教がドイツから六人の尼僧をグアテマラに運んでほしいといえば、直ちに対応した。大臣の所望するニューオーリンズ産セロリや大統領の欲しがる血の滴る牛肉の手配、大統領の胆石手術、どんな要望にもユナイテッド・フルーツ社が対応した」（『フォーチュン』誌、一九三三年三月号）

ユナイテッド・フルーツ社は必要とあれば暴力的な手段も行使した。時にはアメリカ軍の介入の可能性を仄(ほの)めかし、脅すことまでした。ボストンに本社を持つこの多国籍企業は、およそ半世紀にもわたって利益を上げ続けた。そしてこの会社はS&Cの大事なクライアントだった。S&C時代にはジョンもアレンもこの会社の国際法務に関わった。二人が同社の株を相当量もったのはそれゆえであった。

S&Cは他にもグアテマラで事業を展開する会社をクライアントに抱えていた。アメリカン・フォーリン・パワー会社（電力）とインターナショナル・セントラル・アメリカ鉄道である。両社ともユナイテッド・フルーツ社の関連会社であった。前者はグアテマラの電力の大半を供給するグアテマラ電力の親会社であり、後者は同国全土を走る鉄道網を所有していた。こうした会社に資金提供しているヘンリー・シュローダー銀行もS&Cの顧客であった。

ユナイテッド・フルーツ社がS&Cと契約したのは利益最大化のためである。S&Cは期待に応えた。なかでも、一九三六年にグアテマラの独裁者ホルへ・ウビコ将軍[*4]と結んだ膨大な土地の九九年リース契約は重要であった。借り上げた土地はグアテマラの耕作可能地の七分の一に相当した。唯一の港を支配できる契約も結んだ。このような契約が可能だったのは、弱小国から譲歩を引き出す芸術的な才能をもった国際弁護士の活躍があったからだった。

トーマス・マッカン元副社長は社史の中で「ジョン・フォスター・ダレスはS&Cの国際弁護士としてユナイテッド・フルーツ社の交渉を担当した。当社が勝ち得た契約は彼の力に負うものばかりである。私は顧問の職にあったサム・G・バゲットからそのように聞いた[*5]」と書いている。

グアテマラにおけるユナイテッド・フルーツ社の支配的立場は、一九四四年に大きく揺らいだ。

改革派軍人グループがウビコを放逐したのである。これを受けて選挙による民主主義的な政権が成立した。労働者保護法を導入し、最低賃金を決めた。週の労働時間も四十八時間に制限した。

数十年にわたってユナイテッド・フルーツ社は、グアテマラにあるプランテーションを「領土」と見なしてきた。ウビコの失脚でその「領土」にグアテマラ政府が「侵入」してきたのである。同社幹部は『ニューヨーク・タイムズ』の記者に、「もしこのようなやり方が許されるのであれば、世界中で同じようなやり方が合法的あるいは準合法的と見なされてしまい（米国企業は）大打撃を受けるだろう」[*6]と苦々しく語った。

トルーマン大統領はユナイテッド・フルーツ社の苦境に同情し、ＣＩＡによる政府転覆工作をいったんは承認した。しかしアチソン国務長官が猛烈に反対した。ラテンアメリカのごたごたにアメリカが介入すれば、世界のアメリカに対する態度は冷たいものになると主張し、計画を葬ったのである。

アルベンス政権

ユナイテッド・フルーツ社は機が熟すのを待たねばならなかった。アイゼンハワー政権になり、ようやくその時がやって来た。前述の同社幹部トーマス・マッカンは次のように述べている。

「グアテマラは従前よりこの地域で最も腐敗している国であり、国力も弱かった。しかし順応性はあった。ところがハコボ・アルベンス[*7]が大統領になると何かがおかしくなった」[*8]

アルベンスの父はスイスからの移民で、子供に何の財産も残さず自殺した。学費のなかったアルベンスは軍学校に進み、士官として頭角を現した。一九四四年のクーデターを計画し、民主主義政権樹立に貢献した。その後六年間にわたり国防相を務めた。グアテマラ史上、二度目の自由選挙で大統領となった。

一九五一年三月十五日、アルベンスは大統領肩章を付け就任式に臨んだ。熱狂する国民に彼は三つの約束をした。[*9] 隷属的な半植民地状態から脱却し、経済的に自立した国家になる。近代的な資本主義制度を確立する。国民全体の生活水準の向上を図る、の三つであった。アルベンスは外国資本も歓迎するとしたが、グアテマラの経済発展に協力し、グアテマラの法律に則った経営をすることが条件だった。そして外国企業がグアテマラ国民の社会的・政治的生活に介入することを禁じた。

アルベンスはたしかに自らを共産党員（ボルシェビキ）だとは認めなかったが、国境を越えた資本主義を守る立場にあったアメリカ人（国際資本主義者）の怒りを買った。アルベンスは就任一年足らずでアメリカが最も恐れていた政策を実行に移した。それは土地所有制度改革であった。中央アメリカ諸国の中で初めての本格的な改革であった。土地改革法によって、大地主は未耕作地を国に売却することが義務づけられた。買い上げた土地は貧しい農民に再配分されることになっていた。

ユナイテッド・フルーツ社は五十万エーカー（二千平方キロメートル）を超える土地を所有していた。肥沃な土地であったが、その八五パーセントはいまだに手つかずだった。ユナイテッド・フルーツ社にとって、アルベンスの成立させた土地改革法は同社に対する宣戦布告であった。ダレス兄弟にとっても大きな打撃だった。同社はS&Cの優良クライアントであり、株主として配当も受けていた。すぐに対抗策は打ち出せなかったが、その機会を待った。

法案が成立した五カ月後にアイゼンハワーが大統領選に勝利した。アイゼンハワーがダレス兄弟を登用して政権の外交を任せると決めた時、S&Cのクライアントに大打撃を与える男、アルベンスの運命は決まった。モサッデクに続く第二の標的に彼は選ばれたのである。アイゼンハワー政権発足後の八カ月間、二人はモサッデクのイラン問題にかかりきりであった。しかしイラン工作が成功すると、間髪を入れずアルベンスを標的にした。二人がモサッデク政権転覆の報を受けて、「一つ終わった、よし、もう一丁」と言ったなどという記録は残っていない。だが、それこそが彼らの行動の本質だった。

イラン工作成功の余韻

一九五三年九月四日（金曜日）、カーミット・ルーズベルトはアジャックス計画の成功をホワイトハウスに報告した。[*10]

「私の報告にホワイトハウスは喜んだと思う。いちばん嬉しそうにしていたのは国務長官のジョン・ダレスだった。椅子に深く座り、リラックスしていたが、その目は輝いていた。彼は喜びを抑えられず喉をゴロゴロ鳴らす大きな猫のようだった。しかし彼は私の報告を楽しんでいるだけではなかった。頭の中で次の計画を練っているのがわかった。この報告会の数週間後、私はグアテマラ工作の指揮を執るように命じられた」

カーミットはその任を固辞した。しかしそれで計画自体が停滞することはなかった。ただし計画を遅らせるような事件が起きた。合衆国最高裁判所長官フレッド・M・ヴィンソン[*11]が心臓発作で突然に亡くなり（訳注：死去は九月八日）、大統領がその後任にジョン・フォスターを充てようと考えたのである。「この任に耐える人材は少ない。ジョンはその資質を持っている」[*12]と大統領は考えた。

国務長官が最高裁判所長官のポストを打診されるなど米国史上稀有なことだった。

アイゼンハワーの回想録によれば、ジョンは打診を断った。

「私は子供の頃から外交に興味を持っていました。大統領が最高裁判所長官のポストを提示してくれたことは嬉しいのですが、国務長官職に満足しています。大統領が国務長官としての私の仕事に満足している限り、この職を続けたいと思います」

これがジョンの言葉だったようだ。彼が固辞したことから、最高裁判所長官にはアール・ウォーレン[*13]が指名された。ジョンが最高裁判所長官職を受け国務省を離れたとしても、アレンは間違いなく反アルベンス計画を推進しただろう。別の人間が国務長官になったとして、新国務長官はジョンと同じ情熱をもって事にあたっただろうか。面白い質問だが、答えは出せないだろう。

ジョンは世界各地における共産主義勢力浸透の恐怖を国民に訴えつづけた。ソビエト、〝赤い中国（中共）〟や（ナイーブな）中立主義を標榜する国を批判した。ヨーロッパに関しては、非武装化や中立地帯設置の提案は一切却下した。ドイツの再軍備とＮＡＴＯの強化。それがジョンの方針であった。これはアレンの考えにも沿っていた。

ジョンの外交感覚はおよそ半世紀前のベルサイユ条約時代のままであった。そこでは各国の運命が大国の意向と非情なビジネスの利益だけで決められた。ジョンが考慮すべき国はヨーロッパ諸国、アメリカ、東アジアの数カ国だけであった。彼には、アジア、アフリカ、ラテンアメリカ諸国に吹き荒れるナショナリズム熱には何の関心もなかった。ナショナリズムの動きは世界の不安定要因に思えた。ジョンは各国の動きをすべて冷戦構造の枠組みの中で捉えた。

一九五三年末、アイゼンハワーはバミューダに向かった。ジョンも同行した。英国首相ウィンストン・チャーチルとフランス首相ジョゼフ・ラニエル[*14]との首脳会談を行うためである。この頃のチャーチルはすっかり弱々しくなっていた。

会談には張りつめた空気が漂っていた。およそ八カ月前、スターリン[*15]が世を去っていた（訳注：一九五三年三月五日）。暫定指導者となったゲオルギー・マレンコフはアメリカとの和平の道を探る使者を出していた。チャーチルとラニエルはマレンコフを招き新たな首脳会談を開くことをアイゼンハワーに提案した。ジョンはこの提案に断乎として反対した。チャーチルは次のように嘆いた[*16]。

「あの男のしゃべり方は、まるでメソジスト派の牧師の説教だな。話す内容はいつも同じだ。『マレンコフを呼んで話し合ったとしても、いいことは何一つない』『彼の言葉は悪魔の声と変わらない』と繰り返すばかりだ。ジョン・ダレスは（ソビエトとの）交渉の邪魔にしかならない。十年前の私なら、あんな男ぐらい簡単にやり込めることができた。今でも彼に負けているわけではないが、とにかく私は年を取り過ぎた」

ジョンはバミューダでの会談を終えるとヨーロッパに向かった。ソビエトとの交渉のテーブルに着いてはならないとヨーロッパの首脳を説得するためだった。その結果、アメリカとヨーロッパ諸国との間の溝はますます深まることになった。

フランスに対しては、フランスの議会が多国間で構成する軍事同盟構想[*17]（ヨーロッパ防衛共同体構想）法案を通さなければ、アメリカは西側諸国にした約束（復興計画）を見直すと言って圧力をかけた。しかしそれが虚仮威しであることは、すぐに明らかになった。アメリカがヨーロッパを見捨てることなど考えられなかった。ダレスの脅しに多くのフランス国民は憤った。兄の苦境を見たアレン・ダレスは、ＣＩＡが買収していた閣僚を通じて国会議員の懐柔を試みた。五十万ドルの工作資金が用意されたが、うまくいかなかった。「ジョン・フォスターのやり方はヨーロッパに再び戦火を起こしかねない」と反発したフランス議会はジョンの提唱する防衛共同体構想法案を葬った。

国務省の歴史研究者クリス・タッダは次のように評している。[*18]

「ソビエトの恐怖を煽ってヨーロッパ諸国を動かそうとするジョンの外交は、ヨーロッパ諸国のまとまりを壊す方向に作用した。アイゼンハワーとジョン・フォスターは、ヨーロッパの抱える問題をすべて、ソビエトの脅威に立ち向かい自由社会の安全保障を強化するという大きな枠組みの一部として処理しようとした。しかし、アイゼンハワーとダレスはむしろヨーロッパの中に、アメリカは安全保障の点で頼りにならないのではないかという不信感を生んだ。ヨーロッパのメディアや世論はアメリカ（ジョン）の〝指導者面〟に抵抗し、ヨーロッパをなだめて従わせようとする時は常に怒りを表明した」

フランス工作が失敗してからひと月も経たない頃、ジョンは「大量報復（massive retaliation）」というコンセプトを発表した。それまでジョンは「痛みを伴う政策の見直し（agonizing reappraisal）」という言葉を使っていた。新たなコンセプトを公にしたのは、かつての同僚を前にした外交問題評議会（ＣＦＲ）の講演の場であった。このコンセプトはその後のジョン・ダレス外交のトレードマークとなるもので、「世界のどこであっても、ソビエトが挑発行為を行えばモスクワを攻撃する」という考え方であった。しかしこのコンセプトは実質、空手形であった。世界のどこかで揉め事があったからといって、アメリカがソビエトと核戦争を始めるなどと思う者はいなかった。ジョンのために擁護しなくてはならないのは、ジョンは大量報復という言葉を実際には使っていない。彼は「大量報復できる軍事力（massive retaliatory power）」を持つと述べていた。

ジョンは共産主義に対する「巻き返し（rollback）」という表現も使った。これもジョンの外交を示す有名な言葉になった。反共産主義の動きは「解放政策（liberation policy）」であるという意味であった。言葉は過激でも、アメリカは東ベルリン労働者の蜂起に何もしなかった。彼が使った三つの訴え（「痛みを伴う政策の見直し」「大量報復」「巻き返し」）は実質を伴わないレトリックに過ぎなかった。アメリカが、共産主義者の支配下にある国を「解放」したことはないし、ヨーロッパの西側諸国に対する支援を停止するような「政策の見直し」をしたこともなかった。地域紛争が起きたからといって、核兵器を使う戦争を始めようなどとは考えてもいなかった。

ジョンは自らのレトリックと現実の外交との間にギャップがあることはわかっていた。そんなことはどうでもよかった。ソビエトを容赦ない悪魔として描くことで、人々の恐怖心を先鋭化させれば、ソビエトの動きを牽制し、自由主義諸国の紐帯を強めることになると信じていた。ジョンのこの考え方をアイゼンハワー大統領は理解していた。

大統領も国務長官も公の場ではソビエトとの妥協もあると述べていた。しかし二人はソビエトと意味のある協定を結ぶことはあり得ないと考えた。ジョンは、国家安全保障会議（ＮＳＣ）で、軍縮交渉は国内世論対策であると断言していた。アイゼンハワーはジョンに、アメリカ国民や世界各国に対してアピールできる包括的な軍縮策を提示するよう指示した。しかし、大統領はその中身は実質のないものになることがわかっていた。[*19]

歴史家のケネス・オズグッドは当時のアメリカ外交を次のように評している。[*20]

「ソビエトはアメリカが非妥協的であると非難し、世界の世論を誘導して安全保障が担保されない核兵器軍縮協議へ誘い込むべくプレッシャーをかけている――。ワシントンの指導者はそう信じていた。こうした観点から、ソビエトがどのような軍縮案を提示しても、『プロパガンダに過ぎない』と見なし、ソビエトがイニシアティブをとる形で軍縮交渉を始めてしまえば、ソビエト指導部の評判を高めることになり、アメリカがソビエトのプロパガンダに屈したと世界の国々に思わせてしまうだろうと懸念した。そのため、ソビエトとの交渉を始めることよりも、プロパガンダ戦争でいかに優位に立つかが外交目標になった」

対ドイツ外交

ダレス兄弟は共産主義者の攻勢を受けやすい四つの地域はイラン、グアテマラ、朝鮮、インドシナであると考えた。しかし、二人の受けた教育やこれまでの経験から、アメリカにとって最も重要な地域はヨーロッパであった。二人はヨーロッパ情勢を常に気にしていた。ヨーロッパ（西側諸国）の指導者がソビエトとの対立を避け、妥協の道を選ぶのではないかと不安だった。

大戦によって荒廃したヨーロッパ諸国は、ソビエトに対する恐れや敵意を煽るワシントンのレトリックには容易には反応しなかった。大方は、東西対立を激化させる外交ではなく、対立を緩和させる方策を探りたいと考えていた。

ジョンはヨーロッパの西側諸国は結束しなくてはならないと一貫して考えていた。一九四六年にチャーチルが「鉄のカーテンは降ろされた」と演説して以来、彼が構想するヨーロッパの団結とは、政治的にはまとまらなくとも軍事的には団結してソビエトの脅威に備えることを意味した。彼が国務長官に就いた一九五三年において、彼の考える団結構想の実現はいっそうの急務となった。なぜならソビエトの脅威ということのほかに、アイゼンハワー大統領には、財政収支を均衡させたいという思惑があったからだ。ヨーロッパ大陸にアメリカ軍を広範囲に展開させることはできなかった。だからこそヨーロッパ防衛共同体構想を実現させたかったのである。

しかしイギリスもフランスもこれに反対した。スターリンの消えたソビエトとも絶対に和解できない、彼らとの交渉は無意味であるとするジョンの主張に与（くみ）しなかった。英仏両国はフォスターの方針に懐疑的だったが、西ドイツのアデナウアー首相はジョンに理解を示した。これにジョンは喜んだ。二人は急速に接近した。

二人が親密となったことでアレンの仕事も変わった。アデナウアーの支援を受けて西ドイツ情報機関とCIAの関係がいっそう深まったのである。

兄弟の中で最初にアデナウアーに会ったのは妹のエレノアだった。一九五〇年代のドイツではよく知られるアメリカ人となっていた彼女がアデナウアーと昼食をともにしたのは一九五三年の初めのことであった。

エレノアは回想録の中で次のように書いている。[*21]

「アデナウアーは兄（ジョン）のことについて何でも知りたがった。私は、兄は大統領との関係は長くはないが今は極めて親密であり、ドイツに何度も仕事でやって来たことがあると話した。この時がアデナウアーとの初めての出会いだった。彼とは友人になった。アデナウアーは二人の兄とも親密になった」

ジョンがドイツにやって来たのはこのすぐ後のことであった。ジョンとアデナウアーはボンで初めて会ったが、たちまち意気投合した。二人とも性格が似ていた。キリスト教に基づく倫理観もそっくりだった。アデナウアーのソビエト観もジョンと同じく、西ドイツはアメリカとの関係を徹底的に強化するというものだった。彼の考えは「西側結合（Westbindung）」として知られている。

アデナウアーは西側ヨーロッパ諸国で唯一、ジョンの考えを理解した指導者だった。世界的に見てもこうした指導者は少なかった。ジョンと同様に、ソビエトは「神の意志に反する全体主義で世界をひっくり返そうと企んでいる」と説いていた。[22]

一九五三年、西ドイツでは総選挙があったが、ジョンは「アデナウアーの率いるキリスト教民主同盟が敗れるようなことになれば、とんでもないことになる」と公然と述べ、アデナウアーを支援した。反アデナウアー勢力はこれに抗議したが、アデナウアーは楽々再選された。ジョンがアデナウアーを気に入っていたことは、六年間に十三回もドイツを訪問していることからも明らかである。アデナウアーの親米外交でCIAの諜報活動は大胆になった。西ベルリンから、ソビエト・ブロックの通信を傍受できる東側の地点までトンネルを掘る計画が進んだ。

最初に送り込んだスパイはソビエトのエージェントだった家政婦の色仕掛けにはまり、ベッドでの痴態を写真に撮られ、脅迫された。それが露見するとCIAは彼を解雇した。[23]「送り込んだスパイにはプロ意識が欠けていた」[24]とアレンは国家安全保障会議で謝罪した。次に送ったスパイもたちまち正体が露見し追放された。

一九五三年の終わり頃、ベルリンの工作員の一人から報告が入った。工作員は東ベルリンの郵便局から失敬した手紙を写真に収める任務を与えられていたが、東西ベルリンの境界付近に地下の通信切替局を設置する計画があることを突き止めたという。アレンはこの報告を英国諜報組織のジョン・シンクレアに見せ、米英共同で、切替局を探す（カウンター）トンネルを掘ることを決めた。

この頃CIAはもう一つの計画を進行させていた。アレンはあるディナーパーティーの席で、シカゴ大学の教授が高高度から地上を撮影する技術を開発していることを聞いた。彼は件の教授を事務所に呼び、有用性をテストしてほしいと告げ、その結果、見込みがあると判断した。マサチューセッツ工科大学学長ジェームズ・キリアン[*25]をリーダーにした特別チームが結成された。ポラロイドカメラの発明者エドウィン・ランド[*26]もメンバーとなった。チームは超高高度から共産国家を撮影するという大がかりなプロジェクトに挑み、有用な情報収集に成功したが、アイゼンハワー政権の外交政策の大失態となる事件も起こしている（後述）。

アルベンス放逐計画

一九五三年半ばからの一年間、アレンは、アルベンスの放逐計画策定にかなりの力を割いた。この頃、米国とグアテマラの関係は緊張していた。グアテマラ政府はすでにユナイテッド・フルーツ社の所有する休閑地四十万エーカーの接収を終えていた。グアテマラ政府は接収価格に百十八万五千百十五ドル七セントを提示した。課税標準額をベースに計算した価格だった。米国務省が十倍以上の額を出すよう要求した。要求したのはユナイテッド・フルーツ社ではなく国務省であったことが重要であった。

国務省は「グアテマラの土地接収法はユナイテッド・フルーツ社の経営に大きな打撃となる。接収された土地は長年にわたって休閑地で非生産的な土地であった。（それでも同社は税金を払っていた）」と主張したが、グアテマラ政府は「休閑地にしてきたからこそ、我が国民を苦しめた。我が国経済に貢献もしなかった」「我が国政府は、アメリカ合衆国を含むすべての国と友好関係を築きたいと考えている。しかしユナイテッド・フルーツ社の独占的立場は我が国民を苦しめてきた。それが我国と合衆国の関係にまで悪影響を与えている。今回の問題でそれがさらに悪化した。（合衆国との友好は維持したいが）アメリカ国務省の主張は受け入れられない」と反論した。

ジョンもアレンも、グアテマラのような小国にこのような物言いをされるとは思っていなかった。アイゼンハワー政権には、二人の他にもユナイテッド・フルーツ社との利益関係を共有する高官がいた。彼らもグアテマラの反論は許せなかった。[*27] たとえば南北アメリカ問題担当国務次官補ジョン・ムーア・カボット[*28]の場合、一族がユナイテッド・フルーツ社株を大量に所有しており、兄弟のトーマスは同社社長を務めていた。また一族の一人、ヘンリー・カボット・ロッジ[*29]は国連大使だったが、大使就任前は上院議員（マサチューセッツ州）として、ユナイテッド・フルーツ社の権益擁護には極めて熱心だった。〝ユナイテッド・フルーツ社選出の上院議員〟だと揶揄されるほどであった。

ロバート・カトラー[*30]はアイゼンハワー大統領の安全保障問題担当補佐官だったが、彼もユナイテッド・フルーツ社の役員を経験していた。国務次官のウォルター・ベデル・スミスはユナイテッド・フルーツ社の役員になりたいと考えていた人物だ。実際、国務省退任後（一九五四年）には役員となっている。アン・ウィットマン[*31]は大統領の個人秘書をしていたが、彼女の夫エドマンド・ウィットマンは同社の広報担当役員だった。エドマンド・ウィットマンはプロパガンダ映画『クレムリンはなぜバナナが嫌いか[*32]』を製作した。ユナイテッド・フルーツ社ほどホワイトハウスとの関係が濃密だった会社はなかったのである。

二十世紀半ばにあって、アメリカはどの国よりも豊かで、軍事的にも強力であった。（あの旧約聖書に出てくるカバに似た）怪獣ベヒモスのようだった。アメリカ陸軍はグアテマラ陸軍の百四十倍の規模であった。国土は九十倍であり、人口は五十倍だった。グアテマラがワシントンの政治に影響を与えることなどできはしなかったが、グアテマラで活動するアメリカ企業の活動がグアテマラの経済を支えていた。グアテマラはその周囲を、独裁的で敵対的な国々に囲まれていた。アナスタシオ・ソモサ（ニカラグア）、ラファエル・トルヒーヨ[*33]（ドミニカ）、フルヘンシオ・バティスタ[*34]（キューバ）、フランソワ・デュヴァリエ[*35]（ハイチ）、マルコス・ペレス・ヒメネス[*36]（ベネズエラ）。彼らはみな独裁的な指導者であった。それでもダレス兄弟は、アメリカにとって最も危険な指導者はアルベンスであると決めつけた。

ワシントンの多くの政治家が、一九四八年に起きたチェコスロバキア政変（訳注：一九四八年二月、反共閣僚の連立政権離脱を機に共産党政権が成立した事件）に強い衝撃を受けていた。どのような政府であれ共産党の影響力を少しでも残してしまえば、遅かれ早かれその国はソビエトの支配下に入ってしまう。チェコスロバキアでは、共産党が合法的に政権を掌握しただけに、その衝撃は大きかった。この頃、グアテマラの国会議員数は五十六名で、うち四人が共産党員だった。その中の二人がアルベンスと親密で、顧問的役割を果たしていた。

「チェコスロバキア政府は共産党員を内務大臣に任用した。そしてある日突然に共産主義者が政権を奪取してしまった。我々はこの前例から、共産主義者を政権内部に入れ、権力に近づかせるようなことは絶対にしてはならないことを学んだ。政権に入り込んだ共産主義者は、政権そのものを乗っ取る。共産主義者に無警戒である国は敵国となる」とＣＩＡの古参職員は後にそう語っている。[*37]

「ＰＢ／サクセス」計画

ＣＩＡが対グアテマラ工作計画を提案したのは一九五三年末のことだった。[38] 計画書は「ＰＢ／サクセス」と命名され、そこには「表と裏」の工作計画の概要が記されていた。計画書はまず、アルベンスがこれまでに犯した「犯罪」の列挙から始まっていた。「官僚組織は共産党員の強い影響下にある。モスクワの指令を受けた共産党員は、グアテマラを中米の前線基地にした。その結果、同政権は反米政策を実施し、米国の国益を脅かしている」

計画書はさらに次のように続いていた。

「グアテマラにおける共産主義者の影響力を削ぐこと。そして可能なら共産主義者そのものを一掃すること。これがＣＩＡの最優先事項である。ＣＩＡに対して、国防総省、国務省などの政府組織に支援を命じる指令がすでに発せられている」

このような命令を下せるのはアイゼンハワー大統領だけである。大統領はＣＩＡによるグアテマラ工作を承認していたのである。アレンは、「ＣＩＡがこの計画を成功させることには大きな価値がある」と部下に語った。[39]

「アレンは『ＰＢ／サクセス』計画の実行責任者となった。計画策定の知り合いのアシスタントたちと密接に連絡をとった。重要事項についてはＣＩＡの長官執務室で決定された。アレンがホワイトハウスに要求した予算は三百万ドルであった」[40]（諜報史専門家ジョン・プラドス）[41]

アルベンスはCIAが進める計画に全く気づいていなかった。アメリカに対して強気の発言を続けていた。一九五四年初めには、「我が国の民主主義のあり方を決めるのはグアテマラ国民自身である」[*42]と語り、外部の大国はラテンアメリカ諸国を、独占企業の投資の場、原材料の供給源としてのみ扱うことをやめるよう訴えた。『タイム』はこれを「共産主義的な発言だ」と報じた。

「PB／サクセス」計画は着々と準備が進められていった。この頃、中米にはもう一人厄介な政治家がいた。コスタリカのホセ・フィゲーレス大統領[*43]である。フィゲーレスは共産主義者による蜂起を鎮圧し、選挙を通じて指導者になった（一九五三年）。ワシントンのお気に入りの政治家になってしかるべきであった。彼はアメリカで教育を受けていたし、妻はアメリカ人であった。その上、（フランクリン・ルーズベルト大統領が進めた）ニューディール政策を評価していた。しかし政権の座に就くと、土地所有制度改革を進め、軍隊を廃止した。最悪だったのは、中米やカリブ海諸国の独裁的な指導者を非難し始めたことだ。独裁者の中にはアメリカのお気に入りの指導者もいたのである。しかもフィゲーレスは、そうしたリーダーの反対勢力を支援した。共産主義者にまで救いの手を差し伸べた。コスタリカの地主階級は何としてでもフィゲーレスを放逐したかった。彼らが頼ったのがアレン・ダレスであった。アレンは彼らの言い分をしっかりと聞いた。

一九五四年の半ば、マイク・マンスフィールド上院議員[*44]（モンタナ州）が、CIAがフィゲーレス大統領の電話を盗聴していることを暴露した。マンスフィールドは、こうした行為は中米の政治に大きな悪影響を及ぼすと懸念したのである。それでもアレンは反フィゲーレス派を支援した。しかし、フィゲーレスを失脚させることはできなかった。なぜなら、一つにアレンはこの頃、グアテマラ工作に忙しかったことがある。また軍隊を廃止したコスタリカでは軍を使ったクーデターが難しかったからである。とはいえダレス兄弟が、アメリカの〝裏庭（バックヤード）〟で、独裁者の側に立って民主主義的な指導者の排除を狙ったことは事実である。

一九五八年、フィゲーレスは、次のように述べて政権の座を降りた。「我々の敵はジョン・フォスター・ダレス氏である。彼は（我々を取り巻く）腐敗した独裁者をことごとく守護した」[*45]

ダレス兄弟の対ラテンアメリカ外交には理解しにくいところがある。ボリビアに対する態度は特にそうである。ビクトル・パス・エステンソーロが大統領の地位に就いたのは一九五二年である。武装した労働者や共産主義者による反政府暴動によって大統領となった。就任後最初のメーデーのスピーチでは、アメリカが同国の経済を破壊していると非難した。ボリビアの主要輸出品である錫（すず）の世界市場を操作し、同国に大きな経済的損失を与えているのがアメリカであり、これからボリビアは共産主義国との連携を強めると語った。この演説に続いて錫とタングステンの生産を国有化したのである。

そうでありながら、アメリカの公式の立場として、ジョン・ムーア・カボット国務次官補は「ボリビアは真摯な態度で社会改革に取り組んでいる」[*46]と語っている。また国務省のスポークスマンは「エステンソーロ政権はマルクス主義政権で、共産主義者政権ではない」[*47]といった妙な説明をして米国のボリビア支援を正当化した。その一方でアイゼンハワー政府はグアテマラに巻いたロープをぐっと締めつけたのである。

外交専門家は米国の矛盾した対応について、さまざまに解説している。

「ボリビアはアメリカからもパナマからも遠い。他国を侵略し、政府を転覆させ、新政権を作れるような軍隊を持っていない。それに比べればグアテマラは十分に近く、海岸線を持っている。（アメリカ寄りの）政権を作れる可能性があり、ニカラグアやホンジュラスから、グアテマラ侵攻を支援するグループを簡単に確保できる。ボリビア政府は、少なくとも共産主義者を政権中枢から排除した。グアテマラはそうではない」[*48]

これが考えられる一つの解釈だった。

アメリカは長期にわたって、中米の指導者を排除するようなことはしなかった。それをアルベンスは知っていたから強硬な姿勢を取った可能性もある。イランのモサッデクと同じように、アメリカの抱いている冷戦の恐怖に鈍感だっただけかもしれない。アルベンスは自分が進めようとしている政策は、アメリカのニューディール政策と同じようなものであるとも考えていたようだ。彼は共和党アイゼンハワー政権はあのニューディール政策が大嫌いだったことに気づかなかった。

結局、ダレス兄弟がアルベンスを放逐したがったのは、二人がモサッデクを嫌ったのと同じ理由からであった。二人の世界観は、アメリカは、必要な資源の購入にあたっては強国側の条件を（弱小国に）押しつけることができるというものである。モサッデクもアルベンスも、ダレス兄弟の考える世界観に異議を唱えた。兄弟が利益を代弁している大企業に対する挑戦は、ソビエトに対する協力と同義であった。したがって、この二つの国に対する工作はアメリカ企業の権益擁護と共産主義に対する防衛が混ぜ合わさったものであると見なされた。

後日、機密規定を解除された文書によれば、ある会議で、アルベンスは純粋な民族主義者であり、クレムリンとの関係はないのではないかとの意見が出たことがわかっている（発言者の名は伏字となっている）。その人物の発言がウォルター・ベデル・スミス国務次官によって直ちに遮られたこともわかっている。アイゼンハワー大統領の忠臣であったスミスは、「そんな話はやめろ。これから我々が何を成すべきかだけを考えろ」[*49]と発言者を叱責した。

CIAのリクルート活動とエリート意識

CIAは、一九五〇年代には数千人単位で新しい職員を採用した。この時代のCIAは表に出ない組織だっただけに、採用方法もCIA独特のものだった。採用担当者は個人的なコネクションを利用して大学教授、学部長あるいは学長などに接触し、〝最高の頭脳（ベストメン）〟をもつ人材を慎重にリクルートしていった。その結果、極端に秘密主義的で自信過剰の集団が出来上がることになった。アレンのCIA長官時代の学生採用のやり方をよく知る元エージェントが次のように筆者に語ってくれた。[*50]

「CIAの採用担当者が我が大学の学長に接触して、CIAで働くことを希望する学生がいないかどうか問い合わせた。学長は政治学専攻の学生を数名選び出した。その一人が私だった。私の専攻は英文学だった。学長が私に目を付けたのは、どうしようもなくひねくれた学生だったからかもしれない。私は学生組織の代表だったが悪さばかりしていた。新聞は読まず、古典文学ばかりを読んでいた。チョーサー、ミルトン、シェイクスピア、イェイツなどに没頭していた」

「私にはCIAがどんな組織なのか全くわからなかった。空軍の幹部養成プログラム(ROTC)に参加していたから、卒業後は空軍に三年間勤める義務があった。採用担当者の言葉に心を動かされたが、義務を果たさざるを得ないと説明した。それを聞いた担当者は勤務期間を半分にするよう手配すると約束してくれた。それで決まりだった。すべて彼が約束してくれたとおりになり、私はCIA職員となった」

「学問の世界にいる人間にとって、CIAに関心を向けさせる役目は愛国心を心地よく満足させるものだった。特にアイビーリーグに属する有名大学(訳注:北東部にある八つの名門校を指す。ハーバード、エール、プリンストン、コロンビア、ペンシルベニア、コーネル、ダートマス、ブラウンの八大学)ではそうした空気が強かった。ほとんどの大学にCIAとの窓口になるような人物がいて、候補者探しに協力した。採用された学生は気分がよかった。特別に選ばれた人間だ、国に奉仕する仕事だ、と繰り返し聞かされたからである」

「CIAの誰もがアレンを崇めた。彼は組織の父であり、神のような存在だった。私たちはCIAは軍隊ではないとも教えられた。上司に対して『サー(sir)』と言うこともなければ軍隊式の敬礼もない組織である。ただ長官のアレンが部屋に入ってくる時は必ず立ち上がらなければならなかったし、会話では『サー』を付けなくてはならなかった。アレンは『長官殿(Mr. Director)』と呼ばれるか、たんに『サー』と呼ばれた」

「アレンは現場の責任者と長い時間話し込むことが多かった。彼らが勤務地からワシントンに戻って来ると現地の情勢をじっくり聞いた。焦らずに、しっかりと個人的な関係を築く。それがアレンがスイスでの経験から学んだやり方だった。一方で、大組織になったCIAを仕切る能力があったかとなると疑問符が付く。それはピッグス湾事件（後述）の失態を見ればよくわかる」

「アレンにはもう一つ、部下に好かれる点があった。ブリーフィングを受ける場合、必ず現場担当者を同席させたのである。担当者のランクが低くても必ずそうさせた。彼は計画の細部について知りたがったからで、組織の上位にいる者は、わざと詳細を隠すこともあれば、初めから知らないことがあると考えたのである。下位の者はアレンのやり方を歓迎した。彼は説明に静かに聞き入った。机を叩いて喚くようなことはしなかった。東部支配階級（エスタブリッシュメント）紳士の典型だった。彼は人を引きつけてやまないといった人間ではないが、誰もが彼の言葉をじっくり聞いた。いつもリラックスしていて、人を感動させようとか、考えを押しつけるようなことはしなかった」

　CIAの新人職員はだだっ広い野営地（キャンプ）に送られ訓練を受けた。そこは世界で最も大きく、かつ精巧に作られたスパイ養成施設であった。訓練所はバージニア州ウィリアムスバーグ近郊の九千エーカー（三十六平方キロメートル）もある陸軍の管理地内にあった。キャンプ・ピアリーと呼ばれる訓練所は、CIA関係者から「農場（ザ・ファーム）」と親しみを込めて呼ばれていた。第二次世界大戦中は、海軍の建設工兵隊（Seabees）の訓練に使われていた。近くには秘密の戦争捕虜収容所もあった。戦後しばらくは保安林とされた。

この土地がＣＩＡの管理下に入ったのは一九五一年のことであった。最先端のスパイ技術を磨く訓練センターを建設し、将来のスパイたちを集めた。変装術、開錠法、建物侵入術、盗聴器設置法、見えないインク（インビジブル）の使い方、気づかれないように手紙や小包を開封し再び閉じる特殊技術。スパイに必要なあらゆる技術が仕込まれた。

基礎コースが終わると、国境を不法に越える技術を学んだ。ヨーロッパの東西国境に似せた訓練用の模擬国境には武装した歩哨と軍用犬が配置されていた。

情報提供者のリクルート術や彼らの管理方法も学ぶ。パラシュートによる脱出法、小火器や爆薬の使用法の訓練もあった。時には近郊の都市リッチモンドに出かけ、（街中（まちなか）での）文書の受け渡し法や、尾行を撒（ま）く技術の指導も受けた。実戦を想定して、睡眠を奪う拷問や処刑の恐怖に耐える訓練を受けた者もいた。

「農場」大学を卒業すると、政策調整局（the Office of Policy Coordination）に配属された。ＣＩＡのベテラン職員ジョセフ・バークホルダー・スミスによれば、この名称はダミーで、本当の任務は、秘密工作（心理戦、政治工作、情報収集）であった。そこでは次のような講義があったとスミスは回想録に記している[*51]。

「君たちは晴れて冷戦を戦う部隊への入隊がかなった。我々の部隊が単なる諜報組織だと考えてもらっては困る。我々は、ホワイトハウスの政策実行部隊なのだ。我々は汚い仕事（ダーティ・トリック）をやらされているだけだと言う者がいるがそれは違う。我が国政府の秘密工作を粛々と実行しているのである」

「ソビエトや中共に知られてはまずいが、我々の仕事は国家安全保障会議によって承認されている。

実質は大統領直属の組織だと考えてもらっていい」

アレンの力が最高潮に達すると、彼は初めて議会からの批判にさらされた。マイク・マンスフィールド上院議員はこれまでになく激しい調子でCIAを批判した[*52]。CIAの活動は、議会のチェックの対象から外されていた。マンスフィールドは「我々はCIAが法に触れない活動をしているかどうかの確認ができない。政府のやりたい放題の道具に使われているのではないか」と述べた。

下院歳出委員会のジョン・テイバー委員長[*53]は、ある歴史家によれば彼は「攻撃的で猜疑心の強い性格」ということだが、CIAは一連の質問に答えるようにと言い、アレンを召喚し、広範囲にわたる証言を求めた[*54]。その結果、テイバーは「CIAは非効率で無駄が目立つ。暫時、新規採用を見合わせる」と結論づけた。

マンスフィールド議員はさらに進めて、CIA活動監視委員会の設置を求める法案を提出した。共同提案者は二十七人にものぼった。アレンはこれに激しく抵抗し、親しい上院議員の力を借りてこれを葬った。アレンに協力した議員の中には、ユナイテッド・フルーツ社の本拠地マサチューセッツ州選出のレヴェレット・サルトンストール[*55]（共和党）がいた[*56]。

一九五四年春には多くの事件が続いた。アメリカはビキニ環礁で水爆実験を成功させ（三月一日）、ホー・チ・ミン率いるベトナム軍が対仏戦で勝利を収め、ワシントンではかの有名なJ・ロバート・オッペンハイマー博士がソビエトのスパイであることを疑われて、査問されていた。マッカーシー議員が、米国陸軍にソビエトのスパイが潜入しているとして、多くの政府関係者が査問を受け、その模様はテレビで全米に放映された。

アレンにとってはタイミングがよかった。今はＣＩＡを監視する時ではないと議会を説得できたのである。伝記作家のレナード・モズリーはこう書いている。

「ＣＩＡは国務省から空前絶後というべき支援を得ていた。ダレス国務長官の力の賜物であった。彼の力でＣＩＡのエージェントは、世界に散らばる大使館、領事館あるいはアメリカ情報局[*57]などに入り込むことができた。ＣＩＡの作戦実行や予算執行は全くのフリーパスだった。一九五四年には、ロンドン事務所だけでもおよそ四百人のエージェントが働いており、支局長だけでなく現地駐在担当部長、あるいは古参の代理人が作戦の指揮を執り、アレンに直接報告していた[*58]」

「一九四七年に成立した国家安全保障法によって国家安全保障会議（ＮＳＣ）が設置され、ＣＩＡの活動は、ＮＳＣが監督することになっていた。しかしアレンが長官になって二年目には、ＮＳＣは実質的な監督はできなくなった。ジョンの強い庇護があったからである[*59]」

アレンはＣＩＡ長官として力をつけていったが、私生活は順調とは言えなかった。妻のクローバーとはうまくいっておらず、彼女は旅行ばかりしていた。彼の女好きも変わらなかったが、昔のように積極的にパートナーを探すということはなかった。部下の一人と付き合っていただけだった。耐えられない痛風の痛みで寝込むことも多かった。薬の副作用もあって、かつてのような精力は消えていた。ただ仕事には相変わらず熱心に取り組んだ。

ある時、記者からＣＩＡとは彼にとって何なのかと聞かれたことがあった。

「敵対国に対抗するための裏の『国務省』のようなものかな」とアレンは答えている。

「PB／サクセス」計画始動

さて、ここでグアテマラ工作に話を戻す。アレンが工作担当者に選んだのは、CIAの設立当初からよく知っていた、身内のような連中だった。大学の同窓、元OSS職員、ウォールストリートの法務事務所や投資銀行勤務経験者、CFR（外交問題評議会）のメンバー、ロングアイランドのアレンの邸で一緒に酒を飲んだ仲間。みながみな、エリートの背景を持っていた。

アレンは彼らを退屈な日常から「解放」し、エキサイティングな世界に導いた。彼らは事務方など望んではいなかった。作戦を立案し、行動し、現実に敵と対峙し、破壊工作を行う仕事を好んだ。しかし、ほとんどのメンバーはスペイン語を理解せず、グアテマラの地を踏んだこともなかった。「PB／サクセス」計画の統括責任者となったのは、アルバート・ヘイニーだった。ヘイニーはシカゴでのビジネス経験があった。韓国ソウル事務所の責任者だった時代、民間人で組織した部隊を率いて北朝鮮に侵入したこともあった。

工作の心理戦担当はトレイシー・バーンズだった。ハンサムで上品な、話好きの男だった。彼の経歴は当時のCIAメンバーの典型であった。ハーバード大学法学部卒業、旧OSSメンバー、ウォールストリートの法律事務所（カーター・レッドヤード&ミルバーン事務所）勤務の経験があった。デイヴィッド・アトリー・フィリップスは、グアテマラにラジオ局「解放の声」を設置し、偽情報を流した。

エヴェレット・ハワード・ハントは、反アルベンスの諷刺漫画、ポスター、パンフレットを制作し、新聞社に為にする情報を流した。周辺のラテンアメリカ諸国の情報工作も彼が担当した。ハントは後にウォーターゲート事件（一九七二年）の中心人物の一人として名を知られることになる。

報告は、統括責任者へイニーから、直属上司のJ・C・キング（南北アメリカ局長）、フランク・ワイズナー（副長官）、リチャード・ビッセル（アレンの特別補佐官）のルートで上げられ、最後にピラミッドの頂点たる長官のアレンに届けられた。

アレンの秘密チームが所定の位置につく中で問題が起きた。グアテマラ現地事務所の責任者バーチ・オニールが、地元紙にプロパガンダ情報を流すことに難色を示したのである。彼はアルベンスの目指す土地改革を共産主義的だとは考えなかった。オニールは「向こう見ずな行動をとるにはあまりにも慎重に過ぎた」[60]。アレンはたいていの場合、現地の責任者が事情を一番よく理解していると考えていた。しかしオニールの考えはアレンとは違っていた。

アレンは、オニールを更迭し、経験は少ないが命令に忠実な男をグアテマラに遣った。かつてテヘランでも、モサッデク政権転覆計画に現地責任者が反対したことがあったが、彼も交代させられた。同じことがグアテマラでも繰り返されたのである。

国務省のジョンも同様の問題に直面していた。当時の駐グアテマラ大使ルドルフ・ショーンフェルド[61]は、たしかに反アルベンスであったが、経験豊富なキャリア外交官で、慎重な人物だった。ジョンはそれが「PB／サクセス」作戦の障害になると考え、彼に代えてジョン・ピュリフォイ[62]を遣った。ピュリフォイの国務省勤務の期間は短く、話し方も外交官らしくなかった。

ジョンは計画に反対しそうなラテンアメリカ専門家も異動させた。ジョン・ムーア・カボット次官補は、ユナイテッド・フルーツ社の株主であり、反共産主義者ではあったが、グアテマラ外交には慎重さが必要だと考えていた。たしかにグアテマラは左翼政権に牛耳られてはいるが、それが共産主義政権とまでは言いきれないと判断していた。[*63] ジョンはカボットを解任した。

駐ホンデュラス大使のジョン・ドレイパー・アーウィンも代えた。アーウィンはグアテマラ情勢に最も詳しい外交官の一人だった。彼に代わったのはホワイティング・ウィラウアー[*64]だった。中国戦線で航空部隊を育成し、対日航空戦を担当した退役軍人だった。

こうした人事を終えると、ジョンは米州機構[*65]（本部ワシントン）を利用してグアテマラの締め付けを本格化させた。米国と中南米諸国からなる米州機構は、アメリカの言いなりであった。ちょうどこの頃、ベネズエラの首都カラカスで首脳会談（サミット）が開かれた。これに参加したジョンは、ドラマチックなスピーチをしてみせた。[*66]

「ラテンアメリカ諸国は、モスクワの指令を受けた国際共産主義者の攻撃を受けている。ラテンアメリカ諸国にはそれぞれに個性があり、アメリカ合衆国とは異なる政治状況にあるが、それはそれで構わない。しかしここには異次元の主（あるじ）に奉仕するような政治が入り込む余地はない」

これに対してグアテマラ政府の首席代表ギジェルモ・トレジョは次のように反論した。[*67]

「我が国を攻撃する連中やそれを擁護する外国独占資本は、我々の目指す改革が気に食わないのである。我々は、封建主義的制度、植民地制度、つまり貧しい者から搾取する制度に終止符を打ちたいと思っているだけである」

『ニューヨーク・タイムズ』は、トレジョの演説に盛大な拍手があったと伝えた。「それはジョンのスピーチに対する拍手の倍の時間も続いていた」のだった。会議参加者の一人は、「トレジョが私たちの言いたいことを代弁してくれた」と記者に語った。

ジョンが一連の個別会談を行った結果、アメリカの力が勝った。「国際共産主義運動が、米州機構の加盟国に工作を仕掛けた場合には、現行の条約に基づいて適当な行動を起こす」ことが決議されたのである[*68]（三月二十八日）。

これは内政干渉を正当化するものであった。トレジョはこう嘆いている[*69]。

「この決議は、他のラテンアメリカ諸国にグアテマラへの介入を促すものであり、米州機構の基本原則に反している」

「アメリカ国務省は幸運にも、ダレス長官の才能でヨーロッパでもアジアでも外交的勝利を収めている。彼は、『外国勢力（共産主義者）の干渉があるから、それを排除するために（アメリカは）干渉しなくてはならない』と言う。我がグアテマラに対しても、民主主義的改革を共産主義者の策謀だと決めつけている」

「PB／サクセス」作戦は、カラカス決議がなくても進められたに違いない。それでも、外交上の正当性を担保するのに役立ったことは間違いない。アメリカのメディアも決議を前向きに評価した。

「自由のための大いなる勝利」（『ワシントン・ポスト』[*70]）

「（決議は）ダレス長官、合衆国、そして西側常識の勝利」（『ニューヨーク・タイムズ』[*71]）

アイゼンハワー大統領も記者会見で、「決議の狙いは、ラテンアメリカ諸国が自らの意思で政治体制や経済システムを選択できるように支援することが目的であり、邪魔することではない」と述べた。

「ＰＢ／サクセス」作戦発動が近づくと、アレンは作戦基地となるオーパ・ロッカ[*72]（フロリダ州）空軍基地を訪れた。ＣＩＡが雇い入れたパイロットはグアテマラ空爆の準備に余念がなかった。デイヴィッド・アトリー・フィリップス[*73]は、グアテマラ国民に反政府運動の広がりを知らせるラジオ・メッセージの原稿を練った。別のエージェントは、見せかけの「解放軍」の指揮官に選ばれたカルロス・カスティーヨ・アルマス大佐[*74]をめぐる伝説をつくりあげた。アルマス大佐は軍から罷免された人物だった。

オーパ・ロッカはＣＩＡが主役の作戦基地だった[*75]。アレンは、「いい仕事をしてくれ。やつらに一泡吹かせてやろう」と声をかけ、部下を激励した[*76]。

アレンは、アルベンスがグアテマラ国民に人気があることを知っていた。「解放軍」に国民が抵抗し、アルベンスを守る可能性もあった。そうさせないためには世論を変えなければならなかった。アレンは諜報作戦と心理学の融合を考えた。

「ＰＢ／サクセス」作戦の本質は、軍事作戦でもなく政治的工作でもなく、むしろ国民に対する心理作戦だとアレンは考えた。アルマス大佐を利用した「解放軍」が独自で戦いに勝てるなどとは思っていなかった。政府組織を混乱させ、軍部がアルベンスを見捨てざるを得ないような状況をつくるのが、アレンが考えた手順であった。

アメリカ国内の世論対策は十分だった。反アルベンスのプロパガンダ工作が行き届き、アメリカ世論はアルベンスに対して否定的な感情を持っていた。このプロパガンダ工作の指揮はエドワード・バーネイズ[*77]が取った。資金はユナイテッド・フルーツ社が出していた。『ニューヨーク・タイムズ』特派員シドニー・グルーソンが、グアテマラの土地制度改革を評価する記事を書いたことがあった。アレンは、同紙発行人アーサー・ヘイズ・サルツバーガー[*78]に抗議した。しばらくするとグルーソンは帰国を命じられた。[*79]

反政府運動が起きた時も、その活動にアメリカが関与していることを記事にする新聞はなかった。「中央情報局」（CIA）という語句が活字メディアに現れるのは極めて稀であり、大半のアメリカ人はCIAの存在を知らなかった。[*80]

アレンとユナイテッド・フルーツ社の友人らはアメリカ国民に、アルベンスは悪魔だというイメージを植え付けることはできた。しかし、グアテマラ国民へのプロパガンダ工作はうまくいっていなかった。新聞のやらせ記事の効果は限定的だった。国民の多くが文盲だった。ラジオ放送もたいした効果はなかった。ラジオを所有している者は五十人に一人しかいなかったからだ。[*81]軍事施設への爆撃も施設周辺の住民を怯えさせるだけの効果しかなかった。アレンは何か新しい方法を見つけなければならなかった。

「PB／サクセス」、宗教の利用

アレンは宗教を利用することを考えた。信仰心は人間の心中深く根を下ろしている。指導者はそれをいつも利用してきた。アメリカ世論をまとめるのにも使われたが、一九五〇年代はそれがうまくいった時代だった。

この頃のアメリカでは信仰心が高まっていた。教会の礼拝に参加する人も増えていた。アイゼンハワー大統領は、メノナイト（訳注：一六世紀に発生したキリスト教の分派。「信じる者の洗礼」を重んじ、新生児洗礼は否定する）であり、エホバの証人（訳注：エホバ神を唯一神として、三位一体説を否定するキリスト教の分派）の家庭で育った。彼は、大統領に就任すると、洗礼を受け長老派の信者となった。だからこそテレビを通じて信仰の重要性を訴えることができた。この頃、アメリカ復員軍人会が「神に帰れ（Back to God）」キャンペーンを開始していたが、大統領はその活動を支援した。「神なくしてはアメリカ型の政体もなければ、アメリカ流の生活様式もない」と訴えた。閣議も、祈りから始まることが決められた。一九五三年には新訂聖書が出版され、一年で二千六百万部も売れた。

同じ頃、『積極的考え方の力（ポジティブ・シンキング）』[*82]がベストセラーとなったが、著者ノーマン・ヴィンセント・ピールは、「自分ほど共産主義を軽蔑する者はない。共産主義に負けないためには神を信じることである」と訴えた。

説教師ビリー・グラハム[*83]は毎週日曜日、ラジオを通じた説教で知られ、彼のキリスト教信仰に関するコラムは全国百二十五の新聞に配信されていた。グラハムは共産主義は「悪魔に鼓舞され、指図され、やる気を掻き立てられた代物であり、神に対する挑戦である」[*84]と訴えた。歌手で俳優のパット・ブーン[*85]は、信仰の違いがあれば、たとえ演技の上であっても、そうした女優たちとのキスは拒否すると宣言した。

ワシントン議会は、「忠誠の誓い」のセレモニーに「神と共に（Under God）」の一句を付け加える法案を可決し、それとは別に「神に誓って（In God We Trust）」を国家のモットーとする法案が通った。

ダレス兄弟は幼い頃から信仰心の中にどっぷりと浸っており、アレンが対グアテマラ工作に宗教心を利用したのは当然といえば当然だった。グアテマラ国民はカソリック教会の強い影響下にあった。彼はカソリック組織を利用することに決めた。

当時のグアテマラ・キリスト教会の大司教はマリアーノ・ロセル・アレヤーノだったが、ＣＩＡは彼との関係を持っていなかった。ＣＩＡは直接の接触よりも間接工作のほうが望ましいとみた。ニューヨーク・カソリック教会の重鎮スペルマン枢機卿[*86]は強烈な反共主義者であるのみならず、ラテンアメリカ諸国に強い影響力を持つ「フィクサー」でもあった。友人の中にはラテンアメリカの三人の独裁者（キューバのバティスタ、ドミニカのトルヒーヨ、ニカラグアのソモサ）がいた。彼らはみなアルベンスを嫌っていた。

スペルマン枢機卿はグアテマラに関心を持っていた。スペインのフランコ総統を称賛し[*87]、アルベンスの進める土地所有制度改革が共産主義的だと憤るなど、アレヤーノ大司教と政治的な見解を同じくしていたからである。のみならずグアテマラのカソリック教会に対する反抗の歴史も気に入らなかったからだ。

グアテマラは、カソリック教会の聖職者に反発した初めてのラテンアメリカ国家だった。キリスト教会の牛耳る教育内容の変更、結婚制度の近代化、外国生まれの聖職者の人数制限、聖職者の政治活動禁止といった施策を進めてきたのがグアテマラであった。

　スペルマン枢機卿の評伝作家はこう書いている。

「ＣＩＡがスペルマン枢機卿に接触したのは一九五四年のことであった。グアテマラにいる工作員がアレヤーノ大司教と秘密裏に接触できるよう取り計らってもらおうとしたのである。スペルマン枢機卿はアルベンス政権転覆計画を支援することを決めた。イタリア総選挙でやったような、ＣＩＡとカソリック教会組織との提携だった。スペルマン枢機卿の動きは素早かった。一九五四年四月九日には早くもグアテマラ各地の教会で枢機卿の教書が朗読された」[88]

　枢機卿の教書は、信仰心と恐怖心と愛国心に染められたプロパガンダ文書の傑作だった[89]。

「最も非キリスト教的な教義が、今この瞬間にも、我々の国で厚かましくも歩を進めていることを、カソリック信者の皆さんにもう一度警告しておかなければなりません。共産主義の無神論の考えが押し寄せているのです。無神論は、貧しい者のためと称し、社会改革という仮面をかぶっています」

「尊敬すべきグアテマラ国民は、自由を圧殺し、国民という概念を失わせ、階級間の憎しみを煽る者たちを断乎として拒否しなくてはなりません。彼らの狙いは、富の略奪であり、国家の破壊です。カソリック教徒は、団結して共産主義者と戦うべきなのです。グアテマラ国民は今こそ立ち上がらねばなりません。神の敵、国家の敵と戦うのです」

「グアテマラ国民を住み慣れた土地から追い立てることなど誰にもできません。カソリック信者であれば、どこに住んでいようと、自由な人間として必ずや神の恩寵が与えられます。グアテマラはまだソビエトの独裁者の手に落ちてはいません。我らの信仰でグアテマラを脅かす教え（共産主義）と戦ってください。共産主義者とは無神論であり、無神論はゆえに反愛国主義であることを忘れないでください。すべてのカソリック教徒はカソリック教徒であるがゆえに共産主義と戦わねばなりません。正しきクリスチャン生活こそが我々の戦（キャンペーン）いの、そして我が十字軍の核心なのです」

この教書は翌日のグアテマラの新聞各紙に掲載された。一般国民はアルベンスの仕事ぶりを評価していた。「キリスト教徒の敵である」などと聞かされたのは初めてだった。しかもそれを伝えたのは神の声のメッセンジャーたる枢機卿だった。グアテマラ国民は動揺した。これに気をよくしたオーパ・ロッカの作戦本部は、グアテマラに潜入している工作員グループに宗教プロパガンダの強化を指示した。[*90]

「共産主義者は宗教心を踏みにじると強調せよ。共産主義に対する一般人の反感を煽れ。このままでは教会組織が共産主義者に利用される、天使の絵は、レーニンやスターリンやマレンコフの肖像画に代えられ、子供たちに共産主義思想が教えられることになると訴えよ」

ＣＩＡの主張は必ずしも嘘ではなかった。アルベンスは大統領就任後、たしかに左傾していた。彼の妻も、アルベンス自身が自らを共産主義者であると認めていたと証言している。[*91]そうであっても、一九五六年には大統領選挙があり、アルベンスは退陣することがわかっていた。グアテマラ憲法では大統領の再選は禁じられ、再選を狙うものは軍によって排除させられることが決まっていた。[*92]次期大統領候補はいずれも保守系だった。しかし、ジョンもフォスターもアイゼンハワー大統領も、それまで数年間、気長に待つ気にはなれなかった。

五月半ば、アルベンス政権がチェコスロバキアから武器輸送を受けたとの情報が入った。アメリカ政府は、グアテマラへの武器の禁輸を実施していた。他の六カ国にも追随させていた。アルベンス政権には（チェコスロバキアの武器以外に）武器購入の手立てはなかった。結局、チェコスロバキアからの武器輸送は、「アルベンスとモスクワの親密な関係」を示す格好の材料となった。ジョンは大統領に事態の深刻さを説明した。アイゼンハワーは、ニカラグアとホンジュラスの親米独裁者に五十トンの武器を送ることを決めた。理由は、「グアテマラの侵略」（『ニューヨーク・タイムズ』[*93]）に備えるためであった。

一九五四年六月十六日朝、ジョンとアレン、アイゼンハワー政権の高官らはホワイトハウスで朝食をとりながら協議した。アレンは、対グアテマラ工作の準備が整ったことを報告した。[*94]アイゼンハワーは「間違いなく成功するだろうな」と聞き、アレンは成功するだろうと答えた。「絶対に成功させねばならない。必要なことは何でもやる覚悟だ。やる時にはやる。そして必ず勝たねばならない」

大統領は一堂にそう言った。

「PB／サクセス」決行

この二日後、およそ百五十の兵士を率いたカスティーヨ・アルマス大佐が隣国ホンジュラスからグアテマラへ侵入した。しかし彼らは領土内にわずか六マイル（十キロメートル）ほど入っただけで動きを止めた。CIA工作の成果が出るまで待機することが指示されていた。
この間、ラジオを通じて偽情報が流された。

「反政府軍が立ち上がり、勝利を収めている」と伝えたのである。

CIAが手配した航空機は、ホンジュラスとニカラグアの秘密基地から飛び立つと、グアテマラの軍事施設を爆撃した。グアテマラ市内にある軍事基地も空爆の標的となった。アルベンスは、国連に対して調査団の派遣を要請したが、ヘンリー・カボット・ロッジ国連大使がこれを阻止した。

政府発表に疑問を呈したジャーナリストはほとんどいなかった。『ニューヨーク・タイムズ』のジェームズ・レストン記者はこれを疑った一人で、後年、「解放軍」の本当の性格を暴いた一文をものすことになる。あらゆるアメリカ人は共産主義によって道徳上の脅威にさらされ、共産主義と対決する政府の奮闘努力を支援する義務があるという国民感情と一体となった、当時のお行儀のいい報道基準では、政府発表を疑うことなど問題外だったのだ。レストンはそうではなかった。彼は、ある者にはくだらない憶測の域を越えるものではないとしか読めないが、ワシントンの関係者には真意が伝わるような巧みなコラムを書いた。タイトルは「グアテマラの事態にダレス兄弟は関与しているか？」であった。[*95]

「ダレス国務長官は他国の内政に干渉することはほとんどないようだが、弟のアレンはそうではないようだ。もしも誰かが、たぶんグアテマラあたりで、革命を始めたいと言ったら、国務長官にとって良い話ではないのだろう。だが、CIAのトップたるアレン・ダレスはもっと活動的な人間だ。彼はグアテマラ情勢を長い間ウォッチしていた」とレストンは書いた。

ＣＩＡに関するレストンの直感は当を得ていた。もちろんこのことをレストンは知らなかった。しかしながら、このコラム発表の直後、グアテマラ工作は失敗の危機に陥り、アレンはホワイトハウスに緊急救助（エマージェンシー・レスキュー）を要請せねばならなかった。

六月二十一日から二十二日にかけて、予期せぬ事態が起きたのである。ＣＩＡが手配した爆撃機が大きな被害を受けた。爆撃機はアルベンス排除のワシントンの決定を象徴するものであり、アルベンスとその支持者たちに効果的な一撃を加えると思われたことからサルファト（便秘薬）の名で知られるようになった。一機は地上からの攻撃で墜落し、二機がメキシコ領内に緊急着陸した。そのため爆撃を続けることができなくなった。工作担当者は航空戦力不足をワシントンに報告した（六月二十三日）。

アレンは直ちにホワイトハウスに向かい、ソモサの独裁国ニカラグアにある空軍機をＣＩＡに引き渡してもらう交渉に入った。この協議には国務省の法律顧問ヘンリー・ホランドが同席していた。ホランドは、グアテマラ爆撃は国際法違反であり、反米感情に火をつけることになると反対した。それでも、大統領はアレンの要請を認めた。

アイゼンハワーはこの決定に悩むことはなかった。大統領は、アンドリュー・グッドペイスター将軍[*96]にこの時の心境を語っている。

「軍事行動を途中で止めるようなことをしてはならない。躊躇は禁物だ[*97]」

こうして、グアテマラ爆撃は本格化した。グアテマラ軍高官は、ジョン・ピュリフォイ米大使の露骨な物言いから、反政府軍の動きの裏でアメリカが関与していることに気づいた。アメリカがアルベンス失脚を狙っていることも理解した。

六月二十七日、軍の高官らはアルベンスに退陣を迫った。アルベンスがラジオを通じて退陣の声明を読み上げたのは数時間後のことであった。

「私は悲しく残酷な決断を迫られました。未開発の国、植民地にされた国を抑えつけようとする見えない力に私は降伏しなくてはなりません」

声明を読み上げたアルベンスはメキシコ大使館に逃れ、亡命を認められた。しばらくしてCIAが「解放者」に選んだアルマス大佐がアルベンスの後継となった。アルマスが大統領に就任すると議会を解散し、憲法を停止した。さらに国民の四分の三は文盲だとして選挙権を制限した。アルベンスの実施した土地所有制度改革法も破棄した。

十年間続いた民主主義政権はこうして終焉を迎えたのである。

「心からご苦労だったと言いたい。作戦は成功した」[*98]

フランク・ワイズナーCIA副長官は部下に慰労の言葉を伝えた。アイゼンハワー大統領も喜んだ。イラン革命を成功させた時もそうだったが、工作関係者をホワイトハウスに招いた。CIAのメンバーはホワイトハウスの東翼(イーストウイング)にある一室に通された。そこには、大統領、国務長官、参謀総長に加え、二十人を超すワシントン高官が待っていた。リチャード・ニクソン副大統領、ハーバート・ブロウネル司法長官[*99]の顔も見えた。

出席者の誰もがCIAの説明を興味津々に聞いた。それが終わると大統領はCIAのメンバー一人ひとりの手を握って謝意を伝えた。最後にアレンの手を固く握りしめた。

「よくやったアレン。我々の裏庭に共産主義者が橋頭堡を築くのをよく防いでくれた[*100]」

たしかに大統領は喜んだが不安は残っていた。オーパ・ロッカの工作部隊はアレンに次のように訴えた。

「〝侵入者〟（訳注：CIAの傀儡、アルマス大佐一派を指す）や〝ヤンキー帝国主義者〟が、土地所有制度改革を潰しにやって来たと共産主義者が訴えれば、まずいことになる[*101]」

「土地所有制度改革そのものは世界のどこにあっても重要だ。ラテンアメリカ、アジア、アフリカ、そしてヨーロッパの一部の国でさえも改革が必要なのだ。それをアメリカが潰したと宣伝されたらまずい。国務省に何らかの声明を出させるべきだ[*102]」

アレンはこうした懸念をジョンに伝えた。一九五四年六月三十日、国務長官はグアテマラ革命についてラジオ声明を発表した[*103]。最後の抵抗を続けていた親アルベンス派軍が降伏した翌日のことである。

「今夜は、アメリカ国民にグアテマラ情勢について説明したい。クレムリンの共産主義者たちはその悪魔性をグアテマラで展開していた。グアテマラは小国だが、そこに共産主義の前線基地を作らせてはならない。グアテマラを政治的なベースとして共産主義が他のラテンアメリカ諸国へ伝播してしまうことになる」

「グアテマラ政府とユナイテッド・フルーツ社の間に意見の対立があったことは事実であるが、そのこと自体はほとんど意味のないことである。愛国者であるアルマス大佐らが共産主義政府に反旗を翻し、彼らが政権を奪取したことが重要なのである」

「グアテマラの問題は彼ら自身がこれから解決していくことになる。共産主義の脅威そのものは消えてはいないが、南北アメリカ諸国の安全を脅かす一つの種が消えた。それを今日は素直に喜びたい」

この声明の数カ月後、メキシコに亡命していた元グアテマラ外交官ギジェルモ・トレジョは次のように述べてアメリカを非難した。[*104]

「一九五四年六月二十九日、外国勢力がグアテマラの民主主義を崩壊させた。アメリカ国務省、CIAそしてユナイテッド・フルーツ社（バナナ帝国：the Banana Empire）が束になって、小国グアテマラを潰したのである。アメリカの百分の一の力しかない小さな国が血に染まった。その翌日に、ジョン・フォスター国務長官は勝利を宣言した」

最小限のコストで他国政府を転覆させてみせたアレンはCIAに黄金期をもたらした。ジョンはこの成功が何を意味するかよくわかっていた。世界が彼らの戦いの場となったのだ。ダレス兄弟はアメリカにとって不都合な外国政府を転覆させる力を握った。二人の指導者は去った。イランに続くグアテマラの成功で意気揚々たる兄弟の狙いは、第三の標的へと移っていった。

注

＊1　*Gentleman Spy*, p370. あるいは photos of Allen's home in Dulles Papers, box 127.

＊2　Lionel Trilling（一九〇五―七五）文芸評論家。教育者。訳注

＊3　Lionel Trilling, *The Liberal Imagination*, New York Review of Books, 2008, p221.

＊4　Jorge Ubico（一八七八―一九四六）職業軍人。グアテマラ大統領。任期は一九三一年から四四年。訳注

＊5　Thomas McCann, *An American Company: The Tragedy of United Fruit*, Random House, 1988, p56. あるいは Richard H.

＊6　Immerman, *The CIA in Guatemala: The Foreign Policy Intervention*, University of Texas Press, 1982, p124.
＊7　*New York Times*, Feb. 26, 1949.
＊8　Jacobo Arbenz Guzman（一九一三―七一）グアテマラ大統領。任期は一九五一年から五四年。訳注
＊9　*An American Company*, p45.
＊10　Juan José Arévalo and Jacobo Arbenz, *Discursos del Doctor Juan José Arévalo y del Teniente Coronel Jacobo Arbenz Guzmán en el Acto de Transmisión de la Presidencia de la República*, Tipografía Nacional, 1951, p26.
＊11　*Countercoup*, pp209-20.
＊12　Fred. M. Vinson（一八九〇―一九五三）最高裁長官就任は一九四六年。訳注
＊13　*Chances of a Lifetime*, p314.
＊14　Earl Warren（一八九一―一九七四）カリフォルニア州知事を歴任した政治家でもあった。最高裁判所長官の任期は一九五三年から一九六九年まで。訳注
＊15　Joseph Laniel（一八八九―一九七五）任期は一九五三年から五四年。訳注
＊16　Georgy Malenkov（一九〇二―八八）スターリンの側近。閣僚会議議長（任期は一九五三年から五五年）。訳注
＊17　John Lukacs, *Churchill: Visionary, Statesman, Historian*, Yale University Press, 2004, p80.
＊18　*Dulles: A Biography of Eleanor, Allen, and John Foster Dulles and Their Family Network*, p324. あるいは *The Devil and John Foster Dulles*, pp162-165. あるいは *John Foster Dulles and the Diplomacy of the Cold War*, pp79-80.
＊19　Chris Tudda, *Truth is Our Weapon: The Rhetorical Diplomacy of Dwight Eisenhower and John Foster Dulles*, Louisiana State University Press, 2006, pp72-73.
＊20　Kenneth Osgood. *Total Cold War: Eisenhower's Secret Propaganda Battle at Home and Abroad*, University Press of Kansas, 2008, pp198-199.
＊21　同右、pp212-213.
＊22　*Chances of a Lifetime*, pp245-246.
＊23　*John Foster Dulles and the Diplomacy of the Cold War*, p111.
＊24　*Legacy of Ashes*, p110.
＊25　*John Foster Dulles and the Diplomacy of the Cold War*, p272.
＊26　James Killian（一九〇四―八八）ＭＩＴ学長（任期は一九四八年から五九年）。訳注
＊27　Edwin H. Land（一九〇九―九一）発明家。ポラロイド社創設者の一人。訳注
＊28　*The CIA in Guatemala*, pp116-118, 124-125. あるいは *An American Company*, p56. あるいは Peter Chapman, *Bananas:*

How the United Fruit Company Shaped the World, Canongate, 2009, p98. あるいは Guillermo Toriello, *La Batalla de Guatemala*, Editorial Universitaria, 1955, p501.

＊28　John Moors Cabot（一九〇一―八一）外交官。スウェーデン、コロンビア、ポーランドなどの大使を歴任。訳注

＊29　Henry Cabot Lodge, Jr.（一九〇二―八五）上院議員（共和党、マサチューセッツ州。一九三七年から四四年、一九四七年から五三年）。国連大使（一九五三年から六〇年）。訳注

＊30　Robert Cutler（一八九五―一九七四）初代（一九五三―五五年）第四代（一九五七―五八年）の国家安全保障問題担当大統領補佐官。訳注

＊31　Ann C. Whitman（一九〇八―九一）彼女がエドマンドと結婚したのは一九四一年。一九五二年の大統領選の選挙スタッフとして採用された。以後アイゼンハワーの個人秘書を務める。訳注

＊32　*The Spiritual Weapons*, p141.
この映画（*Why the Kremlin Hates Bananas*）はＹｏｕｔｕｂｅで視聴可能。訳注

＊33　Rafael Trujillo（一八九一―一九六一）ドミニカ共和国大統領。三十一年間にわたって独裁政治を進めた。一九六一年に暗殺。訳注

＊34　Fulgencio Batista（一九〇一―七三）キューバ大統領（一九四〇―四四年、一九五二―五九年）。キューバ革命（一九五八年）によりドミニカに亡命。訳注

＊35　François Duvalier（一九〇七―七一）ハイチの独裁的大統領（一九五七―七一年）。訳注

＊36　Marcos Pérez Jiménez（一九一四―二〇〇一）ベネズエラ大統領（一九五三―五八年）。訳注

＊37　筆者によるアーサー・ハルニック（Arthur Hulnick）に対するインタビュー。

＊38　*FRUS* (Foreign Relations of the United States), Guatemala, pp102-108.

＊39　*Safe for Democracy*, p116.

＊40　同右、pp109-110.

＊41　John Prados（生年不詳―）国家安全保障文書館（the National Security Archive at George Washington University）主任研究員。訳注

＊42　*Time*, March 15, 1954.

＊43　Jose Figeres Ferrer（一九〇六―九〇）コスタリカ大統領（任期は一九五三年から五八年）。訳注

＊44　Mike Mansfield（一九〇三―二〇〇一）ニューヨーク生まれだがモンタナ州で育った。一九六一年から七七年まで院内総務。その後駐日大使（一九七七―八九年）。訳注

＊45　*John Foster Dulles and the Diplomacy of the Cold War*, p171.

＊46　Kenneth Lehman, Revolutions and Attributions: Making Sense of Eisenhower Administration Policies in Bolivia and Guatemala, *Diplomatic History* 21 no. 2, Spring 1997, pp185-213.

＊47　同右、p193.

＊48　Bryce Wood, *The Dismantling of the Good Neighbor Policy*, University of Texas Press, 1985, p151.

＊49　*The Fifties*, p373.

＊50　筆者による元CIAエージェントへのインタビュー、二〇一二年。

＊51　Joseph B. Smith, *Portrait of a Cold Warrior: Second Thoughts of a Top CIA Agent*, Ballantine, 1976, p55.

＊52　*The CIA and Congress*, p173.

＊53　John Taber（一八八〇―一九六五）ニューヨーク州下院議員。共和党。訳注

＊54　*The CIA and Congress*, p172-175.

＊55　Leverett Saltonstall（一八九二―一九七九）マサチューセッツ州知事（一九三九―四五年）。上院議員（一九四五―六七年）。共和党。訳注

＊56　*The CIA and American Democracy*, p78.

＊57　The United States Information Agency（USIA）一九五三年にアイゼンハワー政権が設置した。外国政府や世論にアメリカの外交政策を理解させることが目的だった。一九九九年まで存在した。訳注

＊58　*Dulles: A Biography of Eleanor, Allen, and John Foster Dulles and Their Family Network*, p364-365.

＊59　同右。

＊60　*Safe for Democracy*, p110.

＊61　Rudolph Emil Schoenfeld（一八九五―一九八一）グアテマラ大使（一九五一年から五三年十月十九日）。その後コロンビア大使。訳注

＊62　John Peurifoy（一九〇七―五五）グアテマラ大使（一九五三年から五四年十月二日）。その後、駐タイ大使。訳注

＊63　John Moors Cabot, oral history, Dulles Papers.

＊64　Whiting Willauer（一九〇六―六二）駐ホンジュラス大使（一九五四―五八年）、駐コスタリカ大使（一九五八―六一年）。訳注

＊65　the Organization of American States（OAS）一九五一年発足。現在は、アメリカ、カナダあるいは中南米諸国の計三十五カ国がメンバーである。訳注

＊66　U. S. Department of State, *Tenth Inter-American Conference: Report of the Delegation of the United States of America with Related Documents*, U. S. Government Printing Office, 1955, p9.

*67 *La Batalla de Guatemala*, p91.

*68 http://avalon.law.yale.edu/20th_century/intam10.asp.

*69 *La Batalla de Guatemala*, p77.

*70 *Washington Post*, Mar. 15, 1954.

*71 *New York Times*, Mar. 14, 1954.

*72 Opa Locka フロリダ半島南部東岸の町。訳注

*73 David Atlee Phillips（一九二二―八八）CIAエージェント。「PB／サクセス」作戦では心理戦担当。訳注

*74 Carlos Castillo Armas（一九一四―五七）一九四四年まで陸軍士官だったが、複数回の反政府活動で罷免されていた。訳注

*75 Nick Cullather, *Secret History: The CIA's Classified Account of Its Operations in Guatemala, 1952–1954*, Stanford University Press, 1999, p46. あるいは *The CIA in Guatemala*, p138.

*76 *Safe for Democracy*, p116.

*77 Edward Barnays（一八九一―一九九五）アメリカの世論工作テクニックのパイオニア。フロイトなどの心理学の応用を試みた。訳注

*78 Arthur Hays Sulzberger（一八九一―一九六八）一九三五年から六一年まで『ニューヨーク・タイムズ』発行人。訳注

*79 *Secret History*, p94.

*80 *The CIA and Congress*, pp166–167.

*81 *Secret History*, p41.

*82 原題 *The Power of Positive Thinking*。一九五二年出版。日本語版はダイヤモンド社より刊行されている（一九六四年）。訳注

*83 Billy Graham（一九一八―）アメリカで最も著名な説教師。伝道師とも言われる。訳注

*84 David Aikman, *Billy Graham: His Life and Influence*, Thomas Nelson, 2007, p68.

*85 Pat Boone（一九三四―）映画『バーナーディーン』でデビューした。訳注

*86 Francis Joseph Spellman（一八八九―一九六七）ニューヨーク大司教（一九三九年）、枢機卿（一九四六年）。訳注

*87 Greg Grandin, *The Last Colonial Massacre: Latin America in the Cold War*, University of Chicago Press, 2011, pp80, 236.

*88 John Cooney, *The American Pope: The Life and Times of Francis Cardinal Spellman*, Dell, 1986, p297.

*89 Pastoral Letter, *El Calvario de Guatemala*, Comité de Estudiantes Universitarias Anticommunistas, 1955, pp319–324.

*90 *FRUS*, pp267–268.

＊91　Piero Gleijeses, *Shattered Hope: The Guatemalan Revolution and the United States, 1944-1954*, Princeton University Press, 1991, p147.

＊92　同右、p205.

＊93　*New York Times*, May 25, 1954.

＊94　W. Thomas Smith, *Encyclopedia of the Central Intelligence Agency*, Facts on File, 2003, p115.

＊95　*New York Times*, May 25, 1954.

＊96　Andrew Goodpaster（一九一五―二〇〇五）陸軍大将。ＮＡＴＯ軍司令官（任期は一九六九年から七四年）。訳注

＊97　Stephen G. Rabe, *Eisenhower and Latin America: The Foreign Policy of Anticommunism*, University of North Carolina Press, 1988, p60.

＊98　*FRUS*, p409.

＊99　Herbert Brownell（一九〇四―九六）法律家。共和党員。アイゼンハワー政権の司法長官（任期は一九五三年から一九五七年）。訳注

＊100　*Eisenhower and Latin America*, p81.

＊101　*FRUS*, p377.

＊102　同右。

＊103　United States Department of State, *Intervention of International Communism in the Americas*, Publication 5556, Department of State, 1954, pp30-34.

＊104　*La Batalla de Guatemala*, p9.

7章　非情と悪知恵

メディアに躍るダレス兄弟

諜報活動に従事する者は慎重な行動を心掛けるものである。しかし、アレン・ダレスはわずか十カ月で二つの政府の転覆に成功したせいか、CIAの関与を断乎として否定する気はなかった。一九五四年夏、アレンは『サタデー・イブニング・ポスト』紙の記者数人を招いてCIA長官として一年目の仕事ぶりを語って聞かせた。『ポスト』は三回シリーズの特集記事「CIAの秘密工作」を組んだ。[*1]

「アメリカの極秘情報機関CIAの秘密：本紙独占記事」

「初めて明かされるCIA工作の手口、職員採用と資金調達法、グアテマラ、イランそして鉄のカーテンの向こう側であげた成果」

仰々しい見出しの下にはアレンの写真まで掲載された。連載記事は、東欧諸国におけるストライキの煽動、鉄道や橋梁の破壊活動の実態も報じていた。CIAがモサッデク政権とアルベンス政権の転覆に関わっていたことも書かれていた。

アルベンスが追放されたのは彼がモスクワの傀儡政権であり、グアテマラの破壊を企んでいたからだと説明した。

「アルベンスを放っておいたら、我が国は海兵隊を出動させ、パナマ運河の守備にあたらなければならなかっただろう」

「他のラテンアメリカ諸国を救うためのグアテマラ工作であった」

モサッデク政権転覆の顛末にも言及していた。

「独裁的な首相モハンマド・モサッデクを追放し、アメリカの友人モハンマド・レザー・パフラヴィーを復位させた」

「グアテマラやイランが共産主義者の手に落ちることを未然に防いだことで、CIAは予算の何倍もの価値ある仕事をした。こうしたやり方が気に食わなくても、世界中で我が国の転覆を狙う共産主義者の企みが練られているという現実を知らねばならない」

CIA長官アレンを紹介したのは『サタデー・イブニング・ポスト』であったが、『タイム』のほうは国務長官ジョンを取り上げた。ジョンを「マン・オブ・ザ・イヤー」に選んだの

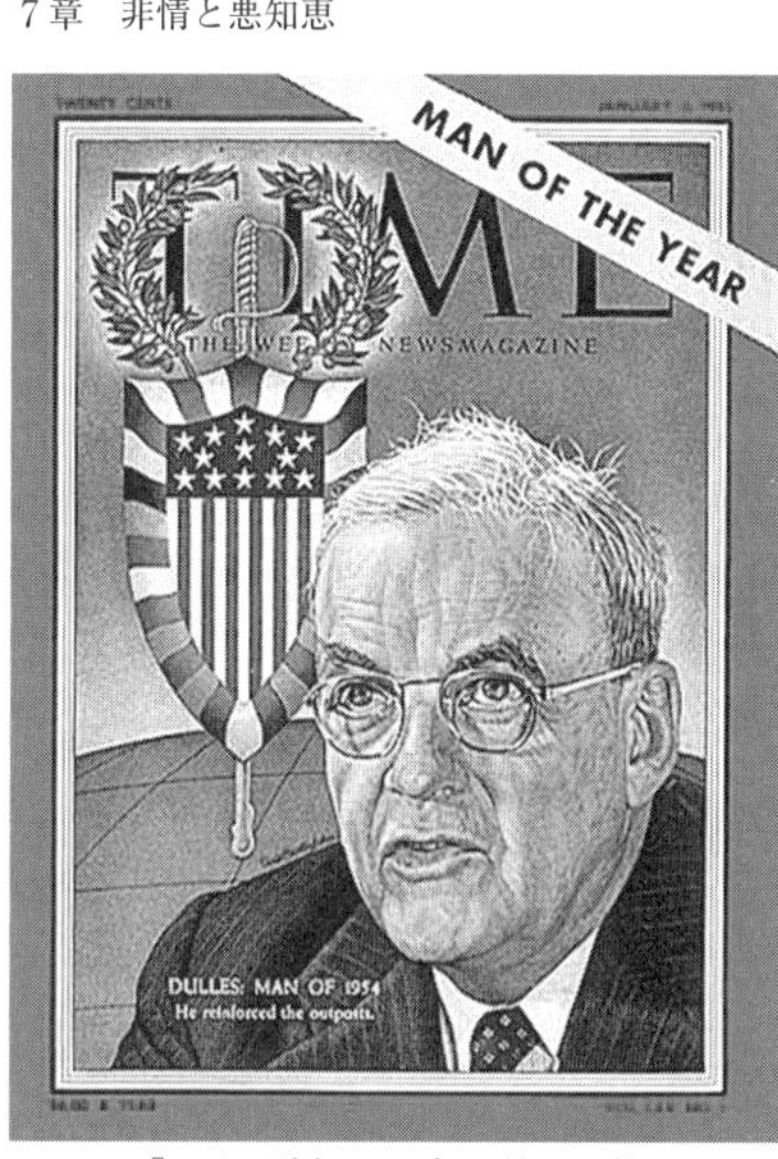

『タイム誌』1955年1月3日号

である（一九五五年一月三日号）。彼のイラストがその表紙を飾った。

たしかに、彼ほど精力的に共産主義との戦いを進めている者はなく、「マン・オブ・ザ・イヤー」にふさわしかった。人類の将来が彼の戦いの行方にかかっていると思われた時代だった。記事はジョンに対する称賛に満ちていた。

「力強いアメリカ経済と、それを支えるキリスト教的資本主義精神（Christian politics）」を信じ、世界に広める伝道師である」

記事では、ジョンの前に立ちはだかる困難に触れていた。ページの中央には髭面の、痩せたアジア人の写真が載っていた。作業着を着こんで膝の上に手を置いたホー・チ・ミンであった。彼はアメリカではほとんど無名だった。キャプションには「インドシナのホー」とある。ジョンとアレンが出かけて行って打ち倒そうとしていた第三の〝怪物〟だった。

次なるターゲット：ホー・チ・ミン

ダレス兄弟はモサッデク政権を葬り（一九五三年）、次にアルベンス政権を倒した（一九五四年）。今や彼らは反植民地主義を標榜するホー・チ・ミンを次の標的と定めた。ホー・チ・ミンが狙われたのは、彼自身に原因があるのではなく、ベトナムの地政学的位置にあった。ダレス兄弟は、冷戦構造が固定化したヨーロッパは依然として共産主義との戦いの中心ではあるが、その最前線は次第に東アジアに移ってくると予想していた。

二人は、中国はソビエト共産主義の尖兵であり、ホー・チ・ミンはソビエトと共産中国の手先だと見なしていた。ホー・チ・ミンを叩けば「国際共産主義運動」に大きな打撃を与えることができる。そう考えたのである。

先に書いたように、数十年前にホー・チ・ミンはパリで、ウッドロー・ウィルソン大統領に接触しようとして失敗した。その後、彼は故国に戻り、国民的英雄になった。ホー・チ・ミンはアメリカを高く評価していた。彼は自由の女神やニューヨークのイーストリバーに架けられた橋に魅せられていた。

先の大戦で彼はＯＳＳに協力し、抗日ゲリラ組織を率いて戦った。一九四五年には、ＯＳＳは工作チームを派遣して〝ミスター・ホー〟を支援した。アメリカ製の武器を使ってゲリラ兵を訓練した。空から支援物資を落とし、ホーおよび英語を話すゲリラのリーダーに米陸軍の戦闘マニュアルまで与えた。ホー・チ・ミンを指導した者たちの報告からは、彼らがホーを高く評価していたことが窺われる。

一九四五年八月、日本軍との戦いが終わった。ＯＳＳチームの指揮官、アリソン・トーマス陸軍大尉はホーとの別れの夕食会を開き、その折、ホー・チ・ミンに「君は共産主義者か」と問うた。「そうです」と彼は答えた。「しかし、それでもベトナムとあなたの国は友人でいられるでしょう」。ホー・チ・ミンがベトナム独立を宣言したのはこの一カ月後のことであった。独立宣言のスピーチで、彼はアメリカの建国精神を引用した。[*2]

「人は生まれながらにして平等である。神は人に不可侵の権利を与えた。生存を求め、自由を謳歌し、幸福を追求する権利である」

十一月には当時の国務長官ジェームズ・バーンズに親書を送り、ベトナムの若者およそ五十人をアメリカに遣り、文化交流を図りたいと訴えた。彼らに土木工学、農業などの専門知識を学ばせたかったのである。しかし国務長官から返事はなかった。ホー・チ・ミンはトルーマン大統領にも親書を書いた。「アメリカの国連代表団（バーンズ、エドワード・ステティニアス、ジョン・ダレス）が見せた理想主義や寛容の精神を大統領に期待した」[*3]のである。

「フランスの植民地主義者らは、連合国とベトナム国民をともに裏切り、再びこの地に戻ってこようとしています。ベトナムを再び支配しようと企み、悪辣で無慈悲な戦いを始めようとしているのです。彼らの侵略は国際法に違反し、先の大戦で連合国が謳った戦いの大義にも背きます。これまで貴国（アメリカ）政府あるいは国民が我が国に示してくれた誠意ある態度とは全く異なります」

「（西側諸国は）約束を守るべきであります。不正義の戦争には介入し、先の大戦の大義から逸脱する行為は矯正しなくてはなりません。ベトナムの要求はフィリピンがアメリカに要求したことと同じです。我々が欲しいのはフィリピンと同様の完全なる独立です。貴国の協力も必要です。独立を勝ち取るために我々は全力を尽くします。そして世界の和平のために貢献する覚悟です」

「反ホー・チ・ミン」キャンペーン

トルーマンもこれに答えなかった。ホー・チ・ミンの親書の存在すら四半世紀にわたって隠された。ベトナムに赴任するアメリカの外交官らは、ホー・チ・ミンはベトナム国民の真の代表たる人物だと報告[*4]する一方で、彼はずる賢い日和見主義者（オポチュニスト）だとも伝えていた。

最高裁判事となっていたウィリアム・O・ダグラスはインドシナを巡った後、この「結核を患っている共産主義者」は「最も成功を収めた革命家」だと評した。

「ホー・チ・ミンはフランス警察に追われたが、けっして見つからなかった。本物の怪物で神出鬼没。フランスは彼の影に怯えつづけた。農民たちはひそひそ声で彼の噂をし、彼がどこに行こうとも、多くの貧しい人々が彼についていった」[*5]

一九五四年春、インドシナ半島に関係する各国がスイスのジュネーブに集まり会議を開いた。ダレス兄弟はここで反ホー・チ・ミンのキャンペーンを開始した。ジョンは当初中国（中共）の会議参加を聞いて出席を拒んだ。フランスは、アメリカが出席しなければフランスの支援する政府（バオ・ダイ政権）は崩壊し、フランスもアメリカから距離を置く外交に切り替えると訴え、ジョンに翻意を促した。ジョンはその説得を受け入れ、出席を決めた。

ワシントンでの記者会見では、「（ジュネーブでは）共産中国とその傀儡であるホー・チ・ミンとはいかなる妥協もしない」と述べた。記者との間では次のようなやりとりがあった。[*6]

「インドシナ半島問題では、どういった解決策が適当と考えていますか」（記者）

「中国共産党は東南アジア方面で共産主義体制の拡大を狙っている。これを排除することが第一の狙いになる」（国務長官）

「共産主義勢力をインドシナ半島から完全に排除するという意味ですか」（記者）

「共産主義者がそれに抵抗する場合、どういう妥協があり得ると思うかね」（国務長官）
「そんなことは考えたこともありません」（記者）
ホー・チ・ミンとは妥協しない。ジュネーブにやって来たジョンはそれ以外のことは考えていなかった。フランスが擁立したバオ・ダイ（訳注：一九一三―七九年。ベトナム帝国最後の皇帝）も同じ思いであった。しかし他の代表は何らかの妥協を望んでいた。ジョンはアメリカ主導で会議を進めるつもりであったが、彼のやり方では戦争となる可能性が高かった。
ジョンは中国共産党政府の孤立化を狙っていた。彼は台湾に逃げた国民党政府こそが中国の正統政府であると認識していた。国連における代表は国民党政府であるとの立場を堅持していた。ジョンは、「アメリカは中国共産党政府（中共）を承認していない。したがって中共政府と交渉する立場にない」として彼らとの交渉を拒否した。たしかに、アメリカ国民には中共への渡航パスポートを発行していなかったし、ジャーナリストの中共行きも禁じていた。
中共の代表は、首相（国務院総理）と外相（外交部長）を兼務していた周恩来だった。ジュネーブの交渉では、テーブル越しにジョンと対面する可能性があった。ワシントンではそうなった場合、何が起こるか興味津々であった。ジュネーブに同行したジャーナリストはその時はどんな態度をとるか、ジョンに質問している。
「対面するなんてことは絶対にない。お互いを乗せた車が正面衝突でもすれば別だがね」[*7]
ウィットとは無縁の男だったジョンにしては驚くほど剽軽（ひょうきん）な答えだった。その裏でジョンはジュネーブ会議に臨むにあたって以下の三つの仮定（考え）を持っていた。これがアメリカをベトナムに引き込むことになる。

一、国際共産主義活動はモスクワからの指令で動く。

二、ヨーロッパ方面での共産主義思想の拡大を阻止されたクレムリンが次に狙うのはアジア方面である。

三、モスクワのエージェントとして最も行動的な男がホー・チ・ミンである。したがって彼はアメリカの敵である。

ワシントンの政治家や高官の多くが彼の考えに同調していた。ディーン・アチソンはホー・チ・ミンの評価を聞かれて、「すべてのスターリン主義者は民族主義者だ[*8]」と答えたと外電の一つが書いている。ハリー・トルーマン大統領も同じような考えだった。

「アジアの国々がクレムリンの支配下に置かれてしまえば、我が国は軍事的安全保障および経済的利益を損なう。我が国を信頼する多くの人々は失望することになろう[*9]」

一九五〇年、朝鮮で戦争が勃発していた。フランスの支持が必要だったトルーマン大統領は、フランスのベトナムでの戦いを経済面で支援すると決めた。反植民地主義の主張など忘れたかのようだった。この年の支援額一千万ドルであった。一九五二年末には支援額は三倍に膨れ上がった。この二年後にはおよそ十億ドルに達している。

ポール・カッテンバーグは国務省の中堅幹部（訳注：一九五二年から五六年まで国務省のインドシ

ナ半島問題アナリスト、一九六三年から六四年までベトナム担当）だったが、アメリカは、ホー・チ・ミンとの戦いにお金を出すよりも、ホーに五億ドルの国家再興資金を出したほうがよほどいいと述べた。

アメリカからの資金があれば、ホー・チ・ミンは中共やソビエトに依存する必要もなく、アメリカが戦争に巻き込まれることもない。これがカッテンバーグの主張だった。しかし、国務省内では異端とされた。彼は後日次のように書いている。[*10]

「一九五〇年の時点で、我が国の外交関係者の中に、ホー・チ・ミンはフランス軍を打ち負かすだろうと言える勇気のある者はいなかった。ワシントンにいる者もアジアに赴任している者も口を噤んだ」

「たとえば彼がフランスに勝利を収めるようになった時、『ホー・チ・ミンはたしかに共産主義者だ。しかし国民の人気は高い。民族主義、反植民地主義のシンボルである。彼と一般国民との間には固い紐帯がある。彼は、どれほどの困難があっても、フランスを排除するだろう。国民はフランスやその傀儡政権を支持していない』と言うべきだったが、しかし誰もが黙っていた」

「アメリカの政治家や国民は耳や目をふさがれ、『ホー・チ・ミンは共産主義者である。国民の気持ちを代表するような人物ではあり得ない。ソビエトや赤い中国の手先である』といった反共の空気に引きずられた」

「我が国の、聞きたくないことを聞かず、見たくないことを見ない態度は極めて危険であった。（ホー・チ・ミンに対する）盲目的な偏見と間違った判断を生んでしまったのである」

フランスの敗北

ダレス国務長官はまずフランス軍を支援し、ホー・チ・ミンのベトミン（ベトナム独立同盟）に権力を握らせまいとした。一九五〇年から五四年までの軍事費二十億ドルのほとんどをアメリカが負担した。それにもかかわらずフランス劣勢の流れは変わらなかった。

一九五三年末、ベトミン軍は、ベトナム北西部のディエンビエンフーを囲んだ。この町は山間部にあり、フランス軍が重視する戦略拠点だった。この攻防戦でフランス軍が劣勢になれば、アメリカは軍を派遣すべきか国家安全保障会議（NSC）で議論された（一九五四年一月八日）。アイゼンハワー大統領は強い口調で軍の派遣を否定した。

「我が国がインドシナ半島に軍を派遣することなど口にさえしたくない。そんなことをすれば、ベトナムは、フランスに向けている恨みを我が国に向ける」

ジョンは地上部隊の派遣を口にしていたわけではなかったが、彼がその考えを持っていたようだったと関係者は語っている。大統領の断乎たる派兵拒否の姿勢を見たジョンは他の方法を検討した。デイヴィッド・ハルバースタムは次のように書いている。[*11]

「ジョンを止めることは誰にもできなかった。彼は自らの信念が絶対的に正しいと信じていた。アメリカの考えは常に正当で普遍的価値があると疑わなかった。ベトナムについては、アメリカは関与しつづけるべきだと判断していた。これは他者の意見を聞いたからではなく、彼自身の判断だった」

ベトナムの状況は緊迫していた。ベトミン軍はディエンビエンフーに迫りつつあった。『タイム』[12]は、「地図上の小さな点に過ぎなかったディエンビエンフーは、今や世界の耳目を集める重要地点になった」と報じた。ホー・チ・ミンは、「冷酷無比で狡猾な男」であり、「彼を打ち負かすには軍事力だけでなく、(ベトナム人民に対する)慈悲の心と、絶対に屈しないという精神力が必要となる」と書いた。

四月五日、フランスは、ディエンビエンフー周辺のベトミン軍に対する空爆を要請してきた。[13]ここに至ってアイゼンハワーも軍事介入を真剣に考えざるを得なくなった(歴史家、フレデリック・ログヴァル)。アイゼンハワーはジョンを議会の有力者と協議させた。彼らは、アメリカ一国での介入には反対で、他国の参加が必要だとの意見であった。

ジョンの話を聞いたリチャード・ラッセル上院議員[14]は、憤った。

「国務長官はベトナムへ派兵すべきだと主張したが、私は立ち上がって『そんなことは絶対にさせない』ときっぱりと言った」(『ニューヨーク・タイムズ』)

議会の消極的態度を受けてジョンが頼ったのはイギリスであった。当時まともな軍隊を持っているのはイギリスだけであり、イギリスはニュージーランド軍と豪州軍を動員できた。これにタイとフィリピンを加えれば単独介入回避の体裁が整うと考えたのである。アイゼンハワーもイギリス首相チャーチルに圧力をかけた。ヒトラーに対して連合国が一致団結したように再び結束すべきだと訴えた。

「行動すべき時に行動を起こさないと、再びヒトラーの時と同じことになる」[*15]

チャーチルは、ホー・チ・ミンに対抗するのは難しいと考えていただけに、アメリカと同調することに難色を示した。ジョンはロンドンに飛び、アンソニー・イーデン外相との直接交渉に臨んだ。「英国がアメリカの要望に応じないことに失望する。このままでは両国関係の悪化が避けられない」と警告を発した。それでもイーデン外相は首を縦に振らなかった。チャーチルは不本意ながら「フランスはインドシナの拠点を失っても、その現実を受け止めるしかない」[*16]とアメリカの友人に助言した。

アメリカのベトナム介入

一九五四年は中間選挙の年であった。チャーチルの助言にもかかわらずアイゼンハワー政権がベトナムの戦いへの介入を決めたのは、国内政治の問題も関わっていた。ジョンは国務長官として、民主党は共産主義勢力に甘いと批判してきた。それだけに、ホー・チ・ミンと何らかの妥協をすれば、言行不一致と非難される。

ニクソン副大統領は、少しでもベトミン側に譲歩すれば、「ベトナムを売った」と責められることを心配した。報道官のジェームズ・ハガチー[*17]は、「ベトナム問題で譲歩の姿勢を見せれば、民主党は『共和党は何もせずにインドシナ半島を共産主義者に明け渡した』と非難するに違いない」[*18]と考えた。

アイゼンハワーは、ホー・チ・ミンが権力を握ることは何としても避けたかった。彼の国民的人気を叩きのめしたかった。軍事力を行使しないでそれをしたかったが、それができるか自信がなかった。現実的には大統領の選択肢は二つしかなかった。ホー・チ・ミンの人気を認め、彼が権力を握ることは避けられないと諦めるか、あるいは軍事介入でそれを阻止するかの二つだった。

イギリスはホー・チ・ミンの力を認めた。フランスもしぶしぶだがそれを認めざるを得なくなっていた。しかしアメリカはどうしてもそれができなかった。アイゼンハワーは国家安全保障会議で次のように述べた。[*19]

「モスクワに渡してはいけない戦略的な拠点が存在する。ディエンビエンフーはおそらくそのような場所であろう」

大統領の考えに与しない者もいた。その一人が上院議員エドウィン・ジョンソン[*20]（コロラド州）だった。

「我が国兵士をインドシナに送るようなことをしては駄目だ。植民地主義の恒久化や白人のアジア搾取のために我が国の若者の血を流させるようなことをしてはならない」

ロンドンからもイーデン外相が「インドシナ半島で何らかの影響力を発揮しようとすれば、朝鮮半島と同じ規模の戦いが必要になる」[*21]と警告していた。

アイゼンハワーの顧問の一人だったC・D・ジャクソン[*22]も、「ホー・チ・ミンを葬ることができるというのはファンタジーに過ぎない」と備忘録に書き留めていた。ジャクソンは、「ベトナムに関わる情報収集が極端に単純化された地政学的判断の下で行われており、これまでの我が国の外交のやり方を変えたくないという思いで偏向している」と危ぶんでいた。[*23]

しかし、こうした警告は考慮されなかった。共和党タカ派のウィリアム・ノーランド上院議員[*24]は、「（ホー・チ・ミンとの妥協は）極東のミュンヘン協定（訳注：一九三八年に署名されたミュンヘン協定は対独宥和政策の代名詞となった）となる」と訴えた。アイゼンハワーもこれに同意した。彼はホー・チ・ミンとの対決を決意したのである。もちろんダレス兄弟も同じ考えであった。問題は対決の方法であった。

ジョンとアレンは、イランとグアテマラで成功したやり方をベトナムで応用したかった。ホー・チ・ミンに対して外交的圧力をかける一方で、秘密工作を仕掛けるのである。彼らは計画を立案し、国家安全保障会議の承認を得た。

「国務長官による提案どおり、CIA長官は他の政府機関と協力し、インドシナ半島問題の外交方針を決定するものとする」[*25]

これが国家安全保障会議の決断だった。

一九五四年三月二十九日、ニューヨークの外国人記者クラブでジョンは講演した。ここで「ドミノ理論」と呼ばれる考えを発表した。

「インドシナ半島を共産主義者が手中にすれば、この地域の他の国にも同じことをしてくる。そうなれば西太平洋地域全体が、その島嶼部も含めて共産化する。ソビエトと共産中国の影響下に東南アジアが入れば、自由主義社会の重大な危機となる。我が国はそれを黙って見過ごすわけにはいかない。我々は他国と共同行動を起こさなくてはならない。これにはリスクが伴うが、何もしない場合に起こるだろうリスクに比べたら格段と低いものである」

「他国との共同行動」とはホー・チ・ミンに権力を握らせないための軍事行動を意味した。しかしアメリカに同調して軍事行動に介入しようとする国はなかった。そのためアメリカ単独の孤独な介入となってしまうのである。

CIAの情報網

大統領もダレス兄弟も、ホー・チ・ミンとの戦いが厳しいものになることは覚悟していた。しかし彼らはイランとグアテマラでの成功で自信をつけていた。大統領もジョンも、アレンの手腕に期待した。CIAの秘密工作活動がベトナムでも奏功すると考えた。大統領の承認を受けてアレンは準備を始めた。大統領もジョンもアレンを励ましたが、二人は計画の詳細までは知ろうとしなかった。すべてアレン任せだった。

一九五〇年代半ばの世界情勢は混沌としていた。ホー・チ・ミンはジョンとアレンの地政学上のレーダーが捉えた最も危険な人物ではあったが、他の地域の活動も疎かにできなかった。アレンは世界各国で諜報網の構築に精力的に取り組んだ。彼は外国を訪問すると自ら工作員をリクルートした。その結果、近しい者に「西側諸国、そして中立国の閣僚レベルの情報はすべて取れる」と豪語していた。[*26]

ソビエトの諜報組織の中にもエージェントを獲得していた。ピョートル・ポポフ[*27]である。ポポフは自らＣＩＡのエージェントに接触してきた（一九五三年）。「私はソビエトの将校である。さる情報を提供する件について米国の将校と会うことを希望する」と書いた紙片をエージェントの背広のポケットに滑り込ませたのである。その後六年間にわたってポポフは、ソビエトの軍事力、ヨーロッパ諸国に潜入した工作員のリスト、アメリカ国内での工作員採用計画などの情報をもたらした。ある時ＣＩＡが、アメリカ国内に潜入したエージェントの一人で、ニューヨークに住む女性を追跡するようＦＢＩに依頼した。女性工作員は尾行に気づき、モスクワの上司に伝えた。これがきっかけとなり、ポポフが二重スパイであることが発覚した。彼女の監督将校がポポフであった。一九五九年、ポポフは逮捕され、翌年処刑された。

アレンに鉄のカーテンの向こう側の情報をもたらしたのはゲーレン機関であった。先に述べたように元ナチスの情報網を握っていたラインハルト・ゲーレン将軍をリクルートしたのはアレンだった。ゲーレンには年間六百万ドルが支払われていた。英国情報機関の中にはＣＩＡがゲーレンを使うことを面白く思わない者も多かった。

アレンが利用したのはゲーレンだけではなかった。オットー・ヨーン[*28]は西ドイツ情報機関（訳注：連邦憲法擁護庁）のトップだった。アレンはヨーンとも親しかった。彼はＣＩＡ本部を訪問した直後に東ドイツに亡命した（訳注：一九五四年七月）。彼は、アデナウアー首相が再軍備の方針を示し、旧ナチス要人を政府高官として採用しているのに我慢できなかったことを亡命の理由に挙げた。ヨーンの亡命はアレンにとっても打撃であった[*29]。しばらくして東側に潜入させた工作員の一斉検挙が始まった。

日本については、アレンは自由民主党を味方に引き入れた。アレンは当時頭角を現してきた岸信介を支援した。岸は後に首相となり、他党のリーダーに金を配り、野党社会党を腐敗させた。CIAの工作は十年以上にわたって続き、冷戦期の間、日本をアメリカの同盟国に留めておくことができた。[*30]

「我々は占領期の日本を管理した。占領終了後も少し違ったやり方だったが、それがうまくいった。マッカーサー将軍とは違う我々のやり方があった」とCIAの日本工作担当者は述べている。[*31]

アレンは、対日工作に代表されるような政権中枢工作だけでなく、プロパガンダや大衆心理に対する興味を追求した。活力溢れるアメリカ文化を見せることで、アメリカに対する好印象を大衆の心の中に植え付けることができると考えた。ベルリンからブラジルまで、アメリカン・ジャズバンドの公演、抽象画の巡回展覧会、アメリカ雑誌の紹介といった活動に惜しげもなく資金を投じた。

また文化自由会議[*32]、全国学生協会[*33]などの独立系と見なされているような組織や、名の知られている文化人に資金を提供した。たとえば、ドワイト・マクドナルド[*34]（社会評論家）、テッド・ヒューズ[*35]、デレック・ウォルコット[*36]、ジェームズ・ミッチェナー[*37]、メアリー・マッカーシー[*38]らである。

アレンはラジオ放送も重視した。年間三千万ドルを投じ、ラジオ・フリー・ヨーロッパ／ラジオ・リバティ（欧州自由放送）を通じてソ連や東欧諸国に親欧米のプロパガンダを流した。CIAはまた、多くの出版物、あるいは『フォーリン・アフェアーズ』やロンドンの『タイムズ文芸版』[*39]その他知識人向け雑誌の定期連載モノに密かに資金を提供していた。

「心と理性」に訴えるキャンペーンが最も熾烈だったヨーロッパでは、CIAには資金がたっぷりあった。マーシャル・プランの予算を密かに流用することが認められていたからだった。彼らはその資金の一部をフォード財団、カーネギー財団あるいはロックフェラー財団に提供した。著名団体だけでなく実態の怪しい組織にも資金が流れた。ヨーロッパにいたＣＩＡ関係者は後年、次のように語っている。[*40]

「秘密資金を利用した工作活動によってアメリカのプロパガンダ・メッセージは広がっていった。政治メッセージを効果的にするためには、白か黒か、西か東か、隷属か自由か、といった単純化が必要だ。リベラリズムは親共思想として攻撃された。転向者はそうしたメッセージを伝えるのに利用された。彼らは共産主義の本質を理解していると思われたからである」

「中立主義は嫌悪された。親共でもなく反共でもない思想があるはずもなかった。知識人や作家、芸術家のテーマも、国際的な論争を洗練したかたちで、天使（反共）と悪魔（親共）の戦いに単純化された」

法律上、ＣＩＡのアメリカ国内での活動は禁じられていた。しかしアレンはそれを恣意的に解釈した。世界情勢を伝える国内メディアへの工作を編集者や出版人を通じて行った。アメリカ映画には黒人の俳優がほとんど出てこない、人種差別の象徴ではないかとの批判がヨーロッパで高まると、ハリウッドに黒人俳優の数を増やすよう指導した。

ジョージ・オーウェルの有名な『動物農場』[*41]は反全体主義の小説であった。動物たちが、自分たちも飲んだくれの農場主（家畜舎の元の運営者）と同じように腐敗していると気づくところで終わるこの作品は、善悪二極で世界を見る考え方への痛烈な批判であった。アレンは『動物農場』に込められたメッセージは、冷戦は悪（ソビエト）と善（アメリカ）の戦いであるというアメリカの主張にそぐわないと考えた。

彼は『動物農場』の映画化にあたって製作会社にラストシーンを変更させた。その工作には前述の「PB／サクセス」計画で活躍したハワード・ハントが関わっていた。ハントらは、運営する側（飲んだくれの農場主を追いだして新たに家畜舎の運営者となった豚たち）だけが腐敗していて、愛国精神をもつ抵抗者が豚を排除することでハッピーエンドとなるように書き替えた。原作者オーウェルの未亡人は変更に憤った。それでも書き替えられたシナリオによる映画が世界各国に配給された。

アレンは幹部級の情報提供者をリクルートする能力に長けていたし、心理戦の機微についても十分な理解があったが、それでも秘密工作に没頭している時ほど嬉しそうなことはなかった。部下の体験談を聞くと子供のように喜んだ。[*42] ワイズナーもアレンと同様の情熱で取り組んだ。二人はふんだんにある予算を、一ダースもの国での工作活動に際限なく注ぎ込んだ。

CIAに関するある歴史書は次のように書いている。[*43]

「アレンは秘密工作活動が好きだった。〝大物作戦要員〟と呼ばれるほど工作の細部にこだわった。なぜアレンはそんな態度だったのだろうか。彼自身の個性もあったが、政治的な理由もあった。工作活動が成功すれば、議会や大統領が新たな諜報機関を支援してくれるだろうとの思惑があった……。グアテマラのような作戦は、CIAの財布のひもを握っている政治家の目くらましとなったのだ」

アレンへの警戒

アイゼンハワーはたしかにCIA工作の成功に幻惑されたところがあった。しかし目をつぶってしまったというわけでもなかった。彼は政権一期目から外部の有識者を招いて行政府の活動を評価させていた。一九五四年はCIAが評価対象だった。評価を担当したのはジェームズ（ジミー）・ドゥーリトル将軍だった。彼は先の大戦初期に東京を空襲[44]したことで知られたパイロットで、戦後はシェル石油の役員となっていた。彼の評価報告書は驚くべきものだった[45]。

「我が国は絶対に妥協できない敵との戦いに直面している。彼らは、いかなる犠牲を払ってでも、どのような方法ででも世界の覇権を握ると公言している。対抗するためにはルールなどいらない。我々が持っているフェアプレイの精神を捨てなければ戦いに勝てない。国家として生存することさえ難しくなる」

「効果的な諜報活動、カウンター諜報活動が必要だ。敵政権の転覆活動、サボタージュ、破壊工作活動も重要だ。敵を打ち破るためには知恵がいる。敵が我々に向けている以上に有効な武器が必要となる」

「こうしたやり方にアメリカ国民は慣れ、我々の進める戦いを理解し、支援しなくてはならない」

ドゥーリトル将軍はこのように分析したうえで、工作員採用プロセスの改善や嘘発見器の利用頻度を増やすことなどを訴えた。これは文書に残された。

これに加えて将軍は、アレンの解任を要求した。ドゥーリトル将軍が大統領にその考えを伝えたのは大統領執務室で行われた会議中であった（一九五四年十月一九日）。センシティブな案件であるだけに口頭で伝えられた。[46]

将軍は、アレンの諜報工作活動の知見は評価したものの、情緒に走るところを問題視し、目に見える以上の深い問題があると指摘した。CIAの組織自体もあまりに拡張しすぎ、統制を失っていると報告した。その一つの理由に、CIA長官と国務長官が兄弟であることを挙げた。

「二人は相互に協力し影響力を発揮し、またお互いを庇い合っている」と警告するドゥーリトル将軍の言葉をアイゼンハワー大統領は遮った。

「CIAは特異な組織の一つだ。だから普通でない男がそれを指揮しなくてはならない。私はアレンを解任しない。諜報担当者として極めて優秀な男だと考えている」

たしかにアレンは管理者としての能力が劣っていた。彼の周囲にいた者はアレンが本当に知的であったかさえも疑っている。難しい議論になると、贔屓の野球チームの話などを持ち出して話の腰を折ることがしばしばだった。彼はワシントン・セネターズ[47]のファンだった。精神を集中させることに難があった。

アレンと長年にわたって仕事をした経験のあるイギリスの諜報部員は、次のように評している。[48]

「（アレンは）ニコニコしていることが多かった。難しい話については、短い言葉を交わすだけで真剣に協議することはできなかった」

アイゼンハワー大統領はドゥーリトル将軍の勧告（警告）を拒否し、アレンを留任させた。この二週間前は大統領の旧友にして協力者だったウォルター・ベデル・スミス将軍の辞任を受理した。

大統領と将軍は先の大戦で辛苦を共にした仲であった。一時期〝ビートル（かぶとむし）〟（スミス）はＣＩＡ長官を務め（トルーマン政権）、アイゼンハワーは彼を国務次官にした。スミス将軍が政権から去ったことは大統領には痛手だったが、ダレス兄弟にとっては好都合だった。ジョンにしてみれば、部下である国務省ナンバーツーが大統領に直接意見できる立場の人物であることが鬱陶しかった。アレンにとっても、前任者の目を気にする必要がなくなった。スミスの退任で兄弟が進めるアメリカ外交に意見できる者が政権内から消えた。

一九五五年初め、アレンは静かに勝利を祝った。ベルリンの地下を掘り、電話線を盗聴する工作が完了したとの一報が入ったのだ。掘削していると悟られぬよう架空の話をつくったり陽動作戦を行った。地下ケーブルに盗聴の仕掛けを設置するのはデリケートな作業の連続だった。盗聴によって多くの情報がもたらされた。そうした情報に驚くほどの価値はなかったが、進展であることは間違いなかった。

およそ一年ほど経った頃、ソビエトの工作員が東側から掘ったトンネルでＣＩＡのトンネルを発見した。現場にいたＣＩＡ工作員はパニックを起こして逃げ出した。数日後、東ベルリンのＫＧＢは、ＣＩＡの秘密トンネルを報道陣に公開した。この事件はアレンの痛手にならなかった。アレンの株はむしろ上がったのである。面倒な工作をＣＩＡが実行していたと称賛された。後になってわかったことだが、トンネルを利用した盗聴工作を監督していたイギリスの諜報工作員ジョージ・ブレイク[*49]はＫＧＢの〝モグラ（ダブルエージェント）〟だった。ソビエトはＣＩＡがトンネルを掘り始めた時点から、ずっと監視していたのだ。

アレンにはこの頃、もう一つの大成功があった。一九五六年、ソビエトの新指導者ニキータ・フルシチョフがスターリンの残虐性を批判した極秘スピーチのコピーを入手したのである。アイゼンハワー大統領や国家安全保障会議のメンバーは喜び、アレン自身、情報を入手したことを自慢した。[*50] 後になってわかったことだが、スピーチの内容を実際に入手したのは、イスラエルがポーランド政府内に忍ばせていた諜報工作員だった。アレンは、イスラエルがCIAにコピーを送ると決めた後にこれを受け取ったにすぎなかったのである。

CIAの中東政策

成功のイメージを高めることができた一因は、アレンが失敗した工作活動を表面化させなかったからである。彼の最大の失策はソビエト国内に反政府運動を醸成させることができなかったことだった。もちろんそれだけではない。ペルシャ湾岸の原油産出地ブライミ・オアシス[*51]一帯を米国の支配下に置けなかった。[*52]

ブライミ・オアシスは、オマーンとアブダビが支配していた。両国の首長(シャイフ)はイギリスとの関係が深かった。アレンは同地をサウジアラビアに占領させたかった。サウド国王もファイサル王子もCIAから資金供与を受けていた。アレンはカーミット・ルーズベルトを派遣し、サウジアラビア軍によるオアシス占領計画を指導させた。地域住民にはサウジアラビア国籍を与えることを約束し、エアコン付きのキャデラックと九千万ドル相当の金(ゴールド)で首長を誘惑した。

しかし首長のイギリスへの忠誠心が優っていた。ブライミ・オアシス領有権問題はジュネーブでの国際仲裁調停に持ち込まれた。アレンは調停員の買収を画策したが失敗した。その結果、サウジアラビアは軍隊を撤退せざるを得なかった。

この紛争は世界のメディアが報じたが、アラブ民族内部の紛争という文脈で理解された。しかし本質は中東をめぐっての英米のつばぜり合いであり、アレンは敗北したのである。実態が明らかになるのは数十年後のことであった。

アレンの中東地域に対する関心は高かった。一九五二年のことであるが、彼はエジプトのムハンマド・ナギーブ将軍[*53]に千二百万ドルの資金を提供したことがあった。将軍は王政以後（訳注：一九五二年の革命でファールーク一世が亡命。翌年に共和制に移行）の指導者であったが、将校団のガマール・アブドゥル・ナーセル[*54]とライバル関係にあった。ナーセルは、ナギーブの自宅でアレン（CIA）から供与された資金（現金）が発見されるというスキャンダルを利用して、ナギーブを失脚させた。アレンはヨルダンにも工作を仕掛けた。国王（フセイン一世）の母親に千二百万ドルを供与し、その影響力でヨルダンをアメリカの勢力下に置こうとした。しかし国王はそれを拒否した。おそらくフセイン一世はすでにイギリスの資金提供を受けていたのだろう。

アレンの中東工作は失敗の連続だったが、サウジアラビア工作だけはうまくいった[*55]。アレンはサウジアラビア指導者にふんだんに資金を提供した。それが功を奏したのである。アメリカ企業は、無限とも思えるほどのサウジアラビアの原油にアクセスが可能になった。

その反面、こうした工作によって、反米主義のレベルを上げることに専心する急進的な政治形態が増強され、米国にとっては、モスクワから発せられた何物にもまして破壊的な結果を生むことになる（訳注：サウジアラビアはスンニ派の中でも、より原理主義的なワッハーブ派が大勢を占める。9・11全米同時多発テロ事件は、サウジアラビアのワッハーブ派の資金援助を受けたアルカイダによって起こされたとされている。同事件でのサウジアラビア政府の関与についての調査結果は未だ機密指定となっており、公開されていない）。

アレンはワシントンE通り二四三〇番地にある目立たない建物内に執務室を持っていた。建物は（ワシントン旧市街の）フォギーボトム地区にあった。ある日、建物の前で観光ガイドが、「ここではスパイたちが働いております」と説明していたのを聞いた。アレンはCIA本部を隠すことに意味はないと考え、この一件以来、建物には堂々とアメリカ中央情報局の標示を掲げさせた。

CIA本部は国務省と通りを隔てていた。そのこともあり、ダレス兄弟は頻繁に打ち合わせができた。二人には世界を動かしているという感覚があった。この頃の二人について、ユージン・マッカーシー上院議員は次のように書いている。[*56]

「大統領が国務長官に与えた権限以上の権力をジョン・フォスター・ダレスは持った。つまり彼は自らが持っていないはずの権限を使って、外交政策の立案と遂行にCIAを関わらせた。ジョンにはこのことで、有利なことが二つあった。CIAは国務省と比べて議会の介入と監督から免れやすかった。もう一点は国務省では認められない手段を使えたことである」

ジュネーブ交渉

その権限に強い自信を持った二人が、ホー・チ・ミンを失脚させることができると信じるに至ったのは一九五四年の春頃であった。フランスはすでにベトナムを諦め、戦意も失っていた。

五月に開催されたジュネーブでの交渉では、アメリカが主役になった。関係国が旧国際連盟本部の建物に集まった。馬蹄形の大型デスクの前に顔を揃えたのは、カンボジア、ラオス、ベトナムの二つの派閥（ホー・チ・ミン派と反共産主義グループ）、フランス、イギリス、アメリカ（国務長官）、ソビエト、共産中国であった。ホー・チ・ミンには交渉のタイミングがよかった。交渉が始まってすぐの五月七日、彼が率いるベトミン軍がディエンビエンフー（フランス軍の防衛拠点）を攻略した。フランスとイギリスは、ホー・チ・ミン勢力が一定の発言権を持ったと認めざるを得ないとの立場をとった。しかしアメリカ国務省（ジョン）はこれを唾棄すべきことと断じ、受け入れられないとした。

この交渉は、中共の外交デビューの場でもあった。五年前に共産党政権を樹立した中国が国際交渉に初めて外交官を送り込んできた。[*57] およそ二百人の交渉団を率いたのが外相（外交部長）の周恩来だった。周恩来一行はかつてルソーも暮らした部屋数が二十一もある古城に腰を据えた。中国代表団が初めて開いた大レセプションでは、スコッチウィスキーやベルモットが供され、テーブルにはキャビアやカエルの足がふんだんに用意されていた。しかしアメリカ外交関係者はこれに出席しなかった。ジョンが中国外交官との接触を禁じたのである。

全体会議でジョンは周恩来の存在すら無視した。会議に参加したイギリス人外交官は、「国務長官の怒りは病的とも思われた。憂鬱な表情で、苦虫を嚙み潰したように口を閉じ、歯を食いしばって天井を見つめていた」と書いている。[*58] 国務長官は「売春宿で嫌悪感に苛まれているピューリタンのように振る舞った」と評する外交官もいた。[*59]

彼の態度は外交官としての評価を落とした。国務省のキャリア外交官ウラル・アレクシス・ジョンソン[*60]は後に次のように記している。[*61]

「第一回会議のことだった。休憩所となっている部屋にダレス長官がやって来た。部屋には周恩来がいた。周は少し前に出て長官に握手しようとした。その瞬間をフィルムに収めようとするカメラマンが集まった。しかし長官はくるりと踵を返して部屋に入るのをやめた。周はプライドを傷つけられたようだ。彼は今でもこの時のことを訪問客に語っている。ダレスのとった行動は現在も、中共の我が国に対する態度に影響を与えている。周は面子(メンツ)を潰された。そしてそのことが、その後の会議の結果にも影響した。私はその現場にいただけに、よくわかるのだ」

この頃はまだ、ワシントンの政治家は、ソビエトと中共は手を携えて世界の共産化を目指すと信じていた。両国が袂を分かつことなど考えられなかった。国務省では東アジアを専門とする高官は解雇されていた。その空席は次第に台湾支持の〝チャイナロビー〟によって占められることになるが、長官に対して、外交の機微を説いたり、中共との交渉の糸口を探るべきだと建言できるような者はいなかった。周恩来と会談すべきだとか、握手くらいすべきだとか助言すれば、たちまちポストを失っただろう。

ジョンの次の言葉が周恩来にとった態度の説明であった。[*62]

「残念なことだが、国際社会におけるあるべき振る舞いがわかっていない政府がある。その典型が、今現在、中国本土（メインランド）を支配している政権である」

ジュネーブ会議が始まると、ジョンは恐れていたシナリオ、つまりホー・チ・ミンの排除が不可能なことを感じとった。一週間経ってそれがはっきりするとジョンは帰国してしまった。大国の出席する会議終了前にアメリカの代表が席を立って帰国することなど前代未聞だった。

これを聞いたイギリスの首相チャーチルは、「全く理解不能だ。極めて拙（まず）い態度だ。そういう輩（やから）は（国際舞台から）消えてほしい」と語った。[*63]

ジュネーブでの会議は三カ月続いた。途中、フランスで政権交代があり、中断したものの合意を見た。ベトナムは北緯十七度に沿って、中央のくびれた部分で分断されることになった。北はホー・チ・ミンが支配し、南はフランスとその同盟国が親西欧政権をサイゴンに樹立することが決まった。二年間の暫定的措置とされ、この間、外国勢力は軍の派遣や武器供給を控えることになった。一九五六年七月には国際機関の監視の下で選挙を実施し、勝利した側が統一を進めることで合意した。

当時のフランス駐米大使モーリス・クーヴ・ド・ミュルヴィル[*64]は、「この合意は共産主義者にベトナムを差し上げるようなものだ。共産主義者の攻勢を誰も止められない」[*65]と不満げであった。フランスの『フィガロ』紙は嘆きつつも協定の成立を喜んでいる。

「フランスは今ベトナムを失い、嘆いている。しかし、勝利の見込めない戦いを終えることができた。もはやフランス兵の血が流されることはない」[66]
アメリカは合意書の調印を拒否した。ジョンは、アメリカの安全保障が脅かされないかぎり、アメリカはこの合意内容を尊重する、合意を妨害するような「威嚇や軍事力の行使は控える」との声明を発表した。[67]
ジョンがジュネーブ協定を受け入れ、これを承認するようアイゼンハワー大統領を説得していれば、アメリカはその後のベトナムでの戦いは避けることができた可能性があった。しかしジョンはそうしなかった。アメリカはこの協定に拘束されないと見なし、結局のところ、これを破棄する行動を取ったのである。

ゴ・ディン・ジエムの擁立

ジョンは、植民地から宗主国が撤退した後に出現する「権力の空白を埋める」のはアメリカであるべきで、「緊急時に行動する能力のみならず、終始存在感を」示すべきであると確信していた。[68]
ダレス兄弟は、ベトナムの分割が避けられないことがわかると、少なくとも南には彼らの自由になる政権を樹立しなくてはならないと考えた。そのためには指導者となる人物を探さねばならなかった。ベトナム民族を精神的にまとめあげ、将来的にホー・チ・ミンに取って代われるような人物が必要だった。ベトナムでは、アメリカは実現不可能な多くのことをやろうとしたが、これがその最初だった。

ゴ・ディン・ジエム[*69]は恰幅のよいカソリック教徒の官吏だった。一九三三年にはわずか三カ月間だったが内務大臣を務めたことがあった。その後二十年間は職に就くこともなく、カソリック神学校の寄宿舎に住んだ。彼が暮らした神学校の一つがレイクウッド（ニュージャージー州）にあり、スペルマン枢機卿の管轄下にあった。

スペルマン枢機卿が、彼をカソリックの有力政治家（マイク・マンスフィールド上院議員、ジョン・F・ケネディ上院議員）や、ヘンリー・ルース（『タイム』誌）のようなオピニオン・リーダーに紹介した。南ベトナムの指導者を探さなくてはならない時に、知られていた人物は彼しかいなかった。これが仏教徒が九〇パーセントの国の指導者にゴ・ディン・ジエムが選ばれた理由であった。

彼と働いたことのある者は、彼が優れた政治家になれるなどとは考えてもいなかった。フランス軍の参謀総長だったポール・エリー[*70]は彼を「愚かな頑固者[*71]」と評した。カンヌへ引っ込むまでフランスの支援の下でベトナムを統治していた皇帝バオ・ダイは「他人の命を犠牲にしてでも自らが救世主になりたいという精神病質者（サイコパス）[*72]」と呼んでいたが、首相にするのに適当な人物としてゴ・ディン・ジエムの名前を挙げていた。アメリカの支援を引き出す価値だけはあると考えたからであった。

フランスの首相ピエール・マンデス・フランス[*73]もゴ・ディン・ジエムを評価していなかった[*74]。「私はジョン・ダレスに会って、彼は駄目だとはっきり言った。ゴ・ディン・ジエムは北部出身である。南部のベトナム人は彼が代表だと思うはずがない。仏教徒の国にカソリック教徒の指導者は馴染まない。彼の周辺には反動的な軍部がいて、民主主義的な指導は望めない。支持層には地主階級が多く、農地改革はできない。彼には警察権力を過信するところがある。ファシズム的な政府になるだろう」

ジョンは、マンデス・フランスを屈辱的なジュネーブ協定を生んだ臆病な政治家だと見なしていた。それだけに彼の意見を一顧だにしていない。ダレス兄弟は現実的に見て、ゴ・ディン・ジエムが最善の候補者であろうと判断した。二人の賛意を得て、バオ・ダイは彼に南ベトナムの指導者のポストを差し出した。一九五四年六月二十五日、ゴ・ディン・ジエムはパリから南ベトナムに飛んだ。もちろん国の形はまだできていない。

ランスデールの工作

アレンはゴ・ディン・ジエムに、お気に入りの部下エドワード・ランスデールを付けた。ランスデールには成功例があった。フィリピンでは無名のラモン・マグサイサイを見出し、国家的指導者に担ぎ上げていた。ランスデールがフィリピンで用いた手段は、プロパガンダ、選挙工作、そしてナパーム弾を使った軍事行動だった。それによって反政府運動を抑え込んだ。ランスデールは駐在武官（空軍大佐）としてサイゴンに向かった。

「フィリピンでやったことを、もう一度ベトナムでやってほしい」[*75]

アレンは歓送会の場でランスデールにこう言った。

ゴ・ディン・ジエムはサイゴンに到着すると、すぐにランスデールに会った。ランスデールがギア・ロング・パレス（旧フランス総督公邸）に入っていくと、ゴ・ディン・ジエムは階段を降りて彼を迎えた。彼のトレードマークにもなった真っ白なスーツ姿だった。

　この会談の数時間後のことであるが、グアテマラではアルベンス大統領が辞任した。ダレス兄弟が転覆を図った二つ目の外国政権が、一九五四年六月最後の週末に倒れた。そして同時に三つ目の工作が始まったのである。

　ゴ・ディン・ジエムが首相に任命されたのは、ランスデールとの会談の十日後のことだった。その後のわずか数カ月の間に、陸軍参謀長によるクーデターと、ギャング組織と宗教グループが組んだ反政府活動があり、ゴ・ディン・ジエムは二度命を狙われた。彼を救ったのはランスデールだった。彼には無尽蔵とも言える工作資金があった。反政府運動の首謀者は賄賂（わいろ）で懐柔した。総額千二百万ドルを使った。賄賂に応じないグループは傭兵を使って潰した。

　ランスデールのやり方はアメリカ国内で反発を生んだ。ゴ・ディン・ジエム政権の腐敗も問題になった。アイゼンハワーは特使にJ・ロートン・コリンズ将軍を遣り、[*76]調査に当たらせた。帰国した将軍は、ゴ・ディン・ジエムは代えるべきであると勧告した。

　しかしながらアレンは、ゴ・ディン・ジエムには傷があるかもしれないが、彼に代わる人材以上に「ジエムには成功の機会があるように思われる」と説くランスデールからの電信を受け取っていた。アレンはランスデールの評価をジョンを通じてアイゼンハワーに伝えた。以後、ジエム交代が話題になることはなかった。この時点でベトナム介入は「ダレス案件」となった。アメリカとベトナムのその後の運命はここで決まった。

　一九五四年半ば以降の機密文書を見れば、ベトナムでの衝突は不可避であったことがわかる。八月、ジョンとアレンが決定的な影響力を行使した国家安全保障会議では、「ジュネーブ後のベトナム政策」を採択したが、そこではフランスを完全に撤退させた上で、アメリカのやり方でホー・チ・ミンとの戦いを進めることが決められていた。

ホー・チ・ミンもまたアメリカの本格介入を予期していた。同志との内々の会議でその覚悟を述べている。[*77]

「これまではフランス帝国主義者を追い払う戦いであった。フランスは我々との交渉のテーブルについた。しかしアメリカ帝国主義者は交渉の場に出てこない。そのアメリカが我々の敵となる。もちろん最終的に和平を獲得するまでフランスとの戦いは続けるが、我々はアメリカの動きに注意する必要がある。世界もそのように見ている」

ランスデールの率いるＣＩＡのチームは「サイゴン軍事ミッション」と呼ばれていた。工作員らはアレンの多方面戦略の実行に追われた。ベトナムに侵入させる工作員の訓練はクラーク空軍基地（フィリピン）で行った。彼らは北部ベトナムに侵入し、バスや鉄道あるいは行政府の建物の破壊工作にあたるはずだった。しかしほとんど成果は上がらなかった。北に潜入させたベトナム人工作員のすべてがホー・チ・ミン側に寝返ったのだ。[*78]

ランスデールも破壊工作活動と併せてプロパガンダ活動に力を入れた。ベトナムの迷信を利用した反ホー・チ・ミン・キャンペーンに百五十種類以上の本やパンフレット、小冊子を用意し、一九五四年後半だけで五千万部も配布したが、これもまたほとんど効果がなかった。[*79]

宗教を利用したプロパガンダ

業を煮やしたアレンは、より想像力を働かせた〝心理戦〟計画を立てるようランスデールに迫った。ホー・チ・ミンに打撃を与えると同時に、彼との戦いは米国の自由と安全のために極めて重要なことであると米国民を説得できるような工作が理想的だった。それはアメリカにおいて「極めて徹底的、かつうまく運営され、上出来の結果をもたらす心理作戦」（歴史家バーナード・フォール）[*80]の嚆矢となった。[*81]

すでに書いたように、グアテマラのアルベンスの一件では、政治目的のために宗教心を動機付けとして利用した。アレンはベトナムでも同じ方法を使うようランスデールに指示した。ランスデールはジュネーブ協定の中にあった南北自由移動条項に注目した。

北ベトナムにはおよそ百万人のカソリック教徒がいたが、ランスデールは彼らを利用することを考えた。カソリック教徒の恐怖心を煽るプロパガンダである。北を捨て南に移動すべきだとのキャンペーンを始めた。ランスデールは占い師を使った。彼らを買収し、北では必ず恐ろしいことが起こると予言させた。神父には信者に南に移動するよう指導させた。「共産主義者は、反カソリック計画を企み、中国軍を引き入れてベトナム女性を強姦させ、アメリカからの核攻撃を予期している」と示唆する小冊子を撒いた。

宣伝を信じたカソリック教徒は先を争って南に向かった。背に担げるだけの財産を持ってハイフォン港に集まってきた。それを待ち受けていたアメリカ海軍の艦船が南に運んだ。これは海軍史上最大規模の撤収(エバキュエーション)と言われている。

心理戦の効果に夢中になったランスデールはこれを「自由への道作戦(Operation Pasage to Freedom)」と名付け、シンボルとなる人物がいればこの物語を四方に轟かせることができる考えた。米国民は反共十字軍を、ジョンやマッカーシー上院議員やスペルマン枢機卿といった小言の多い、気難しい人間と結びつけていた。ランスデールはもっと明るい人物が欲しかった。ランスデールが白羽の矢を立てたのはトム・ドーリー[*82]であった。

ドーリーはノートルダム大学を卒業したばかりの若い医師であった。海軍に入隊するとホー・チ・ミン政権から逃れるカソリック教徒の救援活動に従事した。ドーリーがベトナムに赴任してわずか数カ月のうちに、ランスデールはジャーナリストの関心を彼に向けさせることに成功した。ドーリーはたちまちヒーローに祭り上げられた。アメリカ国民は自らのあるべき理想の姿をドーリーの上に投影した。

ドーリーは著書『地獄からの脱出』[*83]の中で、ホー・チ・ミンを「モスクワの操り人形(パペット)」と評した。「(ホー・チ・ミンの革命は)ハノイにいる千人以上のベトナム女性のはらわたを引き裂くことから始まった」[*84]が「ベトナム人は幸運である。アメリカの愛情と支援が得られるからである。アメリカ海軍が彼らを救いにやって来た」と書いた。

ドーリーの本はアメリカ国民の心を揺さぶる計算がなされていた——海外にいるキリスト教徒は共産主義者によって残忍に扱われている、共産主義者はアメリカ人にも害を及ぼそうとしている、したがって米国は行動を起こさねばならない。

この頃のメディア報道は次のようなものであった。[*85]

「アメリカのメディアは、カソリック教徒の北ベトナム脱出は共産主義に対する拒否の結果だと報じた。誰もが信教の自由を求めて逃げ出しているというイメージを作り上げた。アメリカ海軍の軍船には、腹を空かせた難民が溢れ、彼らを白い制服の水兵が優しくいたわっていた。それをメディアが報じたのである」

「報じられた写真には汚れた体を丸めて怯えたベトナム難民の姿があった。その哀れな難民はアメリカに優しく保護されていた。アメリカ国民はそうした報道がCIAが仕組んだプロパガンダ・キャンペーンであることは知らなかった。北ベトナムのカソリック教徒の恐怖心を煽り、アメリカ世論の同情を誘うために仕組まれた報道であることなど知りはしなかった」

ドーリーの物語はジョンとランスデール、そしてCIAの見事な業績だった。ドーリーが同性愛者であることが発覚し海軍から追い出されたのは残念なことだったが、それは隠蔽された。一九五〇年代の世論調査では、ドーリーは最も敬愛される人物十人の一人に挙げられていた。彼が一九六一年に死去（訳注：死因は皮膚癌であった）すると、カソリック教会は彼を聖人として扱おうとした。「アメリカ国民に東南アジアでの共産主義の脅威を知らしめ、戦いを覚悟させた第一級の人物がドーリーであった。彼はベトナム戦争初期の情報戦争で主要な役割を果たした」（歴史家：ピーター・ブラッシュ）[*86]のである。

ベトナムをめぐる表の外交

ＣＩＡが秘密工作活動を本格化させる一方で、ジョンはそれを支える表舞台の外交に忙しかった。先のジュネーブ会談でアメリカは孤立化したかの印象を世界に与えたが、彼はそのイメージを払拭しなくてはならなかった。彼は頻繁にヨーロッパに飛んだ。しかし当てつけるかのようにフランス訪問は避けた。フランス国民はインドシナ植民地の喪失でセンシティブになっていた。それだけにフランスはジョンの態度に不満であったし、侮辱されたと感じた。フランスの新聞は国務長官は感性が鈍いと嘆いた。[*87]

ジョンは東南アジア地域の親アメリカ政権を地域同盟に高めることを企てた。彼はＮＡＴＯ（北大西洋条約機構）に倣って設立されたＳＥＡＴＯ（訳注：東南アジア条約機構、一九五四年九月設立）に期待した。ジョンはＳＥＡＴＯを共産主義に対する防塁であると位置づけ、これから出来上がる南ベトナム政府を支援させようと目論んだのである。

ジョンの努力にもかかわらず、ＳＥＡＴＯは政治的にも軍事的にも大きな力にならなかった。メンバーはイギリス、フランス、オーストラリア、ニュージーランド、タイ、フィリピン、パキスタン、そしてアメリカであった。加盟国には緊急時に協議する義務はあったが、軍事支援や共同軍事行動までは規定されていなかったのだ。

ＳＥＡＴＯはむしろ弊害が多かった。この地域の指導者を引き寄せるために動員できるあらゆる圧力を使い、アレンはしばしばジョンを助けた。スカルノ（インドネシア）、ウー・ヌ（ビルマ）、シアヌーク（カンボジア）らが人気のあった指導者であったが、彼らは軍事的同盟よりもむしろ中立を志向していた。シアヌークは後になってアメリカの要請を断った理由を次のように書いている。

「国務長官のジョン・フォスター・ダレスとＣＩＡ長官のアレン・ダレスは私に会いにやって来た。彼らは我が国をＳＥＡＴＯの庇護下に置くことを求めた。しかし私は丁重にお断りした。私はこの地域における紛争には関わらない立場を説明した。ＳＥＡＴＯには軍事同盟の性格が露骨に表れていると考えた。ＳＥＡＴＯは我が国の隣国を敵視している。たしかに我が国はそうした国々とは考え方を異にするが、だからといっていがみ合っているわけではない、と国務長官にははっきりと伝えた。国務長官は攻撃的な人物であった」

「しばらくすると、今度は彼の弟アレンがやって来た。彼は共産主義者の次の犠牲になるのはカンボジアであることを〝立証〟する資料を持ってきた。共産主義者の攻撃からカンボジアを、そして私自身の安全を守るにはＳＥＡＴＯの庇護下に入るしか方法はない。それが彼の主張だった。しかしアレンの情報は私自身の持つ情報とは違っていた。カンボジアはＳＥＡＴＯとの関係を持たない。それが私の回答だった。我々自身は仏教国として中立の立場をとる。そうすることで身を守ると伝えた」

ジョンはまた彼の構想にパキスタンを組み入れようとした。ジョンは軍高官と交渉し、パキスタンに二億五千万ドルの支援を約束した。この地域の外にあるパキスタンまでも誘ったことは良策とは言えなかった。パキスタンはこれによって軍の規模を四倍にすることができた。

これに驚いたのは隣国インドの首相ネルーであった。彼はＳＥＡＴＯそのものに懐疑的で、「安全よりも不信と猜疑を助長するのではないか」と考えていた。[*88] ネルーはパキスタンがSEATOの加盟国になることを憂慮していた。加盟によって同国の危なっかしい民主主義はますます弱体化し、パキスタンが軍国主義化し、ワシントンから永久に圧力を受け続けると危ぶんだ。また、軍事支援を受けた国はすべてSEATOの軍事基地となるのではないかと怖れ、「あちこちに妙な基地ができることは間違いない。あらゆる国が他国が定めた目的のために利用されてしまう」と国会で述べ、警戒を促した。[*89]

『ニューヨーク・タイムズ』はジョンの外交を批判した。

「インドはすでに独立した自由国家である。（その隣国である）パキスタンに我が国は軍事支援を約束した」（一九五三年一月十日付）

「我が国とインドとの関係悪化は避けられないだろう」（同年一月二十五日付）

ジョンはこの記事を気にしなかった。彼はネルーが嫌いだった。その代わりにジョンはパキスタンの高級将校を支援したのである。しかし彼らを支援することはパキスタンの政治システムを混乱させ、ついにはそれが米国の悩みの種となった。

その時点でさえ、ジョンのパキスタンに対する態度を解せない者もいた。ウォルター・リップマンはジョンをインタビューしたが、そのやりとりは次のようなものだった。ジョンがパキスタンのことを理解していなかったことがよくわかる内容である。

「ウォルター君、よく聞いてくれ。我々は南アジアに、戦うことを厭わない仲間が必要なのだ。あの地域でそれができるのはパキスタン人だけなのだよ。だからこそ我々はパキスタンと同盟を組む

必要があるんだ。我々はグルカ兵なしではうまくやれない」（ジョン）
「グルカ兵はパキスタン人ではありませんよ」（ウォルター）
「たしかにそうかもしれないが、彼らはイスラム兵士には違いない」（ジョン）
「いや、グルカ兵はイスラム教徒ではありません。彼らはヒンドゥー教徒です」（ウォルター）
「どうでもいいことだ」（ジョン）
ジョンはこの会話を終えると、リップマンに対して、いかにアジアにおける共産主義が危険なものであるかを三十分間説教したのである。

中共との小競り合い

一九五四年九月三日、SEATO設立総会がマニラで始まった。会議にはジョンも出席した。この時期に合わせたかのように中共軍の要塞から台湾海峡の小島、金門（きんもん）島と馬祖（ばそ）島に砲撃が開始された。この島は台湾に逃げた国民党が支配していた。

アイゼンハワー政権内のタカ派アーサー・ラドフォード提督は、これを大陸への反攻攻勢の好機と捉えた。彼を含めた国民党を支持するチャイナロビーは再び戦いを仕掛けたかった。統合参謀本部の三人のうち二人が彼に同調した。反対したのはマシュー・リッジウェイ陸軍大将[*90]だけであった。ラドフォード提督はアイゼンハワー大統領に中国本土への空爆を進言した。

ジョンは彼らの意見に賛成であった。核兵器の使用も考慮した。軍事施設だけを狙えば民間人を巻き添えにする危険を回避できると主張した。[*91] しかしCIAは、核兵器を使用すれば千二百万人から千四百万人の民間人が犠牲になるだろうと分析した。この結果、核兵器の使用は見合わされた。アイゼンハワー自身もその結論に安堵している。彼は国家安全保障会議で次のように述べた。[*92]
「我々は限定戦争を検討しているのではない。第三次世界大戦となる可能性もある戦争の是非を検討していることを忘れないでほしい」

こんな状況にあっても、ジョンの見せた態度は数カ月前のディエンビエンフー陥落時と同じであった。軍事力の使用あるいは強い威嚇が必要だと主張した。これに対して、「我々は戦争回避か世界戦争かの狭間にいる。この困難な状況をうまく乗り切らなくてはならない」とアイゼンハワーは慎重であった。

ジョンは軍事力の使用については矛(ほこ)を収めたが、中共領空を米国軍機が侵犯したことに謝罪しないことだけは認めさせた。謝罪すれば捕虜になっている米軍パイロットが釈放される可能性があった（訳注：一九五二年に満州で撃墜され、米軍パイロット二人が捕虜になっていた事件を指す）。

一九五四年末、中共政府は米国軍機を中共の領空で撃墜し、捕虜とした二人のパイロットを長期刑に処したことを発表した。ジョン・ダウニーとリチャード・フェクトーの二人のパイロットは、CIA工作員を脱出させるために空軍機で領内に侵入したところで撃墜され、拘束されていたのである。中共政府は彼らがスパイとして裁かれたことを公表した。二人は罪を認めたとも伝えていた。周恩来は彼らの釈放について交渉の用意があることを示唆した。パイロットの親族の訪中を歓迎するとも述べた。

ジョンはこれに反発した。親族の訪中を禁じ、嘘で固められた罪で二人のパイロットが拘禁されていると言って中共政府を非難した。これがジョンのやり方だった。彼は中共政府との交渉を始めたいと思っていた可能性も捨てきれない。しかしジュネーブで周恩来を無視したことからもわかるように、思っていることと逆の態度を見せる性癖があったようだ。

一九五七年になってからのことだが、周恩来はあらためてアメリカに秋波を送った。国務長官がアメリカのジャーナリストの訪中を許せば、二人のパイロットの解放を考えると述べたのである。しかしジョンはこれを脅迫であるとして拒否している。この案件は十年以上にわたって解決を見なかった。しかし米中関係の緊張も次第に緩和されていった。一九七〇年代初めにはニクソン大統領の訪中が実現し、中共政府の要望（ジャーナリストの訪中）も満たされた。これによって二人のパイロットも解放された。フェクトーは一九七一年に、その二年後にダウニーが解放された。二人は情報将校であった。

ある研究者は「ジョン・フォスター・ダレス国務長官もようやくにしてこの問題の複雑さを理解した」と述べている。[*93]

「国務長官は中国共産党およびその共産主義思想を敵視してきたが、彼には物事を過度に単純化し、かつ誇張して考える癖があった。中共政府との協調姿勢を取らなかったのはそのためである。二人のパイロット拘束事件を悪と善の戦いの一局面と捉えていた。すべてを正義と不正義の戦いと考えるジョンには妥協という解決は考えられなかった」

「ジョンは国民党を支持するチャイナロビーとの関係が深かった。ワシントンにはマッカーシー議員の主張を信奉する者が多く、ジョンの態度は正しいと考えられた」

「そういう意味では、ジョン・ダウニーとリチャード・フェクトーが二十年にもわたって幽閉の憂き目にあったのは当然だと言えよう。頑固な反共主義者、反共産中国思想の持ち主が国務長官であったことの必然の結果だった」

世界は完全に分裂し、妥協は不可能だと考える指導者はほとんどいなかったから、ジョンはしばしば外交の世界の中で孤独だったと言えよう。彼の時代には対英関係も悪化していた。ジョンは、イーデン英外相は軟弱で、ソビエトとの対立を恐れる弱虫だと見なした。ジョンはフランスがインドシナを諦めたことにも憤っていた。イーデンの態度はフランス外交と同様に軽蔑すべきものだった。

この頃のジョンの側近の一人は、国務長官は世界外交におけるイーデンの立場など全く斟酌(しんしゃく)していなかった、「イギリスは全然当てにできない」と考えていたと証言している。[*94] これに対して、対中外交を軟化するよう説いても実りがなかったイーデンは、ジョンに敬意を払わず、彼を狭量な教条主義者であると見なし、共産主義を毛嫌いする態度に呆れていた。イーデンの顧問は回想録の中で、「国務長官は常に戦いも辞さずの態度だった」と書いている。[*95]

チャーチルの見立ても同じようなものだった。ジョンとの会見の後に次のように述べたことがあった。

「ジョン・フォスター・ダレスという男は自分の陶器店でわざわざ牡牛を連れ回してメチャクチャにしてしまう人間だ。私はああいうタイプの男をほかに知らない」[*96]

兄弟の私生活

ダレス兄弟はその世界観をほぼ共有していたが、私生活は相変わらず正反対であった。アレンはいつでも檜舞台に立っていたかった。パーティーでは人の輪の中心にいて、男たちには威厳を見せ、女性とはいちゃついていた。彼が一九五〇年代に関係を持った女性にクレア・ブース・ルースがいた。彼女はアレンの昔からの友人ヘンリー・ルースの妻だった。ヘンリーはこの頃、アレンの昔の愛人メリー・バンクロフトにぞっこんだった。

アレンはギリシャ王妃フレデリキ[*97]とも愛人関係にあったらしい。ヘンリー・ルースは『タイム』の表紙を彼女で飾ったことがあった（一九五三年十月二十六日付）。そこには、「私を支えるのは国民の愛」との見出しが付けられていた。「私を支えるのはアレンの愛」というメッセージが込められたヘンリー一流のジョークであった。彼はアレンと彼女の関係を知っていた。

中東問題を扱う外国特派員が、カイロを訪問したアレンと会ったことがある。アレンの目的はナセル大統領を政権から追い落とす計画を練るためであった。特派員がアレンと会ったのはあるレセプションであった。その時の模様を彼は次のように書いている。

「我々はアラブ諸国とイスラエルの対立について話し合っていた。そこに足の長い金髪のスウェーデン美女が通りかかった。彼女は『あらアレンじゃない。どうしてこんなところにいるの』とにこやかに語りかけると、アレンは会話をやめて彼女のほうに行ってしまった」

アレンの息抜きが女との戯れであるとすれば、ジョンには別な息抜きがあった。オンタリオ湖に浮かぶ小島ダックアイランドにある丸太小屋で休暇を過ごすことだった。妻のジャネットも一緒であった。休暇中はワシントンとの接触を一切断った。訪問者も受け付けなかった。ヨット、ハイキング、釣り三昧で仕事を忘れ、少年時代に戻ったような日々を楽しんだ。一九五五年に彼は六十七歳になっていたが、十分に健康的で活動的であった。

妹のエレノアは当時のジョンを次のように評した。[98]

「兄は静脈に血栓があり、目も悪くなっていた。マラリアを患ったこともあるし、椎間板ヘルニアも病んでいた。花粉症にもひどく悩まされていた。そして最後に癌になった。それでも好きなことをやめることはなかった。思考が曇ることもなかった」

ジョンがダックアイランドに籠ったり、外国訪問が頻繁だったのには理由があった。管理的な職務から逃避したかったのである。彼は世界を動かしたかったが、国務省を動かすことに興味はなかった。ジョンの周囲にいる者には「なんだかよくわからない巨大な熊」のような存在であった。彼は絶大な権力を持っていた。アイゼンハワー大統領との強い絆があった。身体は大きく、エネルギーに溢れ、仕事をこなす能力もあった。そして自信家だった。それにもかかわらず、彼は打ち解けず、どこか遠い存在だった。[99]

ある時部下に公式パーティーの景気づけ[100]に有名人を呼ぶように命じたことがあった。用意された出席者リストにマレーネ・ディートリッヒの名があった。これを見たジョンは「ちょっとやり過ぎではないかね[101]」と苦言を呈した。

バンドン会議

一九五五年四月十八日、アジア・アフリカ地域二十九カ国のリーダーがインドネシアのバンドン（ジャワ島西部の町）に集結した。代表らは仏教の僧侶が身に着けるようなサフラン色のゆったりとしたズボンをはき、その上に羽織ったローブが南国の暖かい風にそよいだ。鮮やかな色の刺繍が太陽の光でまぶしかった。数は少なかったがビジネススーツに身を包んだリーダーもいた。

バンドンでアジア・アフリカ会議が開催されたのである。非同盟を目指す第三世界の各国が集結した歴史的会議であった。かつて植民地であったこれらの国々の総人口は十六億に上った。この数は世界の人口の半分以上に相当した。集まった指導者は会議を主宰したスカルノ・インドネシア大統領の非同盟思想に共鳴していた。彼はこの会議で、大国に対して、干渉主義的な態度を改め、〝共に生きる原則〟を採用するよう呼びかけた。

スカルノの言葉は力強かった。

「いま世界は大きく動いている。アジア・アフリカ諸国の人々の思いと政治の力が一つになり、和平の実現に向けて動き出した。アジアやアフリカの人々がその主役である」[*102]

しかし、ジョンはバンドン会議を操っているのはクレムリンだと疑っていた。「バンドン会議は共産主義者の仕掛けた茶番劇」（『タイム』[*103]）だと見た。ジョンはラジオやテレビを通じてアメリカ国民に、この会議への警戒を呼びかけた。

「集まった指導者たちは変革を訴えている。しかし背後にはソビエトがいる。第三世界を誘惑し、世界制覇を画策している」[104]

これがジョンの公の場での発言だった。

私的な場面ではより激しい憤りを見せていた。それはジョンの側近が、バンドン会議を、「汚い町の暗黒の舞踏会」と評していたことからもわかる。[105]

会議はジョンの恐れていた方向に進んだ。参加者は中立主義という言葉に心が動いていた。インドの首相ネルーは、「私は共産主義、反共産主義という概念に興味はない。大国のパワーゲームは小国を道具のように扱ってきた。そうしたやり方をやめさせなくてはならない」と演説した。[106]ネルーの訴えは参加者から喝采を浴びた。[107]

会議には周恩来首相も参加していた。彼がこうした重要な国際会議に出席したのは二度目であった。周は「中国の指導者はアメリカとの戦いを望んでいない」「極東の緊張緩和のために対話を望む」と訴えた。周恩来は各国指導者と精力的に会い、共産中国への懸念を聞き、不安の払拭に努めた。フィリピンの外相カルロス・ロムロが感じたように、周恩来の態度は好感が持てた。[108]その話しぶりも穏やかだった。『エコノミスト』誌特派員は、周恩来は「鮮やかな手さばきでカードを切った」と報じている。[109]

「周は実に謙虚な振る舞いを見せた。六億の人口を持つ国の外相でありながら、セイロンやラオスから来た政治家のような態度だった。バンドン会議の声明は、マグナ・カルタやゲティスバーグ演説（訳注：一八六三年十一月十九日のリンカーン大統領による演説。アメリカ建国の精神〈自由と平等〉

りの中心に陣取り、見事な外交を繰り広げた」中国からやって来た共産主義者は、このような集まりの中心に陣取り、見事な外交を繰り広げた」

アメリカ国内の公民権運動

アジア・アフリカ諸国がバンドンに集結した時期は、アメリカ国内の公民権運動が活発化した時期でもあった。一九五三年の全米図書賞を受賞した作品はラルフ・エリソン[*110]の『見えない男（*Invisible Man*）』（一九五二年発表）であった。黒人として育つことの意味を描いたこの作品は全米ベストセラーになっていた。翌年には最高裁が学校教育における黒人隔離政策を違憲と判断し、是正を急ぐよう命じている。

ミシシッピ州で十代の黒人、エメット・ティルが殺され、これをきっかけに暴動が起きた（一九五五年夏から秋）。騒動がまだ収束しない中で、今度はアラバマ州で事件が起きた。黒人女性のローザ・パークスが、バスの後方に設けられた黒人専用席への移動を拒否したのだ。黒人隔離は条例で定められていた。これをきっかけにモンゴメリー（訳注：アラバマ州都）では黒人市民がバスの利用を一年間にわたって拒否した。アメリカの日常生活のあり方に大きな疑問が投げかけられていた。

アメリカの公民権運動の指導者は、運動を国を超えたものへと発展させ、かつて植民地であった国々に活動を広げた。これによって権利意識が大きな高まりを見せた。バンドンン会議の主張とアメリカの公民権運動がもたらした成果であった。

アジア・アフリカ会議の主催者はアメリカにオブザーバー派遣を要請していた。ハーレム選出の下院議員アダム・クレイトン・パウエル[*111]は白人のみの代表団ではなく、黒人、白人、ユダヤ人などの非キリスト教徒、プロテスタント、カソリックなどで構成された代表団を送り込むべきだと国務省に訴えた。そうすることでアメリカは真の民主主義国であることを示せると考えたのである。ジョンはこれを拒否した。会議そのものを認めていないし、そんな集まりにアメリカの代表を遣ることはないと、すげなかった。パウエルはジョンの対応に憤った[*112]。

「国務省は意図的に我が国の将来を危ういものにしている。我が国政府がバンドン会議にオブザーバーも遣らないほどに愚かだとは思わなかった。あの会議は今世紀で最も重要なものの一つだ。『私自身はとりあえずバンドンに向かう。旅費も自分で出す』と伝えると政権に動揺が見えた」

会議の初日、インドネシア唯一の英字紙である『オブザーバー』紙の見開き表紙に「アメリカ、アジア・アフリカ会議への代表派遣を拒否」との見出しが躍った。それに続いて、「ソビエト連邦からは会議の成功を祈念するとの祝電届く」と報じられた。パウエルは、「バンドンに来たジャーナリストは、我が国が現実を直視できないことを訝った」と記し、「絶好の機会を逸した」と悔やんだ。

パウエルは帰国すると大統領に対していくつかの提案をした。その中で、「アイゼンハワー大統領は植民地支配からの自立を成し遂げた国々を訪問すべきであり、第三世界をまとめあげる首脳会議を主宰すべきだ」と伝えた。アイゼンハワーが提案を受け入れることはなかったが、国務省に黒人職員の数を増やし、外交関係者がすべて白人という体制は改善した。

パウエルはＣＩＡを訪れ、アレンにも会っている。その時の模様を次のように書いた。

「アレンは好感の持てる人物であり、たしかに国家のために尽くそうと懸命である。彼は常にツイードのスーツを身に着け、パイプを口から離さなかった。会議室では彼の横に座った。周りには我が国の諜報情報部門の幹部が座った。防音装置の付いた部屋で、私はバンドン会議の声明について思うところをアレンに伝えた。長官はその声明をどこで手に入れたのかと聞いた」

「声明文は英語で印刷され、会議のインフォメーション・センターに置いてあり、誰でも手にすることができましたと答えると、そんな報告は受けていないと机を叩いて憤った」

パウエルのほかに、自らバンドン会議に出かけて行った者にリチャード・ライトがいた。黒人の小説家・社会評論家として活躍する人物だった。彼もパウエルと同じく、アメリカ国内の権力構造とアメリカ外交のあり方に繋がりがあると見ていた。ライトはバンドンで各国代表とのインタビューに成功し、次のように書いた[＊113]。

「バンドン会議の会場では、何か大きなうねりのようなものを感じた。その力は政治的とか社会的といった言葉では表現できないものだった。町にはたくさんの人が集まり、会議の成り行きを見つめていた。これが『有色人種の会議』であり、世界各国に大きな影響を与えていることをはっきりと感じた」

マルコムＸ[＊114]はバンドンには行っていないが、彼も会議に大きな影響を受けている。彼は支持者に対して、こう語った。「バンドン会議で黒人が初めてまとまりを見せた。バンドンで何が起きたか、その成果は何かをじっくりと研究しなくてはならない。バンドン会議は、我々が黒人問題を解決するうえでも使える手法のモデルとなる」

米ソ首脳会談

非同盟主義者はアメリカ外交がよりソフトな方向にシフトすることを期待した。しかし現実は逆であった。ジョンの外交は対立を激化させる方向に進んだ。彼の戦術の一つは反ソ同盟の構築であり、ある新聞はそれを「同盟偏執狂(pactmania)」と呼んだ。[*115] SEATOの設立(一九五四年)に続き、一九五五年にはCENTO(中央条約機構)を設置した。これにはイギリス、トルコ、イラク、イラン、パキスタンが参加した。だが設置からわずか三年後にイラクが離脱し、以後実質的な影響力を持たなかった。

ジョンはたしかに多くの国との交渉を進めた。そうした国々は力がなく、唯々諾々とアメリカの要求を呑むしかなかった。ジョンはけっしてソビエトとの直接交渉に臨まなかった。アイゼンハワー大統領はついにジョンの態度に耐えきれず、スターリンの死後(訳注:スターリンは一九五三年三月五日に死去)、新リーダーと交渉することを指示した。

一九五五年七月十八日、首脳会談(訳注:アメリカ大統領アイゼンハワー、イギリス首相イーデン、フランス首相フォール、ソ連首相ブルガーニンの四巨頭会談)がスイスのジュネーブで始まった。会談は初めから緊張を孕んでいた。五カ月前にジョンが西ドイツをNATOのメンバーにすることに成功し、これに対抗してソビエトがワルシャワ条約機構を設立したのは首脳会談のわずか二カ月前のことであった。

アイゼンハワーは会談で彼が言うところの「オープン・スカイ」計画を提案した。米ソ両国が高高度から互いの領土を写真撮影することを容認するというものであった。しかしこの提案は日の目を見ていない。首脳会談の開催に先立って、ジョンはソビエト代表と笑顔で握手などしている姿を写真に撮られてはならないと部下に命じていた。アイゼンハワー大統領もこの方針で臨んだ。新聞コラムニストのスチュワート・オルソップは、大統領に同情しながら、この時の模様を回顧している。

「大統領は親交を深めたいと思っていた。しかし国務長官の言葉を思い出し、それができなかった」

結局、首脳会談はなんの成果も上げられなかった。

数千マイル離れた場所で行われた二つの会議（バンドン会議とジュネーブの首脳会談）は、対立する二つの世界観を見事に象徴していた。ジュネーブに集まった指導者は、世界を、従来どおりの冷戦構造、つまり世界をワシントンとモスクワ・ブロックの対立として見ていた。共産主義者対反共主義者の対峙であった。バンドンに集まった指導者たちの考えは違った。植民地支配から脱し、あらたに成長を目指す国々と、これまでどおりの影響力を保持したい既存の大国との対立と捉えた。

ジュネーブではこれまでのように、大国間のパワーバランスに基づく和平の維持が確認された。バンドンでは各国のナショナリストがそれぞれの将来を描いていた。それは万華鏡のような、ばらばらの世界観だった。しかしそれが、その後の半世紀の世界のあり方を決めたのである。

ダレス兄弟がホー・チ・ミン失脚を画策してから一年経ってもなお、彼は指導力を発揮し、相変わらず国民から高い人気があった。ジュネーブ会談で決められた統一選挙があれば勝利は確実であった。アイゼンハワー大統領も、おそらく八〇パーセント以上の支持を集めて彼が勝利するだろうとメディアに語っていた。[*116] この時こそがアメリカは対ベトナム外交を再考する好機だった。ダレス兄弟にはそれができなかった。ホー・チ・ミンは失脚させなければならない。その思いのまま次の一手を打ったのである。

一九五五年春、ジョンはパリに飛び、フランスの指導者たちと会談した。ジョンの狙いはフランスにベトナムから完全に手を引かせ、[*117] 安全保障のすべての責任をアメリカに委ねさせることであった。エドガール・フォール首相はゴ・ディン・ジエムを嫌っていたが、アメリカはジエムに運命を託したものと理解した。フォールはジョンの要求を不承不承に受け入れた。ジョンはフランスとの合意を公にしたくはなかったから紳士協定として扱った。[*118] こうしてアメリカは自らの意思と方法をもってベトナムでの戦いを始められる条件を整えたのである。

国防総省は後の分析で、これによって対ベトナム外交を別な角度から検討することができなくなったと報告している。[*119]

「当時の外交方針を決定する者の頭の中は、強固な一枚岩の共産主義陣営をなんとしてでも囲い込むという考えしかなかったようだ。直接介入を検討していながら、インドシナ半島での戦いのコスト面を十分に検討した形跡がない」

この頃、アイゼンハワーは体調を崩している。一九五五年九月二十三日、大統領はコロラドのリゾート地でワンラウンド半（二十七ホール）のゴルフを楽しみ、夕食にハンバーガーとオニオンを食べた。翌未明、軽い心筋梗塞（冠動脈血栓）を起こした。これによって六週間にわたって政務が滞った。それでも政権幹部は冷静を装い、ジョンはパリでの主要国外相会議に予定どおり出発した。

冷静さを保っていたジョンだったが、パリでは『ライフ』記者のインタビューに激高し、アメリカはベトナムで戦争を起こすとまで言ってしまったのである（『ライフ』一九五六年一月三十日）。この言葉は多くの人を驚かせ、世界の新聞がこぞって彼を非難した。ロンドンの新聞は彼を「危なっかしいギャンブラー」[*120]と評した。『ニューヨーク・タイムズ』のジェームズ・レストン記者は、見事なまでに愚かな外交の見本であると報じた（『ニューヨーク・タイムズ』一九五六年一月十五日付）。「国務長官のやり方は罠にかかったというような単純なものではなかった。罠を発見して、大きさや深さをじっくりと調べ、それでも罠に自ら落ちたようなものだ。実に愚かなことだ」

その頃サイゴンではCIA工作員のエドワード・ランスデールが次なる秘密工作計画を進めていた。ランスデールとゴ・ディン・ジエムの間では、ジュネーブ協定で決まっていた一九五六年七月の国民投票を実施しないと決めていた。当然ダレス兄弟の承諾を得ていた。「ベトナム国民の意思が反映されていない協定に拘束される必要はない」[*121]。ジエムはそう言い放った。

それでもアレンには一抹の不安があった。アメリカ国民が、国民投票を反故（ほご）にするような指導者を支持するか心配だった。アレンは国民投票をジエムに実施させざるを得なかった。

国民投票は一九五五年十月二十五日に行われた。ジエムと、かつての皇帝バオ・ダイのいずれを指導者に選ぶかの投票であった。ランスデールは、ジエムの名前は赤字で、バオ・ダイのそれは緑で印刷させた。ベトナムでは赤は伝統的に幸運の色であり、緑は不幸を呼ぶ色であった。この頃フランスにいたバオ・ダイは選挙運動を許されなかった。バオ・ダイがフランス女性といちゃつく諷刺画も用意された。イラストはランスデールの部下が用意した。バオ・ダイは「自らの名声のために国を捨てたフンコロガシ（dung beetle）のような男」[122]だと攻撃された。地方の役人は貧しい農民を投票所に集め、ジエムに投票するよう指導した。

開票が進み勝利が確実になったゴ・ディン・ジエムに、ランスデールは六〇パーセントから七〇パーセントの支持を得て当選したと発表するよう助言した。しかし彼はランスデールの指導に抵抗した。「九八パーセント以上の支持を集めた」と発表すると頑なであった。結局九八・二パーセントとすることに決まった。これらの数字はおかしなものだった。ジエムはサイゴンでは六十万票以上を獲得したことになっていたが、サイゴンの票の総数は四十五万票であった。[123]アメリカ国民はこうした疑念に目をつぶり、ベトナム国民を指導できる奇跡の人物が現れたことを歓迎した。[124]

ジョンは、「国民の声が聞こえた。彼らの意思を尊重しなくてはならない」とする声明を出した。駐サイゴン米国大使フレデリック・ラインハルト[125]は、国民投票は成功であったと語り、『ニューヨーク・タイムズ』は「健全な民主主義的手続きに基づいて強力なリーダーが生まれた」と報じた。

国民投票の三日後、ゴ・ディン・ジエムはベトナムの南半分をベトナム共和国（南ベトナム）とし、自らが大統領であると宣言した。同時に同国内の政治結社を禁じ、大統領任期を五年とする憲法を公布した。こうして一九五六年に実施されることになっていた南北統一選挙を拒否できる形式が整った。

一九五六年に統一選挙が実施されていれば、ホー・チ・ミンの勝利は確実だった。ただその後彼がどのような国を作るのかについては不透明だった。抑圧的な共産主義国家でありながらもモスクワの傀儡ではなく、反米でもない国家になる可能性もあった。実際ベトナムはこの二十年後にはそのような国になっている。しかしワシントンの指導者には想像力が欠如していた。

安全保障に詳しいレスリー・ゲルブは後に、「我が国にとってのベトナムの価値をしっかりと考える気配は当時のワシントンにはなかった。ワシントンは宗教的な思い込みに似た反共の空気に覆われ、我が国はベトナムに引きずり込まれることになった」と慨嘆している。[*126]

ユーゴスラビアとチトー

国民投票が成功するとダレス兄弟は反ホー・チ・ミン・キャンペーンをエスカレートさせた。しかし、その一方でホーと似た考えを持つ共産主義者を支援した。二人が支援したのは多民族のパッチワークのような国として戦後成立したユーゴスラビアの指導者ヨシップ・ブロズ・チトー[*127]であった。彼は一九二〇年に共産主義者となった。ホー・チ・ミンが共産主義者となったのもこの年である。

彼は枢軸国占領下でのレジスタンス運動に参加した。共産主義者だったがＯＳＳからの支援を受けている。チトーがOSSから支援された理由は、「枢軸国に血を流させている」からであった。チトーも、ホー・チ・ミンも共産主義国家の設立を目指した。しかし、チトーは権力を掌握した五年後には早くも、はっきりとモスクワと距離を置いた。「どれほど社会主義を信奉していても、自国に対する愛はそれに勝ります」と書いた親書をスターリンに送った。

ジョンは、チトーがモスクワの下僕ではなさそうだと気づいた。この時初めて、共産主義者であってもナショナリスト（民族主義者）となる可能性を考慮に入れた。[*128] ジョンは一九五五年末、ユーゴスラビアを訪問した。チトーはアドリア海の小島ブリオーニ島に別邸を持っていた。二人はテラスでじっくりと話し合った。ジョンの側近の一人によれば、国務長官はこの会談でユーゴスラビアは真の独立を目指していると確信したらしい。

ジョンは帰国するとアイゼンハワーに、チトーは共産主義者ではあるがアメリカの敵ではないと報告した。翌年、アイゼンハワー政権はチトー政権に九千万ドルの食糧支援を実施した。ジョンのこれまでの姿勢からは考えられないことであった。彼は共産主義者にもさまざまな人間がいることを知ったのである。

それにしてもジョンはなぜ、チトーにとった態度をホー・チ・ミンに見せることができなかったのだろうか。ジョンのヨーロッパ中心主義が関係しているだろう。ヨーロッパが（アジアより）重要であるとの考えは彼の体に浸み込んでいた。当時の外交官はみなそのような考えだった。ジョンもアレンも、そして大統領もヨーロッパの歴史は学んでいた。ヨーロッパの政治にしばしば嘴（くちばし）を挟んでいたし、この地域の外交の綾（あや）も理解しているとの思いがあったのだろう。

ベトナムへの無理解

しかし東アジアについては何も知らなかった。彼らは中国を共産主義者に握られた怒りで一杯だった。その怒りは国務省に向けられ、東アジア専門家の多くが解雇されていた。そのためホー・チ・ミンをチトーと同じような人物だ考えられる人間がいなかった。ゴ・ディン・ジエムを支え、徹底的に反ホー・チ・ミンであればいいという考えだった。

アイゼンハワー大統領はゴ・ディン・ジエムに書簡を送り、激励している[*129]（十月二十三日付）。

「ベトナムへの効果的な支援のやり方を考えているところです。我々の支援でベトナム政府がより安定することを願っています」

「私は我が国の駐ベトナム大使に、貴下と相談の上、貴国をうまく支える援助のやり方を考えるように指示したところです」

書簡の日付は国民投票の日であった。

アイゼンハワーの約束の三年後、チャールズ・ウィルソン国防長官[*130]は統合参謀本部に、治安維持を目的としたベトナム自由軍創設計画の策定を命じた[*131]。大統領親書とこの命令が、アメリカがベトナムの泥沼にのめり込む端緒になった。その後アメリカはおよそ二十年間で一兆ドル以上を費やし、五万八千人以上の戦死者を出すことになったのである。

「ダレス国務長官の外交は、旧フランス植民地の問題を外交で解決することを頑なに拒むものであった。彼はレトリックを使って柔軟な姿勢を見せるふりはしたが、共産主義者からの要求は断乎拒否した。それがまともな要求であっても、全く考慮しなかった」（歴史家タウンゼント・フープス）[*132]

アイゼンハワー再選とアレンの外遊

国務長官の四年間を通してジョンは精力的に各国首脳と協議した。世界各地で彼を歓迎する宴が催された。一方のアレンも外国訪問は多かったが、兄に比べればおとなしかった。しかしアレンは、一九五六年半ばになると、アイゼンハワーが再選されなければ自身の立場が危うくなることに気づいた。彼が精力的に世界各地を訪問するようになったのはこの頃である。八月末、空軍が持つ最新鋭機を使って、世界各国を回り始めた。五十七日間で世界を回るスケジュールであった。[*133]

どこに行ってもアレンは現地責任者とエージェントに会った。彼の性格から隠密での行動はできなかった。どこでも賓客扱いされ、面会を望む者が多かった。大統領や首相主催の公式晩餐会が続いた。ボンではゲーレンが待っていた。彼はこの頃にはアレンと極めて親しい関係となっていた。アテネでは二人の女性（クレア・ブース・ルースとフレデリキ王妃）が待っていた。

ギリシャからトルコ、サウジアラビア、パキスタンを経てインドに向かった。ネルー首相からは、彼の兄（ジョン）の図式的な世界観について不満をぶつけられている。タイには三日滞在したが、贅沢な食事と女性の踊りを楽しんだ。さすがにベトナムでは観光気分ではいられなかった。ゴ・ディン・ジエムとの公式会談に加え、現地責任者ランスデールと幾度となく打ち合わせた。ベトナムから、マニラ、台北、香港、東京、ソウルと移動した。どこでも最高の待遇で迎えられた。
「あの旅はＣＩＡの歴史の中でも（良い意味で）特異なものだった。アレンは何度となく旅の想い出話をした。我々は涙が出るほど笑い転げたものだった」（同行のＣＩＡ幹部レイ・クライン）

エジプト危機

アレンがワシントンに戻った頃、アイゼンハワーの再選を目指す選挙戦は順調に進んでいた。落ち着いた秋になるだろうとのダレス兄弟の見通しは、予期せぬ二つの世界的な危機の勃発で吹き払われた。この二つの事件によって兄弟への風当たりが強くなったのである。

一つはエジプト問題だった。ガマール・アブドゥル・ナーセルは一九五二年に権力を握ったが、ダレス兄弟は当初から彼を警戒していた。しばらくはナーセルとうまくやれる可能性を探った。しかしナーセルも冷戦の枠組みで世界を見ていなかった。ジョンがナーセルと初めて会ったのは一九五三年半ばのことだった。ジョンはソビエトの脅威を力説した。これに対してナーセルは、ソビエトが「我が国を占領したことは一度もない。それに対してイギリスは我が国に七十年もの長きにわたって居座っている」[*134]と辛辣な言葉を投げ返した。

アレンはカーミット・ルーズベルトをナーセルのもとに遣り、エジプト情報諜報組織の設置に力を貸した。ルーズベルトには好きなように使える資金三百万ドルを持たせ、米国の目的に沿うようアラブの民族主義者を牽制するよう命じた。[*135]アメリカ軍幹部もＣＩＡ関係者もカイロを訪問し、エジプトとの安全保障体制の構築に努力した。二千万ドル相当の軍事支援も実施した。

さらに、エジプトがアメリカの同盟国となれば、彼らの夢のプロジェクトであるアスワンハイダム建設資金を融資すると仄めかした。ダムの完成で、ナイル川周辺の乾燥地帯を農地に変えることが期待できた。それでもナーセルの非同盟的外交を変更させることはできなかった。彼の思想の本質はアラブ・ナショナリズムであった。

アメリカとの提携を拒絶するナーセルの態度はあまりに辛辣だった。エジプト駐米大使アーメッド・フセインは、ダレス兄弟は反抗的な指導者を転覆させるやり方を知っているのだとナーセルに思い出させねばならないと感じた。

「グアテマラを忘れてはなりません」[*136]と大使は警告した。

「グアテマラなど、くそ食らえだ！」ナーセルは答えた。

方針を変えようとしないエジプトに国務省（ジョン）も厳しい態度を取らざるを得なかった。ナーセルは（非同盟を標榜しているだけに）アメリカにも武器援助を求めていたが、ジョンは無視を決め込んだ。アメリカの出方次第ではソビエト側につくというナーセルの仄めかしを〝不道徳な恐喝〟と呼び、補佐役らには「脅しはブラフだ。ソビエトがエジプトに武器の供給などできるはずがない。ソビエトには無償供与にしても売るにしても武器の余剰がない」と言っていた。ナーセルに圧力をかけるためにアスワンハイダム建設資金の融資の話も引っ込めてしまった。「ワシントンはダム融資案件と武器支援要請を同列に扱い、どちらの話も引っ込めてしまったのである」（『ニューヨーク・タイムズ』特派員ケネット・ラブは後にそう書いた）

一九五六年七月十九日、フセイン大使はジョンと会見し、ダム建設資金融資の問題をあらためて持ち出した。大使は「まさか融資のオファーを引っ込めるということはありませんね」と言い、「いまロシア（ソビエト）が融資をしてもいいという話を持ってきています」と付言した。ジョンは、「そういうことなら、貴国には資金の算段がついたということですな。我が国の融資オファーはなかったことにしてください」とそっけなく答えた。

フセインの報告を受けたナーセルは、「くそったれめ。首でもくくって死んでしまえ」と憤った。[*137]六日後（訳注：一九五六年七月二十六日）、エジプトは英仏の管理にあったスエズ運河の国有化を宣言して西側に襲いかかった。スエズ運河はイギリスにとって中東に残った数少ない宝であり、エジプト侵攻を覚悟した。フランスは、ナーセルが同国の支配するアルジェリアで反政府組織を支援していることに苦慮していただけに、イギリスに同調した。これにイスラエルも加わった。イスラエルは台頭するアラブの力を削ぎたいと考えていたし、シナイ半島も手中に収めたいと思っていた。三国のエジプト侵攻計画は極秘で進められ、ＣＩＡもそれに気づいていなかった。

ハンガリー危機

この頃、ヨーロッパでも大きな動きがあった。一九五六年十月二十三日、ハンガリーの首都ブダペストでの集会が反政府暴動に発展したのである。親ソ政府に対する激しい怒りが爆発した。軍もそれに同調した。たまらずナジ・イムレ首相[*138]は、オーストリアとの国境を開放し、ワルシャワ条約機構からの脱退と中立宣言を発した。ソビエトは戦車を投入した。ブダペストに侵入した部隊は市民の抵抗を受け、数日間にわたって激しい市街戦が続いた。しかし暴動は鎮圧され、ナジ・イムレは処刑された。

ジョンは繰り返し東欧諸国の解放を訴えた。アレンは鉄のカーテンの向こう側にCIAのエージェントを送り込み、反政府暴動を画策していた。ブダペスト暴動の三年前（一九五三年）には東ドイツで反政府運動があった。しかしアメリカは支援に乗り出していない。ブダペストの暴動でもアメリカは介入していない（反政府運動は支援するが、それが現実になると現実には介入しないパターンが繰り返された）。

ブダペストの市街で小競り合いが続いていた十月二十九日、イギリス、フランス、イスラエルがエジプトに侵攻した。これによって中東各地で反植民地の暴力行為が広がった。これにアイゼンハワー大統領は憤った。その怒りの理由の一端は、ヨーロッパ勢に代わってアメリカが中東地域への影響力を強めたいと考えていたことにあった。それが英仏の動きで邪魔されたのである。大統領は三国に圧力をかけ、エジプトから撤退させたものの、結果的にナーセルがヒーローに祭り上げられてしまった。アイゼンハワーは、ナーセルを排除する政策はもはや現実的ではないことを理解した。会議のメモにはこうある。

「現在ほど激しい敵意に満ちた時にそうした行動を取ることはできないと大統領は述べた。アラブ諸国を煽りたてずに行える外交を模索すべきであり、世界の緊張が解ける時期を見極めねばならない、と」

立て続けに起きた事態にダレス兄弟は慌てふためいた。彼らはエジプト侵攻を見通すことができず、ハンガリー国内の反ソ感情を煽りたてたあげく、いざハンガリー国民がソビエトに反旗を翻した時には何もしなかったといって公然と非難された。この同じ年、兄弟が監督していた計画が予期せぬ結果を生み、二人は新たな問題に直面することになった。

U2の活動開始とCIA改革提案

アレンは高高度からの撮影を可能とする技術開発に力を入れていた。国防総省ではなくCIAがこのプロジェクトを管轄とすることをアイゼンハワーに了承させていた。CIAであれば面倒な契約に手足を縛られることもなく、プロジェクトを迅速に推進できると説得したのである。高高度からの精密写真撮影を可能とする新型航空機（U2）の開発はロッキード社が進めていた。U2は七万フィート（二万一千メートル）上空からの撮影が可能だった。この高度であれば対空ミサイル攻撃の心配はなかった。一九五六年五月三十一日、大統領はU2によるソ連上空での初の飛行を許可した。

U2の活動は二週間後に始まった。その結果、ソビエトの航空機生産能力はCIAの推測よりもかなり低いことが判明した。ジェームズ・キリアンはその分析結果をアイゼンハワーに報告した。大統領は報告に満足したが、CIAの過大評価は「アレンの管理能力の欠如」を示すという点でキリアンに同意しなかった。[*139]

大統領はその頃設置された組織「海外諜報活動に関する大統領の諮問委員会」に、見識ある二人の外交官、ロバート・ラヴェット[*140]（元国防長官）とデイヴィッド・ブルース[*141]（元OSS工作員、元駐仏大使）を補職していたが、一九五六年にCIAについての評価報告書を出すよう求めた[*142]。数カ月後に提出された報告書は、有能な若い人材が他国への干渉とそれを正当化するための仕事に忙殺されていると指摘して大統領に注意を促した。また、アレンの権限に制限をかけることや、アレンの執務室をホワイトハウス内に移し、CIAの動きを牽制できる副長官を任命することを勧告していた。しかしアイゼンハワーはそれらの勧告をすべて却下した。

アイゼンハワーはアレンがCIA長官だった四年間を通して彼を庇い、何事もアレンの判断に従った。南ベトナムについては、大統領が遣った使者はゴ・ディン・ジエムを見放していたが、アレンの考えに従い、ゴ・ディン・ジエムを支えた。ドゥーリトル将軍はアレンを解雇すべきだと訴え、ジェームズ・キリアンはアレンの管理能力の無さを報告した。それでもアイゼンハワーはアレンを庇った。アレンの権限を縮小すべきだとの勧告もあったが、それも採用しなかった。

アイゼンハワー再選と封じ込めドクトリン

一九五六年十一月六日、大統領選挙が行われた。この頃のアメリカは豊かだった。公民権運動が活発で、選挙の数週間前にソ連の戦車がブダペストになだれ込み、三カ国がエジプトに侵攻するという、気になる国際情勢ではあったが、国はそれなりにまとまっていた。国民は指導者の交代を望まなかった。アイゼンハワーは圧倒的な支持を得て再選された。ジョンとアレンはポストを失わずに済んだ。アイゼンハワーの二期目の就任演説は一九五七年一月二十日に行われた。大統領と大多数のアメリカ国民の世界観を反映した内容であった。

「国際共産主義は世界を東西に分割し、その一方を支配しようと企んでいます。それは腹黒く、その狙いは明白であります。それは奴隷化に成功した地域で体制の恒久化を狙っています。それは自由主義の国々の分断を企てています。飢えた人々、あるいは抑圧されている人々を利用して世界を意のままにする力を獲得しようとしているのであります[*143]」

これに対抗するためには、共産主義者の動きを封じ込めなくてはならないと大統領は国民に訴えた。

「私は、我が国の外交が世界の人々の運命に深く関わっていることをしっかりと認識しています。我々は国境を越えてでも、その義務を果たしていかなくてはなりません」

ベトナムはたしかに「アメリカから遠く離れた国」であるが、大統領はダレス兄弟と同様、ベトナムが最も危険と見ていた。それなのにホー・チ・ミンを失脚させる工作は失敗した。入念に練られたアメリカの工作は二人の外国指導者を仕留めたが、ホー・チ・ミンは彼ら以上に打たれ強いことが証明されたのだ。ベトナムでの失敗が兄弟を次なる標的に向かわせた。ダレス兄弟がそのポストにあった最初の四年間、彼らはモサッデクからアルベンス、そしてホーへとほぼ切れ目なく獲物を求めて動いた。アイゼンハワー再選という後ろ盾を得て、彼らは新たな犠牲者の選択に乗り出した。

注

*1 *Saturday Evening Post*, October 30, November 6 and November 13, 1954.

*2 Paul M. Kattenburg, *The Vietnam Trauma in American Foreign Policy 1945-75*, Transaction, 1980, p119. あるいは Fredrik Logevall, *Embers of War: The Fall of an Empire and the Making of America's Vietnam*, Random House, 2012, pp642-645.

*3 同右。

*4 Michael H. Hunt, *Lyndon Johnson's War: America's Cold War Crusade in Vietnam*. 1945-1968, Hill & Wang, 1997, p9.

*5 同右。

*6 *The Devil and John Foster Dulles*, p209.

*7 A. J. Langguth, *Our Vietnam: The War 1954-1975*, Touchstone, 2000, p72.

*8 *FRUS*, Vietnam, vol. 7, pp29-30.

*9 *Lyndon Johnson's War*, p11.

*10 *The Vietnam Trauma in American Foreign Policy 1945-75*, p40.

*11 David Halberstam, *The Best and the Brightest*, Penguin, 1972, p180.

*12 *Time*, March 29, 1954.

*13 Robert D. Schulzinger, *A Time for War: The United States and Vietnam 1941-1975*, Oxford University Press, 1999, p67.

*14 Richard Russell. Jr.（一八九七―一九七一）共和党上院議員（ジョージア州）。訳注

*15 John Prados, *Vietnam: The History of an Unwinnable War, 1945-1975*, University Press of Kansas, 2009, p29.

*16 *Embers of War*, p506.

*17 James Hagerty（一九〇九―八一）アイゼンハワー政権の報道官。任期は一九五三年から六一年。訳注

*18 James Hagerty Papers, Hagerty Diary, July 11, 1954. Dwight D. Eisenhower Presidential Library.

*19 Robert Mann, *A Grand Delusion: America's Descent into Vietnam*, Basic Books, 2001, p152.

*20 Edwin C. Johnson（一八八四―一九七〇）上院議員（一九三七―五五年）、コロラド州知事（一九五五―五七年）、民主党。訳注

*21 Arthur M. Schlesinger. Jr., *A Thousand Days: John F. Kennedy in the White House*, Mariner, 2002, p322.

*22 Charles Douglas Jackson（一九〇二―六四）旧OSSメンバーで心理戦の専門家。一九五三年二月から五四年三月までア

イゼンハワー大統領の顧問。訳注

＊23 Kathryn Statler, *Replacing France: The Origins of American Intervention in Vietnam*, University Press of Kentucky, 2009, p110.

＊24 William Knowland（一九〇八―七四）共和党上院議員（カリフォルニア州）。任期は一九四五年から五九年。訳注

＊25 John. P. Burke and Fred I. Greenstein, *How President Test Reality: Decisions on Vietnam 1954 and 1965*, Russell Sage Foundation, 1989, p36.

＊26 *Dulles: A Biography of Eleanor, Allen, and John Foster Dulles and Their Family Network*, Dial, p324.

＊27 Pyotr Popov（一九二三―六〇）ソビエト軍の諜報組織（ソ連軍参謀本部情報局＝ＧＲＵ）のエージェント。一九五三年から五八年までＣＩＡに情報を流した。訳注

＊28 Otto John（一九〇九―九七）一九五四年七月二十日、西ベルリンから失踪。訳注

＊29 *Central Intelligence Agency: The Inside Story*, pp57-58.

＊30 *Legacy of Ashes*, pp119-120.

＊31 同右、p121.

＊32 The Congress for Cultural Freedom 反共文化人団体。一九五〇年、西ベルリンで設立。訳注

＊33 The National Student Association 一九四七年から七八年にかけて活動した米国内の組織。訳注

＊34 Dwight Macdonald（一九〇六―八二）社会評論家、映画評論家。訳注

＊35 Ted Hughes（一九三〇―九八）イギリスの児童文学者、詩人。一九五〇年代はボストンに居住。訳注

＊36 Derek Walcott（一九三〇―）カリブ海諸島出身の詩人、劇作家。ノーベル文学賞受賞（一九九二年）。訳注

＊37 James Michener（一九〇七―九七）小説家。訳注

＊38 Mary McCarthy（一九一二―八九）社会批評家。訳注

＊39 *The Times Literary Supplement* 一九〇二年創刊。週刊の文芸評論誌。訳注

＊40 *The CIA's Secret Operations*, p162.

＊41 *Animal Farm* 一九四五年にジョージ・オーウェルが発表した小説。共産主義を諷刺、批判した。訳注

＊42 *Allen Dulles: Master of Spies*, p453.

＊43 *The Secret History of CIA*, p168.

＊44 航空母艦「ホーネット」から飛び立ったＢ25爆撃機十六機による大戦初期の日本本土空爆（一九四二年四月一八日）を指揮した。東京、川崎、横浜、名古屋、四日市、神戸が攻撃された。訳注

＊45 http://cryptome.org/cia-doolittle.pdf

＊46 George C. Herring, *America's Largest War: The United States and Vietnam, 1950-1975*, McGraw-Hill, 1986, p356. あるいは*Legacy of Ashes*, p108.

＊47 Washington Senators 一九〇一年から六〇年にワシントンを根拠地とした。メジャーリーグのチーム。訳注

＊48 *Ike's Spies*, p174.

＊49 George Blake（一九二二—）イギリスのＭＩ６の工作員だったが、同時にＫＧＢのエージェントであった。訳注

＊50 *Safe for Democracy*, pp153-155. あるいは*Legacy of Ashes*, pp123-125.

＊51 Buraimi Oasis アブダビ（現アラブ首長国連邦の一つ）とサウジアラビアの間で領有権を争っていた地域。アブダビが石油採掘（開発）を英仏の企業に認可（一九五三年）。五年後に石油が発見された。訳注

＊52 *Quicksand*, pp228-229. あるいは*Dulles: A Biography of Eleanor, Allen, and John Foster Dulles and Their Family Network*, pp348-349. あるいは T. Peterson, Anglo-American Rivalry in the Middle East: The Struggle for the Buraimi Oasis 1952-1957, *International History Review*, Feb. 1992, pp71-91.

＊53 Muhammad Naguib（一九〇一—八四）エジプト共和国初代大統領。訳注

＊54 Gamal Abdel Nasser（一九一八—七〇）エジプト共和国第二代大統領。訳注

＊55 *Dulles: A Biography of Eleanor, Allen, and John Foster Dulles and Their Family Network*, pp350-351.

＊56 Eugene McCarthy, *Up 'Til Now: Memoir*, Harcourt, 1987, p128.

＊57 Jean-Jacques Rousseau（一七一二—七八）ジュネーブに生まれた思想家。著作に『社会契約論』など。訳注

＊58 *John Foster Dulles: Piety, Pragmatism, and Power in U. S. Foreign Policy*, p93.

＊59 *The Devil and John Foster Dulles*, p222.

＊60 U. Alexis Johnson（一九〇八—九七）国務省のキャリア外交官。駐タイ、駐日大使を歴任。著書に『ジョンソン米大使の日本回想——二・二六事件から沖縄返還・ニクソンショックまで』（邦訳、草思社）。訳注

＊61 U. Alexis Johnson, Oral History, Dulles Papers.

＊62 *New York Times*, Jan. 19, 1954.

＊63 *Embers of War*, p557.

＊64 Maurice Couve de Murville（一九〇七—九九）外相（一九五八—六八年）、首相（一九六八—六九年）を歴任。訳注

＊65 Maurice Couve de Murville, Oral History, Dulles Papers.

＊66 *Embers of War*, p612.

＊67 William J. Duiker, *U. S. Containment Policy and the Conflict in Indochina*, Stanford University Press, 1994, pp188-189.

＊68 Richard H. immerman, *Empire for Liberty: A History of American Imperialism from Benjamin Franklin to Paul Wolfowitz*,

Princeton University Press, 2010, pp192-193.

*69 Ngo Dinh Diem（一九〇一—六三）南ベトナム初代大統領（一九五五—六三年）。訳注

*70 Paul Ely（一八九七—一九七五）インドシナ半島フランス軍の参謀長、およびフランス統合参謀本部総長を務める。訳注

*71 *Spiritual Weapons*, p169.

*72 同右、p162.

*73 Pierre Mendes France（一九〇七—八二）フランス首相（一九五四—五五年）。訳注

*74 Maurice Couve de Murville, Oral History, Dulles Papers.

*75 *Edward Lansdale's Cold War*, p136.

*76 J. Lawton Collins（一八九六—一九八七）陸軍大将。朝鮮戦争時には参謀総長。訳注

*77 Ho Chi Minh, *Down with Colonialism!*, Verso, 2007, p134.

*78 *The Declassified Eisenhower*, p246.

*79 *Total Cold War*, p118.

*80 Bernard B. Fall（一九二六—六七）戦争ジャーナリスト、歴史家。訳注

*81 Bernard B. Fall, *The Two Vietnams: A Political and Military Analysis*, Greenwood, 1967, pp153-154.

*82 Thomas Anthony Dooley（一九二七—六一）人道活動家としてベトナムやラオスで活動した。訳注

*83 原題は*Deliver Us from Evil*。一九五六年に初版。訳注

*84 Thomas Anthony Dooley, *Deliver Us from Evil*, Signet, 1981, pp55, 139.

*85 *Spiritual Weapons*, p171.

*86 Peter Brush, *Doctor Tom Dooley*.
http://www.library.vanderbilt.edu/central/Brush/Tom-Dooley.htm

*87 *Replacing France*, p108.

*88 Lubna Saif, Pakistan and SEATO, *Pakistan Journal of History and Culture* 28, No. 2, 2007, p84.

*89 L. Natarajan, *American Shadow over India*, People's Publishing House (India), 1956, p147.

*90 Mathew Ridgway（一八九五—一九九三）陸軍大将。一九五一年から五二年までダグラス・マッカーサー連合軍最高司令官の後任として日本の占領統治に当たった。訳注

*91 *The Devil and John Foster Dulles*, pp277-278.

*92 同右、p266.

*93 Daniel Aaron Rubin, Pawns of the Cold War: John Foster Dulles, the PRC, and the Imprisonments of John Downey and

Richard Fecteau.
http://drum.lib.umd.edu/bitstream/1903/1839/1/umi-umd-1832.pdf

＊94 *Dulles: A Biography of Eleanor, Allen, and John Foster Dulles and Their Family Network*, pp353-354.

＊95 James Cable, *The Geneva Conference of 1954 on Indochina*, St. Martin's, 1986, p38.

＊96 *Dulles: A Biography of Eleanor, Allen, and John Foster Dulles and Their Family Network*, p361.

＊97 Queen Frederika of Greece（一九一七―八一）ギリシャ王パウロス一世の妃。祖父はドイツ皇帝ヴィルヘルム二世。訳注

＊98 *Dulles: A Biography of Eleanor, Allen, and John Foster Dulles and Their Family Network*, p380.

＊99 *The Devil and John Foster Dulles*, p142.

＊100 Marlene Dietrich（一九〇一―九二）ドイツ出身の女優、歌手。訳注

＊101 *The Devil and John Foster Dulles*, p144.

＊102 Richard Wright, *The Color Curtain*, University Press of Mississippi, 1995, p136.

＊103 *Time*, Apr. 18, 1955.

＊104 *The Color Curtain*, p88.

＊105 *America's Largest War*, p395.

＊106 The Asian African Conference, *Vital Speeches of the Day*, June 1, 1955, p1258.

＊107 George McTurnan Kahin, *Asian-African Conference: Bandung, Indonesia*, Cornell University Press, 1956, p65.

＊108 Carlos Romulo, *The Meaning of Bandung*, University of North Carolina Press, 1956, p11.

＊109 *John Foster Dulles: A Reappraisal*, p168.

＊110 Ralph Ellison（一九一四―九四）黒人作家、文芸評論家。訳注

＊111 Adam Clayton Powell（一九〇八―七二）ニューヨーク市ハーレム選挙区出身の下院議員。任期は一九四五年から七一年。民主党。訳注

＊112 Adam Clayton Powell III, *Adam by Adam: The Autobiography of Adam Clayton Powell, Jr.*, Kensington, 2001, pp107-109.

＊113 *The Color Curtain*, p14.

＊114 Malcolm X（一九二五―六五）黒人解放運動指導者。訳注

＊115 *The Devil and John Foster Dulles*, p241.

＊116 *Spiritual Weapons*, p175.

＊117 Edgar Faure（一九〇八―八八）フランス首相。任期は一九五五年から五六年。訳注

＊118 Daniel P. O'C. Greene, John Foster Dulles and the End of the Franco-American Entente in Indochina, *Diplomatic History*

16, no. 4 (Oct. 1992), p551.

＊119 Pentagon Papers, Section1, pp179-214.
http://www.mtholyoke.edu/acad/intrel/pentagon/pent9.htm.

＊120 *The Devil and John Foster Dulles*, p311.

＊121 Jessica Chapman, Staging Democracy: South Vietnam's 1955 Referendum to Depose Bao Dai, *Diplomatic History* 30, no. 4, 2006, p694.

＊122 同右。

＊123 Anthony Best et al., *International History of the Twentieth Century and Beyond*, Routledge, 2008, p298.

＊124 Staging Democracy, pp698-699.

＊125 G. Frederick Reinhardt（一九一一―七一）キャリア外交官。駐ベトナム大使の任期は一九五五年から五七年。訳注

＊126 *New York Review of Books*, Dec. 2, 1971.

＊127 Josip Broz Tito（一八九二―一九八〇）ユーゴスラビア大統領。任期は一九五三年から八〇年。訳注

＊128 John R. Lampe et al. *Yugoslav-American Economic Relations Since World War 2*, Duke University Press, 1990, p57. あるいは Lorraine M. Lees, *Keeping Tito Afloat: The United States, Yugoslavia, and the Cold War*, Pennsylvania State University Press, 1997, pp144-146, 155.

＊129 Arthur J. Dommen, *The Indochinese Experience of the French and the Americans: Nationalism and Communism in Cambodia, Laos, and Vietnam*, Indiana University Press, 2002, p275.

＊130 Charles Erwin Wilson（一八九〇―一九六一）国防長官の任期は一九五三年から五七年。朝鮮戦争の時期はゼネラル・モーターズのCEO。訳注

＊131 Pentagon Papers, Part IV, A, 3.
http://en.wikisource.org/wiki/United_States_%E2%80%93_Vietnam_Relations,_1945%E2%80%931967:_A_Study_Prepated_by_the_Department_of_Defence/IV._A._3._U.S._and_France%27s_Withdrawal_from_Vietnam,_1954%E2%80%9356

＊132 *The Devil and John Foster Dulles*, p202.

＊133 *Gentleman Spy*, p432.

＊134 John Lewis Gaddis, *We Now Know: Rethinking Cold War History*, Clarendon, 1997, p168.

＊135 *Quicksand*, p169.

＊136 *Dulles: A Biography of Eleanor, Allen, and John Foster Dulles and Their Family Network*, p388.

*137 *Central Intelligence Agency*, p108.

*138 Nagy Imre（一八九六―一九五八）ハンガリーの政治家。首相（一九五三―五六年）。訳注

*139 *The CIA and American Democracy*, p108.

*140 Robert Lovett（一八九五―一九八六）国防長官の任期は一九五一年から五三年。訳注

*141 David Bruce（一八九八―一九七七）元駐仏大使（一九四九年から五二年）。後に駐西ドイツ大使（五七年から五九年）、駐英大使（六一年から六九年）などを歴任。訳注

*142 http://cryptome.org/0001/bruce_lovett.htm.

*143 http://www.pagebypagebooks.com/Dwight_D_Eisenhower/Second_Inaugural_Address/Second_Inaugural_Address_p1.html.

8章　インドネシア工作：自己陶酔の大統領

スカルノ訪米

インドネシアのスカルノ大統領ほど訪米を楽しみにしていた国家元首はなかった。彼はアメリカの歴史に魅せられていた。子供の頃には、夜になると、ワシントン、ジェファーソンあるいはリンカーンといった大統領と想像上の会話を楽しんだ。

一九五五年四月十八日、彼はバンドン会議開会にあたって植民地主義への抵抗を訴えたが、同時に、アメリカ史における四月十八日の持つ意義を語った。[*1]

「皆さんは今日四月十八日がどのような日だったかご存じでしょうか。ポール・リビア[*2]というアメリカの若者がおります。彼はニューイングランドの夜道を駆け、アメリカ独立軍にイギリス軍の来襲を伝えました。それが一七七五年の四月十八日でした。反植民地の戦いを史上初めて成功させた独立戦争が始まった日なのです」

スカルノはインドネシア国内各地を回ることが多かった。そうした旅の大半が数週間の長旅だった。海外に出ることはほとんどなかった。しかし一九五六年には訪米の意思を明らかにした。権力を掌握してすでに七年が経っており、世界で最も魅力あるリーダーの一人として認知されていた。

ジョン・ダレスは彼を疑っていたし、そもそもスカルノが嫌いだった。スカルノは（ジョンの非同盟の姿勢を受け入れなかったことはもちろんだが、彼の生き方を嫌悪した。スカルノはジョンの信条とは正反対の）快楽主義者であった。複数の妻と愛人までいた。それでもジョンはスカルノの訪米に十分な政治的価値を認め、アイゼンハワー大統領に彼を正式に招くことを勧めた。[*3] 彼は大統領宛のメモにこう書いている。

「スカルノは指導者として、そして独立の苦闘の象徴として、東南アジア地域で最大かつ最も人口の多いインドネシアで、特異な権力と影響力を行使する地位を占めている」

「彼は人生をオランダからの独立にかけてきた。それだけに西側諸国に対して偏見がある。西側主導の政治改革や経済発展に懐疑的である。彼の視野を広げ理解力を高めるためにも我が国に招きたい」

一九五六年五月十六日、ワシントンのナショナル空港にスカルノは降り立った。国務長官（ジョン）とリチャード・ニクソン副大統領が空港で待っていた。スカルノにはエレガントさがあった。仕立ての良いローマ風の衣装に黒いフェルト帽を被り、象嵌（ぞうがん）の杖を手にしていた。

二万五千もの歓迎の人々が空港に溢れた。スカルノは警備を振り切って人々の輪に入って行った。手を握りキスをし、カウボーイハットをかぶった少年を見つけると自己紹介した。この後、副大統領と国務長官とともにホワイトハウスに向かった。アイゼンハワー大統領はポーチまで出迎えた。

二人のリーダーの会談は和やかなものだったが、意見の相違は残ったままだった。[*4] スカルノは、西部ニューギニアの領有権を主張するオランダをアメリカが支持していることに異議を申し立てた。インドネシアもその領有権を主張していた。アイゼンハワーはジョンの意見に従い、領有権を主張するスカルノには妥協の姿勢を見せなかった。インドネシアに対する新たな経済協力も提示しなかった。

当たり障りのない会話の中で、アイゼンハワーは自身のお気に入りの俳優がランドルフ・スコットであると明かした。驚くには当たらない。スコットは映画『フロンティア・マーシャル』（訳注：日本未公開）や『叛逆の用心棒』で道徳心の高い保安官を演じ、アイゼンハワーはその役に自らを重ねていた。スクリーンの彼が銃を取るのはやむにやまれぬ時だけであった。そのたびに悪者は消え、町に平和が訪れた。[*5]

その夜の歓迎晩餐会で、スカルノは次のように述べて大統領を喜ばせた。

「私は肌が褐色のインドネシア人であり、またアジア人でもあります。それでもあなた方は私を歓迎してくれています。これこそが真のデモクラシーではありませんか」[*6]

スカルノはアメリカ国民を魅了した。彼はアメリカが好きであるとはっきりと口にしたし、アメリカ国民に感謝しているとも語った。彼はつねに報道陣に取り囲まれ、新聞の紙面には好意的な見出しが躍った。

「スカルノ大統領、ワシントンを魅了」（『ニューヨーク・タイムズ』五月十六日付）

「インドネシア大統領の訪問で首都は歓声に溢れる。大統領は歩みを止め、夫人たちにキスし、赤ちゃんの頭をなでた」（『セントルイス・グローブ・デモクラット』五月十七日付）

「スカルノ大統領は感受性豊かなアジアの民族自決主義者（ナショナリスト）である。開明的で民主主義的な考えの持ち主だ。我が国民と同じような感性を持っている」（『ニューヨーク・タイムズ』五月十七日付）

　上下両院合同会議で行う演説に誰もが期待し、スカルノは議員たちの期待を裏切らなかった。演説は何度も大きな拍手に包まれた。その中でスカルノははっきりと、「これからの世界の潮流となるのは、ナショナリズム（民族主義）であって、共産主義ではない」と述べたのである。*7

「あなた方が戦後世界を形作る鍵を握っているのです。これからの歴史を作るのはアメリカであるとしっかりと認識してください。そうでなければ、どんなに一所懸命に考え、多くの言葉を弄し、また巨額の資金を投じても、世界はあなた方に幻滅するでしょう」

　スカルノは演説を次の言葉で締めくくった。

「我が国と貴国との友好に神の加護がありますように」

　翌日からスカルノは十二歳の息子グントゥールを伴い二週間の米国ツアーに出発した。ニューヨークのパレードでは紙テープが舞った。アメリカ独立戦争にちなむマウントバーノン（訳注：ジョージ・ワシントンの邸のある町）、モンティチェロ（訳注：第三代大統領トーマス・ジェファーソンの邸がある町）、独立記念館（訳注：Independence Hall 一七七六年七月四日独立宣言が発せられた建物。フィラデルフィア）を回った。イリノイ州スプリングフィールドではリンカーン大統領にまつわる史跡を訪ねた（訳注：スプリングフィールドにはリンカーンの弁護士事務所があった）。

　観光地のナイアガラ、グランドキャニオン、ディズニーランドも訪れた。ディズニーランドではウォルト・ディズニー自身が案内役であった。ディズニーはグントゥールとダンボのカートに乗り、写真を撮った。豪邸の並ぶハリウッドにも足を運んだ。[*8]

スカルノのお気に入りの女優エヴァ・ガードナーはあいにくヨーロッパに行っていて留守だったが、もう一人のお気に入りの女優マリリン・モンロー[*9]は、新作『バス停留所』をカナダで撮影中であったが、それを中断してハリウッドに戻り、スカルノを歓迎した。ビバリーヒルズのパーティーでは歌まで披露した。

深刻な話題については彼はいつも慎重だった。スカルノはアメリカ人の共産主義への強い恐怖心を理解できなかった。その思いも間接的に伝えただけである。[*10]

「アメリカ人には一つだけ欠点がある。体臭や口臭、あるいはフケをひどく気にするようだ。その過剰な反応がよく理解できない」

この表現についてスカルノは後に次のように語っている。[*11]

「私はダレス国務長官に我が国の政治風土を理解してもらおうと努めた。しかしアメリカ人は我々の非同盟の考え方を理解できなかった。彼らは、全面的にアメリカ側につく者にしか好意を抱けない。そうでない国はソビエト・ブロックに入ったと見なした。ダレス長官は非同盟の考えを受け入れなかった。我々につくか向こう側につくか、はっきりさせなくてはならない。非同盟は不誠実な態度だと見なした[*12]」

若き日のスカルノは、植民地主義に激しく抵抗した。その結果投獄され、ボルネオに島流しとなった。オランダが撤退した一九四九年、彼はインドネシア初代大統領となった。彼は、インドネシアを二度と他国の従属下に置きたくなかった。したがってそのような同盟関係を拒否するのは当然だった。たとえそれが彼の愛するアメリカであっても、である。彼は非同盟の立ち場をとり、それは「暗礁の間を注意深く進む」ようなものだと評した。スカルノの態度は、暗黙の裡にダレス兄弟の世界観（冷戦ドグマ）を拒否するものであった。二人にとっては面白くなかった。

スカルノの非同盟主義

インドネシアは何千もの島嶼（とうしょ）で構成された国である。その広がりだけでみればアメリカに匹敵した。地域ごとに宗教、伝統、民族、イデオロギー、言語、思考形態、文化が違った。この国がまとまるためには何らかのアイデンティティが必要であった。スカルノが権力の座に就けたのは、彼がこうした違いを越えて国民にアイデンティティを感じさせる優れた能力があったからだった。それは演説の巧みさであった。伝統と新しさを「ブレンド」したレトリックを駆使してインドネシアの未来像を伝え、聴衆を熱狂させた。彼は新生国家を息吹かせた革命児だった。

たしかにスカルノの訪米は素晴らしかった。ワシントンの政治家は彼を親米派に変えたものと考えた。ところがこの旅のわずか数カ月後にスカルノは共産中国を訪問したのである。ワシントンは驚き、そして裏切られたと感じた。スカルノは中国でその経済発展を褒め称えた。スカルノは北京から今度はソビエトに飛び、レーニンを称賛した。ソビエトはインドネシアに対して一億ドルの借款を発表した。ワシントンの政治家は冷水を浴びせられた思いだった。

スカルノにとってアメリカの後に、中国を褒め称え、ソビエトを称賛することは、二つの暗礁の間を注意深く進むための当然のやり方だった。しかしアメリカにとっては裏切りそのものだった。『タイム』は、「スカルノは共産主義者に共通点を見出したようだ。これからは一億ドルの借款で、インドネシアの戦略拠点にソビエトの技術者がうろつくことになろう」と書いた。「インドネシアにおける共産党組織は強力である」とも報じた（一九五六年九月二十四日号）。

スカルノにとってはアメリカの非難は侮辱であった。「私から見れば、アメリカの独立宣言にも共産党宣言にもどちらにも真実はある。なぜ西側諸国（アメリカ）は我々が非同盟の立場を取ることを容認しないのか。我々は共産主義者にも西側諸国にも支配されたくない。中国とロシアは私がアメリカで笑顔を振りまいた時に、私の悪口を言わなかった[*13]」

反スカルノ工作

スカルノの訪中・訪ソを苦々しく思うダレス兄弟は、インドネシア情勢を注意深く見守った。そうした中、二つの大きな事件が起きた。一つはスカルノの政党否定演説であった。彼は、政党間の争いには飽き飽きしている、政党など潰したいと語ったのである。もう一つは軍内部の反スカルノの動きであった。二度のクーデター騒ぎが起き、スマトラ島とスラウェシ島での分離運動が活発化していた。スカルノの政党否定演説を聞いたダレス兄弟は彼が共産陣営に近づいたと考えた。軍内部の反スカルノ勢力の存在は、反スカルノ計画の実行に好都合だった。

アメリカの反スカルノ工作がいつ頃から仕掛けられたかを記した書類は今のところない。おそらく、そういうものは残されていないだろう。兄弟の打ち合わせの中で、スカルノ追い落としが徐々に形作られていったのだろう。二人の会話は記録されない。いずれにせよスカルノ排除の事件が発生したのは一九五六年十一月のことであった。

ＣＩＡ副長官フランク・ワイズナーが、新しく極東担当に命じたアル・ウルマー[*14]にその任務（スカルノ追い落とし）を告げた。ウルマーは副長官の命令の背後にアレン、国務長官そして大統領の意思があることを了解していた。[*15]

「そろそろスカルノに煮え湯を飲まさなくてはならない」。これがワイズナーの言葉だった。[*16]

ダレス兄弟のスカルノ失脚工作は、この時期最大級の秘密工作活動であった。国務省、ＣＩＡだけでなく、陸軍、海軍、空軍、海兵隊が動いた。アメリカの組織を総動員して反スカルノ勢力のインドネシア兵を訓練し武装させた。その数は一万を超えた。接収されていた輸送車、巡洋艦、潜水艦が供与され、十五機のＢ26爆撃機までが用意された。Ｂ26には50口径（キャリバー）重機関銃を装備させた上、爆撃能力も向上させた。武器だけでなくポルノ映画も用意した。これがＣＩＡが製作した初めてのポルノ映画だっただろう。スカルノは訪米からわずか一年足らずでダレス兄弟の第四番目の標的となった。

「一九五〇年代のアイゼンハワー政権は、インドネシアの反政府活動を煽りにあおった。その結果、インドネシアの統一が台無しになった。残された文書や国務省およびＣＩＡ関係者のインタビューを総合すれば、その中心人物はジョン・フォスター・ダレス国務長官である」

これが四十年後に世に出たこの工作の数少ない論評の一つである。[*17]

スカルノとナーセル

対スカルノ工作は「アーキペラーゴ（群島。ギリシャの多島海）」と呼ばれたが、長い間秘密にされた。アルベンスとモサッデク排除にダレス兄弟が関わっていたことは、一九五〇年代半ばにはワシントンでは公然の秘密となっていた。『サタデー・イブニング・ポスト』でも行間を読める者にはそのことがすぐに理解できた。対ホー・チ・ミン工作についてはベトナム戦争がエスカレートする中で時に報じられることもあった。しかし、「アーキペラーゴ」工作については数十年にわたって公にされなかった。兄弟の仕掛けた六人の敵に対する工作の中で、反スカルノ作戦は最も秘密にされたものだった。

一九六〇年四月、スカルノはエジプトの首都カイロを訪問した。スカルノはそこで快楽の宴を催した。彼はナーセル大統領を電話で誘うほど「おおらか」であった。スカルノは自身の電話がCIAに盗聴されていると疑っていただろうが、気にしなかった。

インドネシアの大統領はエジプト大統領にこう言った。

「パンナム航空のゴージャスなスチュワーデス三人と一緒にいるが、彼女たちがパーティーをしたいと言っています[*18]」

ナーセルはスカルノの誘いを断った。この件を見ても二人の指導者の性格が違うことは明らかだが、その政治姿勢は驚くほど似ていた。ともに第二次大戦後数年で権力を手中にした強烈な反植民地主義者だった。一九五五年のバンドン会議では世界的な指導者として参加し、東西冷戦に巻き込まれることを拒否し、非同盟の立場をとった。ダレス兄弟にはどちらも許せない存在であった。

一九五六年、アメリカ国民は、エジプトがソビエトから武器を受け取っていることを知って愕然とした。小火器ではなく大量の戦車やミグ・ジェット戦闘機までが含まれていた。さらに衝撃を受けたのは、着工が始まったアスワンハイダムの建設に十一億ドルの低利融資を行うことにソビエトが同意したことだった。

これはソビエトにとっては輝かしい勝利だった。アラブ諸国に対して初めてソビエトの力を見せつけた。特筆すべきは、クーデターや力ずくで抑えるやり方ではなく、これを成功させたことだ。人気の高いリーダー（ナーセル）が自らの意思でソビエトの懐（ふところ）に飛び込んだのである。ジョンの戦略そのものが、彼がどうあっても避けたいと念じていた結果を生んだことになる。

ソビエトとエジプトの蜜月を生んだのは、ワシントン（ジョン）の誤算に原因の一端があるが、ソビエトが外交姿勢を変化させていたことも見落とせない事実である。ソビエトは、「革命は抑圧された（工場）労働者大衆によって始められる」とする共産党の考えを基に外交を進めていた。したがってスターリン時代には、工業化されていないアフリカや大半の旧植民地諸国では革命は起こらないと見て、開発途上国への援助はしていなかった。それが変わったのである。

ニキータ・フルシチョフのソフト路線

一九五六年、ニキータ・フルシチョフは外交方針を変更した。[*19] 旧植民地が勃興するさまを見た彼は、「過去の抑圧者（西側諸国）に頭を下げて援助を頼んだりする必要はない。社会主義国家の一員でない国であっても、近代的な機械が必要なら社会主義国から手に入れることができる」と語り、ビルマ、インドネシア、アフガニスタンを含め非同盟諸国を歴訪した。ジョンがアイゼンハワー大統領に訪問を控えさせていた国だった。こうした国はどちらを向いているかわからないというのが、その理由であった。フルシチョフの方針変更によって、旧植民地をどちらの陣営に惹きつけるか競争が始まった。ソビエトは強力なライバルとなったのである。

フルシチョフのやり方を見て、ジョンは外交方針をソフト路線に変えてもよかった。しかし彼は逆の方向に舵を切った。ソビエトに尻尾を振る国に対して激しい憤りを見せた。それがアフリカやアジアの新興国をソビエト側に追いやることになった。ソビエトにとってはチャンスだった。

フルシチョフはヨーロッパ諸国に対するアプローチも変えた。より協調的な外交にシフトさせた。オーストリアとフィンランドから撤兵し、非同盟体制のユーゴスラビア（チトー）にも友好的な態度で臨んだ。これによって世界のソビエトを見る目が変わった。

「社会システムが異なっていても共存は可能だ。前に進むこと。友好を深め、信頼関係を醸成し、協力し合っていくことが重要だ」

フルシチョフはそう言明した。

ダレス兄弟はこれを、プロパガンダ戦勝利のための、狡猾に計算された〝最初の一手〟だと見ていた。そこに誠実さはない。彼らは「フルシチョフのソフト路線は軍事力を行使しない戦争である。

これまでのスターリンの強気のやり方より性質(たち)が悪く、自由主義諸国にとってはより危険である」[20]との分析報告を政権内部に配布した。アイゼンハワー大統領はこれに同意し、「ソビエトの外交攻勢は甘言を弄しているだけに、実に魅力的に見えてしまう」と危機感を抱いた。

この時期のワシントン中枢の反応について、歴史家のケネス・オズグッドは次のように書いている。[21]

「アイゼンハワーと彼の顧問たちは、〝平和共存〟から楽観論など導き出せないと見、自由社会にとってはスターリニズム以上の脅威だと考えた。米国の政策立案者にとって、平和共存は最も威嚇的な政治戦略のたぐいを意味した。それは冷戦構造全体に疑念を抱かせ、交渉による解決が可能だとの〝ぬか喜び〟を生むだけだと考えた」

しかしながら、クレムリンの方針変更は情報面でアレンに二つのチャンスをもたらした。

一つに、フルシチョフがスターリン時代のソビエトへの渡航制限を緩和したことがある。[22]アレンは、CIA職員を旅行者に仕立てて送り込むより、純粋な旅行者を使って情報を収集することにした。アレンの部下は、ソビエト旅行を計画している人々に念入りにインタビューし、協力したいという者の中から適任者を選び、彼らの旅行日程を精査し、それぞれに課題を与えた。ある者には特定の製品を購入してもらいたいと言い、またある者には工業プラントから出る煙の色を詳しくメモしておいてくれるよう頼んだ。少数ながらロシア語を自由に操れる者もいた。たいていは学者だったが、彼らをワシントンに連れてきて数日間から数週間、CIAの訓練を実施し、潜水艦基地やミサイル発射場などデリケートな施設の写真撮影を割り当てた。

元CIA幹部は後にこう書いている。

「こうした旅行者（素人スパイ）は価値ある情報を収集するのに大いに役立つことがわかった。KGBはCIAの計画を十分承知していた。しかし、旅行者たちはさほど深入りしてこないことがわかっているだけに、見て見ぬふりを通した」

アイゼンハワー・ドクトリン

フルシチョフは非同盟国への軍事支援も進めた。これが二つ目のチャンスだった。ソビエト製の兵器情報を取りたがっていたアレンは、兵器そのものを手に入れることができるようになった。[*23] アレンはCIA工作員に十分な予算を与え、彼らは機関銃から地対空ミサイルのマニュアルまで、あらゆるものを手に入れた。専門家がこうしたお宝をじっくり調べ、兵器システムや戦略方針の更新にあたってはその研究成果を利用した。

エジプトはソビエトの方針変更で恩恵を受けた。ソビエトからの武器供給で大胆になったナーセルは、サウジアラビア、イラク、ヨルダンに革命を呼びかけた。これらの国はいずれも親西欧であった。それを承知で、国境線を無視した巨大な汎アラブ国家の建設を提唱した。ワシントンはナーセルの目指す「大アラブ国」は親ソビエトになると危惧した。ジョンは、ナーセルはソビエト外交の道具に成り下がったと大統領に報告した。

カイロを訪問したアレンが現地担当官からナーセルの増長について報告を受けた時、彼はこう言って憤りをあらわにした。
「あの野郎(ナーセル)はちょっとやり過ぎだ。叩き潰してやる!」[24]
しかしアレンの興奮は一九五六年末のイギリスのスエズ侵攻で鎮まった。アイゼンハワーもダレス兄弟も、イギリスの行動は中東地域でヨーロッパ勢力の力を見せつけるためには致し方ないものと納得していた。彼ら自身、反ナーセルの動きを煽る画策をしていただけに当然の感慨だったが、スエズ危機を乗り切ったナーセルが国民的ヒーローとして再浮上すると、エジプト国民を反ナーセルに誘導することは難しくなった。それでもアメリカ政府は対エジプト工作を諦めなかった。アイゼンハワー大統領は、国家安全保障会議で、より過激な方法を使ってでもナーセルを何とかしたいと語った。[25]
新しい対エジプト工作は「オメガ計画」として具体化していった。当初はナーセル失脚を狙ったが、国民的人気を高めたナーセルを前にして方針を修正し、彼への嫌がらせと他の中東諸国への影響力を抑制することに切り替えた。歴史家のレイ・タキーはこう書いている。
「スエズ危機は、ナーセルや過激な同盟者(国)を追い落とすというアイゼンハワー政権の計画(オメガ計画)をスケールダウンさせた」[26]
オメガ計画ではナーセルをどうするかについて、最終目標までは示されていなかった。[27] ソビエトと手を切らせる、イスラエルを承認させる、アラブ諸国の産業国有化計画への支援を中止させる、エジプト・メディアを親西欧に変える、ナーセルに親西欧の声明を発表させる。このどれが最終目標なのか決まっていなかった。アメリカはこれらの目標を達成するべく、エジプトに対する支援計画を中断し、兵器を売ることを拒否し、近隣の親米諸国への支援を活発化し、イギリスとともにアラブ世界に対するナーセルの影響力を抑制する計画を進めることになる。

一九五七年一月五日、アイゼンハワー大統領はワシントン議会の上下両院合同会議の場で、後に「アイゼンハワー・ドクトリン」として知られる外交方針を発表した。[*28] ほぼジョンが考えたものであり、その骨子はロシアの中東支配にいかに対抗するかであった。「アメリカの責任はいっそう重くなった。言葉だけではなく、行動が伴わなくてはならない」とアイゼンハワーは訴えた。

大統領は「ソビエトに与せず、国家の独立を維持することに専念しているアラブ諸国」を支持するために二億ドルの予算計上を議会に求めた。議会の反応は芳しくなく、懐疑的であった。上院ではジョンを公聴会に呼び、詳細な説明を要求した。二億ドルものお金をどう使うのかに質問が集中した。ジョンは質問に苛立った。

「何をするか敵に教えるようなことはしない。もし議会が予算を承認しなければ、近いうちにとんでもないことが起こる可能性がある[*29]」

アメリカ上院は結局、二カ月の議論を経て予算を承認した。

ダレス兄弟はアラブ諸国に広がるナショナリズムへの対抗策をオメガ計画に盛り込んだ。[*30] 彼らは、サウジアラビアのサウド国王をナーセルに代わるアラブの盟主に昇進させようとし、シリアの親ナーセル政権の転覆を図る軍事クーデターを煽る手段を探った。しかしこうした計画は実行されなかった。特に対シリア工作では、シリア軍高官がテレビに登場し、「あの邪悪なアメリカから腐ったお金を提供された」「ウガンダ兵を使ってナイル川上流域で反エジプトの反乱を起こす計画を示された」と暴露した。

それでもアレン（ＣＩＡ）の仕掛けたレバノンでの選挙民買収作戦は成功だった。これで利益を被ったのは現職のキリスト教徒の大統領カミール・シャムーンであった。[*31] この頃シャムーンは、国会に圧力をかけ、大統領再選禁止を解除させようとしていた。これについてＣＩＡの工作員（駐ベイルート）は後に次のように述べている。[*32]

「選挙期間中、カバンにレバノン・ポンド紙幣を詰めて大統領公邸に何度も通った。夜になると空（から）になったカバンを持って米国大使館に戻った。会計担当はそれをすぐ紙幣で一杯にした」

「大統領公邸訪問は頻繁だったから、私の乗る車デソト（訳注：クライスラー社の大型車）は公邸周辺ではよく知られるようになった。デソトの車体の色はゴールドで、上部は目立つ白だった」

「私は大統領に、このお金を使う際には誰かを間に立てることや、（大統領府から）遠く離れたところで使うようアドバイスしたが、彼は、使い道は自分で決めると強情だった。私が何をしていたかは注意している者にはわかっていただろう」

レバノン選挙工作は成功したが、ダレス兄弟がこれまでやってきた工作に比べれば大したことはなかった。二人はオメガ計画に不満足だった。もはやナーセル体制の破壊は目標ではなくなった。ナーセルは相変わらず邪魔者のままだった。しかしこの頃には、もう一人の標的（スカルノ）はナーセルと違って、弱体化しているようだった。

スカルノ失脚工作

アイゼンハワー政権の第二期が始まると、大統領もダレス兄弟も東アジア情勢に苛立ちを募らせていた。中国を失った衝撃は長く尾を引いていた。ベトナムではホー・チ・ミンが勢力圏を広げ、共産化を進めていた。インドネシアではスカルノが西側諸国から離れ始めていた。

ダレス兄弟は劣勢を挽回しようといくつかの秘密工作活動を始めた。その一つが、非同盟を主張するカンボジアのノロドム・シアヌーク皇子[*33]とラオスのスワンナ・プーマ皇子[*34]に対する工作であった。[*35]この二つの国に比べるとインドネシアは大国であり、戦略的価値が高かった。スカルノは失脚させなければならなかった。

スカルノは反共産主義の立場をとることを拒否していた。国内政治の場でも、共産党（ＰＫＩ：Partai Komunis Indonesia）を危険視せず、通常の政党として扱った。スカルノは共産党を、彼が調停者となってバランスをとらねばならない集団の一つと見ていたに過ぎない。共産党はインドネシアの四大政党の中では最も小規模だったが、スカルノは党の衆望に見合った影響力に価値があると信じていた。これでダレス兄弟のインドネシアに対するイメージが完璧に出来上がった。

彼らは、共産政権となれば、この地域で大規模なドミノ倒しが始まると恐れた。そのうえインドネシアは中国やベトナムに近い。シーレーン防衛でも重要な位置にあった。天然資源も豊かだった。スカルノはアメリカとの同盟を拒否し、モスクワと「いちゃつき」始めた。国内では共産党を自由に活動させた。オランダ系企業を国有化していたが、その他の国の石油産業も国有化しかねず、ロイヤル・ダッチ・シェル（オランダ系）だけでなく、米系企業（テキサコ、シェヴロン、モービル）に脅威を与えていた。[*36]

ダレス兄弟は地政学上の理由からスカルノを標的にしたと推論したくなる。彼らはスカルノがインドネシアをモスクワの重要な衛星国にしてしまうのではないかと恐れていた。イランやグアテマラやベトナムで政権転覆のスキルを磨いていた。インドネシア軍の士官クラスの中に不穏な動きがあり、これが行動のチャンスとなった。こうして、ダレス兄弟をスカルノ打倒へと向かわせる動機と手段と機会が揃った。

インドネシアとそのまばゆいばかりのカリスマ指導者には、戦略上のみならず、概念的な、文化的な、そして精神的な課題があった。ダレス兄弟にとって、これほど世界観が違う敵を扱うのは初めての経験だった。宣教師的なカルヴィニズムとアメリカの開拓者精神によって人格形成された二人は、神と悪魔的な力が地上で戦っていると信じ、悪魔的な力を壊滅させることこそ天命であると考えていた。スカルノはそれとは逆の伝統の中から出てきた人物だった。その伝統は協調と協力を重視する。あらゆるところに善と悪の混合を見出し、対立を嫌う。ダレス兄弟はスカルノ外交を西側世界の放擲（ほうてき）と見たのだが、実のところスカルノは、インドネシア（とりわけ彼が生まれたジャワ島）における生き方の原則に従って外交政策を立てようとしたのである。

「ジャワ島文化の特質は、未来を決める行動について長期的な計画を立てるのは避け、とっさの選択を行う際の判断基準を用意していることにある。周囲の異なる考えを持つ者が方向性を決めていくのを待って、それに従おうとする」[*37]

ダレス兄弟が進める「アーキペラーゴ（群島）」計画は、力の行使（秘密の戦争）をベースにしていたが、ナーセルを狙った「オメガ作戦」のように、不思議なことにその最終目標は曖昧なままだった。ダレス兄弟は、モサッデクやアルベンスを排除した時のようにスカルノを失脚させるのは難しく、彼に代わる従順な新指導者は見つかりそうもないとわかった。彼らはベトナムでやったように、自ら新指導者を探すことはしなかった。二人は、反スカルノの軍人グループを支援し、怯えたスカルノが外交方針を親ワシントンに変えることを期待した。状況が許せばインドネシアを分裂させ、人口の多いジャワ島をスカルノに委ね、資源の豊富な他の島をアメリカの支配下に置くことも考えた。

「インドネシアをまとまった国として扱う政策に縛られる必要はない」とジョンは考えていたらしい。

ジョンは、ヒュー・カミング[*38]駐インドネシア大使に次のように語っている。[*39]

「中国は統一されなくてはならないと我々は金科玉条のように考えていた。それで得をしたのは共産主義者であった。インドネシアの将来には、統一されたまま共産主義社会に向かうか、それとも（少数）民族や地域性をベースにして分裂するかの二つの方向がある。私は後者のほうが好ましいと考えている」

カミング大使もジョンの考えを理解した。彼もワシントンの公式筋と同様、スカルノが鉄のカーテンの向こう側を訪問し、共産主義者の指導者を称賛したことで裏切られたと感じていた。

スカルノは、米ソそれぞれの指導者にインドネシア訪問を要請したが、そのことも大使や国務長官を怒らせた。ソビエトのクリメント・ヴォロシーロフ[40]はスカルノの招待に応じた。ヴォロシーロフの役職は（国家元首に相当する）最高会議幹部会議長であった。訪問したヴォロシーロフとスカルノが抱き合う写真はインドネシア各紙に掲載された。アイゼンハワー大統領は招待を拒否した。「アーキペラーゴ」計画が本格化すると、ジョンはカミング大使を本国に戻し、国務省情報調査局長に据えた[41]。彼は「アーキペラーゴ」計画遂行にあたって、ＣＩＡとの連携の責任者となった。カミングはその後の対インドネシア外交に大きな役割を果たすことになる。彼を「インドネシア担当国務副長官」と呼ぶ者までいた。一九五七年三月十四日、同局は国家安全保障会議にインドネシアの情勢分析を報告した。カミングの考え方を強く反映する分析だった。

「インドネシアの分裂は進行している。中央政府の統制がきいているのはジャワ島だけである」と報告したが、これは誇張に過ぎた。たしかにインドネシアからの分離を求める動きは起きていたが、そうした活動が見られたのは遠隔の島々だけであって、分離派が支配権を握ったところは一カ所もなかった。カミングに代わった駐インドネシア大使ジョン・アリソン[42]からは相反する報告が届いている。新大使は、インドネシアは安定していると述べ、「同国に対する理解を深め、忍耐強く見守っていく」政策をとるよう勧告していた。

インドネシア内戦　その1

ジョンは、一九五六年の後半にスマトラ島やスラウェシ島に反スカルノ派の軍人グループが現れた時から彼らの動きに注目していた。アリソン大使はこうしたグループを集め、体制側との宥和を勧奨していた。これをやめさせたのは国務長官であった。

一九五七年半ば、スマトラ島のＣＩＡ工作員はマルディン・シンボロン陸軍大佐がＣＩＡ関係者と会いたがっているとの情報を得た。彼は最も強力な反体制派軍人と目されていた。[*43] 会談が設定され、ＣＩＡとシンボロン大佐は互いに協力していくことで一致した。この会談以降、反体制派の活動は一気に活発化した。ＣＩＡは資金や武器を提供し、顧問を送り込んだ。

両者の狙いは必ずしもすべてが一致していたわけではないが、共通点が多かった。ＣＩＡはスカルノを共産主義者と見なしていただけに、できれば彼を排除したいと願っていた。しかし、シンボロンは単に権力が欲しいだけだった。シンボロンは参謀総長の座に就きたかったが、スカルノはジャワ島出身者でない彼をそのポストに就けなかったのである。思惑の違いはあっても両者はうまい組み合わせであった。

一九五七年夏、スカルノは共産党を含む四党連立政権樹立を企てた。地方選挙の反応もよかった。副大統領のモハマド・ハッタ[*44]はこれ（共産党を含む連立政権）に不満で辞任した。ハッタは共産党のインドネシア進出の防波堤になると目されていた人物であった。この頃インドネシア西部の島で空港の建設計画があったが、アメリカ政府の分析は、この空港がソビエト戦闘機に使用される危険性を指摘していた。ＣＩＡは「国家情報評価書」（ＮＩＥ）を作成し、「インドネシアにおける共産党勢力の拡大」を予測している。

インドネシアでＣＩＡ工作が続けられる一方で、国務省は反スカルノ政策を本格化させた。ジョンはまず、インドネシア陸軍の保有する米国製武器の交換部品の販売を停止した。クリスチャン・ハーター新国務次官が東アジア訪問を予定していたが[*45]、インドネシアへの訪問はやめさせている。インドネシアは国連において西部ニューギニアの領有権を主張していたが、ジョンはアリソン大使の強い要請を無視し、アメリカの影響力を行使して国連での議題に取り上げさせなかった。

国務長官は「アーキペラーゴ」計画の存在自体を、アリソン大使や対インドネシア外交担当者の大半に秘密にしていた。

一九五七年九月三日、ジョンは国家安全保障会議の席上で、インドネシア軍部の反スカルノ活動を支援するあらゆる工作を実施することに承認を求めた。アリソン大使は意見を求められることもなく、そうした会議があったことさえ知らなかった[*46]。会議のメンバーは、ジョンやアレンがこうした大掛かりな計画を提案する場合は、大統領が事前に承認していることを知っていた。会議では何の議論もなく承認された。この決定を受けてアレンはシンボロン大佐に五万ドルの工作資金を送金した[*47]。

「もっと送ってくれ」がシンボロンからの返事だった[*48]。

アーキペラーゴ計画を知らないアリソン大使は、アメリカは「インドネシア国内の共産主義者の活動を厳しく監督することを条件に」スカルノと取り引きする用意があると示唆した。ジョンとアレンは、グアテマラ工作の時と同様、国務省が送り込んだ大使が秘密介入より表の外交を優先する事態に直面した。

CIA関係者は、「大使は、アーキペラーゴ計画が進んでいる中で、面倒な質問ばかりぶつけてきた」「我々はアレン・ダレスを通じて大使更迭の要望を国務長官に伝えた」と回想している。[*49]

CIAは狙いどおりアリソンをチェコスロバキア大使に転出させた。こうして工作員訓練、支援物資供給の動きが本格化していったのである。工作活動にはフィリピン、台湾、シンガポール、タイ、沖縄、グアム、サイパンの飛行場や港、秘密基地を利用した。フランク・ワイズナーは後に、CIAの活動資金一千万ドルを承認するアレンは誇らしげに「飾り文字っぽい書体で」署名したと言っている。

スカルノの女性好きを攻撃材料としたのはアレンのアイデアの一つだった。スカルノがロシア人スチュワーデスと関係をもったことは明らかだったので、まずはその話を拡散することにした。つづいて、スカルノにそっくりな男優を使ったポルノ映画を製作した。[*50] アレンの最も奇っ怪な計画の一つだった。

スカルノが女好きであることを誰もが知っているだけに効果がある、とアレンは自信ありげだった。スカルノを思わせる男優はCIAの技術担当部門が用意したラテックス製のマスクを被って演技した。マスクはスカルノの禿頭を強調して作られていた。スカルノはそのことを随分と気にしているように思われたのである。『幸せな日々（*Happy Days*）』と題された映画は東アジア地域に配給されたが、思ったほどの効果はなかった。

最も効果があったのは武器の供給であった。CIAが用意した大量の武器が反スカルノの軍部が支配する地域に送られた。一九五八年初めには膨大な量が運ばれた。一万八千の手榴弾、ライフル銃とカービン銃四千丁、二千個強の地雷。他にも機関銃やロケット砲、迫撃砲があった。[*51] 海軍作戦部長アーレイ・バーク提督[*52]はインドネシア沿岸部上陸に備えて、巡洋艦プリンストンが指揮する、海兵隊とヘリコプター二十機の特殊任務部隊の編成を命じた。

ジョンは進捗状況を注意深く見ていた。ハーター国務次官に語っていたように、彼はインドネシアの対立が「スカルノを失脚させ、スマトラ島の反政府勢力を正当な政権として承認できればいいのだが。できることなら、同胞や米国資産保護を目的とした陸上戦力の投入まで持っていきたい[*53]」と期待するようになった。

「近いうちに、インドネシアでは国民の声を反映した新政府が成立するだろう。そうなれば喜ばしいことだ[*54]」とも言っていた。ワシントン中枢の期待は自然と現場のＣＩＡ関係者に伝わった。彼らを通して、それは反政府グループの軍人らにも届いていた。一九五八年二月十日、彼らはスマトラの基地からスカルノに最後通牒を発した。「現国防大臣を解任し、辞任したハッタ副大統領を復帰させよ。インドネシア共産党を非合法化せよ[*55]」

共産党の非合法化の要求は、ＣＩＡの要望によるものだった。彼らは五日以内に回答するよう求めた。スカルノがこれを拒否すると、反政府グループはインドネシア革命政府樹立を宣言した。ワシントンで開かれた翌日の記者会見で、ジョンは「共産主義者勢力への対抗措置」としての行動だろうと語り、急いでこう付け加えた。

「我々は内政問題に関わるつもりはない[*56]」

スカルノは当初、反政府グループを無視する態度をとった。敵と見なさず「迷える子羊」扱いした。しかし、分離独立声明を受け、力による鎮圧が避けられなくなった。軍の大勢はスカルノについた。陸軍参謀総長アブドラ・ハリス・ナスティオン将軍[57]は、それがなぜなのかを説明している。「不満将校の最後通牒ぐらいで政府が屈するようでは政権運営などできない」。ナスティオン将軍はスピーチの中で「何としても鎮圧しなくてはならない[58]」と言明し、強硬論を唱えた。

将軍の行動は、ダレス兄弟も驚くほど迅速だった。五個大隊（落下傘部隊）および海兵隊をスマトラ島に急派した。海上封鎖を命じたうえで、空爆の準備を進めた。アメリカは、海兵隊二個大隊を遣り、空から物資を補給した。いくつかの島々で戦闘が始まり、戦死者も出始めていた。ダレス兄弟が望んだインドネシア内戦の始まりであった。

『おとなしいアメリカ人』の改竄

グレアム・グリーンの小説『おとなしいアメリカ人[59]』のさわりに、次のような場面がある[60]。

ある晩、南ベトナム政府の出先事務所に二人の白人が助けを求めてやって来た。車がガス欠を起こしてしまったのだ。暗闇の中で交わされた会話は、アメリカのベトナムへの関与が本格化していることをはっきりと示していた。白人の一人、理想主義的な青年は、我がアメリカは関与せざるを得ない、「共産主義にベトナムを侵食させてはならないからです」と言い、こう付け加えた。「もしインドシナ半島がそうなったら……」

「そのあとのリストは知っている」。もう一人の年配のイギリス人（訳注：記者）が青年を遮った。「タイがそうなる。マレーシアがそうなる。インドネシアがそうなる。『そうなる』とはいったい、どういう意味なんだ」

「言われたままを信じさせられることです。自分の頭で考えることは許されない」

「君は、百姓たちが毎晩、泥壁の家の中で神や民主主義のことを考えていると思うか」と年配の男が疑い深く聞いた。

「私は進歩主義者(リベラル)たちが、ためにならないことをやると知っている……特に君らが勝ってほしいとは思わないね」


『おとなしいアメリカ人』は一九五七年にベストセラーとなった。多くのアメリカ人はこの小説で初めてベトナムを知った。地図上に存在することは知っていたが、この国が政治的にどんな意味を持つか理解していなかった。

　外からやって来る者は抑圧者となる、助けようとしてやって来たとしても、結局は嫌われ者に成り果てると年配のイギリス人はアメリカの青年を諭す。この青年はＣＩＡの諜報員であることがだんだんとわかってくるのだが、彼は心底ベトナムを救っていると思っているようだ。しかし最後には彼の傲慢さと「未熟な理想主義」が悲劇を生む。

「君の動機が良いものだとはわかる。彼らはいつもそうだ」。イギリス人の男は青年に言う。後にイギリス人は物思いにふける。「私は彼の無邪気さに腹が立ったのだ……だが、若気の至りで失敗したというのは正しいのか[*61]」

この小説に憤った者は多かった。サイゴン駐在のＣＩＡの責任者エドワード・ランスデールもその一人だった。事情通の中には若者のモデルが彼ではないかと疑う者もいた。ジョセフ・Ｌ・マンキーウィッツもおもしろくないと感じた一人である。彼はハリウッドの映画プロデューサーであり監督だった。[*62]脚本も書いていた。彼には『イブの総て』（一九五〇年）や『フィラデルフィア物語』（一九四〇年）といったヒット作があった。

マンキーウィッツはベトナムに赴任している友人やＣＩＡと親密なロビー団体の協力を得て、『おとなしいアメリカ人』の映画化権を取得した。そしてグリーンのメッセージを見事にひっくり返した映画に仕上げた。彼は必ずそうしてみせると友人に語っていた。[*63]マンキーウィッツはナイーブなＣＩＡ工作員の若者役にオーディ・マーフィーを起用した。[*64]マーフィーは第二次大戦で数々の勲章を受けていた。

マーフィ演ずる若きアメリカ人は利他的で、自由を擁護する闘士だった。帝国主義者とは正反対のキャラクターだった。脚本づくりに関わったランスデールは、「グリーン氏の原作は絶望の小説だったが、それが生まれ変わった」と絶賛した。しかし原作者のグリーンはぞっとした。先に書いたように、ＣＩＡは数年前に似たような改変を小説『動物農場』でやっていた。国家権力の恐ろしさを伝えた原作を、冷戦時代のおとぎ話に変えた前科があった。

『おとなしいアメリカ人』がまだベストセラーリストに入っていた頃、アーカンソー州リトルロックで反黒人暴動が発生した（訳注：一九五九年九月の事件）。白人の暴徒が、黒人生徒の公立高校入学を妨害した。メディアが伝えたその模様に多くのアメリカ国民が衝撃を受けた。それ以上に海外でのアメリカのイメージに影響した。アメリカにおける人種差別の明白な証拠として受け止められたのだ。そして左翼陣営は事件を利用した。ジョン・ダレスは悪影響を見て苦悶した。

「この状況は我が国の外交政策を台無しにしています」。ジョンはアイゼンハワーに言った。

「アジアやアフリカで我々が被る影響は、ハンガリーの一件でロシア人が被った悪影響以上になるでしょう[*65]」

「スプートニク」の衝撃

一九五七年十月四日の夜、多くのアメリカ人が、コメディ・シリーズ『ビーバーにおまかせ』の初回放送を待ってテレビの前に座っていた。番組の直前に臨時ニュースが流れ、ソビエトが人工衛星の打ち上げに成功し、周回軌道に乗せたことを伝えた。ニュースを聞いた人々の多くが外に出て空を見上げた。小さな光る点が天空を横切るさまを見た者の驚きは尋常ではなかった。世界初の人工衛星スプートニクだった。アメリカが、科学の発展などない国と見下していた後進国ソビエトが人工衛星を打ち上げ、それが地球を周回していたのである。

ジョンは、スプートニクの打ち上げを矮小化したかった。彼はその重要性を「過大視すべきではない」と仄めかし、政府の宇宙開発計画は「順調に進んでいる」と国民に訴えた。大統領は「小さな玉を空中に」飛ばすことにどんな意味があるのかと問うた。しかし、大統領や国務長官が考える以上に、「スプートニク・パニック」が全国を風靡(ふうび)した。ソビエトが突如として宇宙を支配したように見えた。多くのアメリカ人が、これはソビエトが衛星をスパイ活動に使い、ついにはアメリカを爆撃する前兆にすぎないのだと見て恐れた。『ライフ』は、「スプートニクは明らかに我々の敗北である」と書いた（一九五七年十月七日号）。

スプートニク打ち上げ成功の報にはCIAも衝撃を受けた。ある幹部は同僚に、アメリカ国民にソビエトの危険性を何度も訴えてきたが、国民はまだそれに気づいていない、共産主義は「癌と同じ」[*66]だと言って嘆いた。同僚は後に、「悲観主義はこの幹部だけではなかった。悲観論は局内に充満しているようだった。誰もが、我々の生き方、我々の自由、我々の信仰が癌の脅威にさらされていると思った……世界の自由のために、今こそ、大規模に、我々が主役となって戦うのだ。局内にいる我々はそう感じた[*67]」と書いている。

スプートニク打ち上げ成功の二カ月後、恐怖はさらに高まった。ケープ・カナベラルでアメリカの初の人工衛星が打ち上げられることになっていたが、実験は繰り返し延期され、最終的に打ち上げ中止となった。基地の周辺に集まっていた多くの人々はその決定に落胆した。ジョンは怒っていた。中止決定の翌日に開かれた国家安全保障会議で怒りを爆発させた。

「打ち上げ中止は我が国にとっての悲劇だ。自由世界の笑い者になった[*68]」

さらに悪いことが起きた。ついに打ち上げとなった時（一九五七年十二月六日）、数百万の人々が発射の瞬間を見ようとテレビ中継に釘付けになっていたのだが、点火されたロケットはわずかな間、打ち上げ台の上に浮いた後、爆発したのである。

打ち上げ失敗のショックは計り知れなかった。連邦宇宙航空局（NASA）の創設はこの時に決まった。大統領も国務長官も相当に参って、疲れているという見方が広まった。[69] 大統領は二十六カ月前に心臓発作を起こして以来、回腸炎を患い、軽い心臓発作が続いていた。大統領の演説の調子は明らかに遅くなった。心ここにあらずと思わせる表情も増えていた。

ジョンも輝きを失い、低迷していった。世界は大きな変化の時を迎えていたが、それでも彼は妥協の姿勢を一切見せなかった。ニキータ・フルシチョフに対して、まるでスターリンを相手にしているかのように振る舞った。スターリンは人類の敵であった。モスクワから国防大臣訪米の可能性を打診されると、公の場でソビエトを非難した。「共産中国（レッド・チャイナ）」に対する敵意も激しかった。中国からパンダを輸入しようとする動物園には計画を中止させた。「共産中国」の切手を扱う切手商を起訴することも認めた。ヨーロッパには足繁く通い、安全保障問題に熱心に取り組んだ。しかし、第三世界に押し寄せているナショナリズムや非同盟の思想については何の関心も示さなかった。

ジョセフ・クラーク上院議員[70]（ペンシルベニア州）は、国務長官の仕事ぶりに不満だった。議会を信用していないのではないかと苦言を呈した。[71] コラムニストのジョセフ・オルソップのような保守派、ヒューバート・ハンフリー上院議員[72]（ミネソタ州）のようなリベラル派がジョンの辞任を要求した。

病の国務長官

国務長官となってからのジョンは、潔癖症のやかまし屋、無愛想、冗談嫌いのイメージがついて回った。晩年にはそのイメージがますます強くなった。この頃、女性コメディアンのキャロル・バーネット[*73]がデビューしたが、彼女はジョンのイメージを使って、五〇年代後半に流行ったドゥワップのヒット曲を風刺する歌を作った。ドゥワップの歌詞の中身は、若い女性がロマンチックでセクシーな男と恋に落ちるというものだ。世間はジョンを女性を惹きつける男性とは対極のイメージで見ていただけに、それをうまく摑んだバーネットのギャグソングはヒットした。次のような歌詞だった。

わたしが初めて彼を見たのは国連だった
わたしはあんなに男にゾッコンになったことはなかったわ
わたしは本気で彼に惚れ、周りも囃してくれたっけ
でも、わたしはとっても馬鹿だった
惚れた相手はジョン・フォスター・ダレスだったんだもの

アメリカ国民の大方はアイゼンハワー大統領が病気で弱っていることを知っていた。しかし国務長官も同様に体力が落ちていることを知る者は少なかった。一九五六年暮れに腹痛があり、三時間の手術を受けた。痛みの原因は癌であった。術後はフロリダ州南端のキーウェストでしばらく静養した。それ以降、徐々に体力が落ちていたのである。

一九五七年のクリスマス、妹のエレノアの家にダレス家の面々が集まった。[*74]彼女の家はヴァージ

ニア州マックリーンにあった。この日、ジョンはご機嫌だった。妹へのプレゼントに古風なものを持ってきた。大量の黄色いリーガルパッドと小切手だった。小切手に記入された金額はエレノアが新しいラジオを買うのに十分な額だった。

クリスマス休暇中ではあったが、ジョンには懸案が山積みだった。NATOの会議（パリ）から帰国したばかりで、そこで提案されたドイツ中立化案を検討しなくてはならなかった。第三世界の指導者はカイロに集まり、核実験を非難する決議を採択し、外国資本ビジネスの国有化を当然の権利とする声明を出していた。ソビエトとの戦争が一年以内に始まるのではないかとの観測がメディアに流れ、国内は不安に満ちていた。ソビエトとの衝突の「危機が高まる」と分析した大統領府の秘密文書がメディアに漏れていたのだ。

国民の不安が米ソ首脳会談の実現に向けてプレッシャーとなったが、ジョンは反対だった。一九五八年の講演で自らの見解を次のように述べている。[*75]

「首脳会談を開いて得をするのはソビエトである。フルシチョフは、和平を求めるとお決まりの言葉を発し、軍備に使われる税は不要になるなどと言うだろう。首脳会談が実現すれば、それだけでも彼の外交的勝利だ」

このスピーチを終えると、ジョンはすぐにイランとトルコへ外遊に出た。アンカラの米国大使館にジョンが到着すると、建物の一つに仕掛けられていた爆弾が爆発した。市中には反米を叫ぶデモ隊が溢れていた。

ジョンはアンカラからベルリンに向かった。ベルリンでは妹（エレノア）は一種のヒロインだった。ジョンもまた、ワシントンを含むどんなところよりもベルリンで人気があり、いつも温かく迎えられた。彼には、（精神的にも、外交的にも）自分を歓迎してくれる街への訪問が必要だった。妻のジャネットはこの機会を利用してミュンスターに行き、息子エイヴリーの学ぶイエズス会教団神学校（セミナリー）を訪問した。

ジョンはこの年、七十歳の誕生日（二月二十五日）を迎えた。祖父ジョン・ワトソン・フォスターに連れられてハーグ陸戦協定の現場を見てから半世紀が経っていた。春には五十回目の同窓会に出席するためプリンストンに行った。[*76] アレンも四十四回目の同窓会があり、兄に同行した。

兄に比べ、この時期のアレンにはプレッシャーは少なかった。妻クローバーとの緊張関係も緩和されていた。二人の間での「契約」がなって、夫としての義務から解放されていた。事情をよく知る者は、「二人は別れたわけではない。お互いに違う人生を歩むけれども、頻繁に会う関係だった」[*77]と語っている。アレンは、独身時代のように女性と大っぴらに付き合えた。

面倒な議会の対応も器用にこなしていた。この頃のＣＩＡの予算は三億五千万ドルにまで膨れ上がっていた。二十一世紀の貨幣価値で換算すれば現在の八倍の予算があったことになる。数字は公開されていなかった。国防総省や国務省などの他省庁の予算の中に隠されていた。議会はそれを非公開で審議したうえで承認することになっていた。アレンの補佐役であったローレンス・ホワイトによれば、議会では核心に触れるような質問がなかったと証言している。[*78]

「長官の議会説明は、まず世界情勢を大まかに語るところから始まった。しかし、その語り口は実に巧妙で、あたかも誰も知らない秘密を暴露しているかのように感じさせた。下院歳出委員会の委員長クラレンス・キャノンの質問は、『CIAには仕事をしっかりこなせるだけの予算は付いているかい』という優しいものだった。アレンは、『必要な予算額はお願いしています。足りなければ、貴委員会にお願いに参ります』と答えている。これを聞いてキャノン委員長は（満足げに）散会を告げた」

「議員による質問もあったが、新聞ですでに取り上げられたことに関するものだった。キャノン委員長やリチャード・ラッセル議員（上院）が『我々が知る必要がないのなら、答えなくてもいい』と割って入ってくれた」

時にアレンは秘密工作の仕事を忘れてワシントン政界を楽しむようなこともした。お気に入りの友人はギリシャのフレデリキ王妃だったことはすでに書いた。その彼女が皇子を連れてアメリカにやって来たことがあった。皇子は後の国王コンスタンティノス二世[*79]である。訪米日程も押し詰まった頃、彼女は突然一週間の滞在延期を決めた。その理由ははっきりしなかった。彼女はワシントンを訪問すると、ホワイトハウスでアイゼンハワー大統領と「精神の価値」なるものを論じ合い、その後でアレンを訪ねている。長官執務室では一時間ばかり二人だけで過ごした。補佐官がドアをノックして執務室に入ると、そこに二人の姿はなかった。隣の化粧室（ドレッシング・ルーム）から二人の声が聞こえてきた。ギリシャ大使館に戻る車内で、王妃はギリシャとアメリカの関係がなぜこれほど強力なのか、その理由を仄めかした。

「私（たち）があの人を好きだからよ！」。彼女は興奮してそう言ったのだ。

インドネシア内戦　その2

インドネシア内戦は一九五八年初めから始まった。アレンは、大統領や国家安全保障会議に、反政府軍が勝利する可能性が高いと説明した。[*80] スカルノは反乱軍との妥協の道を選ばず、戦うことを決めていた。ダレス兄弟は当然ながら反政府軍の勝利を望んだ。

インドネシア内戦は神経をとがらせている世界の注目を浴びた。『タイム』はスカルノをカバー・ストーリーに取り上げた。表紙には暗く荒れ狂ったイラストを背景に反抗的な表情をしたスカルノの顔があしらわれていた。中に出てくる見開き地図にはインドネシアの天然資源の分布が示されていた。石油、石炭、天然ゴム、金、ニッケル鉱、ボーキサイトといった鉱物の産出地に加え、オランウータンやコモドドラゴンの生息地、あるいは首狩り族の村の位置までが書き込まれていた。記事では反乱軍の性格が好意的に描かれていた。ダレス兄弟の望みどおりの内容であった。愛国者たちの反共の戦いとして報じ、外部からの（アメリカの）介入については一切触れられていなかった。

『タイム』1958年3月10日号

「内戦状態に陥っているインドネシアは分裂の危機にある。反政府軍はスカルノ大統領に、(一)憲法の規定に則った行動をとること、(二)共産党と手を切ることを要求している。この内乱は、反スカルノ革命というよりも、酔っぱらった大統領に早く正気に戻ってほしいと訴えるもののようだ。新政府を作ってくれという願いは、彼の目を覚まさせるかもしれない」

「大統領が要求を聞き入れるかどうか、自由世界が注視している。アジアの巨大な大陸(中国)を半円に取り巻く弧(日本、沖縄、台湾、フィリピン、インドネシア)のうち、インドネシアだけが西側にコミットしていない。万一スカルノがインドネシアを共産化させることになれば、共産主義者は戦略上の障壁を越えて大躍進するだろう。そうなる可能性も捨てきれない」

数週間にわたる戦いで、スカルノ軍は反政府軍を圧倒した。空爆、海からの攻撃、パラシュート部隊の攻勢が続いた。反政府軍の兵士はまともな訓練もされていない高校生ばかりだった。彼らの持つ武器はこの地方に適したものではなかった。彼らの非戦的な性癖もはっきりした。スカルノ軍への発砲を命じられると逡巡した。彼らの国は出来たばかりだった。その国を再び分裂させる戦いは不名誉なことと感じられた。彼らの信じる宗教もまた戦う気力を萎えさせた。CIAの幹部はこう報告している。「彼らは、ムスリム同胞とは戦わないと言っている」[*81]

アレンにとって頭痛の種となったのは、秘密にされていたアメリカの武器供給が次第に明らかにされたことである。一九五八年初め、スマトラ島の港パダン近くで、武器を満載した二隻の艀(はしけ)が荷揚げしているのを近くの村人が見ていた。[*82]三月十二日、政府軍の空挺部隊がCIAの支援物資を保管していた基地を襲った。二十個口の梱包の中身は機関銃、ライフル銃、バズーカ砲、現金の束であった。アメリカの関与は歴然としていた。スカルノはアメリカに対して、「火遊び」はやめよと警告し、インドネシアの内戦に他国が干渉するのであれば、自分は容易に「外から義勇兵」を大勢連れてくることができると舌鋒鋭く述べた。[*83]

この状況でアメリカがとり得る方策は二つ（反政府勢力に航空機を供与するか、我々自身が空爆を実行するか）しかなかったとジョンは私的なメモに残している。[*84] しかし公の場では、インドネシアの混乱は内政問題であり、アメリカがそれに関与することはないと述べた。アイゼンハワー大統領も国務長官同様、不誠実であった。

「慎重な中立が我が国の外交方針の一つであり、我が国は一貫して適切に行動している。したがって我が国に関係のないところでは、どちらの側にもつかない」「反乱軍はいずれも傭兵を持つと聞いている。人々はうまい戦いがないか注視しており、ときに給料に期待し、ときにどでかいことをやるために戦いに加わる。おそらく反乱軍なるものの中では、それが日常茶飯事なのだろう[*85]」

スカルノは、空挺部隊が押収したCIA供給の武器を公開していた。それでもアメリカを直接的に非難することは避け、アメリカ大使を呼んで抗議した。

「アメリカのメディアは私を共産主義者と呼んでいる。ダレス国務長官は我がインドネシアが共産主義に向かっているとまで言っている。私は共産主義者ではない。私の考えは訪米時に述べた言葉どおりである[*86]」

ワシントンはスカルノの訴えを聞こうとしなかった。しかしナイト新聞社や『USニューズ・アンド・ワールドレポート』誌の記者がアメリカのインドネシア内戦介入を報じ始めていた。アレンにはこれが気がかりだった。

アレンはジェームズ・ナイトとデイヴィッド・ローレンスに電話で連絡を取った。[*87] ナイトはナイト新聞社副社長であり、ローレンスは『USニューズ・アンド・ワールドレポート』の社長兼編集長であった。二人とも記事を没にするか、修正することを了承した。『シカゴ・デイリー・ニューズ』紙は、アメリカの関与を仄めかすような表現で報じた。インドンネシア反政府軍の使う武器は、「天国のマナ（訳注：神から与えられた食物）のように」空から降ってきたと書いたのである。しかし他にアメリカの関与を報じるメディアはなかった。記者たちは自己検閲していた。

「我々は書かなかった。国を愛していたからだろう」と後になってAP通信社の記者は語っている。[*88]

当時はまだ、アメリカ政府は嘘をつかないと広く信じられていた。不誠実なニュース報道がこれを補強したことから、スカルノが大胆にもアメリカを非難したことに対する激しい憤懣が沸き立つことになった（しかしスカルノの言葉は的確だったのである）。

『ニューヨーク・タイムズ』は、「インドネシア政府高官がアメリカ政府は反政府組織を支援しているという虚偽の情報を流しているのは残念なことだ」「アメリカ政府の立場は、他国の中立の立場を無理やり変えさせるようなことはしないというものである。法に基づき成立した政府を転覆させるような動きを支援することはない」と論説記事で伝えた（一九五八年五月九日付）。

アメリカ国民はインドネシア内戦にアメリカが関わっていないとのメディア報道を信じたが、その一方でダレス兄弟は介入の度合いを強めていたのである。一九五八年四月六日（土曜日）、二人はジョンの私邸に統合参謀本部の幹部を含む政府高官を集め、対応を協議した。[*89]

ジョンは数日後に協議の内容をイギリスの外交関係者に報告した。協議では三つのオプションが話し合われていた。第一は、反政府軍に正統性を認め、大っぴらに武器支援を実行する。第二はスマトラ島の反政府軍のみ支援し、「インドネシアからの離脱・独立を成就させる。アメリカはこれを国家として承認し、独立を保障する」。三つ目は、インドネシア政府軍に同国内の米国企業を攻撃させるよう仕向ける。「そうなれば米国資産がダメージを受け、アメリカ軍の本格出動が可能となる」

嘘の露見

三つの戦術が検討されている中で、現実は違う方向に動いた。アーキペラーゴ計画を支えていた欺瞞の門が倒れる事件が発生したのである。計画の見通しやそれを実行するうえでの杜撰（ずさん）さからすれば、避けられなかっただろう。事件は、ジョンと大統領が内戦への関与を否定した数週間後、『ニューヨーク・タイムズ』が横柄な論評を載せてまもない時に起きた。

一九五八年五月十八日未明、B26爆撃機に搭乗したフロリダ生まれのアレン・ポープはクラーク空軍基地（フィリピン）を離陸した。ポープは朝鮮戦争で輝かしい功績を立てた名パイロットだった。その後CIAの工作員となった。彼はすでに何度かインドネシアに飛び、反政府軍を支援する空爆に参加していた。この日もインドネシア政府軍の基地を攻撃し、トラック一台と二機の航空機を破壊した。次の目標に向かおうとしたとき、戦闘機が現れ、たちまち空中戦となった。ポープの爆撃機は炎上した。[*90] これがインドネシア内戦における唯一の空中戦であった。

ポープは脱出装置を使い、パラシュートでココナッツ園に無事降下した。足を骨折していた彼はたちまち拘束された。彼は身分が判る三十枚以上の書類を持っていた。クラーク空軍基地への立ち入り許可証、アーキペラーゴ計画への参加命令書の写し、空爆履歴を示すフライト記録などである。その記録は軍事基地、船舶、倉庫、橋梁から、(意図せぬものであったが) 教会までも空爆していたことを示していた。戦争の最も生々しい非道行為の中で多数の死傷者が出ていた。

スカルノは激しく憤った。赴任したばかりのハワード・ジョーンズ大使[*91]に、「彼 (ポープ) がなぜ我々を攻撃したのか、教えなさい!」と噛みついた。「彼はあなたが共産主義者と聞いていました。彼は共産主義者との戦いに貢献したかったのです」。これがジョーンズの答えだった。[*92]

アーキペラーゴ計画中止

ポープ撃墜の報は数時間後にはアレンのもとに届けられた。長官はパイプをくゆらせながら静かに聞いていた。報告を聞き終えたアレンは、盗聴防止がなされている電話を使って兄に連絡を取った。「ジョン、こういう状況だ」とアレンは話し始め、短い会話を終えると、内勤の職員に「手じまいにする」と呟いた。[*93]

アレンが計画中止を部下に告げたのは翌日のことであった。

アーキペラーゴ計画は順調に進捗していると大統領に報告してきたアレンにとっては惨めな敗北

であった。十年前にソビエトとの戦いを始めて以来、これほどの失策はなかった。アーキペラーゴ計画はこれまでの工作活動の中でも最大規模であった。もはや「秘密」工作活動と言えないほどの規模に膨れていた。数千人規模の陸軍や第三国にある基地を利用した。ポルノ映画も製作した。第七艦隊までも利用した。それが惨めに失敗したのである。

ホー・チ・ミン排除の失敗は大したことではなかった。ベトナムでのごたごたはまだ進行形であり、ホー・チ・ミンを葬る可能性は残っていた。しかし、インドネシアではスカルノは勝利者として君臨することになる。彼は反乱軍を抑え込み、生まれたばかりの国の統一を守り切った。それによって彼に対する世界の評価は揺るぎないものになった。彼を批判する者は外国勢力の手先であることがばれてしまった。その結果、インドネシア陸軍のスカルノ支持は盤石となり、インドネシアの救世主の地位を築いた。ばらばらだった政治勢力をまとめる力強い指導者となったのである。

アレンは、二人の部下（計画責任者のアル・ウルマーと副長官のフランク・ワイズナー）の更迭を決めた。

アイゼンハワー政権の中で、アーキペラーゴ計画の失敗によって最も打撃を受けたのはダレス兄弟だった。どうしてもスカルノを攻撃せずにはいられなかった。それが二人に情勢判断を誤らせた。複雑なインドネシア国内事情を単純化し過ぎた。絶対に国を分裂させないというインドネシア陸軍の強い意思を過小評価し、武器の供給を受けながらも本音は戦いたくないという反政府勢力の心情を理解していなかった。

ポープ撃墜から一週間も経たないうちにアメリカは大きく方針を変更した。インドネシアへの食糧支援を再開し、小火器や飛行機の部品禁輸を解いた。スマトラ島のディーゼル発電所や道路建設の資金援助も決めた。スカルノは敵からパートナーとなった。この一八〇度の方針転換は、ジョンがインドネシア大使を国務省へ招待したことで公式なものになった。会談を終えた後、大使はこう語った。「これから両国関係は改善する」

中東情勢の悪化

ダレス兄弟がこれほどあっさりと対インドネシア外交の失敗を認めたのは、中東問題の悪化と関連していた。ナーセルは英仏資本の企業を国有化し、世界の商業ルールに挑戦した。彼の次の狙いはエジプトとシリアが合併し、アラブ共和国連邦を創設することであった。彼がその他の国々の参加を望んでいることは明らかだった。レバノン国内の汎アラブ主義者は連邦への参加を要求し、彼らの主張は内乱へとエスカレートした。

イラクでは民族主義者による革命が起きた（一九五八年七月十四日）。親西欧の王室が廃止され、国王、皇太子、首相だったヌーリー・アッ＝サイード[*94]が処刑された。サイードは親西欧の姿勢を鮮明にしており、ナーセルの仇敵であった。

ダレス兄弟はイラクの革命はアメリカの地政学上の敗北だと見なした。イラク革命は、ナーセルとソビエトが仕組んだ中東共産化の一里塚であると理解した。二人はこの動きがレバノンに飛び火することを恐れた。レバノンのカミール・シャムーン大統領[*95]は親米であった。それでもシャムーンを支援するためにレバノンの政治に介入することには問題があった。彼は再選を禁じる憲法に反して大統領職に居座ろうとしていたからだった。しかし彼に代わる新たな大統領が親米派かどうかは不確実であり、親米路線を変えてナーセルの側に立つ可能性もあった。ジョンは今や、ナーセルを「アラブ民族の拡張を狙うヒトラー的政治家」と見なすようになっていた。[*96]

イラク革命発生後直ちに国家安全保障会議が開かれた。ジョンはここでレバノン介入の承認を求めた。「レバノンにはこれまでどおり親西側でいてもらわなくてはならない。シャムーンが憲法に反して二期目を目指しているが、大した問題ではない」「ここで、我々が介入しないうちにナーセルが内戦を準備できるような外交方針を採用してしまえば、シャムーンはたやすく追い落とされてしまうだろう」[*97]と述べ、理解を求めた。

アメリカのレバノン侵攻は、ジョンが策定した外交方針を援護するために着手された唯一の軍事介入だったが、驚くほど平和的だった。一九五八年七月十五日、ベイルートの南にある浜辺に海兵隊が上陸した。その様子を見た海水浴客は一様に何事が起きたのかと驚いた。数時間後、アメリカ軍はヨルダンにも侵攻した。ヨルダンでは民族主義者が警官隊と衝突していた。

アメリカ軍の侵攻によってアラブ諸国各地で反米デモが発生した。フルシチョフは半ば冗談気味ではあったが、レバノンの民族主義者を援護するために〝義勇兵〟を派遣すると警告した。結局、シャムーンをやめさせ、選挙で後継を決めることで決着がついた。これは危機の始まりに際してナーセルが主張し、ジョンが拒否していた打開策であった。[*98]

ワシントン議会はレバノン侵攻にはいつになく批判的であった。当時大統領の座を狙っていたジヨン・F・ケネディ上院議員（民主党、マサチューセッツ州）は、「アラブの民族主義(ナショナリズム)を力で抑えることができるなどと考えるのは幻想である」と述べ、アメリカは中東の紛争を「単純な東西対立の視点で捉えること」をやめ、「ナーセルとの協議を始めるべきだ[*99]」と主張した。ウェイン・モース上院議員（民主党、オレゴン州）は、「我が兵士の血が中東の油の海に流されるのは忍びない[*100]」と嘆いた。アレンが上院小委員会で、「イラク革命は暴徒によるものだ」と説明すると、ウィリアム・ランガー上院議員（共和党、ノースダコタ州）は「暴徒」の定義を皮肉を込めて聞いた。

「それは、アメリカ政府によって買収される政府に憤りをぶつけるイラクの愛国的な民衆を指すのかね[*101]」

対イスラエル外交の変化

このエピソードは、アメリカのイスラエル観の変化を示すものでもある。一九四八年、トルーマン大統領はジョージ・マーシャル国務長官とジェームズ・フォレスタル国防長官の反対を抑えてイスラエルの国家創設を承認した。二人は、中東にユダヤ人国家建設を認めれば、出口のない紛争が始まるだろうと見ていた。イスラエルの初期の移住者には社会主義者が多く、ソビエトに親近感があった。そのこともあり、アメリカとイスラエルの関係は冷めたものだった。ジョンを含めて国務省の人間の多くが、イスラエルの建国でアメリカの外交がより難しくなると懸念した。

「我が国ではユダヤ人の承認なしでは何もできない。マーシャルもフォレスタルもそれがわかっていた。私もそのことを思い知ることになるだろう。ユダヤ人が承認しなければワシントン議会が動かない。我が国の強力なユダヤ・ロビーを梃(てこ)にしたイスラエル大使館が我が国の議会を牛耳っている」とジョンはスエズ危機の際の記者会見で嘆いていた。

しかし、一九五〇年代にナーセルが登場し、中東地域の民族意識が高まったことで、ジョンのイスラエル観に変化が生まれた。ジョンは、アラブ民族主義は反西欧思想だと見なした。それに気づいたソビエトはイスラエルを捨ててアラブ諸国に接近した。ジョンは元来シオニズム運動に批判的だったが、ソビエトの方針変更を受けて、イスラエルに戦略的価値を見たのである。

結果的にダレス兄弟は、その後、半世紀にわたってアメリカの中東政策の根幹となった二つの関係を形作る産婆役を務めた。一つがサウジアラビア、もう一つがイスラエルとの関係である。

オメガ計画（対ナーセル）をはじめとする対中東政策のベースとなっていたのは、「アラブ民族主義(ナショナリズム)はアメリカによって制御可能であり、アラブ諸国の外交をアメリカの方針に沿わせることができる」という判断の上に立っていた。しかしそれが間違っていたことがはっきりしたのである。

レバノンでは軍事力を行使したが、逆にアラブ民族の反米感情を刺激した。アメリカはかつてのイギリスやフランスと何ら変わらぬ帝国主義国家だと思わせてしまった。ナーセルの弱体化にも失敗した。実際、ナーセルはオメガ計画によってこれまで以上に強くなり、他国を食い物にする外国人からアラブを守り勝利した英雄であるとのイメージが浸透することになったのである。

ダレス兄弟はエジプトで本能の最深部に突き動かされて行動した。資本主義グローバリズムにとって、投資先の国家の混沌と無秩序は最も恐るべき敵であった。彼らは、アラブ民族主義とその大義のために戦うナーセルを、混沌たる無秩序の担い手と見た。それが二人が手荒な手段に出た理由だった。

その後のインドネシア

アレンが反スカルノ計画を「手じまいにする」と命じてまもなく、アメリカの視察団がインドネシアにやって来た。インドネシア外務省は視察団のメンバーリストを入手し、そこにエレノア・ランシング・ダレスの名を見つけた。インドネシアではダレスという姓は不人気だった。彼女が空港に到着した際も、迎えの者は誰ひとり現れなかった。彼女はそれが不満だった。

スカルノのスピーチを聞いていた時のことだった。彼女は「ヒトラーのようね」とアメリカ大使館のスタッフに呟いた。そしてその場で、今すぐバリ島に行くと言い出した。大使館スタッフは、そんなことをすれば国際的な問題になると注意を促した。

「私の言うことを注意して聞いてください。あと二、三分待ってください。それからお腹を押さえてください。痛みがあるように振る舞うのです。苦しそうにしてください。そうしたら、私たちが会場の外に案内します」[*102]

大使館スタッフの苦肉の策でエレノアの一件は片付いた。アメリカにとって大した問題ではなかった。頭痛の種は、拘束されているＣＩＡのパイロット、アレン・ポープであった。彼は銃殺刑の判決を受けていた。しかしスカルノは執行命令書に署名していなかった。拘束されている監獄は厳重に警備されてはいなかった。アレンは飛行機を利用して彼の身柄を取り戻すことができないか検討させた。[*103] しかし、その必要はなくなった。スカルノがポープを赦免したのである。ポープの妻と姉がインドネシアにやって来て赦免を求めた時、スカルノは「私は女性の涙には弱い[*104]」と言い、ポープには次のような私的なメッセージを伝えて彼を解放した。

「誰にも知られぬように君を釈放する。だから帰国しても公の場でしゃべるようなことはしてはいけない。ステートメントなど出してはいけない。家でおとなしくしていなさい。そうすれば我々もすべてを忘れることにしよう」

ポープはしばらくの間、約束を守った。しかし何年か後にインドネシア工作が明るみに出ると、リチャード・ビッセルの聞き取りに対して、怒りを込めて、工作は「完全に失敗だった」と語った。「(CIAは) 数千人以上の共産主義者を殺したが、その犠牲者の半分は共産主義が何たるか知らない人々だったろう[*105]」

スマトラ島とスラウェシ島ではその後数年間にわたって反政府活動が散発的に続いた。アメリカの支援のない活動は、少しばかり「暴れる程度」のものだった。[*106] 一九六一年、インドネシア革命政府の最後のメンバーが投降した。

結局、アーキペラーゴ計画で勝利者となったのは、スカルノであり、インドネシア軍部であり、そしてPKI（インドネシア共産党）であった。それが三つ巴の権力闘争となっていった。一九六五年にはPKIがクーデターを企て失敗した。抑え込んだ軍部が権力を奪取し、PKI党員を数千人規模で処刑した。軍部はしばらくはスカルノをそのままにしていたが、最終的には失脚させた

（一九六七年）。スカルノが世を去ったのはその三年後、一九七〇年のことであった。

アメリカの介入はもう一つ、インドネシア政治に大きな傷跡を残した。多くの有能な人材を失ったのである。[*107] ＣＩＡは能力のある者を反スカルノ勢力に取り込んだ。アーキペラーゴ計画の失敗でこうした人々（才能のある有為な若者たち）は対米協力者と見なされ政治から排除された。そこに共産党がつけ込んだという側面があった。

ダレス兄弟がモサッデクとアルベンスを追い落としたのは、S&C法律事務所時代の彼らの仕事を考えれば当然のことだった。ホー・チ・ミンを狙ったのは、彼が生粋の共産主義者だったからだった。しかしスカルノは違った。ダレス兄弟は、（ソビエトの脅威に対する）パニックと無知と頑迷さから、アメリカにとって何の脅威でもなかったスカルノを結果的に失脚させてしまった。スカルノは、インドネシアを西欧的な視点で見ないようにと警告を発していた。[*108] ダレス兄弟は最後までスカルノもインドネシアも理解できなかった。

二人が更迭したジョン・アリソン元大使は、次のように評している。

「私はジョンに対してもアレンに対しても敬意を払っている。しかし二人はアジア人を最後まで理解しなかった。つねに西洋的基準で彼らを評価した。二人とも行動の人であり、何もかも一気に片づけてしまおうとするところがあった」[*109]

スカルノはアメリカの対応を嘆き続けた。彼らの介入は全く無用だった。インドネシアに対するとんでもない無理解の結果であると悔やしがった。しかし、自身にもそれなりの責任があることは認めていた。彼は回顧録で次のように書いている。

「どちらから悪口を言い始めたのだろうと考えてみると、それは私だったのかもしれない。私はそういう性格なのだ。私は言葉を荒げることもあるし、感情的にもなる。しかし私がそうするのは怒りの対象を愛していたからだった。できるものならアメリカとはうまくやりたかった。アメリカよ、いったいどうなっていたのだ？　どうして友人として振る舞ってくれなかったのか？[*110]」

注
*1 *Vital Speeches of the Day21*, no. 16, June 1, 1955, pp1250-51.
*2 Paul Revere（一七三五―一八一八）米国独立戦争におけるレキシントン・コンコードの戦いで伝令役として活躍した。訳注
*3 *FSUS: Indonesia*, p236.
*4 Cindy Adams and Sukarno, *Sukarno: An Autbiography*, Bobbs-Merrill, 1965, p227.
*5 Randolph Scott（一八九八―一九八七）西部劇を中心に活躍したハリウッドの二枚目俳優。訳注
*6 *Baltimore Eveing Sun*, May 17, 1956.
*7 *New York Herald Tribune*, May 17, 1956.
*8 Ava Gardner（一九二二―九〇）ハリウッド女優。代表作は『ショウ・ボート』『キリマンジャロの雪』など。訳注
*9 Marilyn Monroe（一九二六―六二）ハリウッド女優。代表作は『ナイアガラ』『帰らざる河』など。訳注
*10 *Sukarno*, p275.
*11 Brian May, *The Indonesian Tragedy*, Non Basic Stock Line, 2000, p126.
*12 同右、p128.
*13 *Sukarno*, p294.
*14 Al Ulmer（一九一六―二〇〇〇）ＯＳＳ時代からの工作員。極東担当の前は東ヨーロッパを担当。訳注
*15 *Portrait of a Cold Warrior*, p197.
*16 *Safe for Democracy*, p140.
*17 Audrey R. Kahin and George McT. Kahin, *Subversion as Foreign Policy: The Secret Eisenhower and Dulles Debacle in Indonesia*, University of Washington Press, 1995, pp3, 106.

*18 John Ranelagh, *The Agency: The Rise and Decline of the CIA*, Sceptre, 1988, p334.
*19 Odd Arne Westad, *The Global Cold War: Third World Interventions and the Making of Our Times*, Cambridge University Press, 2007, p68.
*20 *Total Cold War*, p70.
*21 同右、p68.
*22 同右、p217. あるいは *The CIA's Secret Operations*, pp59-60.
*23 *The CIA's Secret Operations*, p61.
*24 *The Devil and John Foster Dulles*, p373.
*25 Ray Takeyh, *The Origins of the Eisenhower Doctrine: The US, Britain and Naser's Egypt, 1953-57*, Palgrave Macmillan, 2000, p108.
*26 同右、p. xiii.
*27 同右、pp111-112.
*28 C. Philip Skardon, *A Lesson for Our Times: How America Kept the Peace in the Hungary-Suez Crisis of 1956*, Authorhouse, 2010, p625. あるいは Irene Gendzier, *Notes from the Minefield: United States Intervention in Lebanon and the Middle East, 1945-1958*, Columbia University Press, 2006, pp215-216.
*29 Patrick Tyler, *A World of Trouble: The White House and the Middle East—From the Cold War to the War on Terror*, Farrar, Straus & Giroux, 2009, p59.
*30 *Safe for Democracy*, pp125-126. あるいは *Central Intelligence Agency*, p113. あるいは *Quicksand*, pp139, 235.
*31 Camille Chamoun（一九〇〇—八七）レバノン大統領。任期は一九五二年から五八年。訳注
*32 *Notes from the Minefield*, p222.
*33 Norodom Sihanouk（一九二二—二〇一二）カンボジア国王（在位は一九四一年から五五年、および一九九三年から二〇〇四年）。訳注
*34 Souvanna Phouma（一九〇一—八四）ラオス首相を断続的に数期務めた。訳注
*35 *Subversion as Foreign Policy*, pp10-14.
*36 Geoff Simons, *Indonesia: The Long Oppression*, Palgrave Macmillan, 2000, p152.
*37 John D. Legge, *Sukarno: A Political Biography*, Didier Millet, 2007, p22.
*38 Hugh Cumming（一九〇〇—八六）駐インドネシア大使。任期は一九五三年から五七年。訳注
*39 *Subversion as Foreign Policy*, p75.

＊40　Kliment Voroshilov（一八八一－一九六九）元帥。最高会議幹部会議長（任期は一九五三年から六〇年）。訳注
＊41　*Subversion as Foreign Policy*, p83.
＊42　John Allison（一九〇五－一九七八）キャリア外交官。駐日大使（任期は一九五三年から五七年）、駐インドネシア大使（一九五八年から六〇年）など。訳注
＊43　*Subversion as Foreign Policy*, pp70, 101-102. あるいは Kenneth Conboy and James Morrison, *Feet to the Fire: CIA Covert Operations in Indonesia, 1957-1958*, Naval Institute Press, 1999, p33.
＊44　Mohammad Hatta（一九〇二－八〇）インドネシア初代副大統領（任期は一九四五年から五六年）。訳注
＊45　Christian Herter（一八九五－一九六六）マサチューセッツ州知事（一九五三－五六年）、国務次官（一九五七－五九年）、国務長官（一九五九－六一年）。訳注
＊46　*FRUS*, Indonesia, p2.
＊47　Paul F. Gardner, *Shared Hopes, Separate Fears: Fifty Years of U.S.-Indonesian Relations*, Westview, 1977, p145.
＊48　*Feet to the Fire*, p29.
＊49　*Portrait of a Cold Warrior*, p221.
＊50　*Allen Dulles: Master of Spies*, p169. あるいは *Portrait of a Cold Warrior*, p169. あるいは *The Very Best Men*, p159.
＊51　*Feet to the Fire*, p180.
＊52　Arleigh Burke（一九〇一－九六）海軍大将。海軍作戦部長（任期は一九五五－六一年）。訳注
＊53　*Subversion as Foreign Policy*, p124.
＊54　同右、p142.
＊55　*The Indonesian Tragedy*, p79.
＊56　同右、p149.
＊57　Abdul Haris Nasution（一九一八－二〇〇〇）陸軍大将。参謀総長。訳注
＊58　*Subversion as Foreign Policy*, p148.
＊59　原題は *The Quiet American*, 邦訳は『おとなしいアメリカ人』（早川ｅｐｉ文庫）。訳注
＊60　Graham Greene, *The Quiet American*, Penguin, 2004, p119.
＊61　同右、p172.
＊62　Joseph Leo Mankiewicz（一九〇九－九三）ポーランド系ユダヤ人映画監督、脚本家。アカデミー監督賞受賞（一九五〇年、五一年）。訳注
＊63　*The Mighty Wurlitzer*, pp176-177.

*64 Audie Murphy（一九二五―七一）陸軍軍人としてイタリア、南フランス戦線で活躍。多くの勲章を授与された。戦後は映画俳優として活躍。飛行機事故で死亡。訳注

*65 Cary Fraser, Crossing the Color Line in Little Rock: The Eisenhower Administration and the Dilemma of Race for U. S. Foreign Policy, *Diplomatic History* 24, no2, Jan. 2000, p247.

*66 Ralph W. McGhee, *Deadly Deceits: My 25 Years in the CIA*, Ocean Press, 1999, p42.

*67 同右。

*68 Discussion at the 347th Meeting of the National Security Council, Thursday, December 5, 1957. http://history.nasa.gov/sputnik/dec57.html

*69 *The Devil and John Foster Dulles*, pp338-429.

*70 Joseph Clark（一九〇一―九〇）法律家。フィラデルフィア市長。上院議員（任期は一九五七年から六九年）。民主党。訳注

*71 *New York Times*, November 12, 1958.

*72 Hubert Humphrey（一九一一―七八）ミネアポリス市長。上院議員（任期は一九四九年から六四年および一九七一年から七八年）。リンドン・ジョンソン政権では副大統領（一九六五年から六九年）。訳注

*73 Carol Burnett（一九三三―）コメディアン。女優。テレビのバラエティ番組で人気を博した。訳注

*74 *John Foster Dulles: The Last Year*, Harcourt, Brace and World, p18.

*75 同右、pp100-101.

*76 同右、p124.

*77 *Allen Dulles: Master of Spies*, p451.

*78 同右、p485.

*79 King Constantine II（一九四〇―）在位一九六四年から七四年。一九七四年の国民投票で王政が廃止されたためギリシャ最後の国王となった。亡命先のロンドンに住む。訳注

*80 *Time*, March 10, 1958.

*81 *Feet to The Fire*, pp51, 92.

*82 *Legacy of Ashes*, p148.

*83 *Subversion as Foreign Policy*, p186.

*84 同右、p156.

*85 *The Invisible Government*, p145.

＊86 *FRUS*, Indonesia, p76.
＊87 *Separate Fears*, p52.
＊88 *Subversion as Foreign Policy*, p158.
＊89 *FRUS*, Indonesia, p99.
＊90 *Subversion as Foreign Policy*, pp179-181. あるいは *Feet to The Fire*, pp132-140.
＊91 Howard Jones（一八九九―一九七三）駐インドネシア大使（任期は一九五八年から六五年）。一九五四年から一年間、ジャカルタのアメリカ大使館に勤務し、インドネシア支援プログラムを担当。訳注
＊92 *Sukarno*, p269.
＊93 *Gentleman Spy*, pp453-454. あるいは *Feet to The Fire*, pp145-146.
＊94 Nuri as-Said（一八八八―一九五八）イラクの政治家。断続的に首相を複数回（七期）務めた。訳注
＊95 Camille Chamoun（一九〇〇―八七）レバノン大統領。任期は一九五二年から五八年。訳注
＊96 *Quicksand*, p235.
＊97 同右、pp234, 238.
＊98 *The Devil and John Foster Dulles*, p437.
＊99 *Quicksand*, p240.
＊100 *Notes from the Minefield*, p329.
＊101 同右、p333.
＊102 *Shared Hopes, Separate Fears*, pp161-162.
＊103 *Feet to The Fire*, pp162-165.
＊104 *Sukarno: An Autbiography*, p271.
＊105 *Legacy of Ashes*, p153.
＊106 *Subversion as Foreign Policy*, p216.
＊107 *The Indonesian Tragedy*, p162.
＊108 同右、p66.
＊109 *Legacy of Ashes*, p146.
＊110 *Sukarno*, p300.

9章　コンゴ動乱、顎鬚の過激主義者

ジャズ外交

独立を果たしたばかりのコンゴ（訳注：一九六〇年、現コンゴ民主共和国）の首都レオポルドビルに一人の国賓がやって来た。上半身裸で腰蓑姿の踊り手が空港に降り立った賓客を迎えた。首都の目抜き通りは群衆で埋まり歓声をあげて彼を迎えた。[*1]満足げに赤いレザーの「玉座」から手を振って歓迎に応えた賓客は国王でも王族でもなかった。アメリカからやって来たジャズ・ミュージシャン、ルイ・アームストロングだった。[*2]

東西冷戦下で、ジャズはアメリカ文化の素晴らしさを伝える外交の武器であった。ジャズバンドのリーダー、アームストロングは、この時期に押しも押されもせぬ世界的ミュージシャンだった。アメリカ国内だけでなくヨーロッパでも活動していた。映画にも出演し、『マック・ザ・ナイフ』をはじめヒット曲も多かった。彼はジャズ・ミュージシャンとして初めて『タイム』の表紙を飾った。

アームストロングの曲は明るかった。アメリカが「開放的で、誰もが幸せになれる国である」というイメージのメッセンジャー役にはもってこいであった。その上、彼が黒人であることから、アメリカは人種差別とは無縁の国だとの含意もあった。彼のアフリカ・ツアーを国務省が後援した。『ニューヨーク・タイムズ』は、一九五五年には早くも彼を「我が国の秘密兵器」[*3]と呼んだ。一九五七年、アームストロングはソビエト・ツアーを了承していた。しかし先述のアーカンソー州リトルロックでの暴動に際して、アイゼンハワー大統領が人種差別解消に消極的だったことから、ツアーをキャンセルした経緯があった。事件から三年が経過し、南部の多くで入学差別撤廃が実施されたことから、彼は態度を軟化させていた。国務省はアームストロングに、ソビエトではなくアフリカに行ってもらうことに決めた。ヨーロッパの植民地だった国々が続々と独立を果たしていた時期であった。ツアーは三カ月で二十七都市を周る大掛かりなものだった。

レオポルドビルでの歓迎（一九六〇年十月二十八日）は、とりわけ盛大だった。アームストロングは満員のスタジアムで『この素晴らしき世界（What a wonderful world）』を歌い上げた。

空は青く、雪は白く、
輝かしい祝福の日には、神聖な夜と
そして、わたしの心に沁みてゆく。
何と素晴らしい世界でしょう。（古川卓也訳）

コンゴの指導者は選挙で選ばれた首相パトリス・ルムンバだった。彼の指導するコンゴの現実はとても「素晴らしき世界」とは言えなかった。この頃、ルムンバはアームストロングの歌うスタジアム近くの公邸に軟禁されていた。世界的に知られた「政治犯」であり、アームストロングはルムンバの苦境を知っていたはずだった。アームストロングは意図的に知らないふうを装っていたに違いなかった。

おそらく別の状況下であれば、アームストロングはルムンバと会っていただろう。この日、コンサート終了後にアームストロングが食事を共にしたのは、彼の熱狂的ファンとされるラリー・デヴリンであった。デヴリンは一般人ではなかった。レオポルドビルのCIA統括責任者だった。アームストロングは、一緒に食事している男が、アフリカの英雄ルムンバ暗殺を命じられていることなど知る由もなかった。

英雄ルムンバ暗殺計画

この年の初め頃、コンゴの内外でルムンバの名を知る者はほとんどいなかった。夏頃になると、アメリカはこの男がアメリカにとってかなり危険な人物になると考えるようになった。八月十八日、アイゼンハワー大統領は、アレン・ダレスらに対して、わかる者にはわかる言葉でルムンバを排除するよう命じた。もちろん公式記録は残ってはいない。

一週間後、NSCの分科会（スペシャル・グループ）（小委員会の一つ）がルムンバ問題（排除計画）の検討に入った。大統領の安全保障問題担当補佐官ゴードン・グレイは、「大統領は断乎とした態度で臨むべきだ」[*4]

と報告した。

アイゼンハワーは一九五五年に、分科会の創設を命じていた。アレンは後にこの命令は最も秘密にされたものの一つだったと語っている。[*5] 分科会は五人のメンバーで構成されていた。大統領、国家安全保障問題担当顧問、国防総省および国務省の次官、CIA長官の五人である。

秘密工作活動の承認権限を持っている同組織を通じて、大統領はそうした工作活動に関与した。ある歴史家はこう書いている。

「政治的にあるいは外交的に、大統領がクーデターや暗殺その他の悪さを命令するのは不穏当と見なされる。分科会は大統領の代理人のはずだった。しかし、最終的には大統領の事前の了解と承認のもと、大統領に代わって行動し、決定や承認を行うようになったのだ」[*6]

アレンは、一九六〇年八月十八日に下された指示の意味するところを見誤らなかった。彼は「きわめて真剣に受け止め」、「状況を見極めながら計画を実行に移す」と約束した。[*7] 翌日、アレンはルムンバ抹消命令をラリー・デヴリンに電信で伝えた。[*8] アレンはこう書いた。

「我が国の首脳陣は、ルムンバをこのままにすれば今後の混乱は避けられず、最悪の場合、コンゴが共産化するとの結論に至った。共産主義者がコンゴを掌握することになれば、国連や自由主義諸国の威信が大きく揺らぐことになる」

「我々は一刻も早くルムンバを排除することが必要だと結論づけた。秘密工作の最優先事項とする。本省の了解が得られない（間に合わない）事態が発生した場合、貴君の権限で実行に移すことを許可する」

九月十九日、デヴリンは暗号化された二度目の指示書を受けた。[*9]「パリからやって来るジョー」と名乗る密使を待つようにと言い、彼が届けるのはきわめてセンシティブな命令なので口頭で伝えるとあった。一週間後、大使館を出ると（デヴリンは領事の肩書で大使館に出入りしていた）、一人の男が近づいてきて言った。「パリから来たジョーだ」

デヴリンは訪問者を知っていた。先に書いた「ＭＫウルトラ」マインドコントロール計画の責任者、シドニー・ゴットリーブ博士だった。アレンは博士を「健康改善委員会」のヘッドに任命し、ＣＩＡの工作に使えそうな毒薬を準備するよう指示していた。二人はデヴリンの車で大使館を出た。博士はすぐに用件を切り出した。致死性の毒薬を仕込んだ歯磨きチューブを見せた。ルムンバ暗殺の道具であった。博士から伝えられた指示は次のようなものだった。[*10]

「暗殺は君一人で実行すること。やり方は君に任せる。とにかく『きれいに』やってもらいたい。我が国政府の関与を知られてはならない」

デヴリン配下のコンゴ人工作員の一人は、ルムンバの拘束されている建物へ入ることができた。しかし、ルムンバが歯磨きを使うであろうバスルームには近づけなかった。ＣＩＡの幹部らは、ルムンバ殺害を成功させる別なやり方について長時間、話し合った。そうした中で、ルイ・アームストロングが満面の笑みを浮かべながら、アメリカ人はコンゴの人々を愛しているのだと思わせた。

古来、大国は理想化された顔と対照的な実相を持つ。アメリカの、そしてコンゴの歴史において、一九六〇年の秋ほどその対照が際立った時代はなかっただろう。アメリカの最も魅力的な資質を体現する一人の米国人がコンゴの人々の心を摑んでいた、その同じ時に、同じ場所で、一握りのアメリカ人がコンゴで最も人気のある指導者の殺害を計画していたのである。

アレンは、怪物と見なした外国要人の排除計画と同様、ルムンバ暗殺計画に情熱をかけていた。彼の戦略はうまく成就された。しかし従来とは一点だけ違っていた。それまでは兄の支援があった。二人はまるで蛇のように敵を攻撃してきた。組織としてつながっていたわけではないが、上下二つの顎は完璧に調和して獲物を仕留めた。しかし今回はアレンの単独工作であった。

兄弟の焦り

アーキペラーゴ計画の失敗があっても、ダレス兄弟の親密な関係が壊れることはなかった。たしかに「手じまいにする」ことは苦渋の決断ではあったが、二人ともそれが尾を引くとは思っていなかった。エレノアは、兄弟がこれまで以上に親密であったと語っている。[*11]
「二人はよく深夜まで語り合っていた。状況に変化があったり危機的な事態が発生すれば、ジョンはアレンに電話して彼を国務省に呼んだり、あるいは自宅に来てもらっていた」
兄弟がこの時期にいっそう親密になったのには理由があった。二人は自分たちの権力基盤が少しずつ崩れ始めていることを感じていたのである。その上、二人は現実の動きについていけなくなっていた。ジョンは、ソビエトの攻勢に有効な手立てを打てず、第三世界のナショナリズムの高まりにも対処できなかった。アレンはＣＩＡの組織管理に問題があった。インドネシアに送り込んだ工作員が、協力者である地元の部族にヘロイン売買を教唆しているとの報告まで上がっていた。ＣＩ

Aを工作部門と分析部門に分割すべきだとの意見も高まった。
一九五八年夏、南米を公式訪問中のニクソン副大統領が暴徒に襲われた。ダレス兄弟はニクソンを危険にさらし、アメリカのイメージを損ねたと言って非難された。ニクソン自身は、「南米の共産主義者の上層部からの指示によるテロだ」[*12]と語った。アレンの見立てはより現実的だった。上院外交問題委員会で次のように証言している。
「南アメリカには反米の空気がある。我々がキューバ、ドミニカあるいはパラグアイの独裁政権を支持していること、グアテマラに介入したこと、あるいはユナイテッド・フルーツ社との濃密な関係があることなどがその理由である」[*13]
兄弟への批判が高まるにつれ、二人の権力基盤の弱体化が噂されるようになった。大統領は、アルフレッド・グランサー将軍[*14]（北大西洋軍最高司令官）を国務長官に、[*15]マーク・クラーク将軍[*16]（朝鮮戦争における連合軍指揮官）をCIA長官にあてる人事を検討しているとの噂も立っていた。[*17]
一九五八年の春から夏にかけて、ダレス兄弟にはめまぐるしい日々だった。ラテンアメリカ訪問中のニクソン襲撃、アーキペラーゴ計画の失敗、親米イラク政権の崩壊と指導者の暗殺、海兵隊のレバノン侵攻。ダレス兄弟が処理する案件は立て続けだった。八月末には共産中国が金門島と馬祖島砲撃を再開した。その三カ月後にはフルシチョフが外国軍隊のベルリンからの撤収を要求する演説を行い、「これまでどおり駐留を続けたければ、アメリカは東ドイツ政府と交渉すべきである」と主張した。当時、アメリカは東ドイツを国家として承認していなかった。
別の時代の別な国務長官であれば、こうした事態をそれほど気にかけなかったろう。しかしジョンはこれらを戦略上の大いなる脅威と受け止め、国民の危機意識を先鋭化させる口実とした。彼は常にこうした危機意識を国民に染み込ませていた。「台湾の危機（offshore islands crisis）」「ベルリン危機」といった言葉が数カ月にわたって新聞の一面に躍った。

緊張の続く中、ジョンはクリーブランドで開催された世界教会協議会に出席した。彼は息抜きが必要だった。参加者の多くが著名な神学者や教会指導者で年来の知己だった。ジョンは彼らと会うことで落ち着きを取り戻したかった。政治的な観点からも教会の理解を得ておきたかった。彼らはジョンの主張を静かに聞いていた。しかし協議会は、「アメリカの共産中国承認」と「共産中国の国連参加支持」を決議したのである。

ジョンは大きな衝撃を受けた。[18]

エレノアは「彼は本当に深く心を傷つけられた」と書いている。彼女はまた、この頃のジョンのプライベートな苦悩にはもう一つ別な原因があったと記している。「ジョンは医者から楽しみを一つ奪われた。葉巻を吸うことを止められたのである。ジョンにとって食後の葉巻は至福の時間であった。葉巻を諦めるのは辛いことだった。パーティーでブランデーをすすっていると、友人たちが葉巻を勧めた。それを受け取ってしまうと、その夜はきまって汗びっしょりとなって悪い夢で目が覚めた」。[19]

秋に入るとジョンは腹部に強い痛みを感じるようになった。その症状を抱えたまま、彼はメキシコシティーに飛び、アドルフォ・ロペス・マテオスの大統領就任式に臨んだ。[20] メキシコのモンテレイに住む鉱山技師の息子（同名のジョン）が、父に会うためにメキシコシティーまでやって来た。

二人は長いこと話し込んだが、長官の体調が悪いことは明らかだった。帰国の途次、パームスプリングス（カリフォルニア州）で数日間静養したが、体調は回復しなかった。ワシントンに戻るとウォルター・リード陸軍医療センターに入院した（十二月六日）。一週間の静養と検査のためであった。

検査の終了した週末には病院から直接空港に向かった。NATOの会議に出席するためである。大統領は、ジョンの健康がすぐれず、近いうちに離職せざるを得ないことを察していたらしい。大統領専用機の使用を許可している。パリからワシントンには戻らず、ジャマイカに飛び、二週間の静養にあてた。後に財務長官となるクラレンス・ディロンが別荘を提供した。ワシントンに戻ったジョンは報道陣の質問に対して、職務遂行は可能だと答えている。

一九五九年一月末、ジョンは再びヨーロッパに飛び、ボンで西独首相アデナウアーとの会談に臨んだ。これが最後の海外出張となった。ジョンは介添えなしでは入浴も着替えもできず、食事も粥しか受け付けなかった。*21 アデナウアーもジョンも、これが最後の会談になることはわかっていた。

ジョン・フォスターの死

二月十日、ジョンはウォルター・リード陸軍医療センターに再入院した。ヘルニア手術のためであったが、その際に癌が発見された。手術を終えたジョンは医師らに本当の容態を話すように求めた。彼らの説明は曖昧なものだった。妹のエレノアは次のように語っている。

「兄は状況をよくわかっていたのでしょう。病が重篤なことも理解していたと思います。でも国務長官の職務が終わってしまうとは考えたくなかったのです[22]」

三月にはフロリダで数日間の休養を取った。しかし、これ以上職務を続けることは困難だと悟ったジョンは辞任を決意した（三月三十日）。自ら辞表をしたためようとしたが、それさえできなかった。妻のジャネットに口述筆記させ、それをタイプさせた。辞表はアレンを通じて大統領に届けられた。

大統領は返書に、「貴君は、共産主義者の帝国主義的策謀に見事に対処してくれた」と謝意を記した[23]。

ジョンの病室の前で三人の女性が寝ずの番をしていた。妻のジャネットは静かに涙を流していた。妹のエレノアは沈痛な面持ちをしていた。アレンの妻クローバーだけが「奇跡を信じている」「医者は馬鹿」だと言って、無邪気に振る舞い、皆の気を引き立てていた。彼女たちが待機している間、ジョンは放射線治療を受けていたが、麻薬性鎮痛剤の処方は拒否した。癌細胞は骨髄をも蝕んでいた。一九五九年五月二十四日、夜が白々と明ける頃ジョンは息を引き取った。アメリカ国民は彼の死を悲しんだ。国民がこれほどの感情を示したのは意外だった。あるコメンテーターはこう書いている。

「数週間前に、ジョン・フォスターは『非妥協的』『堅物』『妥協よりも戦争を選ぶ男』と評されていたことを考えると、彼の死に若者までもが涙したのは驚きであった[24]」

米国民の目には、フォスターは「うるさい校長先生」のような存在に映っていたのだろう。晩年のジョンは、停滞と時代錯誤(アナクロニズム)の中で身動きがとれず、過去に囚われていた。にもかかわらず人々は、彼の死に際して喪失感を覚えた。彼は何年にもわたって国民の先頭に立ち、重大な危機と見なされたものに抵抗した。彼の死によって、多くの人々が、驚くべき時代を生き抜いてきたことに思いを致し、それは彼のおかげだったと考えた。国民のほとんどすべてが、地球上の最も教養ある人間が彼の名を知った。いずれにしても彼の死とともに世界は新たな局面を迎えることになった。

アレンの焦り

アレンは、兄の葬儀は親族だけのつつましいものにしたかった。しかしそうはさせてもらえなかった。葬儀の日はことのほか暑かった。その中で別れの言葉がいつまでも続いた。「弔辞を述べる人の中には旧約聖書を長々と引用する者がいた。そうかと思うと今度は新約聖書を引用する者がいた」。弔辞の連続にディーン・アチソン元国務長官は辟易し、葬儀の後で一杯やりながら、「私も在任中に死んでいればよかった」[*25]と自嘲した。

アレンは当然のことながら兄の死に強い衝撃を受けた。二人はプライベートでも仕事の上でも共に歩んできた。世界を動かしたパートナーがこの世から消えたのである。ジョンの死後、大統領がアレンをホワイトハウスに呼ぶことはめっきり少なくなった。アレンと二人だけで話すことを避けるようにもなった。彼との打ち合わせでは常に誰かを控えさせた。[*26]

ジョンの後任はアレンではないかとの噂もあり、アレン自身もそれを願った。しかしアイゼンハワーは、クリスチャン・ハーター国務次官を長官に昇任させた。ニューイングランド出身の彼は、ジョンの強引なやり方に危うさを感じることがしばしばあった。

歴史家のブランチ・ウイーゼン・クックは、「ハーターはダレスに代われるような人物ではなかった。おそらく誰に代わっても、ダレスのあの噛みつくような、タフな外交はできなかったろう」と書いている。[*27]

フィデル・カストロの訪米

この頃、フィデル・カストロが世界外交の檜舞台に躍り出てきた。彼はアメリカの指導者をその後何十年にもわたって苦しめた。一九五九年一月一日、彼はキューバの権力を掌握した。軍事独裁者フルヘンシオ・バティスタから政権を奪取したのである。何年もの間、バティスタはアメリカの忠実な僕(しもべ)だった。ＣＩＡは彼の秘密警察を訓練した。秘密警察は反体制派の暗殺や拷問で悪名を轟かせていた。そんな中で権力を奪取した男だけに、カストロには恐るべきオーラがあった。その男が突然ニューヨークに現れた。ジョンが陸軍病院で療養している頃のことである。

カストロの十一日間のアメリカ訪問はセンセーションを巻き起こした。彼は若かった（一九二六年生れ）。長髪で髭面。そして人を惹きつけるロマンティックな雰囲気を持っていた。宿は低所得者の暮らすハーレムにあるホテル・テレサに決めた。このホテルは、ハーレムのウォルドルフ・アストリア（マンハッタン中心部にある高級ホテル）と呼ばれていた。

カストロはヤンキー・スタジアムで大リーグの試合を観戦し、セントラルパーク動物園を訪れた。途中でホットドッグやハンバーガーを頬張った。美人コンテストの優勝者からはキスの祝福を受けた。『ニューヨーク・デイリー・ニューズ』は、彼はニューヨーカーを完全に魅了したと報じた。

アイゼンハワー大統領は、親米でない外国要人とは面会しなかった。代わって副大統領のニクソンがカストロに会った。二人は三時間にわたって語り合った。ニクソンは、「カストロには何とも言えない指導者の風格がある。ただこの男をアメリカの意に沿うようにさせられるかどうかはよくわからない。共産主義に対するカストロの態度は、まさにスカルノのそれと同じである」[*28]と評した。

ニクソンの分析は正しかった。カストロはニューヨークから戻ると土地改革を行い、外国人の所有を禁じた。ソビエトと通商条約も締結した。アメリカの庭先の国がソビエトの支配下に入った。アイゼンハワーは激怒した。その怒りはソビエトではなくカストロに向けられた。意外なことに、反カストロ感情が、フルシチョフをワシントンに招く事態となった。ジョンが生きていたらあり得ない、ソビエト指導者の訪米が実現した。

フルシチョフの訪米

一九五九年九月十五日、フルシチョフはやって来た。アメリカの土を踏んだ初のソビエト指導者であった。大統領はフルシチョフをキャンプ・デイヴィッドに招待した。しかしフルシチョフはまずはアメリカを見たいと言い、各地を周遊した。多くの報道陣が彼の動きを追った。その一人だったマレー・ケンプトンは、「(フルシチョフは) 我々の喜ばせ方を知っていた」[*29]と述懐している。

ニューヨークでは、エンパイアステートビルの最上階に上った。ＩＢＭの本社を訪問し、フランクリン・ルーズベルトの未亡人エレノア・ルーズベルトに会い、元駐ソ大使アヴェレル・ハリマンの高級アパートでは多くの要人と会談した。[*30]アイオワでは農場に行き、サンフランシスコではスーパーマーケットに足を運んだ。

彼の写真は毎日のように新聞の一面を飾った。生きた七面鳥を抱き、少女合唱隊に混じって歌い、太った男の突き出た腹を愉快につついた。時にはおどけて、生理用ナプキンをジャケットの袖に隠し、万引きの真似事をして笑わせた。フランク・シナトラ、ボブ・ホープ、シャーリー・マクレーンといった有名人にも会った。彼の一挙手一投足を伝える見出しが写真とともに紙面を飾った。「フルシチョフはエンターテイナーだ」「フルシチョフの我が国訪問はサーカスがやって来たようなものだ」。なかには「テレビでフルシチョフを見よう。彼は殺人を犯すかもしれない」「ディズニーランド訪問ができなかったフルシチョフ、怒り心頭」というよくわからない記事もあった。

フルシチョフの訪米は、ジョン・フォスター・ダレスがまさに恐れていたような成果を上げた。フルシチョフは、人を引きつけることもあれば、時に狂暴にもなり、癇癪(かんしゃく)を起こし、また人に安心感を与えるといった普通の感情を持つ人間であるとのイメージをもつことになったのである。アイゼンハワーとフルシチョフが並んだ写真は、髪の薄い二人の好々爺(こうこうや)が笑みを浮かべている図であり、冷戦を示す敵意とはかけ離れていた。

キャンプ・デイヴィッドでは、アイゼンハワーはフルシチョフのために『シェーン』を上映した。

大統領は何らかのメッセージを伝えたかったのだろう。ソビエトが、西側の軍隊をベルリンから撤退させることを要求していた時期だった。この映画には意味深な台詞（せりふ）があった。

「この渓谷を絶対に譲らない。出て行くことなどない」

米ソ巨頭会談は大した成果を生まなかった。それでもフルシチョフは「キャンプ・デイヴィッド精神」なるものを発揮し、ベルリンからの西側軍隊の撤退要求を引っ込めた。これもジョンが生きていたら、けっしてあり得ないことだった。フルシチョフが虚勢を張って大声を上げることも、アイゼンハワーが見て見ぬふりをすることも、そうやって時が過ぎ、双方とも暗黙の裡にすべてのエピソードを忘れることにしたのも、ジョンの存命中には起こらなかったことのはずである。

U2機撃墜事件

フルシチョフの訪米があったとはいえ、アメリカにとってカストロの危険性には何の変化もなかった。アレンはキューバ問題のタスクフォースを発足させた（一九六〇年一月）。キューバ工作の計画が進む中、アイゼンハワーとアレンを困惑させる二つの事件が連続して起きた。五月一日、ソビエトを高高度から探るスパイ機U2が消息を絶った。アレンはU2機が爆発したものと見て、その方向で説明すると決めた。大統領も了解した。

国務省はこの件に関して、「気象観測機」のパイロットは、「酸素装置に不具合が生じたと報告してきた」。同機は「自動操縦に切り替えた後、ソビエト領空内に誤って入り込んだものと考えられる」との声明を発表した。その後、スポークスマンはこう付言した。「我々がこの件で世界をからかおうとしていると言うのは馬鹿げている……ソビエト領空を意図的に侵犯したとの主張があるが、そのようなことは絶対にない」

数日後、フルシチョフが反撃に出た。モスクワで行われた記者会見で笑みを浮かべながら次のように述べた。

「私が最初にこの事件について報告した際に、わざと事実を隠した。パイロットは生存していて元気である」

後日、次のような事実が判明した。U２機のパイロット、フランシス・ゲリー・パワーズは自殺用の毒薬を携帯していた。毒薬は中空にした一ドル銀貨に仕込まれていた。パワーズは撃墜された時点でこの毒薬を飲まなかった。地上に墜ちたU２機には大きな損傷がなく、スパイ用カメラも壊れていなかった。フルシチョフは、アメリカの発表の嘘を暴き、小馬鹿にしたように付け加えた。

「世界中の人間がアレン・ダレスは気象予報士ではないことを知っている」[*31]

この会見で、アイゼンハワー政権は国民並びに世界中に嘘を語ったことがばれてしまった。アイゼンハワーの息子はアレンは解任すべきだと訴えた。大統領は「私は責任を部下になすり付けるようなことはしない」[*32]と答えた。

アイゼンハワーは記者会見で言葉を選びながら次のように言った。

「諸君が紳士的なスパイで、私が政府だとして、もしも諸君が捕まってしまったら、私は諸君のことを知らないし見たこともないと言える。だが、諸君が背中にU２を背負っているとしたら事はいささか難しくなる。少なくとも、責任を認めないとか責任をとらないと言うことはできない[*33]（私は政府を代表している。聞いていなかったと言って責任回避できないこともないが、この事件についてはそうはいかない。私自身の責任を認めなくてはならない）」

この頃、パリで米ソ巨頭会談が予定されていた（五月十八日）。アイゼンハワーはアレンに対して、この会談に支障が出るようなことはしないようにと釘を刺していた。しかしU2事件後、アイゼンハワーが恐れていたとおり、フルシチョフは会談をキャンセルした。記者会見では、「アメリカの侵略者たちの首根っこを摑まえて、少々揺さぶって、ソ連に対して二度とこんな真似をしてはならないとわからせてやりたい――彼らがまたやって来たなら、もう一発食らうことになろう」と怒ってみせた[*34]。

たしかに高高度からの撮影で重要な情報を得ることができた。ただ、いつの時点からか撃墜の可能性が高くなっていた。U2事件で冷戦の緊張が一気に高まった。アイゼンハワーは米ソ関係を改善してその職を全うしたかった。しかし、彼が就任した時点と変わらない冷めた関係となってしまった。

外交評論家となっていたジョージ・ケナンは次のように書いている。

「U2撃墜事件はフルシチョフに恥をかかせた。彼のこれまでの比較的穏やかな対米外交は失敗だったと見なされた。フルシチョフは自身の政治的立場を守るため、公式の場では反米姿勢をより鮮明にした発言をせざるを得なかった[*35]」

コンゴの深い闇

U2事件が起きた頃、コンゴでは、パトリス・ルムンバが突如として西側に反旗を翻した。ワシントンにとっては極めて頭の痛い問題であった。この時期、アメリカの最重要課題はカストロ問題だったが、喫緊性は低かった。ルムンバについてはすぐにでも対応しなくてはならなかった。アレンは大胆な作戦を発動するチャンスと見、ルムンバの大統領就任から三週間後に開かれた国家安全保障会議の席で、ワシントンの面々に恐怖の一撃を加えるべく計算された言葉を使い、出席者を刮目させた。「ルムンバはカストロである。いや彼よりも悪い」[36]

作家のジョセフ・コンラッド[37]はコンゴを「闇の奥」と表現したが、正確な表現だった。コンゴのいたるところで人間の醜悪さが見られた。たぶんそれはコンゴの天然資源のせいだった。コンゴは世界で最も天然資源に恵まれた国と言われる。

一八八五年、ベルギーはコンゴを植民地とした。国王レオポルド二世にとってコンゴは〝最高のお菓子〟だった。ベルギーは七十五年にわたってこの国を支配したが、その間に得た富は莫大であった。その一方でコンゴでは、百万単位の人々が虐殺されるか奴隷にされた。ベルギーのコンゴ支配は、ヨーロッパの植民史の中でも最も血塗られたものだった。

ダレス兄弟は、ヨーロッパの植民地主義には否定的であり、アフリカ諸国の独立を訴えていた。一九五〇年代後半にアフリカで初めて独立を果たした二つの国はガーナとギニアであった。独立を指導したのはクワメ・エンクルマ[38]（ガーナ）とセク・トゥーレ[39]（ギニア）であった。二人とも強烈な民族主義者であると同時に社会主義者だった。彼らはアメリカとの同盟をきっぱりと拒否した。これにダレス兄弟は狼狽した。

ダレス兄弟は基本的に現状維持を重視し、改革の動きは十分に計算され、統制がとれていなくてはならないと考えた。彼らは大衆に訴える民族主義（ナショナリズム）を毛嫌いしていた。彼らはそれを歴史や土地柄に根差したものではなく、反乱を喚起するモスクワの煽動（デマゴーグ）を隠す煙幕と見なしていた。ダレス兄弟は、イラン、グアテマラ、ベトナム、インドネシア、そして中東で、ナショナリズムを何とか抑え込もうと戦ってきた。ジョン・フォスターの最晩年にはアフリカでナショナリズムが爆発した。ジョンの次なる外交目標はアフリカだった。しかし彼の死によって、アレンが一人で戦うことになった。

ベルギーがコンゴに遺したものは途方もない規模の虐殺だけではない。ベルギーはコンゴ人に全く教育の機会を与えなかった。教育のない国の独立は難しかった。人口は千三百万人でありながら、大学教育を終えたコンゴ人はわずか十七人という数字が残っている。*40 コンゴ国民の中で、政府の役職を経験した者はほとんどいなかった。医者も法律家もエンジニアもいなかった。経済もすべて外国人が握っていた。広大な国土は西ヨーロッパ全土に匹敵し、種族、文化、言語もばらばらであった。教育を受けたエリートや中産階級は存在しなかった。ベルギー陸軍は、コンゴ人兵士を軍曹より上の階級に上げなかったから、コンゴ人の士官はただの一人もいなかった。

このような状況ではあったが、他国からの干渉がなかったら、何とか独り立ちできたかもしれない。しかしそれは無理であった。二つの理由がある。一つはコンゴの資源が豊富過ぎたことだ。二つ目の理由は、東西冷戦下においてはいかなる国であれ、世界規模の対立から距離を置くことはできなかったことがある。

ルムンバは一九二五年に生まれた。強固なベルギーの支配が確立していた時である。彼はキリスト教系の学校に通い、高校三年程度の教育を受けた。[*41] その後は独学だった。読書に耽り、通信教育でフランス語を完璧なものにした。ボランティアで図書館員として働き、時に詩を書いた。難しい試験に合格し、郵便局の職員となった。コンゴ人が就くことのできた数少ない職の一つであった。

その後ビール会社のセールスマンとなり、国内を広く旅することができた。セールスの仕事を通じて話術に磨きをかけた。長身の痩せた身体をダークスーツに包み、細身のネクタイを締めた。ワイシャツにはしっかり糊をきかせた。短い髭を生やし、顎鬚も伸ばした。髪は短く、眼鏡の奥の眼光は鋭かった。

一九五〇年代、アフリカの独立運動は活発化した。ベルギー領コンゴでルムンバが活動家として頭角を現したのはこの頃である。当局に目を付けられ、逮捕された。暴力活動を煽動した罪に問われ、六カ月の実刑を受けた。

一九六〇年一月、ベルギーのボードゥアン一世[*42]は八十人強のコンゴ人をブリュッセルに招いた。コンゴ独立を念頭に入れた会議を開催したのである。この時ルムンバは獄中にいたが、会議が始まって早々に、彼なしではコンゴの将来は議論できないことがわかった。結局、ベルギー政府はルムンバの釈放に同意した。

ルムンバの政権奪取

わずか一日で、ルムンバは牢獄からブリュッセルの優雅な会議場に移動し、懲役刑の囚人から祖国独立の首席交渉官となった。ルムンバは会議出席の前にベルギー人医師の手当てを受けた。医師は、手枷で皮膚が裂けていたルムンバの手首に軟膏を塗り込み、背中に受けた鞭の傷の手当てをした。

長い植民統治の間、政治的な変化など一切なく、政治というものが全然なかったコンゴで、突如、諸々の行事が驚くほどのスピードで始まった。ブリュッセルではコンゴ独立に向けて打開策の同意がなった。コンゴの人々は初めての選挙に臨んだ。

ルムンバは選挙戦の先頭に立った。

「優勢なのはパトリス・ルムンバ、三十四歳である。スタンリーヴィル（現キサンガニ）出身の背の高い顎鬚の男である。先週は、田舎道をクリーム色のオープンカーで街宣していた」（『タイム』一九六〇年五月三十日号）

ベルギー政府は〝穏健な〟路線をとる政党が多数派となることを期待していた。しかしルムンバの率いる党が選挙を制した。ルムンバは首相就任の準備を進めた。サブサハラアフリカ（サハラ砂漠以南、北アフリカを除く地域）には、すでに二人の非同盟主義の指導者が誕生していた。ルムンバの影響力は彼らを上回るだろうと考えられた。

ロンドンの『タイムズ』特派員はルムンバを次のように評した（一九六〇年七月十五日付）。

「パトリス・ルムンバ氏の登場はまさに『時は必要とする人材を輩出する』という言葉の生きた証しである。この、細身で背が高く、髭と顎鬚が特徴的な、大きな手振りを交えた話し方をする若い男は、眼鏡の奥から信念の光を放っている。ベルギー政府がルムンバの裏をかいて打ち負かすことは容易ではなかろう」

コンゴ人の中で、ルムンバほど政治をわかっている人間はいなかったろう。しかしながらこれは、他の者は全く政治を理解せず、彼は少しだけわかっていたという意味に過ぎない。彼の夢はあっと驚くほど野心的だった。独立成就はもちろんだが、コンゴの天然資源を白人の勝手にはさせないと決めていた。東西対立の紛争に巻き込まれてはならないとも考えていた。しかし彼には経験が欠けていた。経験を共有する同胞もいなかった。彼の夢を実現させることはほとんど不可能であり、とりわけベルギーとアメリカからの激しい反発は必至だった。

ベルギーとアメリカの反発　その1

ベルギーとアメリカにはルムンバに反発する明確な理由があった。ベルギーは、長きにわたってコンゴ国内に保持してきた利権をルムンバが剝奪するのではないかと警戒した。アメリカは、彼を東側の人間だと見なした。コンゴの豊かな天然資源が事態を複雑にした。アイゼンハワー大統領は、西側にとって戦略資源の確保がいかに重要かを繰り返し語っていた。コンゴ、特に南部のカタンガ州にはそうした資源が豊富だった。銅、マンガン、亜鉛、コバルト、クロム鉱石。これに加えて世界的に価値を大きく高めたウラン鉱があった。ほとんど知られていないことだが、シカゴで稼働したアメリカ初の原子炉も、広島・長崎に落とされた原爆も、コンゴ産のウラン鉱石からできた濃縮ウランを使っていた。[*43] 冷戦下でなかったとしても、外国勢力がコンゴを支配したいと考えるには十分な理由であった。

一九六〇年六月三十日、コンゴは独立した。レオポルドヴィル（現キンシャサ）の王宮で独立式典が催された。本来、式典は、支配権譲渡の公式行事に過ぎないはずだった。ルムンバがこれをコンゴの画期的な転換点に変えた。

王宮の入り口にはレオポルド二世のブロンズ像が据えられていた。想像を絶する残酷さでコンゴを支配した王である。最初に入場したのはベルギーの要人たちであった。それにコンゴ新政府の閣僚が続いた。その様子を外交関係者や報道陣が見守った。ボードゥアン一世は、コンゴの独立は「レオポルド二世の類まれなる治世の結果」と称し、歓迎のスピーチを大量虐殺者であった祖父、レオポルド二世の礼賛から始めた。[*44] 彼は、独立はベルギーからコンゴ人への贈り物であると述べ、新指導者に次のような「訓示」を垂れた。

「けっして改革を急がないようにしてください。自らの能力が確かなものになる前に、これまでの体制をひっくり返すことがないようにしてください。必要に応じて我々に助言を求めなさい。いつでもあなた方の助けになります。技術支援も厭いません。新政府の運営に必要な人材は提供します」

続いてジョセフ・カサブブ[*45]新大統領がスピーチを行った。大統領職は名誉職に近かった。彼のスピーチは短く、当たり障りのないものだった。式典のスピーチはこれで終わるはずであった。しかし突然、プログラムにない人物がマイクに近づき、演説を始めた。選挙で与党勢力となり、次期首相になることが決まっていたルムンバであった。彼の胸には国王から授与された深紅の宝冠章の飾り帯が巻かれていた。

彼の言葉は衝撃的だった。コンゴの独立はけっしてベルギーからの贈り物ではない。「力によって押しつけられた屈辱的な奴隷状態」を捨て去る「情熱的な、理想を求める戦い」が勝利したのである。

ボードゥアン一世の顔は蒼白となった（『タイム』一九六〇年七月十一日号）。ルムンバのスピーチは続いた。*46

「我々の受けた傷はあまりにも生々しく辛く、簡単に忘れることはできない。我々がどんな皮肉や侮辱を投げかけられたか、しっかりと覚えている。〝黒んぼ（niggers）〟であったがゆえに加えられた一撃に、我々は朝も昼も夜も耐えてきたのだ」

「我々は、我が国土が国法とされるものによって収奪されるのを見てきた。法律は力の強い者の権利のみを認めていた。法律の適用も白人と黒人とでは全然違うのを見てきた。白人には寛容で、黒人には冷酷で非人間的だった。我々は、政治的な意見、あるいは宗教的信条を非難された者が恐ろしいほどの苦しみを味わうのを見てきた」

「そして最後に、多くの同胞が殺されたあの虐殺を誰が忘れられようか。当局が法律に従わないと言って人々を放り込み、〝正義〟が抑圧と搾取を意味したあの牢獄を誰が忘れられようか。我が同胞よ、我々は皆、それに耐え抜いたのだ。そしてついに、あなた方の投票によって代表が選ばれ、自らの力で国家を運営する権利が与えられた。我々は植民地主義の抑圧によって身も心も押しつぶされていた。しかし声を大にして言おう。今、すべては終わったのである」

演説を式典会場で聞いた者も、戸外の拡声器を通じて聞いた者も、コンゴ人の誰もが熱狂した。拍手と歓声でスピーチは八回も中断した。ラジオで演説を聞いていた者も興奮した。アフリカ人がこれほどの演説をするのを聞いた者はなかった。ましてやそれを旧宗主国の王を前にして行ったのだ。

電撃的なこの瞬間に、かつての郵便局員、ビールのセールスマンだった男は神のような存在に変貌した。

ベルギーとアメリカの反発　その2

当初、政権移行はスムーズにいくだろうと思われた。アイゼンハワーはコンゴの独立式典にベテラン外交官ロバート・マーフィーを遣っていた。彼はリンカーンの胸像を持参し、アメリカの大学で三百人のコンゴ人留学生を引き受けると提案することにしていた。その頃のコンゴを『タイム』はこう報じている。「新しく独立した黒人国家では略奪行為が横行し、無礼がまかりとおっていると想定していた白人の多くが驚いたことに、コンゴには異人種間に礼儀正しさがあり、分けへだてない仲間意識すら見られた」（『タイム』一九六〇年七月十一日号）。

問題が起きるのは早かった。ルムンバは、全面的に彼の管轄下に置くという条件でベルギー軍の駐留を許していたが、特別委員会を設置し、軍の改組と、コンゴ人兵士の中から士官を選ぶことができるか、その実現可能性を検討させた。コンゴ人部隊は〝おつむが弱い役立たず〟と決めつけていたベルギー軍司令官エミール・ヤンセン将軍はルムンバに、検討をやめよと勧告し、「これを最終警告と見なすように」と告げるぶっきらぼうなメモを送った。[*47] 将軍はコンゴ人兵士を集めて訓示を行い、「陸軍では白人がつねに黒人の上位にある」と語って、黒板に麗々しく「独立前＝独立後」と書きつけた。[*48]

コンゴ人兵士はルムンバが給与の増額を認めなかったことにすでに怒っていたのだが、[*49] ベルギー軍が従来のやり方でコンゴ軍を管理することに反発をあらわにした。ある者は部族感情から反発した。それは特にルムンバ内閣の中で過小評価された地方で強かった。不服従と反抗が各地に広がっていった。兵士の中には、ヨーロッパ人を見つけると暴行し、誘拐し、脅迫し、あるいは強姦に走る者がいた。アフリカ人の暴力から逃れるため、空港やフェリー乗り場に集まった白人家族の写真が全世界に伝えられた。

わずか数日で、コンゴにいた二万五千人のベルギー人のうち、わずか数百人を残して皆去っていった。医師のほぼすべてがいなくなり、公務員もエンジニアも消えた。[*50] 七月十日、ベルギー軍はコンゴ国内の遠隔地にパラシュート部隊を降下させた。自国民保護がその理由であった。[*51]

独立からわずか十日でコンゴは惨憺たる状況に陥った。十一日目にはそれに輪をかける事件が起きた。モイーズ・チョンベ[*52]がカタンガ州の分離独立を宣言したのである。カタンガ州はコンゴでも最も資源に恵まれた地方であった。ここには鉄鉱石採掘の大手企業ユニオン・ミニエール・デュ・オート・カタンガ・（ベルギー系）があった。同社がチョンベのスポンサーであった。[53]カタンガ州を管轄する軍司令官ルシアン・シャンピオン大佐は親ルムンバの兵士を解雇し、代わりにヨーロッパ人兵士を雇い入れた。[54]ベルギー政府は大佐に九トンもの銃弾を供与した。[55]

あるCIA幹部はこう書いている。「チョンベは一夜にして、アフリカで最も人気がなく、最も激しく非難される黒人指導者となった」[56]。『デイリー・テレグラフ』紙（ロンドン）は「チョンベはベルギー当局の支配下にある」と報じた（一九六〇年七月二十七日付）。

チョンベの分離独立の動きに対抗するため、ルムンバはカタンガに飛んだ。自らの強い意志の力とコンゴ人に生まれつつある愛国心を動員する能力をもってすれば、事態を沈静化できると考えたのである。しかし、彼を乗せた飛行機には着陸許可が下りなかった。ルムンバはレオポルドヴィルに戻ると、怒りを込めてベルギーとの国交断絶を発表した。「我々はベルギー政府を厳しく非難する。我が国への影響力を担保するべく、カタンガの分離独立運動を裏で操っている」[57]と彼は書いている。それから国連に対し、ベルギー軍の排除を求めて国連軍派遣を要請した。

彼は運命的とも言える、もう一つ別の対策を講じた。ソビエトの指導者フルシチョフに親電を打ったのだ。[58]

電文には「我が国でこれから起こる事件を注視していていただきたい」とあった。「西側グループ（ベルギー）がコンゴ共和国に対する干渉をやめない場合は、貴国の介入をお願いするかもしれない」

ソビエトは、アメリカと同様、コンゴへの関心はほとんどなかった。両大国とも、ベルギー政府がお気に入りのコンゴ人に権限を委譲するのだろうと思っており、ルムンバのような人間が出てくるなどとは想像もしていなかった。この頃のフルシチョフは別な懸案を抱えていた。キューバとの関係強化、新たに発生した中国との対立、U2危機の継続、七月一日の二機目のアメリカ偵察機撃墜の余波。そうはいってもフルシチョフは、ルムンバの要請を全く無視するわけにはいかなかった。ソ連邦は「あなたの運動の勝利に必要なあらゆる支援」を惜しまないとコンゴの新指導者に請け合った。ワシントンがこの穏やかならぬメッセージを聞き洩らさぬよう、ルムンバは国会で次のように演説した[*59]（七月十五日）。

「我々には軍事力はない。しかし我々は友国の助けを求めることぐらいはできる。必要であれば悪魔にでも支援を求める」

ベルギーとアメリカの反発　その3

国会演説の一週間後、ルムンバは国連のあるニューヨークに向かった。アイドルワイルド空港（現ジョン・F・ケネディ空港）に降り立ったルムンバは、十九発の礼砲に迎えられた。国連事務総長ダグ・ハマーショルド[*60]は、ルムンバとの会談を終えると「私は非常に満足している。事態を楽観的に捉えている」とコメントした。

ルムンバはニューヨークとワシントンでも何度か記者会見を行った。一人の記者が彼自身の将来について尋ねると、考え込んだ様子でこう答えた。

「もしも私が明日死ぬようなことがあれば、一人の外国人が一人のコンゴ人に武器を与えたからだろう」[*61]

ルムンバのワシントン訪問は、水面下では、まずいものになっていった。彼は次第に疑い深く、そして怒りっぽくなった。彼にはアメリカの不安の複雑さを理解する術はなかったし、不安を鎮めるような語彙を学んでもいなかった。

ワシントンではハーター国務長官と会談した。ルムンバは、技術者の派遣と借款を望んだ。また自身が国内のどこにでも移動できるような小型機の供与も願った。そして何よりも、ベルギー軍排除に力を貸して欲しいと懇願した。国務長官の答えは、「それは国連の決めることです」とそっけなかった。

ダグラス・ディロン次官は、ルムンバに会った高官は、彼は「理性的な人物とは思えず、交渉は難しい人間」[*62]と断定したと証言している。後に公開された文書によれば、現実的な問題は、ルムンバの見通しにあったことを示唆している。特に、ソ連からの軍事支援の勧誘を無視することを断乎として拒絶したことが問題だったとされている。[*63]

東西冷戦の時代に、高等教育を受けずに国家指導者となったルムンバが、アメリカのモスクワに対する恐怖感を理解できるはずもなかった。ソビエトの援助を仄めかすことがどれほどアメリカを苛立たせるか、わからなかった。彼は、ただ単純に、ソビエトの力を利用して祖国を再び統一したいと考えていただけだったろう。

アメリカからすれば、ルムンバはあまりに聞き分けのない指導者だった。ワシントンは、ルムンバによってソビエトの歴史的勝利がもたらされるのではないかと恐れた。アイゼンハワーはルムンバとの会談を拒否した。

ルムンバは帰国するとアメリカへの憎悪を剝き出しにした。

「我々が要求に屈しないことを理由に、彼らは我が国を攻撃しようとしている！　コンゴ政府の人間が正直者だから攻撃されるのだ……彼らは私を買収しようとした。私は拒絶した」[*64]

ベルギーとアメリカの反発　その4

ＣＩＡの現地責任者ラリー・デヴリンは、「ルムンバはソビエトの手先である」[*65]とレオポルドヴィルから報告していた。それだけにワシントンの反応が鈍いと感じていた。デヴリンはすぐに行動に移したいという旧来型の幹部であり、冷戦の空気にどっぷりと浸かっていた。彼は秘密工作活動を開始したくて仕方がなかった。

デヴリンの経歴はこの時代のＣＩＡ職員の典型だった。ハーバード時代、担当教授が彼を含めた四人の学生にマクジョージ・バンディ[*66]を紹介した。彼は外交問題評議会（ＣＦＲ）のメンバーであり、後にケネディ政権の国家安全保障担当補佐官を務める人物である。バンディは、ＣＩＡの使命は世界制覇を目論むモスクワの野望を、干戈（かんか）を交えることなく打ち砕くことにあると説明した。[*67]デヴリンは彼の説明に十分に納得した。ヨーロッパでの勤務を経て、一九六〇年にはコンゴ担当となった。彼は、自由社会の防衛のためにいち早く行動を起こさねばならないと考えた。[68] 半世紀が過ぎると、彼の考えは不確かなものになったようだ。デヴリンは回想録にこう書いている。

「今にして思えば、ルムンバの未熟な言動は教育不足と世界の指導者との交渉に不慣れなことが原因だったのだろう。当時のワシントンの指導者には、ルムンバの振る舞いは異常なものと映った……私は本省の指示もあって、ルムンバ排除工作を一気に進めた」

コンゴ政府は全く機能していなかった。官僚機構は崩壊し、警察官も消えた。街には失業者が溢れ、兵士は命令に従わなかった。ルムンバは兵士の無秩序に理解を示した。彼はそれを社会運動と理解した。ベルギー人士官への反抗だと捉えた。[69] ある小隊がカナダ人とアメリカ人の航空兵を殴打する事件があったが、彼らは国連の食糧支援物資の搬送に携わっていた兵士だった。カタンガでは分離独立派が支配を続けていた。次にカサイ州も分離を求めた。同州はベルギー・ダイヤモンドの採掘の中心地であった。コンゴは無政府状態と化した。

アイゼンハワー大統領は、クレア・ティンバーレイク駐コンゴ大使を召還し、現地情勢を報告させた。八月一日、大使は国家安全保障会議でも情勢を語った。その結果、「ソビエト軍のコンゴ介入を防止するためには軍の出動はやむを得ない」と判断し、直ちに介入の準備が始められた。[70] 同日、ソビエト指導部は「侵略者を阻止する断乎たる措置」を準備している、「侵略者はＮＡＴＯの植民地主義勢力の支援とともに事を起こしている」と言明した。[71]

コンゴ動乱　その1

たちまち三百人ほどのジャーナリストがレオポルドヴィルにやって来た。「コンゴ動乱」を取材するためである。[*72] 彼らは記者会見場に詰めかけ、ルムンバの言葉を伝えた。ルムンバは「世界で最も注目される人物」となった。『タイム』は八月二十二日号の表紙用にイラストを準備した。物思いにふけっているような深刻な面持ちのルムンバと、背景には嵐の森が描かれた。危うい政治情勢を暗喩するものだった。

『タイム』はコンゴ情勢を毎号扱った。ルムンバの動向は、米国内の人種差別問題、反植民地運動あるいは新興国の権利といった問題と重ねられ、熱い論争の的になった。ティンバーレイク駐コンゴ大使は、『タイム』がルムンバのイラストを表紙に使うと決めたことに憤った。大使は「ルムンバの糞野郎（Lumumbavitch）」と呼んで憚らないほど彼を嫌っていた。[*73]

『タイム』が印刷を始める頃、ティンバーレイク大使はベルギーを訪問していた。訪問前に本省に向け、ルムンバがアメリカの権益を危うくしている、アフリカ自体を不安定化させている、したがって早急にルムンバ政権を潰す必要があるとする公式意見書を提出していた。[*74] 彼は鬱積した憤懣を駐ベルギー大使の同僚ウィリアム・バーデンにぶつけた。

「『タイム』がルムンバの特集記事を組み、表紙にはルムンバを使うようだ。そんなことをすれば彼を人気者にしてしまう。ただでさえ彼は我々の頭痛の種だ」（ティンバーレイク）

「それなら記事を葬るか、少なくとも修正させたらどうだ」（バーデン）

「それはもうやってみた。レオポルドヴィルの『タイム』の記者に、記事を引っ込めろと言ったが、すでに記事をニューヨークに送ったので、どうすることもできないの一点張りだった」（ティンバーレイク）

バーデン大使はアメリカ上流階級の出身であった。富裕な家庭に生まれた彼はハーバードに進んでいる。妻は鉄道王コーネリアス・ヴァンダービルトの孫であった。[*75]バーデン大使は外交問題評議会（ＣＦＲ）のメンバーでもあり、空軍次官の経験もあった。またＭｏＭＡ（ニューヨーク近代美術館）の館長職を友人のネルソン・ロックフェラーから引き継いでもいた。

アメリカ上流階級をよく知るバーデンは、ティンバーレイク大使の不満を聞くとニューヨークのヘンリー・ルース（『タイム』誌オーナー）に電話を入れた。[*76]アメリカの国益のため、特集記事を組むことは控えてほしい、ルムンバを表紙に使わないでほしいと伝えた。ルースはすでに印刷が始まっていると答えたが、バーデンは諦めなかった。

「ヘンリー、それはないだろう。ほかにも扱える記事の手持ちはあるだろう」

数分間の電話のやりとりを終えると、ルースは、表紙を国連事務総長ダグ・ハマーショルドのイラストに切り替えるよう指示した。背景だけはすでに用意したものをそのまま使うことになった。

ダレス兄弟は二人ともアフリカに関心を示したことはなかった。国務省も一九五七年までアフリカ担当の部局を置いていなかった。[*77]ＣＩＡがアフリカ担当部局を置いたのはさらに遅れ、一九五九年半ばのことだった。それまでは中東担当部局に付属していた。コンゴ情報を直接入手できるようになったのは、デヴリンを常駐（一九六〇年七月）させてからのことだった。

デヴリンを筆頭とするCIA職員は、当時のCIAの性格を象徴していた。工作活動には極めて優れた能力を持つが、赴任した国に対する理解度は低い。彼らはつねに冷戦構造の枠組みの中で判断した。アレンやCIAスタッフの目に映ったルムンバは、自由世界を脅かす最直近の人物であり、それを打ち負かすのは彼らの天命であった。

CIAスタッフの一人は後にこう考えている。

「我々にはルムンバの登場が何を意味しているかなど、わからなかった。ちょっと気の触れた元郵便局員。カリスマ性は十分。共産主義勢力に接近中。これが我々の理解だった。現実は、ルムンバはアフリカに最初に現れたナショナリストであり、東西対立を自らの目的のために利用したのだろう。彼を恐れるベルギー政府が排除したかったというのが真実に近いだろう」[*78]

デヴリンはまず、「実際にルムンバ政権を誰が動かしているのか、何をしようとしているのかを探る」ことから始めた。そして彼の評判を落とす作業に取りかかった。ルムンバの率いる党の組織、労働組合、青年グループ、国会あるいは閣僚の中に情報提供者あるいは煽動要員を確保した[*79]。あるスタッフはこう回想している。「エージェントを採用し、どんな人間であれ命からがら逃げ出すような混乱状態の下で彼らを走り回らせた」。騒々しい抗議デモを組織し、隠れ家を借り、暴動を仕掛け、盗聴器を設置し、友好的な、あるいは言いなりになるジャーナリストらに反ルムンバの記事の材料を提供した[*80]。あるビラには、「ルムンバは悪魔である。もうすぐ君たちの奥さんをロシアに売り飛ばす」とあった[*81]。工作は功を奏し、ルムンバから距離を置く政治家が増えていった。

コンゴ動乱　その2

この年の夏の盛りに、国連事務総長ダグ・ハマーショルドはコンゴに飛んだ。ルムンバ政権と分離独立派の妥協点を探るためであった。解決策は見出せなかった。ルムンバは国連軍を分離独立地区に遣り、それらの地区を中央政府の管理下に戻すよう主張した。それをすれば国連軍はベルギー軍と敵対し、西側の利益を損なうことになる。ルムンバの要求は非現実的であったが、それが受け入れられないと、ルムンバは激怒した。

その後、国連安全保障理事会がベルギー軍がコンゴを離れることを求め、国連軍がそれに代わると決定すると、ルムンバは勝利したと勘違いした。しかし現実には、国連軍も西側占領軍の別な形に過ぎなかった。あらゆるところに敵を見たルムンバは、国家非常事態宣言を発した。

八月十八日、デヴリンは至急電を発した。

「駐コンゴ大使館及びCIAは、コンゴにおいて共産主義者による権力奪取の動きが始まっているものと判断する。東側の勢力が急速に力をつけており、この国を第二のキューバにしないために行動を起こすのは今しかない」[*82]

ホワイトハウスの記録によれば、アイゼンハワー大統領が「オフレコの緊急会議」を開催したのは、この日の十一時十分から二十三分のことであった。招集されたのはアレン、リチャード・ビッセル[*83]（訳注：U2スパイ計画などを担当したCIA高官）ほか六人の安全保障担当官であった。

アレンはデヴリンからの至急電を大統領に見せた。後のワシントン議会調査報告書によれば、アイゼンハワーが〝回りくどい言い回しで〟ルムンバ暗殺を命じたのはこの時だったとされている。会議の模様は記録されていないため、状況証拠による判断しかできない。[*84]

そのような命令を下した初めてのアメリカ大統領となったアイゼンハワーは、離任するエクアドル大使との短い儀礼の会見を終えると、メリーランド州にあるバーニング・ツリー・ゴルフクラブで十八ホールのゴルフを楽しんだ。アレンは大統領命令をデヴリンに伝えた。

デヴリンは、「私には十万ドルまでの予算が与えられた。私の知る限り、他の現地責任者にこれほどの金額が認められたことはない。ワシントンが我々の活動を支援していたことは、この事実だけでも十分にわかるだろう」と回顧している。[*85]

外国指導者に対する工作は常に国務省との連携の作業であった。兄の率いる国務省とCIAはあたかも一つの組織のように機能した。しかしジョンの死によって、そうした関係は過去のものになった。新国務長官のハーターも大統領の意思（ルムンバ暗殺）を理解していた。それでも彼は国務省とCIAの役割をきっちり分けるべきだと考えた。ジョンの時代から比べれば劇的な変化であった。前述のCIA高官ビッセルは次のように書いている。[*86]

「国務省の幹部や職員は変化に気づいていた。その結果、自らの属する省庁（国務省）の立場を強く意識して行動するようになった。二つの組織の長が兄弟であった時期とはずいぶんと違う空気が生まれた」

八月末、レオポルドヴィルに戻っていたティンバーレイク大使は、カサブブ大統領を訪問した。（記録はないが）大使は慎重な物言いで、ルムンバが危険人物であり、首相の地位から外すべきことを伝えた。カサブブはいつもどおり受け身なままで大使の言葉を聞いていた。もちろんカサブブはアメリカの狙いを理解していた。

ルムンバとカサブブは政治家としてライバル関係にあった。ときに必要に応じて協力した。いずれにせよコンゴ介入を決めた外国勢力にとって、カサブブは役に立つ人物であった。

ルムンバはカタンガ州とカサイ州の分離独立運動を叩くことを決めていた。実行の前に彼はレオポルドヴィルで大規模な集会を開いた。現政権への支持を固めるためだった。[*87] これに続いて、コンゴ航空の飛行機を接収した。緊張の高まったレオポルドヴィルに、一機あたり二十人の兵士を運ぶソビエトの小型軍用機十機が到来した。

コンゴ動乱　その3

ソビエトの指導者もまた、アメリカのカウンターパートと同様、アフリカ（サブサハラ地域）にはほとんど関心を向けていなかった。アフリカに対する最初の冒険は、旧宗主国とのつながりを拒絶したため、フランスから一切の支援を断たれたギニアに対する援助であった。一九五七年、フルシチョフはアフリカ人学生千人をソビエトに招待した。人民友好大学を設立し、彼らを学ばせると言明した。アフリカを含む第三世界の青年を教育する構想であった。同年暮れ、ルムンバが突如として世界の舞台に躍り出た。数週間のうちに、彼は世界で最も有名なアフリカ人となり、西側勢力への抵抗のシンボルとなった。当然ソビエトはルムンバに注目した。

ルムンバの友人の中には、どんなことがあっても外国勢力に政治介入させてはならないと考える者がいた。その筆頭がガーナのエンクルマだった。彼はルムンバに注意を促していた。[*88] 暫時迷っていたルムンバだが、分離独立運動が発生すると、ソビエトに航空機派遣を要請した。これが運命を決した。ソビエトから航空機とともにパイロットを含む航空関係者や軍事顧問がやって来た。西側メディアによれば、彼らは宣伝ビラを持参し、コンゴ兵士にマルキシズムについてスピーチを行った。『タイム』は、「新大陸に共産主義が雑草のごとく広がる」と報じた（一九六〇年九月十二日号）。

九月五日の晩、カサブブ大統領はレオポルドヴィルの主要ラジオ局であるラジオ・レオにやって来た。放送局のディレクターに録音テープを渡し、「国民への緊急メッセージである」と告げて車で走り去った。二十分後、定時の英語教育放送に代わり、大統領のテープが流された。[*89] 大統領はルムンバを解任し、新しい人物を首相に任命するという内容であった。

ルムンバは直ちに反撃に出た。緊急閣議を開き、全会一致でカサブブ大統領の解任を決めた。その上でラジオ・レオを通じて、危機を煽っているのは「ベルギーとフランスの帝国主義者たちである」と非難した。[*90] 国連軍がラジオ・レオを閉鎖したのは翌日のことであった。ルムンバは国民に訴える手段を失った。[*91] 続いて国連軍はコンゴ国内のすべての空港を閉鎖した。ルムンバは国内移動の手段を失った。

九月八日、ワシントンではスペシャル・グループが集まってコンゴ情勢を分析した。大統領の安全保障担当補佐官ゴードン・グレイ[*92]がひょこり顔を出し、「明確な意思を示す行動が必要になったとのワシントン最高首脳部の感触」を伝えた。[*93]

アレンは、ティンバーレイク大使がコンゴ議会の投票および準合法的な措置によってルムンバ排除の手配をしているが、CIA幹部が実際に「明確な意思を示す行動」をとっているところだと請け合った。

カサブブ大統領は、物腰の柔らかい兵士で、熟練したタイピストでもあったジョセフ・モブツ[*94]（訳注：一九七二年にモブツ・セセ・セコに改名）を、生まれたばかりのコンゴ軍の指揮官に任命した。ルムンバの指揮下でカサブブが兼任していたポストである。デヴリンは直ちにモブツにいくばくかのお金を渡し、彼に会い、手はずを整えた。モブツはクーデターを主導し、政権を握ることに同意した。デヴリンは、その見返りにアメリカは彼の政権を至急承認すると約束した。[*95]「クーデターは一週間以内に決行します」とモブツは約束した。「しかし、私の将校らに分配するため、五千ドルが必要です」

これで条件が揃った。九月十四日、モブツは兵を挙げた。再開したラジオ・レオを通じて、首相と大統領の〝権限を無効とし〟、議会を閉鎖し、国家の運営は政治将校団（コミッサール）があたると伝えた。同時にモブツは、ソビエト大使館の閉鎖、共産主義国の国籍を持つ者全員の国外退去（四十八時間以内）を命じた。決定に抗議する議員が国会に集まったが、モブツは軍を送り彼らを議事堂に入れなかった。

デヴリンは大いに喜んだが、アメリカ政府にすぐさま新政権を承認させることはできなかった。デヴリンはまず、モブツに「政権奪取を合法なものに仕立てる」方法を伝えた。カサブブ大統領の権限を回復し、名目上のコンゴのリーダーにしておくのである。もう一点は、国家運営にあたる

「政治将校(コミッサール)」団の名称を変える必要があった。それでは「あまりにロシア風、あまりに共産主義者風」であった。

モブツは当初この要求に難色を示したが、カサブブをデヴリンの要請どおり権限のないお飾り大統領に据え、「政治将校団」は「評議委員団」に変えた。大統領と副大統領の二人の給与はＣＩＡの資金があてられた。[*96]

アメリカはモブツ政権を承認した。多くの国がこれに追随しなかった。インド首相ジャワハルラール・ネルーは、コンゴ議会が再開され、ルムンバに対する信任投票を実施すべきだと国連で訴えた。アメリカも、ベルギーも、アフリカに利権を持つ他の国も、ネルーの意見に耳を貸さなかった。ルムンバは失脚した。それでもアレンはまだ不安であった。アレンの部下の一人が現地に次のように打電した。「ルムンバの力は半分に削がれたとしても、彼には勢力を盛り返す才能がある」[*97]。「言い換えれば、ルムンバには、諸々の出来事を左右して自分の得点にできる決定的な一言を発する機会があるということだ」

これは意味深長な表現だった。アレンはコンゴにいる部下に、仕事は未完であると伝えたのである。

コンゴ動乱　その4

ルムンバはクーデターが起きてから一週間で二度、拘束されかかったが、言葉巧みにそれを逃れていた。[98] 彼は公邸を、かつてのベルギー総督の邸で、優雅な三階建ての建物に移した。国連軍指揮官は危険を認識し、青いヘルメットの国連兵が邸の警備を固めた。直後にモブツの兵が到着したが、獲物を捕えることはできず、近くに駐屯した。ルムンバは、内側には彼を守る国連軍、外側には彼の殺害を目論むモブツの兵が邸を二重に取り囲んでいることを知った。

奇妙なことに、ルムンバの邸の電話線はつながったままであり、彼は支持者と何時間も話すことができた。彼は事務所に戻り、何ができるか策を練った。一つは国連に訴えることだった。彼は国連に航空機の派遣を要請した。ニューヨークの本部に向かい、総会の場で自らの主張を表明するためである。しかし国連事務総長ダグ・ハマーショルドと新任の米国国連大使ジェームズ・ワーズワースは、[99] 提供を拒否した。[100] アメリカの意思をいっそうはっきりと示していたのは、アレンがコンゴの責任者に送った率直な物言いの電信である。彼はこう書いている。

「ルムンバが公職に返り咲く可能性を排除する件に関しては、可能な限りのあらゆる支援を惜しまない」[101]

ルムンバは公邸内に軟禁状態となった。『タイム』は、彼は「バルコニーから吠え続け」、憤りを発散させていると報じた。[102] この頃CIAはルムンバ毒殺を考えていただけに、邸から出られない状況が彼の命を救っていたとも言える。CIA工作員は、彼らの犠牲者を取り囲む兵士たちの二重の輪を潜り抜けて邸内に侵入できなかったのである。

アレンは、レオポルドヴィルの工作員に対してルムンバ殺害の「創造的な」やり方を考案するよう発破をかけていた。毒殺を諦めた工作員は、別な方法を話し合った。一つは、ルムンバを密かに邸からおびき出し、〝コマンド型のグループ〟に襲わせるというものだった。「消音器と照準器付きの外国製高性能ライフル」を装備した狙撃手を雇うことも検討した。

ある工作員はワシントンに「狙撃で仕留めたい」と許可を求めた。[*103]

アレンはビッセルに指示して、暗殺に特化した要員二名をコンゴに遣った。派遣された一人は当時を次のように振り返っている。[*104]

「私はビッセルに呼ばれた。旧ベルギー領コンゴに行ってルムンバを排除してほしい。それが彼の指示だった。私はビッセルに言った。ルムンバ殺害には直接関わらない……彼を外に連れ出す、騙して連れ出すことになるだろう。それから当局に出頭させ、裁判を受けさせる……そして私は、彼が極刑に処されることに反対はしない」

ルイ・アームストロングがコンゴを訪問したのは、この生と死の分かれ目の時、ルムンバが幽閉状態に思い悩み、CIAが彼の殺害を画策している時であった。アームストロングの演奏を聴いたのはルムンバではなく、デヴリンとティンバーレイク大使であった。

音楽が注目されたのはほんの束の間だった。アームストロングが演奏を終えコンゴを出立した数日後、カサブブ大統領はニューヨークに向かった。モブツ政権に忠実な新大使を承認するよう国連に求めるためであった。これに対してアフリカ・アジア諸国から反対の声が上がった。ソビエト陣営の諸国もそれに続いた。しかし、最終的にカサブブ大統領への支持が優勢だった。ベルギー、アメリカは当然ながら、フランスも新大使承認に同調した。フランスはアフリカにナショナリズムが拡散することを嫌っていた。

一九六〇年十一月二十二日、国連総会はモブツ政権の新国連大使を承認した。旧大使トーマス・カンザはその決定をルムンバに電話で伝えた。カンザは、コンゴ人で初めて大学教育を修了した人物であり、優れた見識の持ち主だった。彼はルムンバにしばらく辛抱するよう助言した。[*105]

「いつになるかわからないが、コンゴの危機が解決するまで待ちなさい」(カンザ)

「それはできない。君には理解できないかも知れないが、祖国のためには誰かが犠牲にならねばならないこともある」(ルムンバ)

ルムンバに静観を勧めたのはカンザだけではなかった。ルムンバが最も称賛していたアフリカの指導者、ガーナのエンクルマ大統領も、これからの事態の推移を見極めることが大切だと忠告した。[*106]ルムンバは彼の勧めも拒絶した。彼は亡命のチャンスからも顔を背けた。彼の支持者らは、ガーナかギニアの大使館に逃げ込んで政治亡命を勧めた。ルムンバの妻がスイスに向けて発った時、彼を診ていたイタリア人医師は、彼女と一緒にコンゴを離れるチャンスではないかと言った。[*107]しかしルムンバは国外脱出を拒否した。殉死は悪い予感であると同時に、彼の願望となっていた。

ニューヨークで外交的勝利をあげた五日後、カサブブ大統領はレオポルドヴィルで盛大な祝賀パーティーを開いた。宴もたけなわの頃、軟禁状態にあると信じていた復讐の神(ネメシス)が反撃に出た。翌朝、「評議委員団」は短いが驚くべきメモでそのことを知った。そこにはこうあった。

「大きなウサギが逃げ出した」[*108]

コンゴ動乱　その5

ルムンバのその後を語る前に、当時のアレンについて書いておきたい。

アレンには富裕な友人が多かった。長官職を去る前の数年間は、友人のチャールズ・ライツマン[*109]のパームビーチ（フロリダ州）の別荘で週末を過ごすことが多くなった。ライツマンは石油王であり、絵画コレクターでもあった。彼の邸の壁にはルノワールやフェルメールの名画が飾られていた。別荘の隣人にジョセフ・P・ケネディ元駐英大使がいた。アレンは定期的に彼のもとを訪ね、そこでしばしばケネディ一族のメンバーに会った。ジョン・F・ケネディもその一人で、彼はケネディ上院議員の若い夫人ジャクリーンから贈り物をもらったことがあった。

「長官、あなたがお読みになるべき本ですわ」

イアン・フレミングの小説『ロシアから愛をこめて』だった[*110]。主人公は英国の諜報部員ジェームズ・ボンド。彼のコードネーム007とは、国家のために人を殺す資格が与えられているということだ。ジョン・F・ケネディ上院議員は、ジェームズ・ボンドのファンであった。彼自身、『ロシアから愛をこめて』を愛読書の一つに挙げている。アレンはたちまち007のファンになった。新作が発表されるとすぐに購入し、時に読後の感想（分析）をケネディ議員に伝えた。作家のイアン・フレミングは元英国情報機関（訳注：海軍情報部）の職員であったが、アレンが関心を持っていることを知った。

アレンは後に書いている。「フレミングとの交際が深まると、彼は作品の中にCIAやスタッフの活動を引用するようになった。時にはＣＩＡの職員がボンドの手柄に加わることさえあった。もちろん脇役ではあったが、とにかく大いにボンドを助ける役柄だ。ジェームズ・ボンドのような人物なら、我が組織は大歓迎だ」

アレンはジェームズ・ボンドにぞっこんだった。ＣＩＡの技術者に、小説の中で使われている小道具が作れないか検討させた。敵の車に密かに装着してその位置をリアルタイムで知らせる装置を検討させたが、結局、技術的には難しいことがわかった。

アレンは、本物のスパイにはボンドのような華々しさはないと知っていたが、アレンもケネディ上院議員も心のどこかに、小説の世界と現実を混同して見る感覚があったようだ。小説の中とはいえ、ジェームズ・ボンドが成功すると、秘密工作に対する彼らの確信が強まった。それは、ギャング連中がどう振る舞うべきか、ヒントを求めてギャング映画を観るようなものであり、人生を模倣した芸術を人生が模倣するようなものだった。

情報史研究家のクリストファー・モランはこう書いている。

「あのシリーズはスパイ・ビジネス賛歌であり、西側の情報工作活動は、決断力、愛国心、勇気をもってソビエトと戦う高貴な集団であるというイメージを作り出した。だからアレンはボンドに魅せられたのである」*111

小説の中では、勇気ある工作員は遠隔の敵地にただ一人送り込まれる。そして何もかもが秘密裏に進められる。この設定がアレンには魅力的だった。残酷な業務だが、世界平和を維持するためには必要な務めであった。唯一問題があるとすれば、ジェームズ・ボンドもそのボスも、彼らの工作活動の長期的な影響を考慮していないことだ。

アレンの現実の活動における最も重要な幹部の一人、フランク・ワイズナー副長官の事例は、スパイ人生がジェームズ・ボンドのそれとは根本的に違うことを示している。ワイズナーはOSS時代からの古参職員であり、初期のCIAの中核をなした人物だった。工作活動の立案を担当する彼の立場はセンシティブであった。彼が目を配らなければならない国は多かった。アルバニア、ドイツ（ベルリン）、共産中国、グアテマラ、ハンガリー、インドネシア、イラン、朝鮮、ポーランド、ルーマニア。数え上げたらきりがなかった。彼はハンガリー動乱以降、人が変わった。

彼の夢は共産化された東欧を解放することだった。ハンガリーに送り込んだ工作員が蜂起した時には、アレン長官にCIAは徹底的にそれを支援すべきだと訴えた。できることは何でもすべきだ、必要ならソビエトに対して最後通牒を突きつけることまでするべきだと言っていた。しかし誰一人注意を払わなかった。ハンガリーの抵抗はソビエトによって粉砕された。彼はそれを自らの責任であると恥じた。アレンやワシントン上層部に裏切られたとも感じた。彼らは、〝解放〟を求める東欧の訴えを真剣に受け止めることはなかった。ワイズナーはそれがいかに切実かを認識していた。

彼はインドネシアのアーキペラーゴ計画の失敗で、リチャード・ビッセルに取って代わられた。この更迭で彼の精神は変調をきたした。彼は〝精神障害（サイコティック・マニア）〟であると診断され、半年間治療施設に入院した。電気ショック療法も受けた。アレンは治療を終えたワイズナーをロンドン事務所の責任者に据えた。しかし彼の病は癒えておらず、ロンドンから戻された。ワシントンで、彼はアレンに怒りをぶつけた。ハンガリーの反共産主義者の同胞を死に至らしめたのはアレンの責任だと批判することをやめなかった。エレノアはこう回想している。

「フランク・ワイズナーは私の家を訪問し、我が家のテラスで、私が作ったカクテルを飲みながら、私に、アレンは『悪い奴だ、嫌われ者だ』言った」[*112]

ワイズナーの精神はますます病んでいった。彼はCIAを辞めた。彼は息子の猟銃を使って自殺した。五十六歳であった。[*113]ジェームズ・ボンドの小説では、こうしたことはけっして起きない。

その道のプロでも、スパイ活動に付きものの残酷さに悩まされる者が少なくなかった。しかし、アレンはそんなことに悩むような性格ではなかった。どんな失敗にも拘泥しなかった。

アレンのCIA長官としての最後の年を、歴史家のバートン・ハーシュが次のように書いている。[*114]

「アレンは、チップス先生を演じながら諜報活動をやっていた。彼がポストに伴うあらゆる〝側面〟を少年のように面白がっていたことは明らかだ。リムジンによる送迎、秘密のインク、ジャンプスーツ姿で飛行機に乗り込み、真夜中の離陸を繰り返して行う世界視察旅行。いまや彼は、バージニア州ラングレーに建てられる文民諜報活動記念モニュメント（七階建て）にどんな外装を施すかで頭がいっぱいだった。それは彼の仕事として成文化された」

この頃のアレンはCIA新庁舎のことが気にかかっていた。彼は長官就任直後からCIAには新しいオフィスが必要だと考えていた。CIAはワシントン市内の古いビルに分散してオフィスを持っていたが、アレンは大学のキャンパスのような場所に新庁舎を建設したかった。彼はバージニア州北部のラングレーに相応しい土地を見つけた。六百五十億ドルの建設予算を議会に承認させ、ビルのデザインにも深く関与した。

二百五十八エーカー（約三十二万坪）の鬱蒼とした森の中に、人の出入りを固く閉ざした〝キャンパス〟が完成した。一九五九年十一月三日、アイゼンハワー大統領の出席のもと、落成式が執り行われた。有力政治家、ＣＩＡ関係者やその親族およそ五千人が出席した。[*115] ジャーナリストは巨費を投じて竣工した建物の威容を報じた。五百席のホール、千人を収容できるカフェテリア、三千台分の駐車場。彼らは、ＣＩＡの職員数は世界中に三万人はいるだろうと推定した。アイゼンハワーは次のような祝辞を述べた。

「業務の性質上、この建物で働く者には、最高度の献身と能力と信頼、そして無私の精神が要求される。最善の勇気が必要であることは言うまでもない」

「その上、成果を挙げてもそれを外に向かって誇るようなことはできない。失敗に言い訳は許されない。『インテリジェンス』の世界で活躍する者は表彰されることもなければ、仲間内で祝うことさえもない。私は、あなた方が、アレン・ダレス長官の指導の下に、成し遂げたこれまでの業績に誇りを持っている」

大統領の祝辞に誇張はなかっただろう。しかし、兄ジョンを失ったアレンの影響力はこの時点では相当に低下していたはずだった。そのことは妹のエレノアについても言えた。エレノアはベルリン市長ヴィリー・ブラントに、市内のある通りを「ジョン・フォスター・ダレス通り」と命名させていた。その後、ベルリン支援業務から外れた。ハーター新国務長官が彼女に与えた任務は世界四十カ国を周り、ソビエトの援助が第三世界に及ぼしている影響の分析評価だった。[*116]

彼女がひどい腹痛に襲われたのは、サイゴンからプノンペンに向かう貨物機の中だった。彼女は痛みを隠して、バンコク、ラングーン（現ヤンゴン）、ニューデリー、カラチ、テヘラン、アンカラへの旅を続けた。ワシントンに戻ってようやく診察を受けた。彼女はすでに六十四歳になっていた。引退の年に差し掛かっていたが、女性にも難しい仕事がこなせるという良き前例をつくりたかった。

アレンは大統領の信頼を回復したいとの思惑があった。そのためにはコンゴのルムンバ排除計画を成功させなくてはならなかった。だからこそ一九六〇年後半は、その工作活動に注力した。そうした中にあっても、共産主義の巨人ソビエトに打撃を与える機会を窺う作業は怠っていなかった。一九六〇年末、中ソ関係の悪化が表面化した。フルシチョフが突然、顧問団を共産中国から引き揚げた。アレンの中国での工作活動のチャンスであった。かつて共産中国をビルマ方面から攻撃する計画を立てたが、うまくいかなかった。今度は千マイル離れたチベットからそれを仕掛けたのである。

共産中国はチベットを領土化し、チベット人を漢人に同化させる政策をとった。チベット人はこれに抵抗していた。CIAがチベット人の抵抗勢力に肩入れを始めたのは一九五七年のことであった。[*117]チベット人二百五十人をフォート・ヘイル陸軍基地（コロラド州）で訓練した。秘密の山岳戦訓練であった。

ヒマラヤのチベット抵抗勢力には空から武器を落として支援した。武器の多くは、アーキペラーゴ計画のために調達されていたものが流用された。「世界の屋根で繰り広げられる戦い」のピーク時において、CIAは一万四千のチベット兵を支援した。しかし圧倒的な数の中国軍により、その動きは潰された。数千人のチベット兵が死んだ。一九五九年、ダライ・ラマはチベットを脱出した。ダライ・ラマは後に、アメリカの支援は「チベット民族の独立国家再建のためのものではなかった。反共産主義外交のためだけにチベットを支援した」と述べ、アメリカを批判した。アレンは、チベット抵抗勢力に対するCIAの支援で、いかに共産中国軍が残酷であるかが世界に知れ渡った。それだけでも十分な〝プロパガンダ効果〟があったと語っている。

コンゴ動乱　その6

舞台をコンゴに戻す。

一九六〇年十一月二十七日夜、レオポルドヴィルは激しい熱帯性降雨に襲われた。ルムンバの邸を固める二つの軍隊（国連軍、コンゴ新政府軍）は激しい雨を避けるために近くの避難所に退避していた。邸からルムンバのシボレーのワゴン車が出てきたのは午後九時頃であった。邸の入り口を固めている兵士は数人であった。「煙草を買いに行きたい」という運転手の言葉を信じた兵士は外に出ることを許可した。後部座席の床にはルムンバが身体を丸めて潜んでいた。

ルムンバは国連が新政権を承認した時点から脱出を考えていた。[*118] 支援者数人と連絡をとり、脱出を決行したのである。彼の計画はあまりに単純で狂気じみていた。まず監獄同然の邸から抜け出し、レオポルドヴィルから逃れて地方の支持勢力のもとに身を寄せながら、レオポルドヴィルから七百五十マイル（千二百キロメートル）離れた故郷のスタンレーヴィルに向かい、そこをベースに再起するというものだった。

脱出に成功したルムンバはギニア大使館に立ち寄った。そこから三台の乗用車とトラック一台の逃避行を決行した。ルムンバの脱出を知ったデヴリンは警察と協力し、検問所を設け、想定される脱出ルートを封鎖した。

追手がルムンバの位置をピンポイントで確定できたのは、十一月二十九日のことだった。偵察機が彼らを発見したのである。ある記事によると、この偵察機は「ヨーロッパの航空会社」から提供されたもので、「低空飛行による偵察に熟練していたヨーロッパ人パイロット」が搭乗していた。[*119]

モブツ派の兵士がルムンバの逃避車両を停止させた。居合わせたヨーロッパ人の言葉を借りれば、その後はルムンバにとっては「悪夢の十五分」であった。[*120] 拘束されたルムンバは近くの空港から、コンゴ航空DC3型機でレオポルドヴィルに送り返された。飛行機から降ろされたルムンバは、後ろ手に縛られたまま興奮する群衆の中を歩かされ、車で陸軍基地に連行された。

「モブツ大佐は腕組みをして、兵士がルムンバを暴行するのを黙って見ていた」とAP電は伝えている。[*121] この後、ルムンバはトラックの荷台に放り込まれた。一人の兵士が、貴君はいまだにコンゴ政府の正式な首相であるとする声明のコピーを取り出した。文面を大声で読み終えると、兵士はコピーを丸めて荷台に転がされたルムンバの口の中に無理やり押し込んだ。両手を後ろ手に縛られたルムンバは無表情だった。テレビカメラがそのシーンを撮影し、その晩、全米のテレビがこれを流した。

陸軍刑務所では毎日のように暴行が加えられた。その事実が漏れ伝わると、世界各地でルムンバ解放の要求が高まった。モロッコ、ガーナ、マリなどの指導者は、モブツ政権は非合法であり、ルムンバを即時解放するよう要求した。

モブツと外国の支援勢力（ＣＩＡとベルギーの諜報工作機関、国家安全保障部[122]）はルムンバの死を望んでいたが、殺人者の汚名を被りたくはなかった。彼らは選択に迷い、時間だけがいたずらに過ぎていった。カサブブ大統領は関係者を集めた円卓会議の開催を提案した。関係者の中にはルムンバも含まれていると理解された。国連は、新政権誕生の可能性を探るために「調停委員会」を設置することを勧奨していた。ルムンバを支持するアフリカ諸国の指導者はカサブランカに集まり、緊急首脳会談を開催した。そうした国々がルムンバ解放の暴動を煽動するのではないかとの噂も流れた[123]。一番困ったことに、アメリカではジョン・Ｆ・ケネディが大統領に当選していた（一九六〇年十一月）。彼の弟エドワードは、真相究明調査団のメンバーとしてコンゴを訪れた。エドワードはルムンバ解放を求める多くの請願を聞いていた。ケネディ政権の始動（一九六一年三月）が迫っていた。

この頃の情勢をデヴリンは次のように報告している（アレン宛、一九六一年一月十五日付）。

「モブツ政権は長くは持たない。数日で崩壊することさえあり得る。選挙ともなればルムンバの勝利は確実である……ここで大胆な行動を起こさなければ、コンゴ工作は失敗に終わるだろう[124]」

こうした状況の中で、反ルムンバ派は妙案を考え出した。カタンガの分離独立派にルムンバを引き渡すのである。カタンガの勢力は、西側勢力の手先であり、その部族は極めて暴力的であった。もちろんルムンバと敵対していた。

一九六一年一月十七日早朝、ルムンバと側近二人は飛行機に乗せられた。三人は手錠で座席に繋がれた。[125]パイロットはベルギー人だった。たちまちルムンバらへの暴行が始まった。彼はそれを見ないようコックピットのドアを閉めた。通信士もベルギー人であったが、暴行のさまを見て嘔吐した。

ルムンバを乗せた機体がカタンガの首都エリザベートヴィルに近づくと、パイロットは「貴重な荷物三つを載せていると」と無線連絡をした。囚われの身となった三人は瀕死の状態であった。同地のＣＩＡ工作員は、「パトリス（ルムンバ）に感謝する。彼がやって来ることを知っていたら、我々が蛇を焼き殺していただろう」とレオポルドヴィルのデヴリンに打電している。[126]

およそ半世紀後、国連職員であったブライアン・アーカートが、その後の模様を書いている。[127]「ルムンバと彼の同志二人は、エリザベートヴィル空港の目立たないところに連行された。血だらけの彼らは放り出され、再びライフルの銃床で殴打された。三人はジープに放り込まれ、空港から二マイル（三キロメートル強）にある小屋に運ばれた。そこからはベルギー人陸軍士官ジュリアン・ガット大佐が引き受けた。続く訪問者はカタンガの内務大臣ゴドフロワ・ムノンゴらコンゴ人閣僚であった。大統領のモイーズ・チョンベも現れた。ベルギー人高官もいた。彼らは小屋の中で再び暴行を加えられる三人を満足げに眺めていた」

「その後、三人は再び車に放り込まれた。ガット大佐とカタンガ警察長官のフラン・ヴェルシュールが車に乗り込んだ。後続車両には、チョンベ大統領、ムノンゴ大臣ほか四名の閣僚が乗った。一行の車はかなりのスピードでおよそ五十キロメートルを走り、灌木の多いサバンナの真ん中で止まった」

「そこには銃殺隊が待っていた。最初に処刑されたのはジョセフ・オキト（前上院副議長）だった。次にモーリス・ムプロ（コンゴ陸軍司令官）が続いた。最後はルムンバであった」

「居合わせたベルギー人士官らは、死体そのものを永久に消さねばならないと考えた。二人の士官と現地人一人が、硫酸の入ったたくさんの瓶をトラックで運んできた。三人の遺体は斧で切り刻まれ、二百リットル容量の大型樽の中に放り込まれた。そこに硫酸が注がれた。樽で処理しきれなかった肉片や骨片は焼いた。頭蓋骨や歯のついた骨片は、帰りの道沿いにばら撒いた」

「処理の現場は凄惨だった。処理を指示した二人のベルギー人士官は、したたかに酒を飲んで気を紛らわせた。いずれにせよ、殺された三人の遺体は跡形もなく処理された」

「ルムンバ暗殺は許されない暴挙だった。主たる責任はベルギーとカサブブ、モブツ、チョンベの三人にあった。アメリカと、そしておそらくはその他の西側諸国も、これを暗黙の裡に奨励し、それをやめさせるために何一つしなかった」

コンゴ動乱　その7

ルムンバの死から三日後、アメリカではジョン・F・ケネディが就任演説を行った。その中でケネディは、アフリカには支援が必要だと繰り返した。（一九六一年）二月九日の演説では、アイゼンハワー政権であればアフリカ支援など考えもしなかったはずだと述べ、ルムンバ氏は解放され、コンゴ新政府の一員として迎えられるべきであると語った。[128]しかしもはや手遅れだった。

ケネディ新大統領のルムンバ解放要求の数時間後、カタンガの分離独立派はルムンバが逃亡したとの声明を出した。この声明の数日後には、ルムンバは彼を嫌う部族民に殺されたと発表した。ケネディ大統領はこの報道に大きな衝撃を受けた。[129]

ルムンバ死亡のニュースは世界中を駆け巡り、各地で抗議デモが発生した。[130]ロンドン、パリ、ウィーン、ワルシャワ、ダマスカス、ラゴス、ニューデリー。上海のデモには五十万人が参加した。参加者はルムンバの写真を掲げて行進した。ユーゴスラビアのチトー大統領は、近年このような暴挙は聞いたことがないと批判した。首都ベオグラードでは群衆がベルギー大使館に押しかけた。

カイロでの抗議活動はさらに過激だった。ベルギー大使館内に侵入した暴徒は、掲げてあったボードゥアン一世の肖像を引きずり下ろした。それをルムンバの写真に替えた群衆は大使館に火を放った。アメリカ大使館、フランス大使館、あるいは国連事務所が襲われた都市もあった。ニューヨーク国連本部前のデモ隊は「ルムンバ殺害が植民地主義の本質を暴露する」と書いたプラカードを掲げた。

ジャン・ポール・サルトル[131]は、アフリカに彗星のごとく現れたルムンバを失ったことを嘆いた。[132]マルコムXはルムンバを、アフリカの地に現れた最大級の偉人と呼び、[133]黒人性運動（黒人固有文化高揚運動）の先頭に立ったフランス人評論家エメ・セゼール[134]は、ルムンバは死んだとしても、彼の思いは人々の希望となって、燎原の火のごとく、あるいは風に運ばれる花粉のごとく、あるいは地中に隠れた根のごとく世界に伝播すると書いた。[135]

アフリカでは多くの町の病院、学校がルムンバの名を冠した。通りにも彼の名前が付けられた。生まれたばかりの子供をルムンバと名付ける親が増えた。フルシチョフは、モスクワの人民友好大学を「パトリス・ルムンバ大学」とすると発表した。

ルムンバの後を襲ったジョセフ・モブツの態度は奇妙だった。彼自身がルムンバ尊崇の立場をとったのである。モブツは、自身の権力奪取の正当性を、ルムンバを否定することではなく、その正反対のやり方で示そうとした[*136]。モブツはルムンバの死をアフリカの人々とともに悲しみ、彼をコンゴの英雄と称えた。ルムンバの銅像を制作するよう命じ、カタンガ州都の名称をエリザベートヴィルからルムンバシに変えた。モブツは、「ルムンバに対する悪感情は全く持っていない[*137]」と臆面もなく語った。これが自らが死刑宣告をした男の死への対処方法であった。

デヴリンは、後にアメリカのルムンバに対する恐れは度を越していたと認めたが、それが時代の流れであったとしている[*138]。

「あの頃はすべての事象を東西冷戦の枠組みで理解した。我々は、ソビエトが中央アフリカの国家の制圧に乗り出し、それが成功すればアフリカ大陸全土を支配下に置いてしまうのではないかと恐れた。アフリカ大陸攻防の鍵がコンゴであるとの理解に疑念を挟む者はいなかった」

しかし、これはアメリカの大きな判断ミスであった。彼の死をきっかけに、アフリカでは激しい反西欧の動きが沸き上がった。コンゴはその後長きにわたり、腐敗、貧困、迫害、暴力に苦しんだ。ベルギー人学者ルド・デ・ウィッテは、「ルムンバ殺害は二十世紀最悪の政治的暗殺事件の一つである[*139]」と書いた。

ルムンバが地政学上の長期戦略を持っていなかったことは、今や明らかになっている。首相となり、そして殺されるまでの二百日間、彼は即興で事を行い、やみくもに突き進んだ。その意味ではフルシチョフもルムンバと同じだった。

彼が進めた最初のアフリカ支援はギニアに車を届けることだった、贈られたのは「雪掻き車両」であった。[*140] ギニアでは一片の雪も降ったことはなかった。続いて、コンゴの「労働者と農民」に小麦を贈った。しかしコンゴには製粉所がなかった。ソ連軍顧問は大量のプロパガンダ冊子を用意して配布したが、それは英語で書かれていた。ベルギー（フランス語圏）の植民地だったコンゴの民衆に英語が読めるはずもなかった。後にデヴリンは「（これらすべてのことから）我々の冷戦の相手が虚構の産物だったことは明らかだ」と認めるようになった。

ルムンバの最大の失敗は、冷戦下においてどちらの側につくか自ら決めることができると勘違いしたことである。もう一つの失敗は、国連を頼りにし過ぎたことであった。国連は母国コンゴをバラバラにする勢力を監督する力を持つ組織だとナイーブに信じた。大国は国連という道具（ツール）を使って彼らの意思を押しつけることができると気づくのが遅すぎた。

国連軍は、むしろカタンガの分離独立派を擁護した。彼らはルムンバがラジオ局を使って国民に訴える術を奪ったし、地方に飛んで支持勢力を増やすこともさせなかった。

ベルギーは、ルムンバ殺害に大きな責任を負っている。ベルギー人士官が殺害現場にいたことはすでに書いた。止めを刺した銃弾はコンゴ人兵士によるものだから、モブツもチョンベも同罪である。

ＣＩＡはルムンバ失脚工作を精力的に進めた。アイゼンハワー大統領は暗殺を承認していた。結局はルムンバ排除を強く願ったベルギーが殺害を実行したが、それはアメリカが望んだ結果でもある。

ルムンバ殺害のおよそ二年後、アレンは西側に対するルムンバの脅威を過大に捉えていたことを公に認めた。テレビ番組のインタビューで、エリック・セヴァライド[*141]（訳注：ＣＢＳニュース担当のジャーナリスト）がアレンに「あなたの工作活動の中で不必要だったものはありますか」と尋ねた。彼は一つだけ挙げた。

「（ソビエトの）危険性を過大視したと思う、例を挙げるなら、コンゴだね」とアレンは言った。「ソビエトがベルギー領コンゴの乗っ取りを真剣に企てているように思われた。そう、結局彼らはそんなことはしなかった。彼らはそうするつもりだったが、機が熟していないと見て、大急ぎで退却の太鼓を打ち鳴らしたのだ[*142]」

注

＊1　*New York Times*, October 29, 1960.
＊2　Louis Armstrong（一九〇一―七一）ジャズ・トランペット奏者。歌手。訳注
＊3　*New York Times*, November 6, 1955.
＊4　*Ike's Spies*, p196. あるいは *The Devil We Knew*, p63.
＊5　Jim Rasenberger, *The Brilliant Disaster: JFK, Castro, and America's Doomed Invasion of Cuba's Bay of Pigs*, Scribner, 2011, p49.
＊6　*The Brilliant Disaster*, p50.

*7 Madeleine G. Kalb, *The Congo Cables: The Cold War in Africa—from Eisenhower to Kennedy*, Macmillan, 1982, p64.

*8 Larry Devlin, *Chief of Station, Congo: Fighting the Cold War in a Hot Zone*, PublicAffairs, 2007, p62.

*9 同右、p20. あるいは *The Congo Cables*, p66.

*10 *Chief of Station, Congo*, p95.

*11 *John Foster Dulles: The Last Year*, p124.

*12 *The CIA and Congress*, p285.

*13 同右、p286.

*14 Alfred Gruenther（一八九九―一九八三）陸軍大将。欧州連合軍最高司令官の任期は一九五三年から五六年。訳注

*15 *The Devil and John Foster Dulles*, p428.

*16 Mark W. Clark（一八九六―一九八四）陸軍大将。朝鮮戦争国連軍司令官（一九五二年から五三年）。訳注

*17 *Chief of Station, Congo*, p47.

*18 *John Foster Dulles: The Last Year*, p197.

*19 同右、p28.

*20 Adolfo Lopez Mateos（一九一〇―六九）メキシコ大統領（任期は一九五八年から六四年）。訳注

*21 *John Foster Dulles: The Last Year*, pp226-229. あるいは *Dulles: A Biography of Eleanor, Allen, and John Foster Dulles and Their Family Network*, pp444-445.

*22 *John Foster Dulles: The Last Year*, p230.

*23 *The Devil and John Foster Dulles*, p485.

*24 *Dulles: A Biography of Eleanor, Allen, and John Foster Dulles and Their Family Network*, p448.

*25 同右、p449.

*26 *Gentleman Spy*, p463.

*27 *The Declassified Eisenhower*, p211.

*28 Carl Mydans, *The Violent Peace*, Scribner, 1968, p313. あるいは Jeffrey J. Stafford, The Nixon-Castro Meeting of 19 April 1959, *Diplomatic History* 4, no. 4 (October 1980), pp425-431.

*29 Peter Carlson, *K Blows Top: A Cold War Comic Interlude Starring Nikita Khrushchev, America's Most Unlikely Tourist*, PublicAffairs, 2009, p.xiii.

*30 同右、pp49-250.

*31 Alex von Tunzelmann, *Red Heat: Conspiracy, Murder, and the Cold War in the Caribbean*, Henry Holt, 2011, p174.

＊32 *Gentleman Spy*, p488.

＊33 *Central Intelligence Agency*, p128.

＊34 http://www.upi.com/Audio/Year_in_Review/Events-of-1960/The-Paris-Summit-Falls-Apart/12295509435928-2/#ixzz23cwtISFB

＊35 *New York Times*, October 28, 1982.

＊36 *The Global Cold War*, p138 あるいは Ludo De Witte, *The Assassination of Lumumba*, Verso, 2001, p78.

＊37 Joseph Conrad（一八五七―一九二四）イギリスの小説家。植民地コンゴの体験を元にした小説『闇の奥（*Heart of Darkness*）』などがある。訳注

＊38 Kwame Nkrumah（一九〇九―七二）共産主義者としてガーナ独立を果たした。初代大統領（任期は一九六〇年から六六年）。訳注

＊39 Ahmed Sékou Touré（一九二二―八四）フランスから独立を果たしたギニア共和国の初代大統領（任期は一九五八年から八四年）。訳注

＊40 *New York Review of Books*, October 4, 2001.

＊41 Robin McKown, *Lumumba: A Biography*, Doubleday, 1969, pp11-53.

＊42 Baudouin I（一九三〇―九三）一九五三年に父レオポルド三世から譲位された。訳注

＊43 *Lumumba*, p21.

＊44 *The Assassination of Lumumba*, p1.

＊45 Joseph Casavubu（十九一〇?―六九）コンゴ初代大統領。訳注

＊46 *Lumumba*, pp101-104.

＊47 *Time*, July 25, 1960.

＊48 *Lumumba*, pp109-110. あるいは *The Assassination of Lumumba*, p6.

＊49 *Time*, July 18, 1960.

＊50 *Lumumba*, p114.

＊51 同右、p112-113.

＊52 Moise Tshombe（一九一九―六九）カタンガ国を宣言し、初代大統領に就任した。訳注

＊53 *Lumumba*, p81. あるいは David W. Doyle, *True Men and Traitors*, John Wiley, 2001, p135.

＊54 *True Men and Traitors*, pp138-139. あるいは *Lumumba*, p133. あるいは G. Heinz and H. Donnay, *Lumumba: The Last Fifty Days*, Grove, 1969, pp97-98.

＊55 *Time*, Sept. 19, 1960.

＊56 *True Men and Traitors*, p135.

＊57 *Lumumba*, p126.

＊58 同右、p127.

＊59 同右、p129.

＊60 Dag Hammarskjöld（一九〇五—六一）スウェーデンの外交官。経済学者。国連事務総長（任期は一九五三年から六一年）。一九六一年九月に航空機事故で死去。訳注

＊61 *Lumumba*, p170.

＊62 *The Congo Cables*, p37.

＊63 *New York Review of Books*, Oct. 4, 2001.

＊64 *Lumumba: The Last Fifty Days*, p163.

＊65 *Chief of Station, Congo*, p54.

＊66 McGeorge Bundy（一九一九—九六）政治学者。外交顧問。訳注

＊67 *Chief of Station, Congo*, pp1-2.

＊68 同右、pp54, 66.

＊69 Leo Zeilig, *Patrice Lumumba: Africa's Lost Leader*, Haus, 2008, p104.

＊70 *The Congo Cables*, p38.

＊71 同右、p41.

＊72 *Lumumba*, pp135-137.

＊73 *The Congo Cables*, p92.

＊74 同右、p27.

＊75 Cornelius Vanderbilt（一七九四—一八七七）オランダ系ＷＡＳＰの実業家。ニューヨーク・セントラル鉄道など多くの鉄道を支配下においた。鉄道王と呼ばれる。訳注

＊76 *Chief of Station*, pp45-46.

＊77 *The Congo Cables*, p.xxvi.

＊78 *True Men and Traitors*, p129.

＊79 同右、pp128-129.

＊80 *Chief of Station, Congo*, pp57-61, 68-69.

＊81 *Lumumba*, pp142-143.

＊82 William H. Worger et al. *Africa and the West: A Documentary History vol.2, From Colonialism to Independence, 1875 to the Present*, Oxford University Press, 2010, p136.

＊83 Richard Bissell（一九〇九―九四）ＣＩＡの仕掛けたＵ２によるスパイ活動、キューバ侵攻（ピッグス湾侵攻）計画を立案した。訳注

＊84 The President's Appointments, July-December, 1960, *President's Daily Appointments Schedules: Dwight Eisenhower: Records as President, 1953-1961*, Dwight Eisenhower Library.

＊85 *Chief of Station, Congo*, p63.

＊86 *Dulles: A Biography of Eleanor, Allen, and John Foster Dulles and Their Family Network*, p450.

＊87 *Patrice Lumumba*, p113.

＊88 *The Congo Cables*, p69, 86. あるいは *Patrice Lumumba*, p116. あるいは *Chief of Station, Congo*, p77.

＊89 *Time*, September 19, 1960.

＊90 *Chief of Station, Congo*, p67.

＊91 *Lumumba*, pp149-150.

＊92 Gordon Grey（一九〇九―八二）任期は一九五八年から六一年。訳注

＊93 *The Congo Cables*, p79.

＊94 Mobutu Sese Seko（一九三〇―九七）コンゴ大統領（任期は一九六五年から九七年）。訳注

＊95 *Chief of Station, Congo*, p87. あるいは *Time*, September 26, 1960.

＊96 Godfrey Mwakikagile, *Africa 1960-1970: Chronicle and Analysis*, New Africa Press, 2009, p82. あるいは Stephen R. Weissman, Congo-Kinshasa: U.S. Role in Lumumba Murder Revealed, http://allafrica.com/stories/200207220024.html?viewall=1

＊97 *Chief of Station, Congo*, p17. あるいは *The Congo Cables*, p87.

＊98 *Lumumba: The Last Fifty Days*, pp22-23.

＊99 James Jeremiah Wadsworth（一九〇五―八四）外交官。国連大使の任期は一九六〇年から六一年。訳注

＊100 *The Congo Cables*, p99.

＊101 同右、p102.

＊102 *Time*, Oct. 24, 1960.

＊103 米国上院報告書。*Alleged Assassination Plots Involving Foreign Leaders*, U. S. Government Printing Office, 1975, p57.

* 104 *The Congo Cables*, p151. あるいは Loch K. Johnson and James J. Wirtz, *Strategic Intelligence: Windows into a Secret World*, Roxbury, 2004, pp224-230.
* 105 *Lumumba: The Last Fifty Days*, p10.
* 106 *Patrice Lumumba*, p130.
* 107 *Lumumba: The Last Fifty Days*, p31
* 108 同右゛ p41.
* 109 Charles Wrightsman（一八九五―一九八六）石油王。美術収集家。訳注
* 110 *Gentleman Spy*, p491.
* 111 Christopher Moran, "Ian Fleming and CIA Director Allen Dulles: The Very Best Friends", in James G. Weiner et al., *James Bond in World and Popular Culture: The Films Are Not Enough*, Canbridge Scholars, 2001, p209.
* 112 *The Old Boys*, p402.
* 113 同右゛ pp435-441. あるいは *Legacy of Ashes*, pp153, 262-264. あるいは *Intelligence War*, p96.
* 114 *The Old Boys*, pp420-421.
* 115 *The Brilliant Disaster*, p41.
* 116 *Dulles: A Biography of Eleanor, Allen, and John Foster Dulles and Their Family Network*, pp452-453.
* 117 *Safe for Democracy*, pp184-203. あるいは *The CIA and Congress*, pp346-351.
* 118 *Patrice Lumumba*, p120. あるいは *Lumumba: The Last Fifty Days*, pp3-5. あるいは *Lumumba*, p162. あるいは *The Assassination of Lumumba*, pp52-55.
* 119 *The Assassination of Lumumba*, pp52-57. あるいは *Lumumba: The Last Fifty Days*, pp42-43.
* 120 *Lumumba: The Last Fifty Days*, p43.
* 121 同右゛ p46.
* 122 State Security Service（La Sûreté de l'État）。訳注
* 123 *The Congo Cables*, p189.
* 124 *Strategic Intelligence*, p237.
* 125 *The Assassination of Lumumba*, pp90-94. あるいは *Lumumba: The Last Fifty Days*, p93.
* 126 *The Congo Cables*, p192.
* 127 *New York Review of Books*, October 4, 2001.
* 128 *Lumumba*, p185.

＊129 *Lewiston Daily Sun*, February 14, 1961.

＊130 *Patrice Lumumba*, p133. あるいは Nyunda ya Rubango, Patrice Lumumba at the Crossroads of History and Myth, *Congo Chronicle*, pp56-57.（出版年不詳）

＊131 Jean-Paul Sartre（一九〇五—八〇）フランスの哲学者。訳注

＊132 *The Assassination of Lumumba*, p.xxii.

＊133 http://congolese.blogspot.com/2008/09/lumumba.html

＊134 Aimé Césaire（一九一三—二〇〇八）フランス植民地マルティニーク島出身の詩人、評論家。訳注

＊135 Aimé Césaire, *A Season in the Congo*, Seagull, 2010, p124.

＊136 *Lumumba*, pp178, 187-188, 193. あるいは *The Assassination of Lumumba*, pp148, 165, 174. あるいは *Patrice Lumumba*, pp131-133.

＊137 *Lumumba*, p193.

＊138 *Chief of Station, Congo*, p54, 56.

＊139 *The Assassination of Lumumba*, p.xviii.

＊140 *Chief of Station, Congo*, pp26, 77.

＊141 Eric Savareid（一九一二—九二）ジャーナリスト。第二次大戦中は、パリのナチスによる陥落を報道した。訳注

＊142 Stephen R. Weissman, *American Foreign Policy in the Congo 1960-1964*, Cornell University Press, 1974, p280.

10章　髭をはやした強い男

ケネディ政権とキューバ

ジョン・F・ケネディは一九六〇年十一月八日の大統領選に辛勝した。二日後には、ハイアニスポート（訳注：マサチューセッツ州。ケネディ家のサマーハウスがある）の海辺の邸を出て報道陣の質問に答えた。小さな村に百人を超える記者が集まった。この町で、これだけの数を収容できる建物は州兵（ナショナル・ガード）の武器庫だけだった。記者たちは折り畳み椅子に座り、これから大統領となる男が何をしゃべるのか待った。

ケネディが当選した理由の一端は、ダイナミックで行動力のある政治家という彼のイメージにあった。彼は記者会見で、新政権の主要閣僚はすでに選んでいると言い、その顔ぶれを「速射砲のように」矢継ぎ早に挙げていったと、ある記者は書いている。[*1] 最初の人物は誰もが知っていた。「アレン・ダレス氏には留任を求めた。彼は私の要請を受けてくれた。ダレス氏はウィルソン大統領以来、歴代政権で職務を遂行してきた。CIA長官の職を引き続き担ってもらう。安定した、継続性のある方針で臨んでもらいたいと思っている」[*2]

アレンが再任を受けなければ、その後の歴史は大きく変わっていた可能性がある。たしかにアレンはアイゼンハワー政権の八年間の仕事ぶりで「スパイマスター（課報工作活動のリーダー）」の評価を確立した。その高い評価は噂のたぐいによって広まっていた。彼の失敗はほとんど知られていなかった。アレンに管理能力が欠如していることは、ワシントンの内部の者にしかわからなかった。彼は誰がどう見ても、課報活動で輝くほどの成功を収めた高官であり、あっぱれな紳士であった。この時点で引退していたら、アレンは称賛の声に浸りつつ、余生を送っていただろう。

妻のクローバーは長官職から身を引くようにとしきりに言っていた。しかしアレンには愛する職場を去るという決断はできなかった。もう少しやるべきことがあった。彼はラングレーのCIA新庁舎で職務に身を捧げたかった。この頃、対ホー・チ・ミン工作の前線としてラオスに根拠地が開設された。最も重要なのは、アレンがもう一人の〝怪物〟を仕留める計画を練っていたことである。

アレンはルムンバ排除に助力した。しかし、止めを刺したのはベルギーの工作部隊であり、CIAの真の勝利と見なすことはできなかった。チベットとラオスでの対共産中国工作はうまくいっていなかった。手柄となるような大きな獲物を求めていた彼が狙ったのは、キューバの政権を握った若き急進分子フィデル・カストロであった。

カストロの権力掌握でワシントンはパニックを起こしていた。アイゼンハワー大統領はアレンに、カストロ排除の秘密工作を立案するよう指示した。アレンは自らそれを作る代わりに、これまでにない行動をとった。部下たちに作戦を任せ、自分は居心地のいい繭の中に引き籠ったのである。CIAが遠隔地での高度に入り組んだ作戦立案に腐心している時、長官はほとんどこれにタッチしなかった。計画に意識を向けなかった。自分の出る幕ではないと言わんばかりに、作戦と自分自身とを切り離して考えているように見えることさえあった。今にして思えばこの態度が、合衆国を対カストロ作戦の惨めな失敗へと導き、彼自身の評価を大きく下げることになった。

キューバはアメリカにとって地政学上、特別な価値をもっていた。アメリカ本土に近く、資源も豊かであった。戦略的な地の利があり、長年にわたって併合の可能性があると見られてきた。トーマス・ジェファーソン（訳注：第三代大統領。任期一八〇一年から〇九年）の言葉がそれを象徴的に物語っている。[*3]

「正直に告白しよう。私は、キューバを（領土に）追加することに強い興味を持っていた。フロリダとこの島を支配すれば、メキシコ湾が手に入る（訳注：スペインからのフロリダ買収は一八一九年）。カリブ海沿岸諸国やパナマ地峡も手に入る。そうなれば我が国の政治的立場はいっそう強化される」

一八九八年、マッキンレー大統領はスペインに宣戦布告し、兵士をキューバに遣った。反政府軍を支援し、スペインの支配を崩壊させた。対スペイン戦争（米西戦争）勝利後、アメリカは軍を撤退し、キューバの独立を認めると決めていた（テラー修正条項）。しかしワシントン議会は約束を守らなかった。マッキンレー政権は軍政長官を置くことを認めた。その後、キューバには制限付きの自治を認めたが、状況に応じて軍を派遣した（一九〇二年、一九一二年、一九一七年）。

一九一七年の派兵は、時のロバート・ランシング国務長官が、甥のジョン・フォスター・ダレスの意見を容れ、派兵を決定した。ジョンは、サリバン＆クロムウェル（S&C）法律事務所の顧客の権益（対キューバ投資）を守りたかったのである。

二十世紀に入ってからのキューバの実体は、アメリカの植民地であった。一九五〇年代、独裁者フルヘンシオ・バティスタはアメリカのギャング組織と密約を交わした。ギャングらは首都ハバナに豪華ホテルとカジノを建設し、アメリカ人旅行者を呼び込んだ。結果、ハバナは（西）半球の中で最もけばけばしく罪深い町に変わってしまった。

この頃のキューバ経済はアメリカ資本が牛耳っていた。アメリカ資本はキューバのサトウキビ産業、石油、鉄道、公共事業、鉱山、酪農などあらゆる分野に投資していた。キューバの輸入品の八割がアメリカから来ていた。S&Cの顧客もキューバでの事業を展開していた。アメリカ資本がサトウキビ産業の大半を握っていたが、最大級の二つの農場はユナイテッド・フルーツ社が所有していた。国際電話会社ＩＴＴがバティスタ政権に大幅な料金値上げを申請したことがあった（一九五七年）。ジョン・フォスター・ダレスは、値上げは「キューバの利益になる」と助言するメッセージをバティスタに送っている。バティスタは申請を認めた。感謝の印として、ＩＴＴの幹部からバティスタにゴールドの電話機が贈られた。それは映画『ゴッドファーザー　ＰＡＲＴ Ⅱ』の中の有名な一場面になった。

キューバ革命

アメリカ国民のほとんどが知る由もなかったが、腐敗したバティスタ政権の不人気ぶりは甚だしかった。一九五八年、カストロが指導する反政府ゲリラは各地で勝利を収めた。同年十二月三十一日、バティスタは辞任した。一九五九年一月一日未明、彼は巨額のドル紙幣を持ってドミニカ共和国に飛行機で脱出した。一週間後、カストロは国中で歓呼の声に迎えられた後、ハバナに入り、世界の歴史を画すことになる政治活動を始めた。

カストロが権力奪取に成功した頃、ジョンはジャマイカで静養中だった。その報を聞いたジョンは、「これがアメリカにとって良いことか悪いことか、まだわからない」と呟いた。

三カ月後、カストロは嵐のようなアメリカ訪問を行った。[*4] 反体制運動(counterculture)が活発化する中、彼は大いに歓迎された。反体制運動を指導するアレン・ギンズバーグ[*5](詩人)やマルコムXが宿泊先のハーレムのホテルを訪れた。ホテルの外ではカストロの支援者が喝采を叫び、声援を送った。

キューバに戻ったカストロは、米国政府の中で彼が会うことのできた最高位の人物、リチャード・ニクソン副大統領を非難した。「ニクソンもジョン・フォスター・ダレスも全く強情だ。私にはお手上げだ」[*6]。彼がアメリカ資産を没収したのはこの直後のことであった。S&Cの顧客や、ラッキー・ルチアーノ[*7]、マイヤー・ランスキー[*8]らカジノ経営に投資していたギャング組織のボスたちの資産も没収の対象だった。反革命を疑われた人物は軒並み投獄された。なかにはアメリカと深い関係を持つ者もいた。処刑された者は数百人にのぼった。[*9]

『タイム』は、「とんでもなく強い髭の男」がキューバの富裕層から奪った金と外国の共産主義勢力の支援によって「独裁体制を築いている」(一九六〇年二月八日号)と非難した。同誌はカストロが行ったあるスピーチの後で、「合衆国に対する悪口は外交駆け引きの限界を越えている」と報じた。「彼がこれから何をしようとするのか、誰にもわからない」（同年三月二十一日号）

革命後すぐに反カストロのテロ事件が起きた。ハバナ市内の大型デパートが放火されて炎に包まれ、港に碇泊していた船舶が爆破され、数百人が犠牲となった。サトウキビ農場にも火がつけられ、フロリダから飛来した正体不明機が爆弾を落とした。反革命の主役は国外に亡命したキューバ人であった。アレンは次第に反カストロ・キャンペーンに関与していった。最初の決定は対キューバ工作活動をリチャード・ビッセルに任せることだった。

一九六〇年一月八日の会議で、アレンがビッセルに特別対策チームの編成を命じたと記録されている。[*10] ビッセルは特権階級出の落ち着きのないタイプの人間で、アレンが彼のCIA入りを助けた。[*11] 彼はコネチカットの裕福な家庭に生まれた。グロトン校からエール大学に進み、マーシャル・プランに参画し、フォード財団に勤め（どちらもCIAと密接な協力関係があった）、ワシントンの上流階級とアレン流のやり方で付き合った。キューバ計画担当副長官だった時、ビッセルは史上最も遠くまで張り巡らせた情報網の一つを監督した。それらは世界の五十カ所に散らばり、数千人の要員が働いていた。彼は常に行動するというCIA精神を持っているだけでなく、それを体現していた。局内を足早に移動し、座らなければならない時には、足をしきりに組み替えてエネルギーを発散させた。拳を握りしめたり、ペーパークリップをひねったり、鉛筆を投げたりと落ち着きがなかった。

「ビッセルが議会で説明することはなかった。大統領とのオフレコの打ち合わせが多かった。実際のところ、何が打ち合わされたか知る術はないが、ワシントンではアイゼンハワー大統領に次いでビッセルが、（事を起こしたり、世界を作り変える）実力を持っていると目されていた」[*12]

一九六〇年一月十五日、アレンは特別委員会（裏工作を審査する内密の組織）に、カストロに対する策謀開始の承認を求めた。大統領は「カストロを摘まみ出す」ためのどんな策謀でも支持する、なぜならカストロは「狂人」だからだ、と言った。一月半ばの時点でＣＩＡには、ワシントンに十八人、キューバに二十二人の〝キューバ作戦〟専任スタッフがいた。[*13]

反カストロ作戦発動

アイゼンハワーは陸軍の指揮官として、秘密作戦を公には否定することが習い性となっていた。大統領としても同様であった。カストロ排除を命じた二週間後、彼は記者たちに、カストロの反米の姿勢は「憂慮すべきであり、困惑させられている」が、合衆国がそれに対して行動を起こすことはないと述べていた。[*14]二月十七日の特別委員会では、アレンが提案したキューバの製糖工場に対するＣＩＡの破壊工作案を一蹴し、「ひょっとすると根本的なものになるかもしれない事柄を含めて」、もう少し大胆な作戦を立てるように命じていた。しかしその一方で、一九六〇年三月の南米外遊の際には、合衆国には「干渉する考えはない」と明言している。[*15]

アイゼンハワーは断乎たる決意と意気込みをもって反カストロ作戦を発動した。彼はアレンとビッセルに直接命令を下した。「大統領の命令は非公式なものだが指揮系統のショートカットと承知されていた」と内部史では結論している。「キューバ工作活動の基本的な意思決定は大統領、ＣＩ

A長官、そして副長官のレベルで行われていた」[16]

一九六〇年三月十七日、アレンは特別委員会および国家安全保障会議で、ビッセルの手になる「カストロ政権に対する秘密工作計画」を提出した。[17] その目的は、「アメリカの関与が表に出ないようなやり方で、キューバ国民の利益に合致し、かつアメリカにとって受け入れ可能な新政権を樹立すること」であった。CIAが秘密工作ネットワークをキューバ国内に張り巡らせ、反カストロを訴えるプロパガンダ情報を流す。ゲリラ兵の小グループを潜入させ、彼らを使って反政府暴動を起こす。そして、準備しておいた「信頼でき、国民に支持された一元的な」新政権を提供する。

大統領はいくつかの質問を投げかけたうえで、「これ以上良い計画」は望めないと言って称賛した。彼は、アメリカの関与が漏れるようなことは絶対にあってはならないと念押しした。[18]「最大の問題はリークとセキュリティーの侵害である。ここでの話は聞かなかったという態度でいてほしい」[19]

こうしてカストロ排除計画は極秘ではあるが正式な外交目標となった。それとほぼ同じぐらい重要なことがここで浮かび上がっていた。会議で説明を担当したのはアレンだったが、質問が出るとビッセルに答えさせたのである。アレンが自分では指揮を執らないことを示す初期の徴候だった。

カストロ排除工作はCIAにとって、これまでになく野心的な計画だった。あとは結果を待つのみだった。しかしアレンはこれらのことから超然としていた。適宜大統領へのブリーフィングが行われ、アレンはビッセルを伴ってホワイトハウスに赴いたが、しゃべるのはもっぱらビッセルでアレンは聞き役だった。ビッセルが統合参謀本部でブリーフィングした際には（四月八日）、アレンは出席さえしなかった。[20]

アレンはかつて世界形成の舞台裏で動いていた。大統領に次ぐ権力を握っているのではないかとも思われていた。一九五〇年代後半になると、ビッセルに任せることが多くなった。それは彼が衰えてきたことの証しであった。注意散漫、細かいことに気を配れず、議論を嫌うという、彼を古くから知る者はすでに気づいていた短所が露わになってきた。

アレンの変化は噂になって広まった。一九五八年の某日、情報分析担当官がU2の撮影写真の説明に来たことがあった。ラジオでは大リーグのワシントン・セネターズの試合を中継していた。アレンはラジオを切ろうともしなかった。アレンは、説明にほとんど関心を示さず、野球中継に神経を集中していた。説明を聞く間にも、「あれじゃあ、だめだ。打てやしない」などとぶつぶつ言っていた。[21]ピッグス湾侵攻計画のブリーフィングを受ける時も無関心で、心ここにあらずだった。

ケネディ政権の顧問となったウィリアム・バンディは次のように回想している。[22]

「アレン長官は仕事の四分の三は、ビッセル君に丸投げだった。振り返ってみると、彼はあの頃には、もう私たちの知っているアレンではなかったのだと思う。あの計画（対キューバ工作）についてもほとんど頭に入っていなかったのではなかろうか」

ビッセルはU2機によるスパイ飛行計画の責任者だった。一九五四年のグアテマラ・アルベンス政権転覆計画では〝反政府軍の空軍〟を指揮したことから、ビッセルがキューバ侵攻計画で集めた要員も、グアテマラ経験者が多かった。トレイシー・バーンズ、デイヴィッド・アトリー・フィリップス、J・C・キング、E・ハワード・ハント。みな、対グアテマラ「PB／サクセス」作戦に携わった者たちだった。対キューバ工作のチームリーダーとなったジェイコブ・エスターラインは「PB／サクセス」作戦ではワシントン本省に詰めて指揮を執り、作戦成功後はグアテマラの現地責任者として赴任した。

こうしたベテランたちには、一九五四年のグアテマラと一九六〇年のキューバでは、条件が相当に違うことがわかっていた。

亡命キューバ人のリクルート

カストロの右腕の一人にアルゼンチン生まれのチェ・ゲバラ[*23]がいた。彼は一九五四年当時グアテマラにいて、反アルベンス勢力のゲリラ戦のやり方を見ていた。ゲバラはカストロに、アルベンス政権がなぜ倒れたかについて、彼なりの分析を語ってみせた[*24]。アルベンスは開かれた社会に愚かなほど寛容だった。それにつけ込んでCIAは工作員を潜り込ませ、破壊活動を進めた。アルベンスは旧軍を温存した。CIAの工作でこの軍が反アルベンスの側についてしまった。カストロは、キューバの革命政権ではそうした間違いが起きてはならないと理解した。権力を握ると、逆らう者を処刑し、軍も粛清した。国民の多くがカストロ政権を支持し、これを守る覚悟ができていた。こうして、カストロ排除は困難な作業になったのである。

とはいえCIAの〝最良の男たち〟の大半は、あらゆることが可能であり、最悪の事態に陥るようなことなど何一つなく、破滅的な失敗は他者にしか起こらないと思う人間ばかりであった。世界の指導者たちが失脚している。カストロ排除が容易ではないと思っていたが、しかし困難に挑戦することに喜びがあった。挑戦の醍醐味があるからこそ、彼らはＣＩＡ職員になったのである。

ＣＩＡ幹部はマイアミのキューバ担当部門を通じて、静かに活動を展開した。マイアミにはキューバからの亡命者がいて、反カストロ感情を剝き出しにしていた。幹部らは亡命キューバ人の中で、リーダー格になれそうな者、ゲリラ戦を戦えそうな者を探した。志願者を、フロリダ州、プエルトリコ、グアテマラ、パナマなどにあるＣＩＡの基地に送り、訓練を受けさせた。空からの攻撃、あるいは水中爆破などの特殊訓練も施された。[*25] フロリダに放たれたカストロのスパイがこれらの動きを監視していた。

アメリカとキューバの関係は次第に緊張を高めていった。キューバは共産中国を承認し、ソビエトと通商条約を締結した。タンカーが続々とソビエトから原油を運んできた。米系石油会社は精製を拒否したが、カストロはそうした会社を容赦なく国有化した。アメリカはキューバ産の砂糖の輸入を止めた。キューバはソビエトに砂糖を売り始めた。

一九六〇年半ばになると、両国の敵対関係は政治や経済の分野だけでなく、キューバの〝魂（ソウル）〟にまで及んだ。アイゼンハワー政権は、ハバナを根拠地としていたプロ野球チーム、シュガーキング（インターナショナル・リーグ所属）を引き揚げた。[*26] 野球に対する愛情はキューバ国民の精神に染み込んでいた。カストロ自身、閣議開催を遅らせてでもシュガーキングの試合に熱中するほどだった。彼は、シュガーキング引き揚げ決定に対して「スポーツマンシップ」に反すると抗議した。チームの負債を肩代わりすると申し出た。しかし埒はあかなかった。シュガーキングは、ジャージーシティー（ニュージャージー州）に移り、ジャージーシティー・ジャージーズとなったが、その翌年に球団は倒産した。こうしてキューバの国民は、合衆国との心のつながりも失った。

ウォルター・リップマンは、シュガーキング引き揚げ後、自身のコラムでこう書いている。

「世界に多くの革命政権が現れた。こうした国との外交で重要なことは、彼らを鉄のカーテンの向こう側に追いやらないことである。こちら側（西側）に属するように常に気を配ることである。もし向こうに行くようなことがあっても、こちら側に戻れる道を開けておくことが大切だ[*27]」

キューバの脅威に対する恐怖にワシントンは取り憑かれた。コンゴのナショナリズムの爆発の恐怖にも取り憑かれた。しかし、アレンは第三の国に対する不安で頭がいっぱいだった。すなわちラオスである。

誰もが知らないようなところで世界の耳目を集める事件が起こるものである。一九五〇年代後半のラオスがそうだった。アメリカでは、ラオスは共産主義の侵食に備える前衛基地的な価値があると考える者がいた。アレンもそうした考えを持っていた。アレンと彼のスタッフはラオスのジャングルの中で、これまでにないほど大規模な準軍事作戦を開始した。

ラオスの指導者たちは東西冷戦構造に引き込まれるのを嫌っていた。ラオスの意向を知ったホーラス・スミス駐ラオス大使は本省に、ラオスの中立を容認するよう進言した。しかしアイゼンハワーは、中立の容認は共産主義者を認めるのと同義であるとして、大使の考えを否定し、大使を更迭した。CIAはラオス国内の部族民を数千人規模で採用し、秘密の軍を組織した。彼らを中立主義者や共産主義者と対峙させたのである。ホー・チ・ミンは北ベトナム軍をラオスに遣った。アメリカとソビエトから大量の武器がラオスに持ち込まれた。ラオスでの戦闘が、その後のベトナムでの悲惨な戦いの予兆となった。

「ラオスを共産主義者に渡してはならない。戦争も辞さずの覚悟だ」[*28]

アイゼンハワーの決意は固かった。

ラオスでの〝秘密の戦争〟について、アレンは何も語っていない。しかしビッセルは次のように分析している。[*29]

「我々がラオスの中立主義を容認しなかったのは失敗だった。ワシントンは現地の状況を理解できなかった。もう少しラオス専門家の助言や知識に胸襟を開いていれば、ラオスの政情、歴史、文化についての理解も深まっていただろう」

アイゼンハワーの二つの暗殺命令

一九六〇年七月二十三日、アレンはハイアニスポートを訪問した。ジョン・F・ケネディ上院議員にCIAの活動について説明するためであった。大統領候補者には国家安全保障に関わる問題についてブリーフィングを行い、ある程度の理解をもってもらうようにすることはアメリカ政治の伝統であった。先に書いたように、アレンはフロリダでの休暇で議員とは面識があった。その時からケネディ議員は秘密工作活動に興味と理解を示していた。ケネディ家のサマーハウスでCIA長官と民主党の大統領候補は二時間にわたって語り合った。アレンによれば、対キューバ工作についても触れたようだが、具体的には何も語っていない。[30]

「私がケネディ議員に話したことは、『ニューヨーク・タイムズ』に書いてあるようなことだ[31]」と言って、邸の外で待っていた記者たちを煙に巻いている。

アレンのブリーフィングは大きな意味を持っていた。ケネディ候補に対抗する共和党候補はリチャード・ニクソン副大統領だった。彼は後に、選挙に敗れたのはこのブリーフィングのせいだったかもしれないと示唆している。ニクソンはアイゼンハワー政権の一員として反カストロの急先鋒だった。しかし、彼には職責上、対キューバ工作について守秘義務が課せられていた。ニクソンは、ケネディ候補はアレンのブリーフィングでこのことを察したのではないかと疑っている。選挙戦においてケネディは大胆にも、「敵対的で軍国主義的なソビエトの衛星国」や、あるいは「我々の領土からわずか九十マイルのところにできるかもしれない敵のミサイル基地や潜水艦基地」をけっして放っておくわけにはいかないと誓ったのだ。[32]しかしニクソンは応酬することができなかった。

「連中（ＣＩＡ）は死んだふりでもしているのか[33]」

ニクソンは、行動に出ないＣＩＡに苛立ち、側近に尋ねた。

「一体全体、彼らは何カ月もかけて何をやっているのだ？」

アメリカのメディアは大統領選の動向を詳細に伝えていた。他にも大きな海外ニュースが続いていた。ソビエトと共産中国が突然仲違いをし、インドシナ情勢も不安定であった。Ｕ2危機の影響も残っていた時期だった。しかし一つだけ、極めて重要な事件が報道されず、それは何十年にもわたって秘密にされた。

この夏、アイゼンハワー大統領は歴代の大統領の誰もがしなかったことを二度行った。外国指導者の暗殺命令を下したのである。

古来の政治の原則に従って、アイゼンハワーはけっして誰かの死をはっきりとは命じなかった。しかし大統領がアレンとの間で交わした私的な会話や小さな集まりでの曖昧な会話から、カストロとルムンバの暗殺命令が下されていたことは明らかであった。優先順位が高かったのはカストロであった。一九六〇年五月十三日、アレンのブリーフィングを聞き終えた大統領は特別委員会のメンバーに、キューバの指導者を〝葬り(sawed off)〟たいと語っている。[*34] 二番目の標的、ルムンバはこの時はまだ政権の座に就いていなかった。

後になってのことだが、二つの暗殺計画を任されたリチャード・ビッセルは、アレンから直接その命令を受けたと証言した。アレンはどちらの計画も〝最高レベル〟での承認を受けていると言っていたのである。

「あの時代には、それが何を意味するかはっきりしていた。アイゼンハワーという人物は笑顔の裏で厳しい決断ができる強靱な人間だ」[*35]

CIA主導の暗殺計画

アメリカの情報工作機関の職員が暗殺者として他国に遣られたことは一度もなかった。ビッセルはカストロに打撃を与える魔法の手段を考えねばならなかった。彼のアイデアは華々しくもあり馬鹿げてもいた。マフィアのヒットマンを雇うのである。
　アメリカの犯罪組織はバティスタ政権と持ちつ持たれつの関係にあったが、カストロの登場ですべてを失った。彼らはカストロに死んでもらいたいと願っている。どうやって殺害するかの経験もある。ビッセルの望みどおりの者たちだった。ビッセルは、仲介となる人物を、小粋なマフィアの名士、〝ハンサム〟ジョニー・ロゼリのもとに遣った。FBIは十三の殺人事件に彼が関与していると見ていた。ロゼリは他のギャングらも計画に引き込んだ。ビッセルは彼らに、CIAが用意した六錠のピル（毒薬）を渡した。毒薬を調合したのは、マインドコントロール計画の責任者、「健康改善委員会」のシドニー・ゴットリーブ博士だった。先に書いたようにアレンはこの計画を監督していなかった。ビッセルは進捗状況を一度だけ報告したことがあったが、アレンは「かすかに頷いただけ」であった。[36]
　一九六〇年八月十八日、カストロ殺害計画が進行する中、アイゼンハワーは二つ目の死刑宣告を下した。ルムンバが彗星のごとく現れたことにワシントンは怯えた。この事態は大統領の注意を一時そらした。彼は二つの政権交代工作を操ることになり、それらはいずれも殺人を伴った。
　この年の十一月の大統領選挙で勝利したのはケネディ候補だと書いた。アイゼンハワーは反カストロ工作を凍結するか、少なくともケネディの意向を確認するようアレンに指示することぐらいはできた。しかし彼はどちらもしていない。逆に、「規模を拡大」する方向に指令を出した。暗殺者数人をキューバに潜入させるようなやり方ではなく、本格的なCIA主導の軍事介入に切り替えさせたのである。それは米国正規軍の支援も念頭にしたものだった。大統領安全保障担当補佐官のゴードン・グレイは、ダミーのキューバ軍を使って、グアンタナモ基地（訳注：一八九八年の米西戦争を受け、一九〇三年に永久租借した軍事基地。キューバ東端の南岸にある）を攻撃させ、それに反撃することで軍事介入を正当化するというシナリオを描いた。[*37]

このような流れの中で、アレンとビッセルはフロリダのパームビーチに飛んだ（一九六〇年十一月十八日）。新大統領となるケネディに、キューバを含む各地で行われている秘密工作活動全体についてブリーフィングするのが目的であった。

二人はプールサイドでケネディに地図を見せながら状況を説明した。具体的に何を説明したかはわかっていない。ＣＩＡ関係者によれば反カストロ計画の概要だったらしいが、ケネディはあまり感心しなかったらしい。

十一月二十九日、アイゼンハワーは、ルムンバ逮捕の嬉しいニュースで起こされた。反カストロ計画の再構築については、後に書かれたＣＩＡの文書に以下の一文がある。[*38]

「この日、アイゼンハワー大統領はキューバ工作について突然、関心の度合いを高めたようであった。七月から十一月初めの大統領選挙までの間、反カストロ工作への関心をなくしたかのようだった。それがこの日に突然変わった。彼が自らどんどん決定を下し、進めていくといった空気になった……対キューバ工作の責任者ジェイコブ・エスターラインはその理由を問われたことがあるが、『よくわからない』と答えている」

一握りの人間にしかわからない説明がある。アイゼンハワーがカストロに対する秘密工作を認めたのは一九六〇年初めだった。しかしルムンバの突然の台頭が大統領の関心を惹きつけた。十一月二十九日のルムンバ逮捕の報で、大統領はアフリカでの戦いの勝利を確信したにちがいない。そこですぐさま関心がキューバに戻ったのだろう。大統領はアレンとビッセルをホワイトハウスに呼び、コンゴと同じくキューバでもうまくやるようにと命じた。大統領は二人に言った。「思いきって勝負に出てくれ[*39]」

キューバ侵攻計画

キューバ侵攻計画は一気に進んだ[*40]。ビッセルらは亡命キューバ人の軍隊をグアテマラに集結させた。旧式のＢ26爆撃機をアラバマ州空軍予備隊（Air National Guard）から貸与の名目で調達してキューバ空軍機に偽装し、それらを飛ばす準備をした。亡命キューバ人パイロットがキューバを空襲したと見せねばならなかった。秘密の〝空軍〟基地、亡命キューバ人軍の集結地として選ばれたのはニカラグアのカリブ海側にある、眠ったような町プエルト・カベザスであった。町のコードネームは「ハッピーヴァレー」だった。

アレンは準備が着々と進んでいることはわかっていた。しかしそれらは彼の決定や指示でなされたものではなかった。彼は傍観者的態度で進捗状況を見ていた。キューバ侵攻計画の間、ただ一度だけ特別委員会で独自の報告を行った。作戦そのものには全く関係がなく、アレンがウォールストリートの旧友とどれほど親しいかを示す報告だった。

「一九六〇年十二月二十一日に開かれた特別委員会の会議でアレンは、前日にニューヨークで行われ、彼も出席していた米国企業幹部らとの会合について報告した」[*41]。CIAの説明によれば、この会合は半世紀近くにわたって秘密にされた。「会合の出席者は、スタンダード・オイル・オブ・ニュージャージー(現エクソンモービル)のラテンアメリカ担当副社長、キューバ・アメリカ製糖会長、アメリカン・シュガー・ドミノ製糖社長、アメリカ&フォーリンパワーズ(電力)社長、フリーポート硫黄会社会長、インターナショナル電信電話会社(ITT)の幹部であった。やりとりの主旨は、合衆国は無関心を装うのをやめ、カストロに対して何らかの行動を起こすべきだ、というものだった」

十二月二十八日に開かれた特別委員会の次の会議では、亡命キューバ人の反攻計画に要する軍事力が議題だった。アレンはこれについて、ビッセルではなく海兵隊のジャック・ホーキンス大佐[*42]に説明させた。ホーキンスは水陸両用戦のエキスパートで、上陸準備のために兵を分遣していた。ホーキンスの説明は説得力があり、そしてぞっとするほど予言的であった。

「水陸両用作戦の鉄則として、目標地点における空海の連携が求められる」と大佐は言った。「我々の上陸作戦用舟艇の着岸を阻止する可能性のあるキューバ空軍および艦艇は、事前に叩いておくか、あるいはこれを無力化しておかねばならない。それをしなければ、惨めな失敗となる。……適切な戦術航空支援を行う準備がなされていなければ、作戦はいったん白紙に戻す必要がある」[*43]

キューバ情勢は風雲急を告げた。年が明けて一九六一年、共産主義国家から送られた武器がハバナ港に荷揚げされた[*44]。海兵隊を乗せた米空母「フランクリン・D・ルーズベルト」と護衛の駆逐艦がキューバ沿岸で演習を開始した。マイアミではおしゃべりなキューバ人亡命者組織のリーダーが、我が戦士たちは〝いつでも侵攻できる〟と報道陣に語った。[*45] キューバは海岸線に防衛線を敷いた。

一九六一年一月一日、ハバナ市内で強力な爆弾を使った爆破騒ぎがあった。翌日、カストロは喝采する群衆に向かって、「アメリカ大使館がテロリストを雇って仕掛けさせた！」と語り、[*46] アメリカ大使館員の数を最大十一人までに制限することに決めたと言った。アイゼンハワー大統領は、カストロの決定に対抗して大使館を閉鎖し、国交を断った。カストロは、これはアメリカの侵攻がいつ始まってもおかしくないことを意味すると言い、国民に警戒を呼びかけた。

ワシントンでは、アイゼンハワーのスポークスマンが記者会見で、「カストロの発言は理解不能である」と説明した。[*47]

一月四日に特別委員会が招集され、ＣＩＡは「対キューバ上陸／空挺および戦術航空作戦」の概要を記したメモを回した。[*48]

「侵攻軍の当面の任務は局地の征圧および防衛である」とメモには記されていた。「これによって、キューバ全土における蜂起を促し、キューバ軍および民兵組織（ミリシヤ）の反乱を生み出すことが期待される。……その結果、キューバ鎮定を目的とした合衆国の軍事介入の道が開け、カストロ政権の早期転覆につながるだろう」

六日後、『ニューヨーク・タイムズ』に驚くべき見出しが載った。「合衆国、グアテマラの空軍基地で反カストロ兵の訓練を支援」。記事にはＣＩＡの野営地を正確に示した地図が付してあり、そこでは「大半が合衆国から来た外国人によって、コマンド式の軍隊がゲリラ戦術を叩き込まれている」と報じていた。

作戦の機密が漏れていたことを示す証拠だが、実はこの『ニューヨーク・タイムズ』以前にも『マイアミ・ヘラルド』が同様の記事を用意していたのである。しかしアレンが同紙に、これを掲載することは「国の安全保障を大いに損ねる」と警告したため、取りやめとなった。[*49]『ワシントン・ポスト』にも圧力をかけ、同様の記事を差し止めさせた。多くの記事が抑え込まれたが、しかしすべてを抑えることはできなかった。[*50]『ネーション』誌は、「我が国はキューバ反政府ゲリラを訓練しているのか」と題した記事を書いた。[*51]グアテマラの新聞『ラ・ホーラ』は、CIAの訓練場に記者を遣り、より詳しく報じた。マイアミではキューバ侵攻計画をめぐる噂が広がっていた。アレンは『ニューヨーク・タイムズ』に対して、噂について書いた四つのコラムを一つに減らし、一面のトップではなく、少し目立たないように位置を変えさせたかった。[*52]だが『ニューヨーク・タイムズ』の編集人は、すでに多くの情報が漏れている以上、知り得たことは書くとの方針を変えなかった。

「我々は記事について一切コメントしないことに決めた」とアイゼンハワーは後に書いている。[*53]

公然の隠密作戦

反カストロ作戦は米国の関与を秘密にして初めて成功すると、アイゼンハワー大統領は繰り返し注意を促していた。しかし秘密裏に進めるという望みはなくなった。秘密が漏れた時点で、アイゼンハワーもアレンもいったん計画を止め、再考することもできたはずだった。しかし二人ともそうする代わりに、作戦を敢行し、戦うことを決めた。今から思うと妙な決断であった。アメリカは最後には必ず勝つという理外の想定によって不安を払拭したのである。「アメリカは最後には勝者になる」という思いは誰もが持っていた時代だった。

「アフリカとアジアでの共産主義の著しい浸透に照らして、我が西半球で共産主義が広がることは絶対に阻止したかった。我々の計画に弾みがつき、作戦はゲリラ活動から全面的な介入へと変質した。……ケネディは前政権の政策決定を引き継いだ。彼はそうしなくてはならないというプレッシャーを感じていた」とビッセルは当時を振り返っている。[*54]

一九六一年一月十九日午前九時、アイゼンハワー大統領が執務する最後の日、アイゼンハワーは新大統領をホワイトハウスに迎えた。この日の二人の打ち合わせはおよそ三時間続いた。海外危機をめぐって彼らが話し合った最重要事項の一つはラオスであった。次にケネディは言わずと知れた問題を持ち出した。

「我が国はキューバにおけるゲリラ活動を支援すべきでしょうか」

アイゼンハワーは答えた

「全面支援です。カストロ政権の継続はあり得ません」[*55]

政権に就いてまもなく、ケネディは対キューバ工作の詳細を理解した。国民もこれを注意深く見守った。『タイム』は次のように報じている（一九六一年一月二十七日号）。

「フロリダ州とグアテマラのゲリラ兵士の訓練センターでは、武器を運ぶ高速魚雷艇（PTボート）が平均して週一回の頻度でキューバに向かっている。（また）伝えられるところによれば、およそ八十人の飛行家グループが、レタルレウ（グアテマラの南西部太平洋岸）の某地、および現在は使われていない合衆国海兵隊のオーパ・ロッカ（フロリダ州）基地を飛びたった」

ケネディには八方塞がりの状況だった。彼は若く（一九一七年生まれ）、外交経験もなく、職務に慣れていなかった。選挙戦では対キューバ強硬論を唱え、国民の多くがそれを支持した。アレンは常にビッセルを傍らに置き、ケネディの説得に当たった。

アレンは辛辣な言い回しで、計画中止となれば（亡命キューバ人の）〝処理〟問題が出てくるとケネディに注意を促した。[*56] 曰く、グアテマラにいる亡命キューバ人は除隊になるだろう。彼らはマイアミに戻ることになる。彼らの身の上話は「我々はカストロの追い落としにもう一歩のところだった。最後の最後で大統領が怖気づいて計画を中止した」というものになる。このお話は永遠にケネディの遺産の一部となるだろう。

アレンは後に、「我々は計画中止が極めて不愉快な結果をもたらすことを大統領にはっきりと説いた」と述べている。[*57]

ケネディはラテンアメリカ諸国との関係を再構築すると決心して政権の座に就いた。一九六一年三月一日、「平和部隊（Peace Corps）」創設の大統領令に署名し、[*58]「世界平和と人類の発展のために、その活力と時間と労働力を捧げることを望む」ボランティアを募集した。二週間後に、ホワイトハウスに二百五十人のゲストを招いてのパーティーが開かれ、席上「進歩のための同盟（Alliance for Progress）」計画が発表された。「自由と進歩は手を取り合って歩む」ことを証明しながらラテンアメリカメリカ諸国を変容させることを目的とした野心的な援助計画であった。ケネディが西半球提携の新時代を構想している一方で、キューバ侵攻計画は着々と進められていたのである。

後にケネディの顧問の一人は「アレンとディックはキューバ作戦について我々に要点を説明しなかった。彼らは我々にそれを売り込んだのだ」とこぼした。[*59] 別な者はこう言っている。CIAの二人の男は「計画に恋しており、批判的な目で計画を検討するという態度は全くなかった」。

アレンは彼らの指摘を認めている。

「計画のメリットを示す場合、違う意見やあれやこれやの批判にぶつかるから、セールスマンの売り込み式になりがちなのだ」[*60]

ケネディ新政権の安全保障担当顧問は誰一人として、二人が説くキューバ侵攻計画に懸念を示さなかったが、政権の周辺にはこれを疑問視する者もいた。その一人が特別補佐官のアーサー・シュレジンジャー・ジュニア[*61]だった。彼は大統領に、アメリカがキューバ侵攻を実施すれば世界中の非難の的になる、そして「大勢の人々の心にアメリカ新政権の悪いイメージを定着させる」と警告するメモを送った。[*62] 上院外交問題委員会委員長のJ・ウィリアム・フルブライト議員[*63]（アーカンソー州、民主党）は、カストロを「心臓を突き刺すナイフではなく、体に刺さった棘として」扱うように忠告している。[*64] 元国務長官のディーン・アチソンがホワイトハウスを訪問した折、ケネディは、CIAがキューバ侵攻を準備していると告げ、計画について概略を話した。アチソンは懐疑的だった。[*65]

「本気かね」とアチソンは聞いた。「プライスウォーターハウス（訳注：世界的規模の会計監査事務所）に計算してもらわなくたって、一万五千の軍が二万五千の軍と同じ能力にならないことはわかりきっている」

危うい計画

ケネディ大統領は計画について疑問を抱いていたが、ビッセルはそのすべてに解答を用意した。計画では、亡命キューバ人部隊は、エスカンブレイ山麓の港町近くに上陸することになっていた。ケネディはそこではあまりに〝騒々しい〟のではないかと心配した。[*66] 大統領の指摘を受けてビッセルは、上陸地点をそこから東に百マイル（百六十キロメートル）離れたピッグス湾（キューバの南岸中央部付近）の砂浜に変更した。空からの第一波の攻撃には偽装した航空機を十六機投入することになっていたが、大統領はCIAの関与が明らかになる確率が高まるのではないかと気を揉んだ。ビッセルはその数を半分にすると言って納得させた。米軍の投入はできないと強調する大統領に、その必要は全くないと請け合った。

歴史家たちは長い間、ビッセルはなぜ、これほど大きな変更をすれば成功はおぼつかないと大統領に言えなかったのだろうかと不思議に思ってきた。

「ビッセルには、修正があってもなお成功させる自信があったのだろう」とある歴史家は書いている。「個人的なプライドと野心が、変更やリスクの上乗せを受け入れさせてしまったのかもしれない。彼のCIAあるいはケネディ政権内での将来はこの計画の成否にかかっていた。CIAの次期長官の目もある立場だった。計画のキャンセルは出世を諦めることにもなりかねなかった。ビッセルの性格からすれば、それを受け入れることはできなかった。もう一つ考えられる理由は……ケネディは（表面上は心配しているが）、いざとなったら軍の派遣も辞さないほどの覚悟があると判断していた可能性があった。またビッセルは、ピッグス湾上陸作戦の前か、あるいは上陸と同時にマフィアがしっかりと仕事をしてカストロを排除することに期待を寄せていた可能性もある」[*67]

ビッセルはそれが最後となる重大な警告を無視した。[*68] 上陸作戦を八日後に控えた四月九日（日曜日）の朝、ワシントンのビッセルの自宅に二人の作戦担当者がやって来た。一人は彼の部下、ジェイコブ・エスターライン、もう一人は海兵隊のジャック・ホーキンス大佐であった。二人は夜遅くまで作戦を検討していて疲れきっている様子だった。家の中に案内された二人は不安を一気にぶちまけた。上陸地点の浜辺は完全に孤立した位置にあり、（反カストロの）現地キューバ人の支援は全く期待できない、劣勢になった場合に撤退の術がない、航空機八機では不足である、今回の上陸計画の核心部分の秘密はすでに漏れている。二人は、これらの新たな状況を考えると、侵攻は〝惨憺たる失敗〟に終わることは間違いなく、もし計画が中止されなければ辞任の覚悟であると告げた。

二人の最も重要な計画立案者の訴えにもかかわらず、ビッセルは中止しなかった。すでに事は動き始めていて、今さら止めることはできないとビッセルは二人に言った。ホーキンスは後に「この期に及んで私を見捨てないでくれ」というのがビッセルの本音だったらしいと言っている。最後には、二人の愛国心と団結心に対するビッセルの訴えかけが勝った。彼らがビッセルの家を辞去した時、計画中止の最後のチャンスが消えた。

「我々は大きなミスを犯した。あの時、自らの考えに忠実に、辞任していればよかった」。ホーキンスは後にこう悔いている。[69]

二人がなぜ、ビッセルとの協議だけで諦めてしまったのか。今となってはそれも不思議なことである。アレンに訴えることもできたはずだが、彼はこの計画にほとんど関与していなかったから、二人にはそうした考えすら浮かばなかったのだろう。

四月十二日、ケネディ大統領は記者会見で「いかなる場合でも、キューバに対する合衆国の軍事介入はない」と言明した。[70] 会見の翌朝、ＣＩＡの航空機が、グアテマラの訓練基地からニカラグアのカリブ海側のハッピーヴァレーまで、亡命キューバ人兵士の輸送を開始した。

ピッグス湾上陸失敗

四月十七日夜明け前、兵力およそ一万四千の亡命キューバ人軍がピッグス湾の浜辺に上陸を開始した。数千のキューバ軍がこれを迎え撃った。カストロが現地に駆けつけ、自ら指揮を執った。ピッグス湾侵攻のニュースがワシントンで報じられている頃、ホーキンス大佐は大慌てで電話をかけ、上司である海兵隊総司令官デイヴィッド・シャウプ将軍を叩き起こした。[71] ホーキンスはシャウプに、カストロ軍を叩く米軍機を出動させなければ、キューバ侵攻作戦は失敗すると訴えた。[72]

「何とか大統領をつかまえて状況を説明してください。このままでは敗北です」と懇願した。

将軍は答えた。

「私にはどうすることもできないことぐらい、君にもわかっているはずだ」

ケネディ大統領は侵攻支援のために正規軍を使用することはないと説明していた。事態が危機的状況に陥っても大統領はその考えを変えなかった。大統領の決心がハッピーヴァレーの司令部に電信で伝えられると現場の士官は憤った。スタンリー・ビアリ大佐（アラバマ州空軍州兵）は帽子を床に叩きつけた。

「これで負けたのも同然だ！」

上陸した侵攻軍はキューバ軍砲兵隊によって四散し、キューバ軍機に攻撃され、そしてキューバ軍に圧倒された。この耐えがたい責め苦の日、アレンはその近くにいた。弾着観測機に搭乗していたのでもなければ、キューバの沿岸で待機していた多くの米軍艦の一つに乗り組んでいたわけでもない。プエルトリコのサンフアンで開かれていた若手企業家の会議に出席していたのである。会議にはマーガレット・ミード（文化人類学者）とベンジャミン・スポック博士（育児書で有名な小児科医）がゲストとして招かれていた。

ラジオ・モスクワは、アレンはサンフアンを訪れ、「ピッグス湾侵攻の陣頭指揮を執っている」と報じた。[*73] ラジオ・モスクワの報道は筋が通っていた。CIAが大掛かりな秘密作戦を発動している時、そのトップが指揮を執ることのほかに一体何をしているというのだろう。真実は案外緊張感を欠くものである。アレンは見てのとおりのことをやっていた。そこから遠くない浜辺で、彼が派遣を支援した兵士が死んでいる最中に、彼は気の抜けた演説をしていたのである。

その夜、アレンはボルチモアで彼を出迎えた部下に聞いた。

「ところで、（作戦は）どうなっている？」[74]

「うまくいっていないようです」

「ああ、そうなのか」

二人は迎えの車の中で雑談を交わした。空港からジョージアの私邸に着くと、アレンは部下に一杯やっていかないかと言った。ウィスキーを傾けるアレンは、キューバの話題から離れて、漫然と、とりとめのない話をし始めた。後に部下は、この時のことを簡潔に、「非現実的な出来事のように感じられた」と語っている。

翌日開かれたホワイトハウスの会議でケネディは、ピッグス湾の侵攻軍を支援するために米軍を送るようにと訴える多くの嘆願を聞き入れようとはしなかった。同夜遅く、最も強力な嘆願がなされた。海軍作戦部長アーレイ・バーク提督が、同じくらい興奮しているビッセルを帯同してホワイトハウスに直談判に乗り込んだのである。[75]

「ジェット機を二機追加していただきたい。それで敵の航空機を撃墜する」。バークは嘆願した。

「だめだ」とケネディは答えた。「合衆国を巻き込めない」

「空爆は一切できないのですか」

「そうだ」

「航空機を派遣することは？」

「だめだ。合衆国機と認識される」

「米軍機でないように偽装します」

「だめだ」

空からの攻撃を認めない大統領に提督は、駆逐艦からの艦砲射撃を提案した。それに対する答えも「ノー」だった。

その日遅く、ケネディは側近に「アレン・ダレスを長官に留任させたのは私のミスかも知れない」と不安を口にした。[*76] その頃になると、アレンも事態の重大さを認識していた。アレンは自邸への帰路、旧友リチャード・ニクソンの邸を訪れた。ニクソンはすぐにアレンが「相当なストレス」を抱えていることを見て取り、一杯やるようにと言った。

「いや、実際、酒が必要だ」とアレンは答えた。「今日は人生最悪の日だ」

「いったい何があったんだ?」

「何もかも失った」[*77]

たしかに現実はダレスの言うとおりだった。ピッグス湾では百人以上の亡命キューバ人兵士が戦死した。残りの大半は一網打尽となり、捕虜となった。カストロにとっては有頂天となるほどの、素晴らしい勝利だった。ケネディは動揺した。

「馬鹿な決定をしてしまった」[*78] と声に出した。

衝撃を受けたのは大統領だけではなかった。CIAに対する議会とメディアの批判はかつてないほどのレベルにまで高まった。アレンも矢面に立たされた。『タイム』は、「キューバの惨状」と題した特集記事を組んだ(一九六一年四月二十八日号)。そこではアレンの諜報に対する姿勢が問われていた。

「先週、CIAは世間の注目を浴びることになった。おそらく世間の目はしばらくの間、この組織に注がれることになろう。今までもたびたび議論されてきた問題だが、諜報組織は情報収集だけでなく、作戦遂行までやらなくてはならないのだろうか。英国はこの問いに対して『ノー』の態度を取ってきた。情報収集と作戦行動を一つの組織に任せると、情報収集の正しさを証明するために作戦を実施するということが起き得る。それが『ノー』の理由である。キューバでの惨状は、二つの機能をCIAに任せたことが原因のように思われる」

ケネディ大統領はホワイトハウスに集まった報道陣に対して、失敗の「すべての責任」は自分にあると認めた。「事がうまくいった場合は誰もがその功績を競い合うが、失敗した場合は責任を認めようとする者はいない」と彼は考え深げに語った。[*79]

アレンはショック状態に陥った。ロバート・ケネディは「まさに生きた屍のようだった。痛風が悪化し、歩くことも辛そうであった。頭を抱える仕草が増えた」と回想している。[*80]数週間後には通常どおりホワイトハウスの会議に呼ばれたが、アレンに厳しい言葉を浴びせる者はいなかった。

アレンの失墜

五月一日、上院外交問題委員会は非公開の公聴会を開いた。証人喚問されたアレンは、ピッグス湾侵攻作戦の失敗の責任はCIAではなく、軍にあると主張した。

「我々は受けられる限り最高・最善の軍事的な助言を得ていた」と彼は証言した。「もちろん、計画をまとめることに助力した軍の高官や統合参謀本部の助言もあった」[*81]

米軍司令官のトップらはアレンの証言に激怒した。アーレイ・バーク提督は自らのアレンの評価を恥じた。

「本当のことを言えば、彼は作戦に携わっていなかった」とバークは言った。「彼は会議には顔を出した。座ってただパイプをふかしていた。……あそこにいなかった(自ら指揮しなかった)のは彼の責任だ[*82]」

夏が近づく頃にはワシントンの興奮も冷めた。アレンは嵐をやり過ごしたと信じた。彼はラングレーのCIA新本部の建設現場にしばしば顔を出した。友人には、あと二年で七十歳になる、その時に引退するつもりだと漏らしていた。[*83] ピッグス湾事件はアレンの頭から消えたかのようだった。しかし、ケネディ大統領は忘れていなかった。近しい者には、「CIAの野郎ども」が自分をピッグス湾侵攻計画に引きずり込んだと悪態をつき、「CIAを細切れに引き裂いて、風の中にまき散らして」やりたいとまで言っていた。八月のある日、大統領はアレンをホワイトハウスに呼び、引導を渡した。

「(イギリスのような政体であれば)あの事件の責任をとって辞任するのは私なのかもしれないが、我が国の仕組みでは責任をとるのは、あなただということになる」

ケネディ大統領は、アレンの解任をラングレーの新庁舎完成まで待った。一九六一年十一月二十八日が竣工式だった。CIA関係者が多数参列するなかで、大統領の挨拶はあっさりとしたものだった。[*84]

「あなた方の仕事は成功しても褒められることはない。失敗すれば激しく非難される」と大統領は参集者に語った。「私もまたそのような気持ちになる時がある」

新しいＣＩＡ長官に指名された元原子力委員会委員長ジョン・マコーン[*85]が大統領の隣の席に座っていた。アレンとともに解任が決まったリチャード・ビッセルも近くの席に着いていた。同族の傷を癒す時が来た。

挨拶を終えたケネディは、「前に出ていただけますか」とアレンに呼びかけた。

アレンが登壇すると、ケネディは国家安全章のメダルを示して見せた。情報関係の幹部に授けられる最高位の勲章である。大統領はアレンの胸に勲章を付け、「あなた以上にこの仕事に誇りを持って打ち込んだ人はいない」と言ってその功績を称えた。

続いて幕が引かれると、聖書の一節を刻んだ御影石が現れた。それは今日に至るまで庁舎のエントランスウォールに飾られている。聖書の一節とはすなわち「かくて汝は真実を知り、真実こそが汝を自由にする」（訳注：「ヨハネ福音書」第8章32節）。

およそ一年後、カストロは五千三百万ドル相当の食糧、医薬品援助と引き換えに、ピッグス湾事件の捕虜を解放した（訳注：一九六二年十二月二十四日に千百十三人が解放された）。しかしこれで幕引きとはいかなかった。その影響はその後の歴史の中で繰り返し語られてきた。ピッグス湾事件によって初めて、アメリカのＣＩＡという組織が、気に食わない態度をとる小国の指導者を排除する計画に関与していることが明らかになったのである。それは帝国主義者による介入の唾棄すべきシンボルとなった。世界各地で新たな反米のうねりが起きた。

一九六五年、ケネディ大統領の補佐官を務めた二人の人物、セオドア・ソレンセンとアーサー・シュレジンジャー・ジュニアが、アレンはピッグス湾事件の無様な失敗に大いに責任があると見なす本を出版した。ソレンセンは、ケネディ大統領が侵攻計画の勝算を尋ねた時に、アレンは次のように答えたと記している。

「グアテマラ工作の時にも私はアイゼンハワー大統領に呼ばれ、ここで勝算ありと説明しました。今度の計画の見通しはその時以上です[*86]」

これに対してアレンは「ピッグス湾侵攻事件についての私の考え」と題して反証を書いた。「(私が) キューバ作戦の成功は確かだと大統領を信じさせたといった神話は、全く事実に反する。……私は、一戦を交えるチャンスがあると上申しただけである (必ず成功するとは言っていない)。それが、キューバに関して私が取った立場である」

妹のエレノアは「彼はもはや自分の記憶や考えを制御できなくなっている」と判断し、発表を思いとどまらせた。タイプと手書きのごちゃごちゃした下書きメモは、アレンのパーソナルアーカイブにのみ保存された。メモの一つに、なぜ成功の覚束なかった侵攻計画に踏み切ったかの疑問に答えるヒントが残っている。

「いったん火蓋が切られれば、つまり危機が現実のものになれば、勝利のために必要とされるどんな行動も承認されるものだと理解していた」とアレンは書いている。「議論で納得させられなくても、現実の危機に直面すれば我々の要求が容れられるはずだと信じていた[*87]」

八年間にわたるアイゼンハワー政権での経験から導かれた結論だったのだろう。いったん戦端が開かれれば、アイゼンハワーと同様、ケネディ大統領もまた勝利のためにはあらゆる手段をとるはずだと思い込んでいたのかもしれない。アレンは、軍は出さないというケネディの言葉を額面どおりには受け取っていなかったのかもしれなかった。

妹のエレノアもワシントンの時代の変化のあおりを受けた。一九六二年初め、ディーン・ラスク国務長官[*88]は、彼女を呼んで、「ホワイトハウスからあなたの解任を命じられた」[*89]と伝えた。彼女の排除は、おそらく司法長官ロバート・ケネディの意向もあっただろう。彼はピッグス湾侵攻の失敗にひどく憤っており、「ダレスの親族が政権内部にいるのは我慢できない」と語っていたのである。エレノアは意思に反して、十五年間在職した国務省から去った。彼女はデューク大学、ジョージタウン大学で教鞭を執り、いくつかの著作をものしている。世界各地を旅行した。最も頻繁に訪れたのは（西）ドイツだった。アデナウアー首相の葬儀には、リンドン・ジョンソン大統領とともに参列した（訳注：アデナウアーは一九六七年四月に死去）。彼女は兄弟よりも強靭な体質だった。その最晩年まで活動を続け、一九九六年、彼女は百一歳の生涯を終えた。

アレンのその後

退任後のアレンはテーブルスピーチを求められることが多かった。気乗りのしない様子で執筆にも取り組んだ。その著『諜報の技術[*90]（*The Craft of Intelligence*）』はさほどの評判を呼ばなかった。[*91]いくつかの章はＣＩＡの同僚エヴェレット・ハワード・ハントに代筆させていた。史実とフィクシヨンを寄せ集めて書いた二冊のスパイ小説はよく売れた。息子の療養先のスイスやバハマで時間を過ごした。旅行は妻のクローバーも一緒だった。孫たちと過ごす時間を楽しむようにもなった。彼は二度、公の職務に就いている。予期せぬことに、リンドン・ジョンソン大統領がアレンにデリケートな任務を与えたのだ。

一九六三年十一月二十二日、ケネディ大統領が暗殺された。アレンはその報をロイド・ネックの自宅で聞いた。一週間後、ジョンソン大統領はアレンに連絡をとり、暗殺事件を調査するハイレベル・パネル（ウォーレン委員会）のメンバーとなるよう要請したのである。

ジョンソン大統領は、ケネディ暗殺事件には「外国絡みの厄介事、CIAやその他諸々のこと」があると親しい議員に漏らしていた。[*92] アレンをウォーレン委員会のメンバーにしたのは、それらの〝厄介事〟を秘密にしておくという意図があった。アレンはウォーレン委員会の他のメンバーにCIAがカストロ暗殺を計画していたことを話したり、あるいはケネディ暗殺の容疑者リー・ハーヴェイ・オズワルドについて知っていることを彼らに漏らすようなことは一切しなかった。

ウォーレン委員会では、CIA職員の尋問の仕方についてメンバーに助言する一方で、喚問を受けるCIA職員に対しては答え方を助言した。関係者によれば、彼は「委員会の調査が度を越さないようにするために自身の影響力を組織的に使った。アレンはそのことがいかに重要か、よくわかっていた。……アレンは最初から、すなわち証拠や証言が集められる前から、オズワルドは気の狂ったピストル魔(ガンマン)であり、ケネディ大統領の暗殺に内外の政府組織の関与はないと結論づけていた[*93]」。

アレンは奇妙な立場にいた。ケネディ大統領に解任された元CIA長官がケネディの暗殺について調べ、一方ではCIA自身の暗殺計画の秘密を守っているのである。その裏に何かあると疑ってきた人もいる。

ウォーレン委員会の調査が終わる頃になると、ジョンソン大統領はもう一つ別の案件にアレンの協力を要請した。一九六四年六月二十日、ミシシッピ州で三人の公民権運動家が行方不明になっていた。ジョンソン大統領は使者を送りたいと考え、アレンに決めた。というのもアレンは、公民権論争ではどちらの側にも立っていなかったからだ。アレンは、自分は何も知らないと言い（彼はミシシッピ州知事の名前さえ知らなかった）、いったんは断ったが、結局は引き受けている。アレンは同州に飛び、二日間調査に当たった。白人と黒人リーダーに会って両者の言い分を聞き、報告書をまとめた。従来からの黒人隔離政策と「新しいタイプの黒人運動家（ニグロ）」の対立に注意を喚起した当り障りのない内容だった。報告書はこれといった効果も生まず、すぐに忘れられた。

国内での仕事を終えると、彼は南スイスのアスコナに旅立った。（スパイとして活躍していた時代を振り返る）センチメンタル・ジャーニーだった。[*94] 二十年前にナチスのメンバーを〝秘密裏に降伏〟させた思い出の地であった。古参の工作員がアレンと旧交を温めるためにアスコナにやって来た。その中に、ナチス親衛隊（SS）の幹部だったカール・ヴォルフがいた。ヴォルフにはアレンに謝意を表する理由があった。[*95] 後に公開された資料は、ニュルンベルク裁判の告発からヴォルフを守るために、アレンが決定的な役割を演じたことを示している。アレンはまた、西ドイツ裁判所が大量虐殺（ジェノサイド）に加担した罪でヴォルフを有罪とするまでのおよそ十年間、彼を自由にしてやり、刑期をつとめた後は、既決戦犯として雇用禁止とならないよう保証してやったのである。

アレンの死

一九六〇年代も後半にさしかかると、アレンの体は弱っていった。体中に痛みを感じるようになっていた。巷に溢れる反CIAの書籍、新聞記事や調査報道はアレンを混乱させた。ジョージタウンの通りで道に迷うようになった。アレンの介護にあたった親族は、「おそらく、今で言うアルツハイマー病の初期の症状だったのだろう」と語っている。[*96]

アレンがCIA本部を最後に訪れたのは一九六七年のある朝のことだった。彼の顔は青白く、不健康に太っていた。歩くのも辛そうで、七十四歳の老人そのものであった。[*97] リチャード・ヘルムズCIA長官はそんな彼を温かく迎えた。その日、アレンの肖像を浮き彫りにした記念碑の除幕式が予定されていた。そこには次のように刻まれていた

　アレン・ウェルシュ・ダレス
　CIA長官　1953—1961
　　彼の功績は我らと共にあり

アレンは回顧録の執筆を口にしていたが、それは実現しなかった。「年を取り過ぎたし、昔のことはほとんど忘れてしまった[*98]」と、彼を訪ねた歴史研究者に言っている。その後、たびたび心臓発

作を起こし、最後の発作後、ウォルター・リード陸軍病院に入院した。彼の病室は十年前に兄のジョンが息を引き取った部屋の近くにあった。

一九六九年一月二十九日深夜、アレンは死去した。死因はインフルエンザをこじらせた肺炎だった。葬儀はアレンの意思により慎ましく行われた。訪れた要人も少なかった。ニクソン大統領はスピロ・アグニュー副大統領[*99]を名代に遣った。弔辞は温かいものだったが、どれも短かった。

『ワシントン・ポスト』（一九六九年一月三十一日付）は、アレンを「近時、最も創造的で、最も権力をもち、最も著名な米国の情報担当官」とし、彼の死を次のように伝えている。

「彼は諜報活動のロマンティックな雰囲気に強く惹かれていた。情報官僚のトップには珍しい資質だった。一方、ダレスのCIAのもう一つの所産であるピッグス湾は、我が国の諜報の歴史における最大級の汚点であると見なされている」

注

＊1 *Montana Standard*, November 11, 1960.

＊2 http://www/youtube.com/watch?v=WarbVCMvG0

＊3 Lars Schoultz, *That Infernal Little Cuban Republic: The United States and the Cuban Revolution*, University of North Carolina Press, 2011, p19.

＊4 *Red Heat*, p183.

＊5 Allen Ginsberg（一九二六—九七）反体制運動の詩人。訳注

＊6 *Pittsburgh Press*, January 18, 1960.

＊7 Lucky Luciano（一八九七—一九六二）マフィア最高幹部。訳注

＊8 Meyer Lansky（一九〇二—八三）ルチアーノらと共謀し、全国的なマフィア犯罪組織を構築した。訳注

＊9 *Red Heat*, p129.
＊10 Peter Kornbluh (ed.), *Bay of Pigs Declassified: The Secret CIA Report on the Invasion of Cuba*, New Press, 1988, p32.
＊11 *The Brilliant Disaster*, pp57-64. あるいは *The Very Best Men*, pp87-97. あるいは Peter Wyden, *Bay of Pigs: The Untold Story*, Simon and Schuster, 1979, p13.
＊12 *The Brilliant Disaster*, p65.
＊13 Richard M. Bissell Jr., *Reflections of Cold Warrior: From Yalta to the Bay of Pigs*, Yale University Press, 1996, p153.
＊14 Robert E. Quirk, *Fidel Castro*, W. W. Norton, 1995, p289.
＊15 Daniel F. Solomon, *Breaking Up with Cuba: The Dissolution of Friendly Relation Between Washington and Havana, 1956-1961*, McFarland, 2011, p175.
＊16 Jack Pfeiffer, *Official History of the Bay of Pigs Operation*, p34. www.gwu.edu/~nsarchiv/NSAEBB/NSABB355/bop-vol1-part1.pdf.
＊17 *Bay of Pigs Declassified*, p269. あるいは *Reflections of Cold Warrior*, p153. あるいは Howard Jones, *The Bay of Pigs*, Oxford University Press, 2010, p19.
＊18 *Bay of Pigs Declassified*, p269.
＊19 *The Brilliant Disaster*, p56. あるいは *The CIA and Congress*, p431.
＊20 *The Brilliant Disaster*, p76.
＊21 *The Very Best Men*, p304.
＊22 *Dulles: A Biography of Eleanor, Allen, and John Foster Dulles and Their Family Network*, p470.
＊23 Ernesto Rafael Guevara（一九二八―六七）キューバのゲリラ戦指導者。チェ・ゲバラは通称。訳注
＊24 Simon Reid-Henry, *Fidel and Che: A Revolutionary Friendship*, Walker, 2009, p229. あるいは *Secret History*, p110.
＊25 *Bay of Pigs Declassified*, p273.
＊26 *Breaking Up with Cuba*, pp187, 217.
＊27 *That Infernal Little Cuban Republic*, p100.
＊28 David E. Kaiser, *American Tragedy: Kennedy, Johnson, and the Origins of the Vietnam War*, Belknap, 2002, p31.
＊29 *Reflections of Cold Warrior*, pp141-142.
＊30 *The Brilliant Disaster*, p94.
＊31 同右、p79.
＊32 *Bay of Pigs: The Untold Story*, pp66-67. あるいは *Gentleman Spy*, p507.

＊33 *The Brilliant Disaster*, p80.
＊34 同右、p83.
＊35 *The Bay of Pigs*, pp27-28. あるいは *Reflections of Cold Warrior*, p144.
＊36 John Roselli（一九〇五―七六）シカゴを拠点とするマフィアのボス。ハリウッドやラスベガスに利権があった。訳注
＊37 *The Brilliant Disaster*, p101.
＊38 *Official History of the Bay of Pigs Operation*, pp165-166.
＊39 *Bay of Pigs Declassified*, p278.
＊40 *The Brilliant Disaster*, p6.
＊41 *Official History of the Bay of Pigs Operation*, p182.
＊42 Jack Hawkins（一九一六―二〇一三）海軍士官学校出身。上陸作戦の専門家。第二次大戦中のフィリピンで日本軍の捕虜となった。訳注
＊43 *FRUS*, p14.
＊44 *The Brilliant Disaster*, p6.
＊45 *Breaking Up with Cuba*, p196.
＊46 同右、p194.
＊47 同右、p196.
＊48 *Bay of Pigs Declassified*, pp281-282.
＊49 *Breaking Up with Cuba*, p188. あるいは *Bay of Pigs*, pp45-46. あるいは *Bay of Pigs Declassified*, p274.
＊50 *Nation*, November 19, 1960.
＊51 *Bay of Pigs*, p46. あるいは *Bay of Pigs Declassified*, pp277-278.
＊52 *Bay of Pigs Declassified*, p301.
＊53 Dwight D. Eisenhower, *Waging Peace, 1956-1961: The White House Years*, Doubleday, 1965, p614.
＊54 *Reflections of Cold Warrior*, p163.
＊55 *Breaking Up with Cuba*, p109. あるいは *The Brilliant Disaster*, p109.
＊56 *The Brilliant Disaster*, p130. あるいは *Bay of Pigs*, p100. あるいは *Safe for Democracy*, p246.
＊57 Lucien S. Vandenbroucke. Anatomy of a Failure: The Decision to Land at the Bay of Pigs. *Political Science Quarterly* 99, no. 3 (Fall 1998), p476.
＊58 *Red Heat*, p208.

＊59 *The Brilliant Disaster*, p127.
＊60 同右。
＊61 Arthur Schlesinger, Jr.（一九一七—二〇〇七）ユダヤ系歴史家。ケネディ政権では補佐官。訳注
＊62 *The Brilliant Disaster*, p129.
＊63 J. William Fulbright（一九〇五—九五）上院議員（任期は一九四五年から七四年）。フルブライトの名は、彼が提唱した国際交流プログラムの一環である奨学金制度（フルブライト奨学金）によってよく知られている。訳注
＊64 *The Brilliant Disaster*, p152. あるいは *The Bay of Pigs*, p65.
＊65 *The Brilliant Disaster*, p147.
＊66 同右、p185. あるいは *Reflections of Cold Warrior*, p170. あるいは *Safe for Democracy*, p270.
＊67 *The Brilliant Disaster*, pp173-176.
＊68 同右、p141.
＊69 Don Bohning, A Remembrance of Jake Esterline, *Intelligencer: Journal of U. S. Intelligence Studies* 19, no. 2 (Summer/Fall 2012), p42.
＊70 *The Bay of Pigs*, p69.
＊71 David Shoup（一九〇四—八三）第二十二代海兵隊総司令官。訳注
＊72 *The Brilliant Disaster*, p235.
＊73 同右、p249.
＊74 同右、p259.
＊75 同右、pp282-283.
＊76 同右、p272. あるいは *Gentleman Spy*, p531.
＊77 *Breaking Up with Cuba*, p205. あるいは *The Brilliant Disaster*, p307. あるいは *Safe for Democracy*, p264.
＊78 *The Brilliant Disaster*, p314.
＊79 *The CIA and American Democracy*, p127.
＊80 *Gentleman Spy*, p525.
＊81 *The CIA and Congress*, p452.
＊82 *Allen Dulles: Master of Spies*, p520.
＊83 *Gentleman Spy*, p534.
＊84 同右、p538.

＊85 John McCone（一九〇二—九一）トルーマン政権で軍関係の要職に就いた。アイゼンハワー政権では、原子力委員会委員長。訳注

＊86 *Look*, August 10, 1965.

＊87 Higgins Trumble, *The Perfect Failure: Kennedy, Eisenhower, and the CIA at the Bay of Pigs*, Norton, 1989, p103.

＊88 Dean Rusk（一九〇九—九四）ケネディ、ジョンソン政権で国務長官。訳注

＊89 *Dulles: A Biography of Eleanor, Allen, and John Foster Dulles and Their Family Network*, pp473-474. あるいは *Chances of a Lifetime*, p305.

＊90 邦訳は『諜報の技術』（鹿島研究所出版会、一九六五年）。訳注

＊91 *Gentleman Spy*, pp538-539.

＊92 同右、p542.

＊93 同右、p544. あるいは *The Bay of Pigs*, pp168-169.

＊94 *Dulles: A Biography of Eleanor, Allen, and John Foster Dulles and Their Family Network*, p480.

＊95 *Gentleman Spy*, pp253-254. あるいは *New York Review of Books*, December 29, 1966 and March 9, 1967.

＊96 *Allen Dulles: Master of Spies*, p580.

＊97 同右、p560. あるいは *Gentleman Spy*, p564.

＊98 *Gentleman Spy*, p560.

＊99 Spiro Agnew（一九一八—九六）メリーランド州知事。ニクソン政権の副大統領（任期は一九六九年から七三年）。訳注

第Ⅲ部　二十世紀

11章　神の顔をした男

「偉大なる勝利」

二十世紀のポリティカル・アートの傑作の一つに、メキシコの画家ディエゴ・リベラ[*1]の「偉大なる勝利」がある（口絵八頁）。長さ十六フィート（四・八メートル）の亜麻布のキャンバスに描かれているのは、グアテマラ・クーデター（一九五四年）のパノラマである。

前方に描かれているのはクーデターを演出した男たちの痛烈なカリカチュアだ。中央のジョン・フォスター・ダレスは防弾チョッキに身を包み、笑みを浮かべている。弟のアレン・ダレスは兄の右肩に顎を載せて後ろから様子を窺っている。アレンの肩かけ鞄からドル札がはみ出している。二人の前に置かれた爆弾の表面をアイゼンハワーの笑顔が飾っている。足元にはグアテマラの子供たちの死体が横たわる。背景には、星条旗がペイントされた貨物船に積み込む重いバナナの房を担いだグアテマラの労働者。

グアテマラ政権転覆を巧みに工作したアメリカに憤ったラテンアメリカの芸術家は多く、リベラもその一人だった。一九五四年七月二日、メキシコシティーで大規模な反米デモがあったが、リベラは妻とともに参加した。妻のフリーダ・カーロは病を押して抗議に加わった。彼女が亡くなったのはデモの十一日後のことである。リベラは妻の死後しばらくして、この大作に着手した。

アレンはリベラの壁画を面白いと思った。リベラは歴史的な犯罪を記録していると考えていたのかもしれない。だが彼は共産主義者であり、アレンは敵の描いた絵を大いに喜ぶ余裕があったことになる。アレンは「偉大なる勝利」の小型判の複製画を注文し、友人たちに得意げに配っている。[*2]

リベラは出来上がった絵をワルシャワで展示し、その後ソビエトに送った。しかしモスクワでは展示されていない。自由な精神を持つ共産主義はクレムリンの嗜好に合わず、リベラの絵は不合格と判定されたのだ。以後半世紀の間、作品は所在不明となっていた。冷戦終結後、メキシコの絵画研究者らがモスクワのプーシキン美術館の倉庫でこれを発見し、二〇〇七年にメキシコとグアテマラで展示した。そして絵は再びプーシキン美術館に戻された。

実物を一目見たかった私は訪問の日程を決めようと美術館に連絡を入れた。

「残念ですが、ディエゴ・リベラの作品はお見せすることはできません。とても大きな作品で、巻いた状態にして棚に保管しているのです」。私の問い合わせに副館長はそう答えた。「巻いたものをお見せできますが、それを広げることはできません。それだけのスペースがないのです」

ダレス兄弟外交の失敗

この並はずれた兄弟の生涯について調べ始めた頃、私はジョン・フォスター・ダレスの胸像を探した。それは彼の名を冠した飛行場（ワシントン・ダレス国際空港）の構内にあった。胸像が置かれていたのは、手荷物受取場に近い鍵のかかった一室であった。

モスクワの作品も空港の胸像も、どちらもダレス兄弟が作った歴史の記念物である。良い意味でも悪い意味でも、彼らを忘れないための作品であった。しかし今は二つとも人目に触れることはない。

ダレス兄弟が我が国の戦後外交の主役であったことは紛れもない事実である。時が経ち、東西冷戦は過去のものとなった。あの時代（一九五〇年代）のソ連に対する我が国の恐怖心を理解することはもはや不可能かもしれない。ダレス兄弟の活動によって人々の中に恐怖が染み込み、増幅した。ソ連との長く激しい対立の時代が始まった。

ダレス兄弟の出自を知る者にとっては、二人がそのような役割を担ったのは必然であった。ジョンもアレンも、我が国（アメリカ）が世界の中で果たすべき役割は神意（プロビデンス）によって定められていると考えた（明白なる宿命）。二人の場合は、カルヴィニズムの影響も顕著だった。この世は、善と悪の絶え間ない戦いに満ちていると考えた。二人にはもう一つ共通項があった。我が国の中でもトップクラスの国際法務事務所で働いたことである。その経験を通じて、ジョンもアレンも、ウォールストリートの投資家の視点で世界情勢を見た。

「どんな政治的信条も、最後は針を刺された風船のように破綻する。歴史がそれを証明している」。

ダレス兄弟が権力を掌中にしていた時、ウォルター・リップマンはそう述べている。

二人の世界観は見事なまでの「善と悪の対立史観」であった。東西の二つの大国による壮絶な戦いは一方が消滅するまで続く。第二次大戦から何年かを経て、こうしたパラダイムは主流となっていく。ダレス兄弟が権力の中枢に上りつめた時、それがほとんど国民的コンセンサスになっていた。

第一次世界大戦が終わった時にはこのような感情はなかった。多くの米国民は平和が再び訪れたことを喜び、他の国がその将来を自ら決めることに寛容だった。先の大戦後にもそのような空気が生まれそうな時期がわずかながらあった。一九五二年の大統領選の際、共和党候補の座を争ったロバート・タフト上院議員は、世界は帝国主義ではなくむしろ孤立主義（非干渉主義）を模索すべきだと訴えた。しかし彼の敗北で激しい東西対立史観がアメリカの主流となった。その結果、ダレス兄弟に代表される（リベラルな）国際主義（インターナショナリズム）、積極的な干渉主義、コーポレート・グローバリズムが主流となったのである。

ダレス兄弟が国務長官とCIA長官の座に就いた直後、二人にはその世界観を修正できる機会があった。スターリンが死んだのである（一九五三年三月五日）。彼に続いたソビエトの指導者は時に西側との宥和を求めるメッセージを送ってよこした。しかし兄弟はそれらをことごとくはねつけた。ソビエトの訴える「平和共存」はアメリカ国民を見せかけの和平の安寧に引き入れる罠であると考えた。スターリンの死後に訪れた東西宥和のチャンスを生かし、その可能性を探っていれば、冷戦はあれほど先鋭化せず、また長引くこともなかったかもしれない。

兄弟のもう一つの失敗は、第三世界に勃興したナショナリズム（民族主義）を理解できなかったことだった。ラテンアメリカ、アフリカ、アジアの独立や社会改革の動きの背後にすぐさまモスクワの関与を見た。彼らにとってこれらの地域は冷戦の戦いの場に過ぎなかった。植民地主義から脱し、混乱した世界の中で自らの居場所を探し求める無数の人々の願望と創造的なやり方で関わろうとはしなかった。その代わりに彼らは、合衆国の真の脅威となるはずもない「怪物」に対する破壊的なキャンペーンを遂行したのである。

歴史家は、広範囲に影響が及んだこれら二つの判断の誤りを認めている。時が経つにつれ、第三の失敗が明らかになってきた。ジョンもアレンも、外国に対する干渉がこれほど長期にわたって破壊的な影響を及ぼすとは想像もしていなかったことだ。ベトナムは戦争に突入し、百万を超える人々が命を落とした。イランは完全に反米国家になってしまった。コンゴでは何十年もの間、悲惨な抗争が続いた。彼らは〝反動〟ということに何の注意も払っていなかった。先の見通しがなかったからこそ無謀な冒険を実行し、その結果、我が国の安全が数十年以上にわたって損なわれてきたことは歴然としている。

なぜジョンとアレンは思い込みを修正することができなかったのか。一つの理由として、二人が完璧に補強しあっていたことがある。彼らは同じ世界観を持ち、行動規範も一緒だった。子供の時以来の親密さが、二つの異なる組織（国務省、ＣＩＡ）までも同一化していったのである。

一九五七年にジョンによってインドネシア大使を免職されたジョン・アリソンは引退後に、こう自問している。[*3]

「私は常に、兄弟を同時期に二つの組織の長としたのは大きな失策だと感じていた。二人の能力に敬意は表する。しかし問題はジョンがまずアレンに意見を求めたことだった。むろん彼以外にも意見を求めたが、アレンの考えを最も重視した」

アイゼンハワーが個人的に二人をどう評価していたかについては元外交官のデイヴィッド・ブルースの回顧録に詳しい。[*4] ブルース大使は、ケネス・ストロング卿[*5]との会話を記している。ストロング卿は第二次世界大戦中、アイゼンハワー将軍の首席情報将校を務め、戦後はアイゼンハワーと友人関係にあった。

ブルースはこう書いている。「ジョンではなくアレンを国務長官にしたかったとアイゼンハワーから聞いたことがあるとストロング卿から聞いた。私はいつも、人を扱う能力に長(た)けているアレンの方が国務長官の職には適任だと思っていた。しかしそれはできない相談だった。なんといってもジョンはアレンの兄だったし、ジョンは国務長官のポストを切望していたからだ」

ジョン・ダレス外交の否定的解釈

ジョン・ダレスが国務長官だった頃から、多くの歴史家やジャーナリストが、一九五〇年代の我が国の外交を構想したのはジョンであると解釈していた。「外交政策を立案し、それを大統領に認めさせ、実行に移す。すべてジョンがイニシアティブをとった。国務長官であった六年間は、彼が実質的な大統領として外交を進めた。世界もそのように理解した」[*6]。彼の死後に出たある評伝はこう結論付けている。

しかし近年、この評価は決定的に変わっている。二十一世紀の歴史研究者の間では、当時の外交方針を決めたのはアイゼンハワー大統領であり、大統領は国務長官の〝隠された手〟を頼りに、彼を「噛ませ犬」として抜け目なく使ったという見方に変わっている。[*7] 大学で使われる二〇一二年版のテキストでも「一九五〇年代のアメリカの外交を形作ったのはアイゼンハワーであり、ジョン・ダレスではない」[*8]と叙述されている。

別のテキストでは同じ時期について、二つ目の共通認識が示されている。すなわちジョンは考えられているほどの権力は持たず、またそれほど賢くもなく、その外交は大した成功を生んでいないという解釈だ。「マニ教信者のように世の中を善と悪の二元論で捉え、『自由社会』と彼が呼ぶところの境界線を広げることに救世主のごとく全身全霊を傾けた新国務長官は、世界の国々を『正義の国アメリカ』に付く国と、『悪の国ソビエト』の傘下に入る国とに二分した」とテキストは書いている。テキストはまた、米ソ対立が若干の改善を見せたのは、一九五九年九月のアイゼンハワーとフルシチョフの米ソ首脳会談の時だけであり、その首脳会談は「米国政府の中で冷戦の最大のシンボルだったジョン・ダレスの死（一九五九年五月）の直後」に開かれたと指摘している。

米ソが永遠に対立するという考え方はジョンひとりのものではなかった。当時のソ連の野望には現実味があった。そうしたなかで、ジョンを含めてワシントンの政治家や官僚はソ連の脅威を過度に恐れ、個人的な偏見が彼らのソ連の見方を歪めてしまった。皮肉なことだが、ソビエトが東欧を支配し、共産軍が朝鮮半島南部に侵攻した時期は、我が国がソビエトに抵抗する勢力、すなわちイラン、トルコ、ギリシャ、ベルリンを見捨てた時期でもあった。双方ともに互いを恐れた。これは古典的な外交上のジレンマである。合衆国が脅威を感じ、自らを守る行動をとる。ライバルはそれらを攻撃と見、何らかの反撃に出る。東西冷戦はそうした負の連鎖（スパイラル）を生んだ。一九五〇年代のジョン・ダレスはまさにその真只中に落ち込んでいたのである。

冷戦の終了によって、それまで歴史家の目に触れることのなかった東側の資料が公開されることになった。一九九六年、歴史家のメルヴィン・レフラーがそれらをもとにした研究を世に問うた。彼の描いた当時の世界情勢は、ダレス兄弟の理解した世界とは大きく異なっていた。レフラーは次のように述べている。[*9]

「ソビエトの指導者たちは世界革命を起こそうなどとは考えてはいなかったろう。彼らの関心は権力の維持にあった。ソビエト周辺の地域については、自国の安全保障のためにソビエト的秩序の維持が必要だと考えていた。先の二つの大戦で荒廃した国土を統治することから、彼らはドイツと日本が再び強国となることを恐れていた。彼らはアメリカに脅威を感じていた。大戦を戦った国の中で、アメリカだけがますます富を増やし、原子爆弾で武装していた。東欧の共産化や共産中国に対する支援、朝鮮半島における戦争遂行について、入念に練られた事前計画があったわけではない」

「我が国指導者の発する言葉や外交に反発する形で不安が増幅し、軍拡競争となり、冷戦が第三世界へと拡大した。アメリカ政府は冷戦初期においては相当に自制的に行動した。しかし次第に疑心暗鬼となり、衝突が増えていった。米ソ両国とも軍事力の強化に走り、力を誇示する政策を追求した。アメリカの反革命の戦いは結果的に、ロシアおよび旧ソ連諸国、東欧、朝鮮、ベトナムに悪い結果を残した。新たに世に出た多くの書籍や論文は、アメリカの外交方針がソビエト内部の改革の芽を摘んだのではないかと指摘している……スターリンの後継者は、対米関係を安定させ、西側とのせめぎ合いを縮小したかったのかもしれない。しかしアメリカは恐ろしい国であった。彼らにはそれができなかった」

外国の資料館の文書によって、「冷戦の勝利を単純に喜ぶべきではなく、アメリカは自らのとった外交のもたらした光と影を読み取る真摯な反省が必要になってきた」と考える人が増えている。ジョン・ダレスは、あの時代の先頭に立っていた〝冷戦の戦士（コールド・ウオリアー）〟だった。もしも我が国の指導者に外交的失敗があったとするなら、彼は誰よりもその責任を負わなければならない。

「ダレス氏のモラルの世界では、あらゆるものが黒白はっきりしている。はっきりし過ぎている」。ラインホルド・ニーバーは一九五八年にそう書いている。「モラルを自己満足させるためにもたらされた単純な判断は必然的に独善に陥る」*10

ジョンは規則正しく米国民に語りかけた。海外に出る時は常時携行している折り畳み式のお立ち台の上に立って「出発の挨拶」をし、目的地では「到着の挨拶」をした。定期的にヨーロッパの人人に訴えかけたが、コミュニケーションの努力をしたのはそこまでだった。その他の地域での人々に向かっては、宣教師を思わせる説教口調で挨拶した。彼のメッセージはたいてい陰鬱で、戦闘的で、脅迫的だった。彼のお説教に精神を高揚させる者などいなかった。

社会心理学者ユリー・ブロンフェンブレンナー*11は、一九六〇年にソビエト訪問から帰ると次のように述べて警鐘を鳴らしている*12。

「我が国メディアの外国向け報道も、外交メッセージも、秘密工作活動も、つまるところ一方的な力の誇示であった。核戦力、大量報復準備、あるいは、世界のどこにあってもアメリカの利権は守り抜くという強い意思を伝える作業であった。

「それらは、共産主義諸国だけでなく、より重要なことは、どちらの陣営にもついていない国々に、アメリカの攻撃的な、非妥協のイメージを定着させるだけであった」

ジョン・ダレスには激変する世界の中で大衆に感情移入する能力が欠けていた。それがためにアメリカは歴史的な好機を逸した。ジョンは、多くの人々をアメリカから遠ざけ、反米世代を生む一因となった、どぎつく攻撃的なイメージを世界中に伝えたのである。

アレン・ダレスの評価

ジョンは自らの評判が落ちるのを見ることなく世を去ったが、アレンは違った。最もよく知られた最後の作戦、ピッグス湾侵攻作戦は惨めな結果に終わり、アレンも我が国も世界の前で恥をかき、自尊心を傷つけられた。彼は職を失い、世間の目から消えていった。彼が去ったことを惜しむ者はほとんどいなかった。

アレンは諜報の天才であったかもしれないが、総体的評価には疑問符が付いている。兄のジョンと同様、アレンは視野が狭かった。ソビエトとの妥協の道を探ることはなかった。勃興する第三世界に働きかけることを拒んだ。彼の指揮する秘密工作活動が長期的にどのような影響をもたらすかについて理解することもなかった。

アレンは諜報組織が何をなすべきかを早い時期から、つまりCIAの創設前から大まかに決めていた。諜報の仕事に魅せられたアレンはCIA創設を議会に認めさせた（一九四七年）。長官に任命されると、CIAを単なる情報収集組織ではなく、他国の政権を変えるような準軍事的な行動まで可能な組織にした。

アレンに駆り立てられて世界各地に散ったCIA工作員は、活動家の精神力を身に付けた。彼らの一人は後にこう回想している。「作戦を進展させねばならない。さもなければ組織から消え去るのみだ」[*13]。情報収集作業においても、アレンは、ソビエトの拡張主義的性格が確認できる情報を要求した。「我々の手でソビエト連邦像を構築してきた。何が起ころうと、それに合わせて解釈した」とアボット・スミスは書いている。スミスは、CIAでは情報分析の任に当たり、後に国家情報局の前身となる組織（ONE：the Office of National Estimates）の長官となった人物である。

アレンが職を辞した頃、CIAの評判はピッグス湾侵攻作戦の大失敗で地に落ちていた。CIAに対する信頼は事件前の時代がピークであり、以後は回復していない。これについてはアレンに大きな責任がある。

アレンには怠惰なところがあった。そのせいか職務不適格な職員に妙に寛容なところがあった。高位の地位にあっても、酒に溺れ、怠け癖があり、誰が見ても無能な人間が少なからずいた。彼は部下を解雇することを嫌った。「CIAは、使い物にならないポンコツを長いことそのままにしてしまった」[*14]と、CIAの監察官は後に書いている。

十年以上CIAに衝撃が残った〝モグラ狩り〟も、アレンに責任の一端があることがその後、明らかになった。彼がその職を去る最後の月（一九六一年）に、防諜責任者のジェームズ・ジーザス・アングルトンが、組織内に潜入したソビエトのエージェントを執拗に追及し始めたのである。モグラ狩りは一般の目に入らないところで繰り広げられたが、局内を錯乱させ、ある幹部によれば、「荒廃させた」[*15]。

アレンの芳しくない工作が明らかになるにしたがって、彼の評価はますます落ちていった。外国指導者の暗殺計画に関与していたことが文書によって少しずつ証明された。ジョンソン大統領は内輪の席で、CIAは「クソいまいましいカリブの殺人株式会社」を運営してきたのだと言って愚痴をこぼした。何も知らない犠牲者に向精神薬実験を行う「MKウルトラ」計画の実態も次第に明らかになった。こうした実験の一つが行われている最中、一九五三年に身投げによって死亡したと報じられたCIA職員フランク・オルセンの遺族は、彼は身投げしたのではなく、殺されたのだとしてCIAを訴えた[*16]。フランクはヨーロッパの出張から戻ったばかりだったが、秘密の監獄で目撃したことで神経がおかしくなっていたという。

一九七〇年代の議会上院の報告書は、アレンが運営していたCIAの時代を「失われたチャンス」[*17]と書き、次のように結論付けている。

「陽気で、社交的で、極端なまでに外向的なアレンは、あらゆるレベルの対立を嫌い、対立を回避した。情報活動の性格が劇的に変化していた時、情報部門の編成について最小限の指示すら出さなかった」

アレンはたしかに諜報組織の長としての冷酷さは持っていた。しかし、「知的な厳格さや好奇心」

は十分とは言えなかった。冒険活劇（cloak-and-dagger）風のゲームに夢中になるあまり、秘密工作の限界を見極められなかったのである。

彼がやってきたことの記録を見れば、その限界は歴然としている。アレン・ダレスは多くの人が考えていたほどの輝ける諜報活動の長（スパイマスター）ではなかったのである。実際はその逆が真実である。彼の仕掛けた主な秘密工作はすべて失敗するか、失敗したのも同然だった。グアテマラ工作では、ＣＩＡの手配した飛行機が失われた時点で失敗に終わったはずだった。それが最終的に成功したのは、アイゼンハワー大統領が改めて代わりの飛行機を出すことを決断したからであった。またアルベンス大統領が神経的に参ってしまったという幸運もあった。イランでは、失敗に終わったクーデターに続けてＣＩＡに再度のクーデターを起こさせた民族主義者の決定的な判断の誤りによって成功したにすぎない。これ以降、アレンの工作失敗の地図は世界中に広がっている。ベルリン、東欧、ソ連、中国と台湾、ベトナム、ラオス、ビルマ、インドネシア、チベット、エジプト、シリア、イラク、キューバ等々。

アレンは自らを、現代のフランシス・ウォルシンガム卿[*18]と考えていたようだ。[*19]卿は十六世紀のエリザベス一世の時代に諜報組織を完成させた人物である。彼は陰謀と暴力を巧みに使い、イギリスの国力増進に貢献した。真実は殺風景なものである。しかしアレンは自己強化型のファンタジーの世界で多くの時間を過ごした。彼は自身のために一つのイメージを創出し、そのイメージを信じるようになった。

「アレン・ダレスは浅薄な男だった」。アーサー・シュレジンジャー・ジュニアはそう断じている。[*20]

「彼には知力があったし、兄とは違って人好きのする性格だった。しかし彼は人の生命に関わるような重大な決断を下さなかったという意味で浅薄だった。そうした決断は常に他者に委ねた」

兄弟の失敗の原因——生い立ちと人間心理

要するに、ジョンもアレンも自分たちのやることすべてをアイゼンハワーに依存していたのである。大統領の承認なしには秘密の戦争を遂行できなかった。それでも、冷戦のピークにおいて、彼らが力ずくのアメリカ外交の形を作ったことは紛れもない事実である。二人は変化する世界情勢に対応する能力を欠いていた。世界情勢が変化していることすらわからなかったのかもしれない。そうした二人の能力の欠如がアイゼンハワーの直感を後押しした。だからこそ彼らは秘密工作活動を信頼したのである。

ダレス兄弟は、恵まれた特権階級に生まれ、アメリカ的開拓精神と宣教師的気風の中で成長した。二人は、アメリカ企業の利益と国益の二つを担う職業に就いた。同年代の誰にもまして、彼らの生き方こそがアメリカの伝統そのものと言えた。その後に続いた国務長官もＣＩＡ長官も二人がやったようにはやることはできなかった。兄弟だからこそ、それもこの二人だったからこそできたのである。

ダレス兄弟はなぜ世界の判断を誤ったか、原因の一部はその稀有な経歴にあった。

人間の心理が二つ目の要素である。一九五〇年代のアメリカは、回りくどい表現と強烈さが合わさった複雑な恐怖に捕えられていた。ジョンが米国民に向かって、「ぬるぬるとしたタコの足のごとき触手」[*21]を持つ敵が「ソビエト共産主義というペスト」で我々を脅しているのだと訴えた時、国民はこれに耳を傾け、怯えた。

ジョンもアレンも、アメリカに対する挑戦の大半はモスクワのマスタープランに基づいていると信じていた。ある国の外交官がジョンに、なぜグアテマラの土地改革がソビエトの外交と関係しているとわかるのかと尋ねたことがあった。彼は「証拠を示すことは不可能」だと認めた。しかし彼はこうも言ったのである。「証拠は必要ない。なぜならそうした結びつきが存在すると我々が確信しているからだ[*22]」。ジョンが第三世界の民族主義をどのように見ていたかがわかる。「すべてが一つのパターンの一部なのだ[*23]」とジョンは主張している。

この仮定から第二の仮定が生まれる。すなわちクレムリンの指導者たちは世界支配を企てているから、誠実なやり方で交渉することはないという決めつけである。「正統的な共産主義が和平実現を拒否することは、端(はな)からわかっている。ご都合主義的にそれを求めてくることはあるだろうが。なぜなら共産主義は、恒久的な平和構築を可能にする倫理的な前提を拒絶するからだ[*24]」。かつてジョンはそう説いていた。

ジョンはしばしば、ソビエトのシニシズムとアメリカの徳とを対比してみせた。ジョンは「他国の内政に干渉しないのが我が国の方針である[*25]」と彼のスポークスマンに向かって力説していたのだが、この言葉を発したのは、彼が進める干渉キャンペーンがピークに達していた時のことである。ジョンが単に干渉キャンペーンを秘密にしていただけなのか、あるいは自分の言った言葉を信じていたのかはわからない。だが、問い詰められると、彼はひどく苛立った。

宗教指導者を集めた会議の席上、著名なメソジスト派主教ブロムリー・オクスナム[*26]が、アメリカ自身が不寛容な姿勢と干渉的な外交を反省する必要があると語ったことがある。これにジョンは怒りをあらわにした。

「なぜ我が国が卑屈な外交をする必要があるのです？　我々が弱虫であると思わせてしまうような外交をしてはならないのです[*27]」

ダレス兄弟は、物事を総合的に見たり、妥協したり、人の意見を聞いたり、調整したり、進展させたりすることが上手ではなかった。政治的なニュアンスや道徳的な曖昧さによって彼らの世界観が曇ることはほぼなかった。

「世の中には二種類の人間しかいない」とかつてジョンは語っていた。「すなわちキリスト教徒で自由主義経済を信じる者とそれ以外である[*28]」

脳科学的ダレス外交分析

歴史家は、国際政治に対する対応の仕方を冷戦と評している。その冷戦を兄弟は特別な情熱をもって戦った（演出した）。ダレス兄弟の外交を理解するために、脳科学的なアプローチもなされている。神経生理学、発達生理学、社会心理学、認識心理学分野の研究で脳の動きについて解明が進んでいる。こうした研究によって、人間の脳はすでに信じている考えを補強する情報を好むように設計されていることがわかってきた。脳には、信じているものと相反する情報を受け付けない性質がある。

社会心理学者は冷戦期に起きた人間の反応を研究対象にしている。そこから、この時代の特徴が浮かび上がってきた。集団思考（groupthink）、思考抑制（thought suppression）、否定投影（denial projection 否定的思考の他者への投げかけ）、構造的盲目（structural blindness）、あるいは集団ヒステリーといった概念を使った分析がなされている。

一九六〇年、心理学者のチャールズ・オズグッド[*29]は論文の中で、一貫性（consistency）を保持しようとすれば（柔軟な思考ができなければ）、知力の有る無しや地位の高低にかかわらず、人は袋小路に入り込む、と分析している。その好例が国際関係だった。

「フルシチョフが国連で世界的な軍縮の実施を提唱したとする」。オズグッドはまずこう仮定する。「アメリカの大方のメディアがこの提案は怪しいという論調で記事を書く。誠実に軍縮を求めるものではなく、冷戦の中で注意深く練られた策であると書く。人間は、自らが嫌うか、あるいは信用していない者が正直で妥協的な提案をするのは、一貫性に照らして、おかしいと考える。……人間は現実に修正を加えることまでして、自らの態度や信念の一貫性を維持しようとするものだ[*30]」

二十一世紀に入ると、脳の仕組みについての研究がいっそう進んだ。彼らの研究の成果はダレス兄弟の評価に応用できる。

・人間は、すでに信じていることを補強する説明を受け入れやすい。そうすることは快感であり、そうでないものを受け入れるには苦痛が伴う。[31]
・出来上がった考えに相反する情報を受け入れないことで、心の中に不調和が起きることを遮断できる。[32]
・道徳的偽善性は人間の根深い悪癖である。他者には厳しい道徳性を要求する反面、自身に対しては寛容である。[33]
・集団思考は危険であり、間違った意思決定をすることが多くなる。異なる手段や目的の是非が十分検討されず、実行を決めたやり方について、リスク判断を誤りやすい。情報の収集や分析にあたってバイアスがかかる。[34]
・何かを信じ込んだ人間の態度には自信が溢れている。その考えが間違っていても、彼の頭の中では立派なストーリーができている。そのストーリーが間違っているか否かは関係ない。[35]
・思い込みの考えが社会や組織のアイデンティティそのものになることがある。その考えが間違っていることを示す証拠が出ても、人間の脳はその思い込みを変えるようには設計されていない。[36]

このような人間の傾向分析が出たからといって、ダレス兄弟はその失策の責任から免れられはしない。多くの成人と同様、彼らには論理的思考（認知力）によって感情のバランスをとる能力があった。環境に応じて行動を変えていく能力も持っていた。しかし現実のダレス兄弟は、心理学者が「確証バイアス」と呼ぶものに悩まされた。二人は耳障りな情報を拒絶した。自らが遣った特使が、モサッデクやアルベンスを容認すべきだとか、インドネシアやラオスの非同盟の主張を受け入れるべきだと意見具申しても耳を傾けなかった。その代わりに彼らは、特使の顔ぶれを替えることで自分が欲しいと思う情報を収集させた。

ダレス兄弟の性格はその特異な経歴と強烈な個性から形成されていた。人間は自分が心底信じていることに異議を唱える話には耳をふさぐものだ。二人にはこの傾向が顕著だった。

政治学者のオーレ・ホルスティ[*37]はジョン・ダレスの決断を分析し、次のように評している[*38]。

「自分の考えと違う情報が出てくると、自らの考えに沿うように再解釈したり、あるいは自分に都合のよい情報をわざわざ探し出した」

「ダレス兄弟は、自分ですべてを決めるタイプの典型である」とホルスティは書いている。「彼らは下位の者に助言を求めることもなければ、意見が出された場合でも、それを重視することはなかった」

かつて天空を観察する者は星のカオス（無秩序状態）に圧倒され、大空の設計図を作る方法として星座を考え出した。ダレス兄弟もまた古代の天文学者と同様、組織や秩序や予測といったものに心引かれた。胸の奥底にある強い感情に導かれ、彼らは万華鏡のような世界の中に、ある一定の図式を見出したのである。

アメリカの思考と特性を体現

ジョン・アップダイク[*39]の作品に、ダレス兄弟の時代を扱った一連の小説がある。主人公の名前はラビット（ハリー）・アングストローム。シリーズ作品の一つ『帰ってきたウサギ』[*40]の中で、アングストロームは世界におけるアメリカの役割に驚いている。

「アメリカは力を超越している。夢うつつとなって、神の顔をして行動する」と彼は考える。「アメリカがあるところに自由がある。アメリカがなければ、狂気の中で数百万の人々が鎖につながれ、息が詰まって死んでいく[*41]」

ジョンとアレンも世界をそのように見ていた。二人の自己イメージは明るく輝いていた。二人はなぜそのように考え、行動したのだろう。彼らの生い立ちが関係しているだろうし、二人に特有の心理があったのだろう。しかし最も重要な分析は、ダレス兄弟は、我々アメリカ人そのものだという解釈だろう。彼らが近視眼的で、暴力（軍事力の使用）に寛容で、世界の現実の微妙なニュアンスに鈍感だったとしたら、それがアメリカ外交の本質なのである。

ダレス兄弟は、一九五〇年代のアメリカ国民が共有していた思考や特性を体現していたのであり、今でも国民はその思考や特性を持ち続けている。彼らがアメリカ精神を作ったのでもなければ、外交を好き勝手にやったのでもない。彼らはアメリカ国民の精神(エトス)を体現していたのである。彼らが望んだことは、アメリカ国民が望んでいたことであった。

ジョンとフォスターは、あらゆる人々にとって何が最善なのかを理解していると信じていた。彼らは合衆国を、神の摂理によって定められた宿命の道具（instrument）であると考えていた。そうした考えが二人に揺るぎない自信と全能感を与えた。彼らが他国を残酷に扱う時も、最終的には国民の利益になると考えて満足していた。彼らはそれを高貴で、文明的な天命であると感じていた。より多くを知り、より遠くまで見通し、他の国々より高水準のモラルの中で生きているがゆえに、アメリカはその意思を他者に課す権利があるとする「アメリカ例外主義（エクセプショナリズム）」は、兄弟にとっては日常生活と世界政治の原則であった。

あらゆる点で、ダレス兄弟はアメリカそのものであった。二人の態度はアメリカ文化に根ざしていた。二人は純粋にアメリカの産物だったのである。

冷戦の真相

ダレス兄弟はアメリカに対するソビエトの脅威を誇張したと書いた。しかし、歴史的に見れば、脅威の誇張はダレス兄弟に限ったことではない。共和制と同じくらい古くから陰謀論というものが唱えられてきた。陰謀論を信じる人々は、たとえばカソリック教会、ユダヤ教徒、イスラム教徒、フリーメーソン、アナーキスト、国際金融資本などの秘密の陰謀組織が世界革命を企てていると考える。ジョンとアレンは、一九五〇年代を通じて、そうした陰謀組織があると見ていた。

「国際共産主義者による陰謀は、ある種特別なタイプのメンバーによって進められている。具体的な名前はわかっていない。彼らは表に出てこないからである」とジョンが議会で証言したことがあった。「彼らは次々に外国政府の実権を手中にしている」[*42]
一九五〇年代に、外国政府の裏で国際共産主義者が暗躍していた事実はなかった。しかしアメリカ国民はそういう風に世の中を見た方が安心できた。ジョンの言動は、無数の人々の不満やアメリカの指導者たちの失政によって世界の混乱が生じているのではなく、正体もわからないごく少数の狂人が混乱を生み出していると国民に納得させる一助となった。
ある歴史家は冷戦のパラダイムを「有史以来、最も力強く展開した国民神話（ナショナル・ナラティブ）」と呼んでいる。不安な時代の中でその神話が人々の心を摑んだ。なぜなら「それがアメリカ国民が世界を理解する触媒となったからだ……外にあってはソビエトの拡張主義と共産主義の恐怖、内にあっては核攻撃の恐怖が国民の意識を覆った」[*43]
古来、いかなる国でも、内部結束を高めるために外部に敵をつくると言われてきた。ジョン・ダレスも深くこれを信じた。彼は（核戦争に対する）〝準備〟プロジェクトを促進した。防空シェルターを用意し、防空訓練を実施した。ネバダ砂漠での核実験をテレビで生中継させた。一九五〇年代にアメリカ国民が感じた恐怖は、ジョンにとって、冷戦の副産物ではなく、冷戦に勝利するための必要条件だったのである。
「ソビエトの恐怖がなければ、我が国の一体性は弱体化する」[*44]
アメリカ資本の利益を守る仕事に就き、アメリカの植民地主義に奉仕してきたにもかかわらず、ダレス兄弟は自らを反植民主義者と規定した。二人が外国で軍事力を行使することに躊躇したことはない。彼らは、現実の世界では善と悪との「千年に一度の戦い」が進行しており、武力行使はやむを得ないと考えた。アメリカ国民もその考えを支持した。

　ダレス兄弟の外交は独裁者と手を組むことも厭わなかった。ある国に介入し、民主主義政権をより独裁的な政権に置き換えた。にもかかわらず兄弟は、自らを自由《リバティ》のために戦う戦士だと見なした。こうした論理の飛躍は偽善である。彼らは自由《フリーダム》（社会）に特殊な定義を当てはめてこれを正当化した。そこには公民権や社会福祉の要素はほとんど入ってこない。二人が理解する自由《フリーダム》とは、何よりも経済の自由であった。国の指導者が私企業に敬意を払い、多国籍ビジネスを歓迎するのが、彼らの言う自由国家《フリー・カントリー》だった。

　実はこうした見方もまたアメリカ国民一般の考えと乖離していたわけではない。「集団の利益のために個人の所有権を奪うことは、たとえ共産主義を社会正義という抽象的な言葉に言い換えようが、アメリカ国民は生来、それを悪だと考える。アメリカの経験に鑑みれば頷ける話である」。一九五〇年代にインドシナを担当した国務省高官ポール・カッテンバーグは引退後に、こう書いている。「このように考えるから、アメリカのような豊かさを持たず、国家の成り立ちも違う他の国の人々は自分たちと同じように考えないことに気づかない。彼らの多くは財産を持ったことさえないのである」[*45]

　ジョンとアレンが考える自由の中には、もう一つ宗教の要素がある。宗教的な献身を奨励する国、キリスト教と良好な関係を持つ者に導かれる国が、彼らにとっての自由国家なのである。彼らは、なぜある独裁者を非難し、別な独裁者を非難しないのか。それはこれら二つの尺度（ビジネスと宗教に対する姿勢）に照らして評価しているからだ。

フルブライト上院議員は、ジョン・フォスター国務長官を次のように批判したことがある。「(彼は) 国民をミスリードし、混乱させ、子供騙しのような間違った話 (情報) を流し続けた」[*46]。それでも国民は彼の話を熱心に聞き入った。その話が彼ら自身の生活と歴史の見方に合致していたからである。

悪人によって世界が苦しめられている。誰かが悪人を退治しなくてはならない。その役割を担うのは神からの使命を受けたアメリカである。ジョンは国民に向かってそう語りかけた。こうした講演でジョンは、誰もが知っている歴史の記憶を巧妙に散りばめた。インディアン戦争、放牧地の水利や牧草をめぐる戦い、西部で秩序を守った保安官、正邪が対決する決闘、外国の海岸に勇敢に上陸する海兵隊、「明白なる宿命」の素晴らしさ——。彼の描くアメリカ以外の国は、まるで映画『シェーン』の舞台となった荒れ果てた谷か、悪漢が支配する『真昼の決闘』の町のようだった。かつて平和だったそうした町や村は悪者に脅され、人々は救いの手を待っている。

アメリカ人気質は短気であると言ってよい。誰かに挑まれたり、問題が起きたりすると、考えるよりも先に行動する。我々アメリカ人は、状況を理解することよりも何かをすることの方が好きなのだ。現実を直視せず、時に自分たちの願いにそって現実の解釈を変える。この国民的悪癖が典型的に現れたのがダレス兄弟であった。

二人のベトナム外交が好例である。一九五〇年代半ば、チャーチルはワシントンに対して、ホー・チ・ミンを失脚させるのは難しい、彼がベトナムで実権を掌握した事実を認め、それを前提とした外交を進めるべきだと忠告した。ダレス兄弟はチャーチルの助言を聞き入れることができなかった。なぜなら二人がアメリカ人だったからである。チャーチルの方は、消極的な、陰鬱な、旧世界に生きる敗北主義者だった。ダレス兄弟は、アメリカの膨大な資源、才能に溢れた国民、圧倒的な国力を信じていた。他国にはできないことでもアメリカにはできる自信があった。彼らの楽天性は、サマーハウスで祖父ジョン・フォスターからアメリカ外交のイロハを聞いたり、S&Cでアメリカ資本の利益を代弁した経験から来たものではない。二人の楽観主義はアメリカ国民の持つ性癖そのものなのである。

アメリカの悪弊への警鐘

いくつかの国では、アメリカの性急さが政治的な重圧となった。たとえばグアテマラのアルベンス大統領である。ジョンもアレンもアルベンスが大嫌いだった。しかしもう少し待てば、彼の大統領の任期は終了し、親米派の政治家が政権を取る可能性が高かった。しかし兄弟は待てなかった。グアテマラ国民が選挙によって、つまり秩序をもって社会主義から伝統的な資本主義体制に戻る選択をした可能性があった。ただそうなると、いったん共産化した国は元に戻れないという冷戦モデルの土台が崩れてしまうのだ。

ジョンとアレンは、彼らが間違っていることを時間(とき)が明らかにするのを許さなかった。だから彼らは歴史を自ら作ることにした。目の前の現実に、あるいは敵と想定したものに襲いかかるのは典型的なアメリカ人のやり方であり、ダレス兄弟もそのように行動した。もう少し静観していたら、別な歴史が展開されたかもしれなかった。

歴史家のオッド・アルネ・ウェスタッドは次のように書いている。

「ダレス兄弟は、自らの考えの正しいことを積極的に示そうとした。一九五〇年代の終わりには干渉主義的外交方針を確定した。アメリカの覇権を容認し、アメリカの考える経済発展計画に沿う国のみに存続の価値があり、そうでない国々は共産主義へ向かうと断定した。そうした国々に対しては、アメリカは積極的に干渉していくと決めた。インドネシアへの介入は失敗に終わった。それでも何の後悔も見せず、反省もしていない。アイゼンハワー政権にとって重要なことは、左翼勢力の芽を摘むことであった。新興国にはアメリカの指導に沿った発展の道をとらせなくてはならなかった」[*47]

アメリカ国民は、他の国の人々がアメリカを、世界を、あるいは生活そのものをどう見ているか想像するのが苦手である。ジョンとアレンは、この国民的エゴイズム（national egoism）ともいうべきものにどっぷりと浸かっていた。感情移入は不得手だった。極めて複雑な事態に直面している新興国の指導者に対する共感の念が少しでもあれば、彼らがソビエトの手先などではなく、独立国家の代表であると見なすことができた。世界を過度に単純化したいという強迫観念から、ダレス兄弟にはその多様性が見えなかった。この点についても、彼らは典型的なアメリカ人であった。

二人の世界観は時代に合っていた。アメリカ国民には第二次大戦のトラウマがあった。世界的な対立がもたらす恐怖を教えられた。ジョンやアレンやワシントン中枢にいる人々に駆り立てられ、米国民はソビエトに大戦時の敵国のイメージを見た。日本はアメリカを警告なく攻撃したから、ソビエトも同じ行動をとってもおかしくないと考えた。ヒトラーは交渉を長引かせ、戦争の準備をした。だから外交を軽蔑した。

ダレス兄弟が政治の世界から消えて半世紀が過ぎた。その後の歴史は、二人の外交に大きな間違いがあったことを示している。しかしその責任は二人だけが負うものではない。ダレス兄弟の世界観はアメリカ国民の世界観の〝鏡〟なのである。

兄弟とは違うタイプの指導者が我が国に現れるためには、我が国自体が変わらなければならない。ジョンとアレンがその例証である。

ダレス兄弟の経歴はアメリカの歴史そのものである。彼らの力による外交は、他者を力ずくで押さえつけてきた歴史と同じである。原住インディアンを滅ぼし、メキシコから領土を奪取した。そうしたやり方を中央アメリカでもシベリアでも繰り返そうとした。国民が世界のあらゆるところにアメリカの重大利益があると信じているかぎり、国民は同じことを考える人々に導かれるだろう。

ジョンとアレンは我々自身について多くのことを教えている。すべてが愉快なことばかりではない。国民はそれが不快だったから、知らず知らずのうちに彼らを忘れてしまったのだろう。しかし彼らの地政学上の罪を忘れることは、アメリカ自身の罪を忘れることでもある。

我が国がそうした失敗を犯さないためにも、ダレス兄弟の指導した外交をもう一度思い起こす必要がある。彼らの外交を検討すれば、アメリカのやり方に従わない国々を理解するための議論ができるだろう。そもそも、アメリカの外交政策はダレス兄弟が権力の座にあった時代から実質的に変わっていないのではないだろうか。多くのアメリカ人が今でも「アメリカ例外主義」を褒め称えている。ダレス兄弟はこのパラダイムを信奉した。彼らが何をしたのか、なぜそうしたのかを理解することは、アメリカがなぜ世界の中でそのように行動するのかを理解する第一歩となる。

国際空港にあるジョン・フォスター・ダレスの胸像をもう一度人目に触れる場所に出すべきである。それは、アメリカ国民がもう一度彼の外交を回顧し、アメリカのアイデンティティと世界で果たすべきアメリカの役割を問い直すきっかけになるだろう。

胸像の背後の壁には、ディエゴ・リベラの「偉大なる勝利」を掲げるべきだろう。リベラ自身はこの絵をソビエトで展示したかった。しかしこの絵を見るべきなのはアメリカ国民なのだ。この作品を、プーシキン美術館の倉庫に眠らせておいてはならない。ワシントンの空港内に飾られてこそ意味がある。

私には胸像とリベラの大作が国民の目に触れていない現実は、我が国民がいつまでも世界を単純化して捉え続けていることの象徴に思えてならない。世界で起こる悪い事件は悪人が起こしている、悪人を除去すれば世界は平和になる。このような幼稚な考えの危険性に気づかせるためにも、ジョン・フォスターの胸像とリベラの「偉大なる勝利」を国民の目に触れさせるべきである。

ダレス兄弟の外交はうまくいかなかった。その結果、二人は国民から忘れ去られた存在となった。しかし彼らを忘れたり非難するよりも、アメリカ国民は彼らを活用するべきなのだ。二人の来歴にはアメリカ国民が汲みとるべき深い意味がある。ダレス兄弟は我々自身であり、我々もまたダレス兄弟そのものなのである。

注

＊1　Diego Rivera（一八八六―一九五七）メキシコの画家。妻のフリーダ・カーロも画家として有名。訳注
＊2　*John Foster Dulles: A Biography*, pp235-236.
＊3　*The Indonesian Tragedy*, p113.
＊4　Raj Roy and John W. Young, *Ambassador to Sixties London: The Diaries of David Bruce, 1961-1969*, Republic of Letters, 2009.
＊5　Kenneth Strong（一九〇〇―八二）英国陸軍情報士官。少将。訳注
＊6　Rascoe Drummond and Gaston Coblentz, *Duel at the Brink: John Foster Dulles' Command of American Power*, Doubleday, 1960, p25.
＊7　*Safe for Democracy*, p459. あるいは *Eisenhower and the Cold War*, p23. あるいは Fred I. Greenstein, *The Hidden-Hand Presidency: Eisenhower as Leader*, John Hopkins University Press, 1994, pp6, 62, 137, 213, 228.
＊8　Jerald A. Combs, ***The History of American Foreign Policy from 1895***, M. E. Sharpe, 2012, p256.
＊9　Melvyn P. Leffler, "Inside Enemy Archives: The Cold War Reopened," *Foreign Affairs* 75, no. 4 (July/Aug. 1996), pp120-135.
＊10　*New Republic*, December 1, 1958.
＊11　Urie Bronfenbrenner（一九一七―二〇〇五）ロシア出身の社会心理学者（発達心理学）。ミシガン大学、コーネル大学で教鞭を執る。訳注
＊12　Urie Bronfenbrenner, The Mirror Image in Soviet-American Relations, *Current Perspectives in Social Psychology*, Oxford University Press, 1969, p622.
＊13　*The CIA and American Democracy*, p98.
＊14　*True Men and Traitors*, p248.
＊15　同右、p227.
＊16　*New York Times*, November 26, 2012.
＊17　U. S. Senate, *Final Report on Intelligence Activities*, pp44-45.
＊18　Francis Walsingham（一五三〇？―一九九〇）イギリスの伝説的な諜報のプロ。訳注
＊19　*Portrait of a Cold Warrior*, p139.
＊20　*Allen Dulles: Master of Spies*, p522.
＊21　*John Foster Dulles: A Statesman and His Times*, p129.

＊22 Stephen G. Rabe, *Eisenhower and Latin America: The Foreign Policy of Anticommunism*, University of North Carolina Press, 1988, p57.

＊23 *John Foster Dulles: A Statesman and His Times*, p129.

＊24 *Spokane Daily Chronicle*, August 24, 1948.

＊25 William Blum, *Killing Hope: U.S. Military and C.I.A. Interventions Since World War II*, Common Courage, 2008, p78.

＊26 Garfield Bromley Oxnam（一八九一—一九六三）メソジスト派の社会改革運動家。訳注

＊27 Andrew Preston, *Sword of the Spirit, Shield Faith: Religion in American War and Diplomacy*, Alfred Knopf, 2012, pp454-455.

＊28 Christian Pineau, Oral History, Dulles Papers.

＊29 Charles E. Osgood（一九一六—九一）アメリカ心理学会会長（一九六二—六三年）、軍縮問題に関わる軍備管理軍縮局メンバー（一九六四—七一年）。訳注

＊30 Charles E. Osgood, Cognitive Dynamics in the Conduct of Human Affairs, *Current Perspectives in Social Psychology*, pp358, 360.

＊31 Cass M. Sunstein, *Going to Extremes: How Like Minds Unite and Divide*, Oxford University Press, 2011, p110.

＊32 Margaret Heffernan, *Willful Blindness: Why We Ignore the Obvious at Our Peril*, Walker, 2011, pp24, 51.

＊33 Robert Trivers, *The Folly of Fools: The Logic of Deceit and Self-Deception in Human Life*, Basic Books, 2011, pp22-23.

＊34 Irving L. Janis, *Groupthink: Psychological Studies of Policy Decisions and Fiascoes*, Cengage Learning, 1982, p86.

＊35 Daniel Kahneman, *Thinking, Fast and Slow*, Farrar, Straus & Giroux, 2011, pp4, 212.

＊36 Jonathan Haidt, *New York Times*, August 19, 2012.

＊37 Ole Holsti（一九三三—）ブリティッシュコロンビア大学、カリフォルニア大学デイヴィス校教授（政治学）。訳注

＊38 Ole Holsti, Cognitive Dynamics and Images of the Enemy: Dulles and Russia, in David J. Finlay et al., *Enemies in Politics*, Rand McNally, 1967.

＊39 John Updike（一九三二—二〇〇九）作家。訳注

＊40 原題は *Rabbit Redux*。一九七一年刊。訳注

＊41 John Updike, *Rabbit Redux*, Random House, 1996, p49.

＊42 *John Foster Dulles: A Biography*, p232.

＊43 Christina Klein, *Cold War Orientalism: Asia in the Middlebrow Imagination 1945-1961*, University of California Press, 2003, p36.

＊44 Stanley E. Spangler, *Force and Accommodation in World Politics*, U.S. Government Printing Office, 1991, p88.
＊45 *The Vietnam Trauma in American Foreign Policy 1945-75*, p88.
＊46 *Ocala Star Banner*, February 3, 1959.
＊47 *The Global Cold War*, p130.

訳者あとがき

岸信介はなぜ〝安保反対〟に怯まなかったのか

二〇一五年春、本書の訳稿をほぼ完成させた私は、御殿場に向かった。御殿場には岸信介元首相の邸（東山旧岸邸）があり、一般に公開されている。本書には、ダレス兄弟の対日外交の詳細はほとんど書かれていない。半頁に満たない記述である（三二四頁）。それでもどうしても御殿場に行きたかった。

山々に咲いた桜は満開だったが、小雨に濡れ、時折吹く強い風に湿った花弁が舞っていた。桜の季節とはいえ、雨天の平日だっただけに邸内は閑散としていた。一通りの見学を終えた私は、一階の広い居間に据えられたどっしりとした革製のソファーに座ることができた。案内の方の厚意であった。ソファーは岸元首相が実際に使ったものだった。そこからは、木立をくり抜くようにできた空間に広がる質素な和風庭園を望むことができた。

六〇年安保の時期は、私は小学生になったばかりだから、何があったかは後になってから見た映像や書籍でしか知らないが、私にはなぜ岸元首相が、あの騒乱に怯むことなく耐えられたのかが不思議で仕方なかった。政治家の精神とはそれほど強いものなのか。それとも岸が特別に強靱な精神力を持つ政治家だったのか。それがずっと気になっていた。私には本書を通じてその答えが見えたような気がした。

岸の対米外交は対ダレス兄弟外交であった。岸内閣は一九五七年二月から一九六〇年七月まで続いた。本書の後半で、その時代のダレス兄弟外交がつぶさに語られている。冒頭に書いたように、この書では対日外交はほとんど語られないが、岸が対峙した二人の男の心理と彼らの目指した外交が赤裸々に描写されている。

ダレス兄弟の外交は、著者キンザーが詳述するように、親米か親ソ（容共）かの二者択一を迫るものであった。中間的態度は許されなかった。民族主義を背景とした非同盟主義は、ダレス兄弟にとっては親ソ的態度と何ら変わるものではなかった。岸は、旗幟を鮮明にせざるを得ない立場にあった。徹底的に親米の立場をとらない限り、二人の逆鱗に触れ、重大な国難を招来しただろうことが容易に想像できる。

ドイツと日本は戦前、戦中期において、アメリカの顔色を窺わざるを得ず、また一方で共産ソビエトの脅威に晒（さら）されていた。両国の指導者は、アメリカがなぜあれほどまでにソビエトに宥和的だったのか、いやそれ以上に、なぜソビエトを同盟国としたのか、あの時期においてこの問いに答えることはできなかった。フランクリン・D・ルーズベルト政権の要所要所に、ソビエトのスパイや、容共的高官が潜り込んでいたことが明らかになるのは戦後になってからのことである。

二〇世紀初めにおいては、アメリカはけっして顕在的には軍事大国ではなかった。たとえばワシントン海軍軍縮会議（一九二二年）で決められた主要艦（戦艦、空母）の保有比率は、アメリカ5、イギリス5、日本3であった。イギリスはアメリカと同規模の海軍を保有していた。日本は確かに3ではあったが、日本の海軍は太平洋を守るだけでよかった。二正面（太平洋、大西洋）を守らなければならないアメリカに対して遜色のない海軍力を持っていた。

それでもイギリスはアメリカの巨大な潜在的軍事力にいち早く恐怖した。イギリスは、植民地としてのアメリカを失ってからも、アメリカと角逐を続けていた。南北戦争では南軍に肩入れしていたイギリスは、対米戦争一歩手前までいった（トレント号事件）[*1]。その後も、サモア危機（一八八七年から八九年）やベネズエラ危機（一八九五年）などと続き、両国は鋭く対立した。

こうした対立を経てイギリスが出した結論は、アメリカの主張には、それがいかに強引で道理が通らないものであっても、けっして武力衝突になるような抵抗はしない、アメリカ自身が間違いに気づき自ら是正するのを待つ、というものだった。アメリカが軍備拡張をすると決めれば、たちまち他国を圧倒する軍事大国になる潜在能力を有することを知っていたからである。けっしてアメリカを敵にしてはならない。それがイギリス外交の基本となった。

幣原喜重郎はジェームズ・ブライス英国駐米大使から、そのような方針の変換があったことを聞いている。幣原が、アメリカ西海岸で活発化する反日本人運動に対処するため駐米大使館に赴任していた時期のことである（幣原の米国赴任は一九一二年）。

アメリカは、完成したばかりのパナマ運河（一九一四年）の通行料金を米国船籍だけには課さないことを決めた。これは、英国との間にあった、英国船との無差別待遇の約束を違（たが）えるものだった。英国海運に大打撃を与える決定であった。ブライス大使にとっては苦虫を嚙み潰すような屈辱であったが、これを外交問題にしないことを決めた。
カリフォルニア州の日本人移民に対する扱いは、明らかに日米通商航海条約に違背していた。法律論をベースにアメリカと交渉を重ねる幣原に、ブライス大使は隠忍自重を勧めた。歴史家でもあったブライスは幣原に次のように諭した。*2

「日本は（カリフォルニア州の反日本人政策への反発で）アメリカと戦争する覚悟でもあるのですか。そう考えているとしたら大きな間違いです。そんなことでアメリカと戦争する価値、つまり日本の命運を懸ける価値はありません。私があなたの立場であれば（たとえアメリカのやり方が理不尽であったとしても）、忘れてしまうようにするでしょう」

「アメリカの歴史を振り返れば、この国が他国に対してアンフェアな態度をとったことは少なくありません。ただ忘れてはならないのは、こうした不公平な態度は、（外国政府から）抗議や抵抗がなされずとも、アメリカ自らが是正してきた事実があることです。その時が来るのを辛抱強く待つべきであることを歴史が教えています。カリフォルニア州の反日政策についても（アメリカに非はあるが、日米の外交問題とせずに）、そうした日が来るのを待つべきだと私は思います」

合衆国憲法は確かに素晴らしい「作品」である。その作品を世界に遍く広めようとするアメリカ人の性癖にいち早く気づき、アメリカがどれほど「凶暴な福音を説教する国」になり得るかを悟ることができたのは、イギリスがアメリカの宗主国であったからに違いない。彼らは、アメリカが過激とも言える清教徒思想を持つ国であることを知っていた。アメリカは合衆国憲法の精神を広めようとしながらも、国益のためには時にそれを平気で踏みにじる国であることをわかっていた。ブライス大使はこの傾向を見抜く一方で、アメリカの民主主義制度には、そうした間違いを自ら是正する力[*3]があることを信じたのである。

アメリカとは対立しない外交に舵を切ったイギリスは、二つの大戦を自ら起こしておきながら（両大戦とも宣戦布告したのはイギリスであった）、アメリカを同盟国にすることに見事に成功したのである。イギリスにはそのように舵を切れる余裕があった。すでにインドをはじめとした数々の植民地を持ち、世界の海洋覇権を牛耳る軍港を各地に作り上げていたからである。

しかしドイツと日本はイギリスのように思い切った外交方針の転換はできなかった。両民族のプライドもあった。そして何よりも、両国には石油を筆頭とした資源がなかった。だからこそ日本は満州を目指した（不幸なことに、そこには油田はなかったが）。ドイツは東方に石油と耕作地を求めた。両国のこうした海外膨張政策がアメリカの不興を買い、先の大戦では共に敗れた。戦後、日本もドイツも徹底的に親米となった。アメリカの軍事力に叩きのめされた二つの敗戦国には、失うべきプライドはもはやなかった。言って見れば、思う存分、親米政策をとることができた。

トルーマン政権の後に続いたアイゼンハワー政権の外交を担ったのがダレス兄弟だった。敬虔な宣教師の家庭に育ち、プリンストン大学を卒業し、国際法務事務所で働いた経験を持つ二人は、アメリカという国柄をそのまま体現するキャラクターであった。徹底的な国益（アメリカ資本）追求と、アメリカ的民主主義を宗教者の熱情をもって拡散しようとした。兄弟は、国務長官だった祖父と義理の叔父からアメリカ政治の本質をじっくり学んだエリート中のエリートであった。二人の強烈な自信は、外交（交渉）相手に曖昧な態度をとらせなかった。世界の国がとり得る立場は、親米が親ソかの二つしかなかった。

二人が〝悪魔の国〟と見なした、つまり全体主義の権化と見なしたソビエトを、そのような大国にしたのがアメリカ自身（フランクリン・D・ルーズベルト大統領）であったことさえも忘れてしまったかのような反共ぶりであった。

日本とドイツはもともと共産主義の恐怖を戦前から認識していただけに、ダレス兄弟の反共姿勢に追随することは難しくはなかった。アメリカは戦う相手を間違えたのではないかという苦々しい気持ちを内に秘め、その感情を抑えるだけでよかったのである。

しかし、戦後独立したり民主化した国は違った。ベトナム（ホー・チ・ミン）、インドネシア（スカルノ）、キューバ（カストロ）、イラン（モサッデク）、グアテマラ（アルベンス）、コンゴ（ルムンバ）は合衆国憲法に理想を見た。そしてそれをそのまま信じたのである。合衆国政府が、憲法に縛られながらも、常に国益（アメリカ資本）をその上位に置いてきた歴史に疎かった。彼らは、かつてウッドロー・ウィルソン大統領が掲げた民族自決原則を信じた。彼らには、解放者として現れたアメリカが、〝ピストルを持った宣教師〟であることなど想像もできなかった。

こうした国々の指導者は、親米でもなく親ソでもない道こそが彼らの採るべき方針だと信じた。しかし、ダレス兄弟はその道をとることを許さなかった。民族主義は、共産主義者の隠れ蓑であると深く疑った二人は、親米の立場を明確にしないことを許さなかった。それをしない国には、ＣＩ

Aが工作を仕掛けた。弟のアレン・ダレスがどのようにCIAを創生し、いかなる破壊工作を仕掛けたか、そして兄ジョンが率いる国務省や大統領がどう関与したかは本書に詳しい。

冒頭に、岸信介邸を訪れたことを書いた。岸の使ったソファーに深く腰を下ろしたことも書いた。私には本書の翻訳作業を通じて彼の心情の一端がわかるような気がした。岸は、はっきりと親米の立場をとれることが幸運だったと思っていたのではないか。戦前において、どれほど対米戦争を避けたいと思ったとしても、イギリスほどに割り切った親米路線をとれるはずもなかった。しかし、彼の時代はそうではなかった。確固たる親米路線をとっても、国政が混乱することはなかった。六〇年安保の際に、国会を取り巻いた反対派のデモの喧騒も、世界最強の軍事力を持つアメリカに安全保障を委ねられる安堵感に比べたら、ほとんど意に介する必要のない遥か遠くのさざめきではなかったか。

アメリカの現在の外交も、本書で明らかにされたダレス兄弟外交と変わるところがない。オバマ外交の推進役だったヒラリー・クリントン前国務長官が、自らの外交の経験を綴った書を昨年上梓した（*Hard Choices* 邦訳は『困難な選択』日本経済新聞社刊）。彼女は自らの進めた外交がいかに困難なものだったかを書き綴ってはいるが、世界にアメリカ型民主主義を広めることの是非について真剣に悩んだ形跡はない。彼女にとってはアメリカ型民主主義の普及がアプリオリに正しいことなのである。

宗教戦争が激化する中東諸国は少数派が政権を握っているケースが多い。そうした国の為政者にとっては、アメリカの進める民主化の導入は死刑宣告にも等しい。アメリカ主導の「アラブの春」

がもたらしたものは、イスラム原理主義グループの台頭であり、またシリアからの大量難民である。アメリカは民主主義の定着を標榜しながら、民主主義国家ではないサウジアラビアを擁護する。また東欧では、到底民主主義国家とは言えない、腐敗の横行するウクライナを支援し、そのNATO加盟を目論み、プーチンのロシアと無用な角逐を続けている。

それでも私はアメリカに期待したいと思っている。ジェームズ・ブライス英国駐米大使が幣原にいみじくも語ったように、アメリカには、自己の間違いを自ら矯正する力があると信じるからである。それがいつになるかはわからない。国際リベラリズムを標榜するヒラリーに代表される民主党には期待できそうもない。共和党主流派の考えも似たようなものだ。現在行われている共和党大統領候補の座をめぐっての選挙戦でも、候補の大半がオバマ外交は手ぬるいと批判する始末である。ブライス大使の見立ては間違っているのではないかと思わせるほどの状況である。

しかし、過度に干渉主義的な外交を見直すべきだとの動きは消えてはいない。共和党大統領候補選でも、わずかに一人だけであるがランド・ポール上院議員（ケンタッキー州）がそれを訴えている。ポール議員の支持層は伝統的保守への回帰を目指すティー・パーティー系の人々である。そしてまた、本書の著者スティーブン・キンザーもそうした一群に属する一人である。彼は、「ダレス兄弟はアメリカ国民の意識をそのまま映し出す鏡」だと主張する。だからこそ、ダレス兄弟の進めた外交をしっかりと検証しなくてはならないと訴えるのである。こうした動きが消えない限り、私もブライス大使の見立てを信じたいと思っている。

本書編集作業にも、草思社編集部の増田敦子さんの助けを得た。また片桐克博さんに校正作業にあたってもらうことができた。この場を借りて感謝の意を表したい。

二〇一五年秋

渡辺惣樹

注

＊1　トレント号事件：一八六一年一一月に北軍海軍が英国船トレント号を臨検し、乗船していた南軍外交官を拘束し連行した事件。

＊2　幣原喜重郎とその時代、第二章、岡崎研究所、一六頁（拙訳）
http://www.okazaki-inst.jp/2012/06/post-87.html

＊3　同右、この論文ではその力を「the so-called self-restorative power of democracy」と表現している。

ワ

マ

ヤ

ラ

ナ

ハ

タ

サ

カ

人名索引

＊ジョン・フォスター・ダレスおよびアレン・ダレスを除く

ア

著者略歴――――
スティーブン・キンザー *Stephen Kinzer*
作家、ジャーナリスト。1951年生まれ。ボストン大学卒業。元『ニューヨーク・タイムズ』特派員。ベルリン支局長、イスタンブール支局長を務める。現在、ブラウン大学ワトソン国際問題研究所客員研究員。著書に *Overthrow, All the Shah's Men, Bitter Fruit* ほか。

訳者略歴――――
渡辺惣樹 わたなべ・そうき
日米近現代史研究家。1954年生まれ。東京大学経済学部卒業。著書に『日本開国』『日米衝突の根源 1858-1908』『日米衝突の萌芽 1898-1918』（第22回山本七平賞奨励賞）『朝鮮開国と日清戦争』『TPP 知財戦争の始まり』、訳書に『日本 1852』『日米開戦の人種的側面 アメリカの反省 1944』『アメリカはいかにして日本を追い詰めたか』『ルーズベルトの開戦責任』『ルーズベルトの死の秘密』『コールダー・ウォー』（いずれも草思社刊）。

ダレス兄弟
国務長官とCIA長官の秘密の戦争

2015年11月25日　第1刷発行

著　者　スティーブン・キンザー
訳　者　渡辺惣樹
装幀者　藤村　誠
発行者　藤田　博
発行所　株式会社草思社
〒160-0022　東京都新宿区新宿5-3-15
電話　営業 03(4580)7676　編集 03(4580)7680
振替　00170-9-23552

本文印刷　株式会社三陽社
付物印刷　日経印刷株式会社
製本所　加藤製本株式会社

ISBN978-4-7942-2166-7 Printed in Japan　検印省略

草思社刊

日米衝突の根源 1858—1908

渡辺惣樹 著

米側資料をもとに、後の太平洋戦争を不可避なものとする米国内の事情と、T・ルーズベルトの〝ガラス細工〟のごとき対日外交を描き出す。新視点の「日米開戦史」。

本体 3,500円

日米衝突の萌芽 1898—1918

渡辺惣樹 著

懸命な外交努力も空しく、なぜ日本は米国の仮想敵国№1となったのか。第一次大戦時の列強のせめぎ合いの中にその萌芽があったと指摘。第22回山本七平賞奨励賞受賞

本体 3,500円

ルーズベルトの開戦責任
大統領が最も恐れた男の証言

ハミルトン・フィッシュ 著
渡辺惣樹 訳

対日宣戦布告を支持した共和党重鎮は後に大統領の欺瞞を知り深く後悔、世界を大戦に導いたルーズベルトの責任を鋭く追及。同時代の重要政治家による歴史的証言。

本体 2,700円

ルーズベルトの死の秘密
日本が戦った男の死に方

S・ロマゾウ E・フェットマン 著
渡辺惣樹 訳

重大局面で正常な判断はできたのか。なぜその死はタブーであり続けるのか。神経科医とジャーナリストが真の死因を追究、大統領の特異な人物像を浮き彫りにする。

本体 2,700円

＊定価は本体価格に消費税を加えた金額です。